그리고 저 너머에

THE ROAD LESS TRAVELED AND BEYOND:
Spiritual Growth in an Age of Anxiety by M. Scott Peck

그리고 저 너머에

THE ROAD LESS TRAVELED

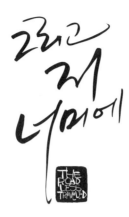

M. 스캇 펙 지음 | 황혜조 옮김

율리시즈

서문

내 나이는 예순이다. 이 숫자는 사람마다 의미가 다를 것이다. 지금 나는 건강이 썩 좋은 편은 아니다. 이미 다른 사람들의 세 배에 해당하는 삶을 살았다고 느끼기 때문에, 예순이라는 나이는 모든 것을 정리하기 시작해야 할 때라고 믿는다. 할 수만 있다면 나는 내 인생의 마무리를 깔끔하게 매듭짓는 일에 전념하고 싶다. 이 책은 그런 노력의 일환으로 쓴 것이다.

나는 왕성하게 활동하던 마흔 살 때《아직도 가야 할 길》을 썼다. 그 책은 마치 수도꼭지가 열려 물이 쏟아져 나오듯 그렇게 쓰였고, 그 후 출간된 이 책을 제외한 정확히 아홉 권의 다른 책들도 마찬가지였다. 매번 사람들은 내가 대단한 전략이라도 가진 것처럼 책을 통해서 이루려는 것이 무엇이냐고 물었다. 사실 나는 어떤 전략을 갖고 쓴 게 아니라 단순히 책들이 '이 얘기를 쓰라'고 말했기 때문이다. 뭐라고 딱 꼬집어 말하기는 어렵지만 뮤즈와 같은 존재가 있어 그 여신의 명령을 따랐을 뿐이다.

그러나 이제는 좀 더 자세한 설명이 필요한 시기라는 생각이 든다. 내가 쓴 책 중에 한 권은 강연한 내용을 모아 편집한 것인데, 시리즈로 된 카세트테이프의 일부인 것처럼《끝나지 않은 여행》이라고 제목을 붙였다. 그 제목은 마치《속 아직도 가야 할 길》처럼 느껴진다. 그 제목이 오해를 불러일으키지 않았으면 좋겠다. 아무리 상업적인 성공을 거둘 수 있다 해도 나의 뮤즈는 같은 내용의 책을 여러 번 고쳐 쓰도록 허락하지 않는다.

내가 쓴 책들은 완전히 다르지는 않지만 각각의 서로 다른 특징을 갖고 있다. 나이가 들면서 나는 그 모든 책들이 복잡하게 얽혀 있고 분명하게 드러나지 않는 일련의 주제들을 나름의 독자적인 방법으로 하나씩 풀어나가려고 했다는 사실을 깨달았다. 되돌아보면, 나는 아주 오래전부터 이 주제들과 씨름을 해왔다는 사실도 최근에야 알게 되었다.《아직도 가야 할 길》은 내 나이 마흔 살에 처음으로 나를 일으켜 세운 책이라는 생각이 들 때가 있다. 나는 이 책과 그 밖의 다른 책들에 대한 구상을 사춘기 이전에 이미 시작했던 것 같다. 아마도 나는 이러한 주제들에 대해 고민을 하면서 태어났는지 모른다. 아니면 이러한 주제들에 대한 책을 저술하라는 소명을 받고 태어났는지도 모르겠다.

내가 분명히 기억하는 사실은《아직도 가야 할 길》이 출간되기 20여 년 전에 이미 이 책을 쓰려는 작업을 진행했다는 것이다. 스물한 살이었던 1957년 말과 1958년 초에 나는 대학 졸업 논문을 썼다. 그 제목은 〈불안, 현대 과학 그리고 인식론의 문제〉라는 어마어마한 내용이었다. 인식론이란 "우리가 안다고 생각하는 것을

제2부 복잡한 일상생활과의 씨름

제3부 복잡성의 다른 세계

THE
ROAD
LESS
TRAV

제1부

단순주의에 대한 저항 운동

생각하기

아일랜드, 중동, 소말리아, 스리랑카 등 전쟁의 참혹함이 휩쓸고 간 수많은 지역에서 일어난 폭력은 편견과 종교적 편협성 그리고 탐욕과 공포심에 의해 비롯되었다. 그리고 그 결과는 수많은 생명의 희생으로 남았다. 비록 전체적으로 파악하기는 쉽지 않지만 미국에서조차 인종차별주의적 제도로 인한 피해는 적지 않으며, 그 탓에 그 파괴적 영향력도 작지 않다. 부자와 빈자, 흑인과 백인, 임신중절 합법화를 지지하는 사람과 그 반대자, 이성애자와 동성애자, 이 모든 대립은 우리 내면 깊숙한 곳에 뿌리내리고 있는 신념 혹은 이데올로기라는 깃발 아래 드러나는 사회적 · 정치적 · 경제적 갈등을 의미한다.

끝없는 분열과 파괴적인 결과를 생각할 때 그런 이데올로기와 신념을 과연 이성적이라고 할 수 있을까? 혹시 비이성적인 행동을 합리화하는 도구에 지나지 않는 것은 아닐까? 도대체 우리는 우리 자신의 신념에 대해 진지하게 물어본 적이 있던가? 우리 자신은 물론 사회 전체가 직면하고 있는 중요한 문제는 단순한 사고방식 혹은 아예 생각이란 걸 하지 않는 사고력 상실이다. 그저 어느 정도 문제가 있다는 것이 아니다. 그것은 오히려 가장 핵심적인 문제이다.

우리 사회가 완전하지 못하며, 더욱이 최근 들어 분명하게 드러나고 있는 정신적, 도덕적 문제들을 볼 때 생각한다는 것은 정말로 중요한 문제다. 현재 상황에서 다른 무엇보다 더 시급히 해결되어야 할 중요한 문제가 바로 그것이라는 점에는 의심의 여지가 없다. 생각한다는 것은 점점 복잡다단해지는 세상에서 모든 것을 고려해보고, 결정하고, 행동하기 위한 수단이기 때문이다. 지금부터라도 진지하게 생각하며 살아가지 않는다면, 결국 우리는 우리 자신을 파멸의 길로 이끌고 말 것이다.

지금까지 이래저래 써온 내 책들은 상징적으로든 실제적으로든 한결같이 단순하게 사고하는 것을 비판했다. 먼저《아직도 가야 할 길》에서 강조한 것은 '인생은 고해苦海다'라는 사실이었다.《끝나지 않은 여행》에서는 '인생은 단순하지 않다'는 사실을 덧붙였다. 그 책에서 나는 결코 "쉽게 찾아낼 수 있는 인생의 해답은 없다"는 사실을 설명했다. 비록 나는 좀 더 잘 생각하는 가운데 인생의 해답을 찾아가는 길이 있다고 확신하고 있지만, 그것도 그리 쉬워 보이지만은 않는다.

생각한다는 것 자체가 어려운 일이며, 또 복잡하기도 하다. 생각하기는 무엇보다도 하나의 과정이다. 특정한 진로 또는 방향에 따라 일정 시간과 일련의 단계를 거치면 모종의 결과를 이끌어내게 된다. 잘 생각한다는 것이 힘들고 고통스러운 과정이기는 하지만, 그 과정을 거치고 나면 비로소 '사려 깊은' 사람이 된다. 물론 그 과정에 늘 선명하게 드러난 진로나 방향이 있는 것은 아니다. 또 모든 단계가 직선적 순서에 따라 차례대로 나아가는 것도 아니고 연속적으로 진행되는 것도 아니다. 어떤 것은 되풀이되며 다른 단계들과 중복되기도 한다. 또 모든 사람이 같은 결과를 추구하지도 않는다. 다만 그런 사실들을 고려할 때 분명한 것은, 우리가 정말로 잘 생각하고자 한다면 인생의 중요한 문제를 분석하고 풀어가는 과정에서 단순 사고에 빠지지 않도록 경계해야 한다는 점이다.

사람들은 저마다 제각각이지만 한결같은 결점을 갖고 있다. 모든 사람이 생각하는 방법과 의사 소통하는 방법에 대해 본능적으로 잘 안다고 확신하고 있는 사실이 바로 그것이다. 그러나 진실은 이런 것이다. 사람들은 자기만족에 빠져 있어서 자신이 어떻게 생각하고 있는지 살펴볼 수도 없거나 아니면 자기 일에만 몰두하여 생각하는 일에 시간과 노력을 투자하지도 않는다. 그 결과 그들은 자신이 왜 현재와 같은 사고 습관을 가지고 있으며 어떻게 의사결정을 하는지를 알지 못한다. 그리고 정작 문제에 부딪혔을 때는 진지한 생각과 훌륭한 의사 소통의 매커니즘에 대한 인식이 거의 없거나 아니면 그로 인해 쉽게 좌절하기도 한다.

지금까지 강연 활동을 하면서 '생각'을 주제로 두 번의 종일 세미나를 연 적이 있다. 세미나를 시작하면서 내가 지적한 사실은 대부분의 사람들이 자신은 이미 어떻게 생각해야 하는지를 안다고 믿고 있다는 점이었다. 세미나가 끝날 때쯤, 피드백 시간에 어떤 사람이 격앙된 목소리로 말했다.

"이건 너무 큰 주제예요."

사실 '생각하기'라는 주제는 우리가 한 번 앉은 자리에서 완전히 소화시키기에는 벅찬 주제이다. 엄청난 양의 책을 그 주제에 관해 쓸 수도(이미 수많은 책이 출간되었지만) 있을 것이다. 그래서 많은 사람들이 자신의 생각을 끊임없이 모니터링하고 수정하는 고된 노력을 마다하는 것은 당연한 일인지도 모른다. 그래서 세미나를 마칠 때쯤 되면 대부분의 참석자가 실제로 생각하는 데 필요한 많은 과정에 압도되어 멍해지거나 겁을 내기도 한다. 이런 세미나가 인기 강좌가 된다면 그야말로 의외의 일일 것이다. 모든 에너지를 생각하는 데 쏟는다는 것은 분명 귀찮은 일이다. 그럼에도 생각의 부족은 우리 각자와 우리가 살고 있는 사회에 큰 문제와 갈등을 일으킨다.

자주 인용되는 햄릿의 대사 "살 것인가, 죽을 것인가?"는 인생의 궁극적이고 실존적인 질문 중의 하나다. 또 다른 질문은 이때 실존을 어떻게 해석해야 그 대사의 핵심에 도달할 수 있는가 하는 것이다. 나는 셰익스피어의 대사를 "생각할 것인가, 생각하지 않을 것인가?"로 바꾸고 싶다. 이것은 단순주의와의 치열한 싸움에 필요한 궁극적인 질문이다. 인류발전의 현 시점에서 그것은 "살 것인가, 죽을 것인가?"에 상응하는 질문이 될 것이다.

정신과 의사로서 겪은 임상 경험과 일상적인 경험을 토대로 알게 된, 사람들이 잘 생각하지 못하게 되는 이유는 이런 것들이다.

첫 번째는 아예 생각을 하지 않는 것이다. 두 번째는 1차원적인 논리, 고정관념, 단순 분류로 인한 어림짐작이고, 세 번째는 생각과 의사 소통에는 그다지 큰 노력이 필요하지 않다고 믿는 것이다. 그리고 마지막으로 생각하는 것은 일종의 시간 낭비라는 가정이다. 이는 특히 수많은 사회적 문제를 해결하지 못하고 그저 분노에 차 있는 우리의 상황을 아주 잘 설명한다.

레오나드 호치슨은 이렇게 말한 적이 있다.

"우리가 잘못을 저지르는 것은 이성에 대한 신뢰 때문이 아니라, 이성적 합리성을 불완전하게 만든 우리의 죄로 인한 것이다. 그것을 치유할 수 있는 방법은 이성적 판단력을 다른 형태의 지식 습득 기능으로 대체하는 것이 아니라, '이성을 진정한 자아로 교육시키는 것'이다."

비록 그의 책이 출판된 지 이미 50여 년이 지난 탓에 다소 오해의 여지가 있기도 하지만, 그의 말은 오늘날에도 여전히 우리가 직면한 문제와 관련이 깊다. 나는 '이성'이란 말을 '생각하기'라는 말과 그것에 내포된 의미로 대체하고 싶다. 호치슨은 아마도 '죄'라는 말로 게으름, 두려움 그리고 오만이 결합된 원죄, 즉 우리의 잠재적 가능성의 실현을 제한하거나 막아버리는 요소들을 나타내려고 했을 것이다. '이성을 진정한 자아로 교육시키는 것'이라는 호치슨의 말은 우리의 진정한 자아가 가능한 무엇이든 될 수 있도록 허용하며, 그 능력을 맘껏 발휘할 수 있도록 해야 된다는 것을 뜻한다. 그 주장은 인간의 두뇌, 구체적으로는 전두엽을 신뢰해서는 안 된다는 의미가 아니다. 오히려 우리가 그런 뇌기능을 충분히 활용하지 못하고 있다는 것이다. 게으름, 두려움, 오만이라는 죄로 인해 우리는 두뇌를 충분히 사용하지 못한다. 우리 스스로가 완전한 인간이 되기 위해서 우리 자신을 교육해야 할 과제에 직면해 있는 것이다.

우리 뇌의 중요성

인간은 생각을 잘 하도록 큰 뇌를 가지고 태어났다. 인간이 몸무게에 비해 상대적으로 큰 뇌를 갖고 있다는 점은 특히 다른 피조물과 구별되는 특성이다(물론 고래나 돌고래 같은 예외적인 동물도 있다. 이 동물들은 몸의 크기에 비해 사람보다 더 큰 뇌를 가지고 있는데, 동물의 권리 보호를 위해 활동하는 사람들이 이러한 종의 동물들을 보호하는 데 열성적인 까닭도 바로 그 점 때문이다. 그들은 고래와 돌고래가 어떤 면에서는 인간보다 더 영리할지 모른다고 믿고 있다).

인간이나 다른 포유동물의 뇌는 후뇌, 중뇌, 전뇌의 세 부분으로 구성된다. 각각은 생명을 유지할 수 있도록 다른 기관과 함께 유기적으로 작용하며 조화를 이루면서 동시에 독자적으로 기능한다.

파충류의 뇌라고도 불리는 후뇌는 곤충이나 인간이나 그 모습이 크게 다르지 않으며, 척수의 끝 부분에는 숨골이라고 불리는 길게 늘어진 불룩한 부분이 있다. 후뇌에는 전체적으로 중추신경계라고 불리는 신경세포 다발이 퍼져 있다. 후뇌에 있는 중추신경은

호흡, 심장 박동 수, 수면, 식욕 등과 같은 생리적 욕구를 감지하고 또 그 외의 기본적이고 원초적인 기능을 조절한다.

중뇌는 좀 더 크고 복잡하게 구성되어 있다. 중뇌의 중추신경은 감정의 조절과 표현에 관여한다. 신경외과 의사들은 이 중추신경들의 위치를 자세히 도식화하였다. 그들은 국부마취 상태에서 수술대 위에 누워 있는 사람의 뇌 속에 전극이나 아주 미세한 바늘을 삽입하고, 그 끝 부분에 1밀리볼트의 전류를 흘려보내서 분노, 쾌감, 우울감과 같은 특정한 감정을 일으키게 할 수 있다.

전뇌는 대체로 신피질로 구성되어 있는데 본능, 운동 등과 같은 원초적 활동에 관여한다.

인간과 다른 포유동물들의 가장 큰 차이가 전뇌의 크기인데, 특히 전두엽이라고 알려진 부분의 크기다. 인간은 진화를 통해 주로 전두엽이 발달되었다. 전두엽은 판단 능력과 관계가 있으며, 정보의 처리, 즉 생각의 과정이 주로 이곳에서 이루어진다.

학습 능력은 사고 능력에 달려 있고, 사고 능력은 학습 능력에 의존한다. 그러므로 다른 피조물과 인간의 차이를 보여주는 또 다른 중요한 요소는 학습할 수 있는 인간의 능력과 관련이 있다. 다른 동물들과 마찬가지로 인간에게도 본능이 있지만, 동물처럼 대부분의 행동에서 본능이 지배적이지는 않다. 이는 거꾸로 인간에게는 자유 의지가 있다는 사실에 대한 방증이기도 하다. 인간은 천부적으로 부여받은 전두엽과 자유 의지로 일생 동안 배움을 지속시킬 수 있다.

다른 포유동물과 비교할 때, 인간은 전체 수명에 비해 어린 시절 부모에게 의존하는 기간이 훨씬 긴 편이다. 인간의 본능이 상대적으로 취약하다는 점을 고려할 때, 스스로 일어서기 위해서는 어느 정도 학습 기간이 필요하다. 의식을 성장시키고, 독립적으로 생각하여, 삶의 과정에서 생존과 발전에 필요한 지식을 습득하는 능력을 갖추기 위해서는 반드시 학습이 필요하다.

어린 시절 우리를 키워주는 사람에게 의존하는 기간은 우리의 사고방식을 형성하고 학습 내용도 결정짓는다. 인간은 의존하는 시기가 길기 때문에 어린 시절에 발달된 사고방식은 깊이 뿌리내리고 바꾸기가 쉽지 않다. 어린 시절에 생각을 잘 할 수 있도록 지도하는 어른 밑에서 성장했다면, 여러 가지 면에서 도움이 된다. 그러나 의심이 많고, 산만하거나 편협한 사고방식을 가진 어른 밑에서 어린 시절을 보냈다면, 어른이 된 후의 사고 능력에 문제가 생길 수 있다. 그것은 어린 시절에 잘못 배운 내용 때문이기도 하지만 그들로부터 배울 수 없었던 부분 때문이기도 하다. 그러나 그렇다고 해서 마치 어린 시절에 운명이 결정되어버리는 것처럼 생각할 이유는 없다. 성인이 되면, 더 이상 다른 사람의 지시에 의해 생각하고 행동할 필요가 없어지기 때문이다.

건강한 의존과 건강하지 못한 의존에는 차이가 있다. 《아직도 가야 할 길》에서 나는 육체적으로 건강한 성인이 자꾸만 의존하게 되는 것은 병이라고 말한 적이 있다. 그것은 일종의 정신적 질병 혹은 정신적 결함의 징후다. 그러나 그것은 일반적으로 말하는 의존 욕구나 의존심과는 구별되어야 한다.

우리는 다른 사람에게 또는 우리 스스로에게는 안 그런 척하려고 하지만 누구나 어딘가에 의존하고 싶은 욕구와 의존심을 가지고 있다. 우리는 자신보다 강해 보이고 자신이 좋아하는 사람에게는 어린아이처럼 응석을 부리고, 스스로 노력하지 않아도 누군가 자신을 보살펴주기를 기대하며, 누군가에게 보호 받고 싶은 그런 욕구를 지니고 있다. 그렇지만 대부분의 경우, 이러한 욕구나 감정이 인생 전체에 영향을 미치지 않으며, 삶의 지배적인 요소가 되지도 않는다. 만일 그런 욕구가 우리의 삶을 지배하고 삶의 방식을 좌우하면, 흔히 수동적 의존성 성격장애라고 말하는 정신적 질병을 앓고 있는 것이다. 그러한 의존성은 근본적으로 생각하기와 관련된 장애, 특히 스스로 생각하는 것에 대한 심리적 저항이다.

생각하는 것을 애써 저항하다보면 수많은 정신적 장애들이 나타나고 그 증상이 복잡한 만큼 이러한 장애현상과 뇌의 상관관계도 복잡하기는 마찬가지다. 특히 흥미를 끄는 한 연구 분야에서 이러한 상관관계에 대한 새로운 측면을 밝혀냈다. 지난 20여 년간, 전뇌가 우뇌와 좌뇌로 나뉘어 있다는 이미 잘 알려진 사실을 심층적으로 연구한 뇌-분리 연구의 결과는 획기적인 돌파구를 마련했다. 흰색 물질의 섬유질 다발, 즉 뇌량腦梁이 뇌의 두 영역을 연결하고 있다는 사실이다. 좌뇌는 연역적인 지능과 관계가 있으며 우뇌는 주로 귀납적인 사고력과 관련되어 있다. 이러한 구분이 절대적인 것은 아니지만, 대체로 그러한 경향을 보여준다.

간질 증상이 있는 사람들 중 일부는 전뇌의 좌우 두 부분을 연결하는 부위를 절단하여 치료를 받고 있으며, 몇몇 치료된 경우도 있다. 이후 '뇌-분리(뇌량 절단)' 환자들을 과학적으로 연구한 결과 아주 인상적인 연구 결과가 나왔다. 좌우 뇌를 분리한 사람에게 시각정보를 좌뇌에만 전달하기 위해 한쪽 눈을 가린 다음 전기난로를 보여주면 그는 그 물건을 아주 구체적이고 사실적으로 묘사한다. 그는 이렇게 말할 것이다.

"음, 그것은 전기 줄과 필라멘트가 있는 상자이며, 전기로 가열되지요."

그리고 계속해서 놀랄 만큼 정확하게 여러 가지 부품을 설명할 것이다. 그러나 그 기구의 이름을 말하지는 못한다. 반면에 정보를 우뇌에만 전달되게 하면, 그는 그 기구의 이름을 말할 수는 있겠지만 그 기구가 그런 이름이어야 하는 이유와 그것이 무엇인지는 설명할 수 없다.

뇌-분리 연구의 가장 중요한 핵심은 좌뇌는 전체를 받아들여서 부분으로 나눌 수 있는 분석적 기능을, 우뇌는 각 부분들을 받아들여서 전체로 통합할 수 있는 직관적 기능을 가지고 있다는 사실을 밝힌 것이다. 인간은 구체적으로도, 또 추상적으로도 사고할 수 있는 능력을 가지고 있다. 구체적인 사고는 물질적인 형태로 부분들을 다루며, 추상적인 사고는 부분들을 일반화하며 관념적인 용어로 처리한다.

뇌-분리 연구 결과는 남성과 여성의 차이가 단순히 사회적으로 주어진 조건의 차이 이상이라는 사실을 설명하는 하나의 근거가 되기도 한다. 여성은 우뇌의 성향이, 남성은 좌뇌의 성향이 많은 것 같아 보인다. 남자들은 섹스나 연애를 할 때 가슴, 다리, 성기 등과 같은 신체의 부분에 더 많은 관심을 보인다. 그러나 여자들은 성적인 자극뿐 아니라 촛불을 켜놓은 근사한 식당에서의 저녁식사 같은 전체적인 분위기에 더 관심을 갖는 경향이 있다. 그러므로 남녀가 서로 의견이 대립되는 경우, 여성은 왜 남성들이 아무것도 아닌 신체 부위에 그렇게 집중하는지 이해할 수 없으며, 마찬가지로 남성들은 여성들이 '본격적인 작업'에 들어가기 전에 왜 촛불 같은 것들에 쓸데없이 시간을 허비하는지 이해할 수 없다.

나는 뇌-분리에 대한 연구가 인식론의 영역에서 괄목할 만한 진전을 보여주었다고 생각한다. 우리는 적어도 두 가지 방식으로 사고하고 있으며, 좌우 뇌의 사고 기능을 모두 사용한다면 사물을 더 잘 인식할 수 있을 것이라는 사실이 그것이다. 이는 내가 양성적 사고의 절대적인 옹호자인 이유이기도 하다. 양성성을 갖는다는 것은 결코 성적인 차이를 제거한다는 의미가 아니다. 그렇게 된다고 해서 남성이 그의 남성성을 잃는 것은 아니며, 여성이 그녀의 여성성을 상실하지도 않는다. 오히려 이들에게는 남녀 양성의 특징이 동시에 보인다. 그런 의미에서 생각한다는 것은 양쪽 뇌의 기능을 동시에 사용하여 구체적이고 추상적인 현실을 종합할 수 있는 능력을 의미한다.

《다정한 눈꽃송이*The Friendly Snowflake*》의 주인공, 제니는 양성적 인물의 본보기를 보여준다. 그녀는 신비스러운 다정한 눈송이가 자신의 인생에 찾아 온 의미를 깊이 생각하게 될 때 두 가지 측면의 사고 능력을 동시에 사용한다. 반면에 그녀의 오빠인 데니스는 전형적인 좌뇌 성향의 인물이다. 그는 분석적이고 구체적인 사실에 전적으로 매달리며, 신비스러운 것에는 거의 관심을 가지지 않기 때문에 그의 비전은 좁기만 하다.

고대 수메르인들은 생각을 할 때 따르는 기본적인 원칙이 있는데 그것은 뇌-분리 이론과 크게 다르지 않았다. 중요한 결정을 내려야 하는 문제(대개는 바빌로니아와 전쟁을 할 것인가에 대한)에 관해서는 말 그대로 두 번 생각했다. 만약 처음의 결정이 술을 마신 상태에서 내려진 것이라면 술을 마시지 않았을 때 그 문제를 다시 생각해야 했다. 그들이 술을 마시고, "자, 바빌로니아 놈들을 잡으러 가자"고 말했다 하더라도, 시간이 지난 뒤 대낮이 되어 정신이 맑아지면, 그 결정이 그리 현명하지 않을 수도 있기 때문이다. 그와 반대로 정신이 명료한 상태에서 바빌로니아를 공격하는 것이 현명한 전략이라고 결정을 내렸다 하더라도, 그들은 그 생각을 유보하고 이렇게 말한다. "우선, 술이나 한잔 마시고 봅시다." 술을 마시고 나서는 "그들과 전쟁을 할 필요는 없지. 우린 바빌로니아 사람들을 좋아하니까 말이야"라는 결론을 내릴 수도 있었을 것이다.

수메르인들에게 현대적인 기술은 없었지만, 그들에게는 올바른 사고 방법이 있었다. 오늘날 우리가 현명하게 생각하지 못할 이유는 없다. 종양이나 다른 질병, 또는 수술로 인해 뇌가 손상되지 않았다면, 우리에게는 마음대로 사용할 수 있는 탁월한 능력을 가진 전두엽이 있다. 그렇다고 해서 모든 사람들이 그것을 사용한다고 말할 수는 없으며, 그것의 능력을 최대한 사용하는 경우는 드물다. 사실 비이성적으로 생각하거나, 전혀 생각하지 않는 경우 그 원인이 뇌손상에 있는 것만은 아니다. 그것은 최소한의 원인일 뿐이다. 무엇보다 우리에게 전두엽을 쓰지 못하게 막고, 일차원적인 단순 사고를 정상적인 사고방식이라고 권하는 사회에 더 심각한 원인이 있는 것이다.

단순주의와 사회

조금만 살펴보면 놀라울 정도로 증거가 널려 있다. 단순 사고는 사회에 유행병처럼 퍼져 있다. 그래서 어떤 사람들에게는 그렇게 하는 것이 지극히 평범하고 정상적인 것처럼 생각되기도 한다. 이렇게 만연해 있는 단순 사고의 예는 최근에 두 명의 노스캐롤라이나 정치인들이 했던 말 속에서 분명히 드러난다.

피트 카운티의 하원 의원인 헨리 올드리즈는 강간당한 여성은 임신이 되지 않는다는 어처구니없는 말을 했는데, 그 이유가 "여성이 성적 공격을 당하는 동안에는 체액이 흐르지 않기 때문에 신체의 기능이 정지된다"는 것이다. 그의 말은 이 끔찍한 범죄 행위를 은폐하려는 것처럼 들리기까지 한다. 상원 의원인 제스 헬름즈는 에이즈 연구에 대한 연방 정부의 지원금을 삭감하려는 이유를 강변하면서, 에이즈는 게이들의 '의도적이고 구역질나는 행위'에 의해 발생한 질병이기 때문에 연구를 위한 재정 지원을 할 이유가 없다고 말했다.

에이즈는 동성 또는 이성간의 성적 접촉으로 감염될 뿐 아니라, 수혈을 통해서, 혹은 바이러스에 감염된 산모로부터 신생아에게 옮겨지기도 하며, 감염 환자에게 사용하고서 잘 소독하지 않은 주사바늘에 우연히 찔려 병원 종사자들이 감염되기도 한다. 그러므로 헬름즈의 말은 편협성과 단순성을 동시에 드러내 보여주는 것이다. 여러 가지 유형의 사회 기관들은 사람들에게 잘 생각할 수 있는 방법을 가르치지 않고, 단순하게 생각하도록 부추겼다. 이러한 현상은 대개 가족, 교회, 대중매체 등과 같이 사회에서 가장 영향력 있는 기관들에서 그런 교육을 시키지 못했기 때문이다. 그런 기관들이 우리의 삶에 막대한 영향력을 행사한다는 점을 고려해 본다면, 인생에서 중요한 문제에 대해 그들이 전하는 거짓 메시지는 결코 가볍게 취급될 수 없다. 그들은 특정 생각이나 생활방식을 진리로 제시한다는 점에서 문화적 지도자의 역할을 하기 때문에, 우리를 조종하고 기만할 수도 있는 힘을 가지고 있는 것이다.

그들은 때때로 아무 생각 없이 부정확한 사실(절반의 진실)을 퍼뜨리기도 하고 때로는 뻔한 거짓을 유포시키기도 한다. 그런 생각들은 문화라는 이름으로 가장하고 있어서 우리는 그것을 당연히 '정상'으로 받아들인다. 사람들이 문화적 규범에 의해 이런 식으로 생각하고, 또 저런 식으로 행동하면, 우리는 그것이 정상적이고 올바른 것이라고 생각하게 되는 것이다.

그와 같은 규범은 무엇이 올바른 삶이고 또 무엇이 허용될 수 있는 가치인가에 대한 개념을 제시한다. 그뿐만 아니라 부적절하고 올바르지 않은 것으로 여겨지는 가치를 보여주기도 한다. 예컨대 노동의 윤리를 제시하고, 사람들끼리 만났을 때의 예절을 가르치는 긍정적인 규범들이 있다. 이러한 긍정적인 규범이 문제는 아니다. 오히려 문화적 무질서를 초래하는 규범들이 우리가 재고해 보아야 할 대상들이다. 그런 것들은 부정적 규범이라고 부를 수 있는데 대체로는 잘 포장되어 있어서 보기 좋고 듣기 좋아 보이기도 한다. 그러나 그 껍질을 벗기고 속으로 들어가면, 곧 부정적인 모습이 드러난다. 그것은 우리의 성장을 방해하는 것들이기 때문이다. 그런 것들은 부정직한 사실이나 분명한 거짓에 근거하고 있기 때문에, 심리적으로나 정신적으로 우리를 조종하고 불모로 만든다.

나는《거짓의 사람들*People of the Lie*》에서 거짓은 혼란을 만든다고 말했다. 사회 기관에서 뻔뻔스럽게 거짓을 편들기는 곤란하기 때문에, 보통은 절반의 진실을 퍼트려서 사람들을 통제하게 된다. 그것은 아주 유혹적이다. 그러나 마치 사실인 것처럼 보이지만 사실이 아닌 절반의 진실은 큰 혼란을 일으킨다. 영국의 시인인 알프레드 테니슨 경은 다음과 같이 말했다.

"절반의 진실, 그것은 거짓이며 그것도 가장 사악한 거짓이다."

여러 사회 집단에서 만드는 가장 큰 거짓은 — 어떤 면에서는 인간의 본성과 게으른 죄로 인해서 이런 거짓이 가능한데 — 이 세상에서 삶의 목적이 항상 행복해지기 위해서라는 말이다. 온갖 업체들, 대중매체 그리고 교회로부터 행복과 성취감을 느끼고, 편안해지기 위해 이 세상에 살고 있다는 거짓 공세가 우리에게 퍼부어진다. 근본 동기가 이익 추구에 있기 때문에 물질주의가 만연한 사회 그리고 그걸 홍보하는 상업 광고는 우리가 행복하지도 않고 편안하지 않으며 모든 것을 충족시키는 삶을 살지 못한다면, 그것은 우리가 먹는 시리얼에 또 우리가 타는 자동차에 문제가 있는 것이라고 속삭인다. 그들은 신도 우리의 불행을 고쳐줄 수는 없다고 주장한다.

이 얼마나 사악한 짓인가? 진실은 이것이다. 우리가 불행하거나 편안하지 않을 때 또는 충족감을 느낄 수 없을 때 그래서 무엇인가를 힘들게 싸워 찾을 때, 인생의 가장 멋진 순간들의 대부분이 바로 그런 순간에 우리에게 다가온다는 사실이다.

1차원적 사고방식의 폭탄공세 속에서 우리는 사회에 잘 적응하며 살려면 무엇이 필요한지에 대해 미묘하지만 명료하게 듣게 된다. 그 덕에 물질 만능주의 속에 뿌리내리고 자생하는 온갖 거짓에 대해 의문을 제기하지도 않고, 자세히 살펴보지도 않으며, 감히 맞서려고 생각하지도 못한다. 정상적인 사람으로 보이고 싶다면, 그저 좋은 게 좋다는 식으로 동조해야 한다. 그러나 이것이 우리가 떠맡을 수밖에 없는 그런 불가피한 종류의 문제는 아니다. 오히려 우리 스스로가 자진해서 거짓에 동조하는 경우도 빈번하다. 우리의 태만, 천성적인 편리와 안락에 대한 숭배 때문에 우리 자신이 대중 매체와 공모자가 되기도 하는 것이다.

물론 사람마다 차이는 있지만, 많은 사람들이 사회적으로 '정상적'이라고 말할 수 있는 기준을 제외하고는 별다른 정보도 없이, 심지어는 아주 중요하기까지 한 문제에 대해 쉽게 마음의 결정을 내리곤 한다. 그리고 일단 선택을 하고 나면, 그 일에 대해서는 더 깊이 생각하지 않기로 작정한다. 말하자면 그들은 단순한 짐작이나 고정관념에 안주하는 게으른 길을 선택한다. 그들은 자신이 사회에 잘 적응하고 있다고 믿고 싶기 때문에 대중매체가 조작하는 거짓에 쉽게 넘어간다. 그들은 이웃과 그리 다르지 않는 삶을 살고 있다고 믿고 싶고, 또 동네 사람들에 뒤지지 않을 정도로 산다고 믿고 싶다. 광고에서 어떤 시리얼이 건강에 좋다고 하면, 그런 주장이 타당한지에 대해서는 아무런 의문도 갖지 않고 그저 그것을 사 먹어야겠다는 일종의 강박관념 같은 것을 가진다. 그들은 주로 분수에 넘치는 비싼 자동차를 구매하거나 문화적 즐거움을 누리는 데 가치를 부여한다. 그리고 그 결과로 오랫동안 채무에 시달린다.

무엇인가 의심스럽다는 생각으로 마음이 괴롭지만 이내 부정적인 규범에 동조하기도 한다. 흔히 사람들은 이른바 집단문화 속에서 자신에게 잘 맞지도 않는 문화적 패턴에 억지로 자신을 끼워 맞추려고 노력한다. 비정상적인 사람으로 여겨져 따돌림을 당하거나 인기 없는 사람으로 비치는 대가를 치르고 싶지 않기 때문이다. 그래서 그런 규범에 도전하지도 않는다. 물론 결과는 후회하는 삶이다.

서른다섯 살의 나이에 확고한 이력을 쌓았지만 아직은 미혼인 샐리는 주변에 있는 아무 남자와라도 결혼을 하라는 사회적 압박을 받고 있다. '노처녀'에게 보내는 사회의 따가운 시선과 비판 때문에 그녀는 자신의 결혼 문제를 좀 더 근본적으로 생각하 지 않고 그 압력에 굴복하고 만다. 그러나 몇 년이 지난 뒤 샐리는 결혼에 관해서 자신의 직감을 따랐어야 했다는 것을 알게 된다. 또 빌은 자신이 항상 원했던 간호사로서의 길을 갈 수 있던 기회를 잡는 대신 사회적 통념에 따라 회사원으로 살았다. 쉰다섯 살의 나이에 회사의 구조 조정으로 정리해고된 뒤 그는 깊이 후회하고 있다. 우리 사회에서 남자들은 그들이 버는 수입으로 남자다움을 평가받는다고 믿는다. 그 때문에 중요한 선택에서 엄청난 압박감을 느끼지 않을 수 없다. 결국 남들과 다른 길을 선택할 용기가 없었던 빌은 인생에서 패배하고 만 것이다.

대중 매체가 만드는 이미지는 인간성에 대한 고정관념으로 가득 차 있다. 50대의 여성이 단순주의에 빠져 영원한 30대의 이미지를 포기하지 못하고, 그 때문에 스스로를 비참하게 여긴다면, 그녀는 나이 들어가는 과정에서 나타나는 우아함을 발견할 기회를 놓치게 될 것이다. 이런 상황은 그저 한 사람만의 문제는 아니다. 사실 그런 여성이 한둘이 아니라는 점이 더 큰 문제다. 부정적 규범은 직접적으로든 간접적으로든 광고를 통해 여성은 성적인 대상일 뿐이며 나이가 들면서 그 가치를 상실한다는 사실을 환기시킨다.

또 남자의 경우도 다르지 않다. 광고 속에 나타나는 가치 있는 남자는 돈을 잘 버는 남자이기 때문이다. 성차별주의적 사고방식 속에서 나타나는 단순주의는 많은 남자들로 하여금 집 밖에서 하는 자신의 일이 집 안에서 하는 아내의 가사 노동보다 훨씬 더 중요한 것으로 생각하게 만든다. 그렇게라도 해서 자아의 이미지를 높이려는 잘못된 생각이 남녀 사이의 갈등을 만든다. 남성이나 여성 할 것 없이 모두 자신의 관점을 새롭게 바꾸기보다는 부정적인 규범을 좇아 단순한 사고에 빠지고 마는 것이다.

우리는 어쩌면 이런 상황 속에 볼모로 잡혀 있는지도 모른다.

분명 우리는 순응의 요구에 붙들려 있다. 그러나 다른 한편으로 우리는 자유 의지도 갖고 있다. 자신을 위해서 관습적인 집단 사고의 한계를 벗어나야 한다는 결정을 내릴 수 있는 것이다. 우리에게는 사회의 단순한 통념에 붙잡혀 살지 않고 중요한 문제에 대해서는 독립적으로 생각할 수 있는 능력이 있다. 이러한 독립적인 삶을 위해서는 믿을 것과 믿지 말아야 할 것을 구분하려는 노력이 필요하다. 그런 자율성이 없다면 결국 혼란스럽고 불편할 수밖에 없다. 또 '정상적인 것' 또는 '유행'을 쫓는 단순한 공식에 따라 행동한다면, 그 결과 외적인 혼란은 일어나지 않을지 모르지만 내면의 혼란은 결국 피할 수 없을 것이다.

유행하는 것이 좋은 것은 아니다

유행이라는 것의 광범위한 영향력은 이른바 단순 사고방식에 의한 순응주의를 초래한다. 우리는 유행에 집착하는 문화 속에 살고 있다. 한 시대의 유행은 어떤 옷을 입을지, 어떤 종류의 음악을 들을지 또는 어떤 정치적 이데올로기를 지지할지를 결정짓는다. 유행에 지나친 의미를 부여하는 것은 사람들로 하여금 독립적으로 생각하기보다는 일반적으로 용납되는 관점과 고정관념을 거스르지 않는 관습적 사고만을 하도록 부추긴다. 때때로 그런 사고는 거의 비이성적일 수도 있고, 베트남전에서 미국이 그랬던 것처럼 경계선을 넘어 광기로 치달을 수도 있다.

'정상적인 것'이 무엇을 의미하는지 알기 위해서 단순 사고의 논리에 도전해야만 한다. 즉, 비판적으로 생각해야 할 의무가 있는 것이다. 예를 들어 미국의 헌법을 생각해보자. 거의 한 세기 동안 헌법에서는 흑인 노예 한 사람을 백인의 5분의 3으로 인정했다. 도저히 말이 안 되는 헛소리다. 어떻게 한 인간의 가치를 오분의 몇이라는 식으로 평가할 수 있다는 것인가. 어떤 사람은 인간이고 또 어떤 사람은 그렇지 않을 수도 있다는 것인가. 물론 한때 이런 생각이 유행했을 수도 있고, 그 당시에는 적합한 정치사회적 합의로 기능했을 수도 있다. 그러나 문제는 수십 년 동안 이런 기형적인 원칙이 진지한 의문의 대상이 되어본 적은 없었다는 사실이다.

비판적 사고를 한다는 것이 꼭 모든 사람이 살아 있는 백과사전이 되어야 한다는 뜻은 아니다. 예를 들면 모든 사람이 드레드 스캇 사건(1857년 미국의 연방최고재판소가 자유 신분 확인을 위하여 소송을 제기한 흑인 노예 드레드 스캇의 주장을 각하한 판결 사건)의 전모를 알아야만 하는 것은 아니다. 그러나 우리에게는 아주 중요한 사실들을 연구하고, 배우고, 심사숙고해야 할 의무는 있다. 비판적 사고를 하는 데 있어서 가장 중요한 기술은 중요하게 생각하고 배워야 할 것이 무엇이며, 중요하지 않은 것이 무엇인지를 결정하는 것이다. 때로는 자존심과 두려움 또 게으름의 유혹에 빠져 모든 것을 다 알고 있는 사람처럼 행동하고 싶을 때도 있다. 하지만 그보다는 지식의 공백을 먼저 인정해야 한다.

었다.

6개월 정도가 지난 후 그는 또다시 시간이 너무 많이 걸린다고 불평을 했다. 나는 다시 "지름길을 이용하지 않나요?"라고 물었다. 그는 "지금은 겨울인데 빙판길이 되어버린 뒷골목으로 다니고 싶지는 않아요"라고 대답했다. 나는 그에게 혹시 지도를 또 잃어버렸는지 물어보았고, 결국은 다시 지도를 주었다. 그 후 1년 정도 지나고 나서—치료를 시작한 지는 2년이 되었을 때—그는 다시 불평하기 시작했고, 나는 다시 "존, 지름길을 이용해봤어요?"라고 물어보았다. 그러자 그는 "그럼요. 지름길로 가봤지만 시간은 별 차이가 없더군요"라고 말했다. 치료자로서의 태도는 아니었지만 나는 이렇게 말했다.

"존, 일어나요. 어서 일어나요. 같이 가서 실험을 해봅시다."

난 그에게 기록자와 운전자 중 한 가지를 택하라고 했다. 그는 기록자가 되기로 했다. 먼저 내 차를 타고 그가 늘 다니는 도로로 들어섰다. 그리고 돌아오는 길은 지름길을 이용했다. 지름길을 이용하면 오가는 동안 5분씩 절약되었다. 나는 이렇게 말했다.

"존, 당신에게 알려줄 게 있어요. 당신은 병원을 오갈 때 10분을 잃어버렸어요. 지난 2년 동안 잘못된 길로 다니면서 3일에 해당되는 시간이 사라진 것이지요. 당신은 인생의 3일을 낭비한 것입니다. 그뿐 아니라 지름길을 이용하지 않았기 때문에 총 1만 2천 마일을 잘못 운전해 다닌 겁니다. 이것만이 아니지요. 당신은 당신의 신경증을 은폐하기 위해 거짓말을 계속했어요."

다시 1년이 지나 치료를 시작한 지 3년이 되었을 때, 마침내 존은 이런 말을 했다. "제가 추측컨대 저는 살면서 어떠한 변화도 받아들이지 않으려고 했던 것 같아요." 바로 그런 이유 때문에 존은 지름길을 이용하지 않았다. 지름길을 이용하는 것은 그에게 익숙한 모든 것과는 다른 새로운 것을 생각하고 행동하는 것을 의미했다. 치료 과정에서도 마찬가지였다. 그러나 존이 '추측컨대', '같아요'라고 말한 것으로 보아 그는 여전히 변화의 필요성을 제대로 깨닫지 못했다. 신경증의 위력은 대단하다. 마지막까지도 치료는 거의 성공하지 못했다. 존은 변화를 위해 감수해야 하는 위험을 피하려고만 했기 때문에 실패를 겪어야 했다. 존처럼 많은 사람들이 성장을 위해서는 반드시 필요한 변화를 피하려고 한다. 그들은 오랫동안 진실이라 믿었던 가정과 망상의 체계를 고치려고 하지 않는다.

내가 정신과 수련의 시절일 때, 정신분열증은 생각 장애 또는 사고 장애로 불렸다. 그 이후 나는 모든 정신 질환은 생각 장애라고 생각하게 되었다. 일부 정신분열증 환자와 마찬가지로 극단적인 정신 질환을 앓고 있는 사람들은 사고 장애의 희생자들이 분명하다. 때문에 그들은 자신이 일상생활을 제대로 할 수 없다는 사실을 인식하지 못할 수도 있다. 사회생활과 직장생활을 하면서 우리는 많은 자아도취자, 강박증 환자 그리고 수동적이고 의존적인 사람들을 만난다. 그들의 정신은 허약하지만 외견상으로는 '정상'으로 보여 그럭저럭 살아간다. 그러나 사실 그들은 사고 장애자들이다. 자아도취자들은 다른 사람들을 고려하지 않는다. 강박증 환자들은 전체적인 맥락을 생각하지 못한다. 수동적이고 의존적인 사람들은 스스로 생각할 수 있는 능력이 없다.

수년 동안 연구했던 모든 정신 질환 증상들에는 생각과 관련된 장애가 있었다. 치료를 받는 대부분의 사람들은 신경증이나 성격 장애를 겪고 있다. 한 번도 심리 치료사를 찾아간 적이 없는 일반인들에게도 이와 같은 증상들이 두드러지게 나타나는데, 이는 사고 장애의 결과다. 이러한 증상들은 근본적으로 책임감에 대한 망상이라고 할 수 있다. 물론 각각의 증상은 세상과 인생의 여러 가지 문제들을 생각하고 연관시키는 방식에서 상반되는 차이를 보이기도 한다.

신경증적인 사람은 세상 모든 사람과 모든 일이 다 자기 책임이라는 망상에 빠져 있다. 그 결과 너무 많은 책임을 떠맡는 경우가 흔하다. 신경증 환자는 세상과 갈등을 일으킬 때 거의 기계적으로 자신에게 문제가 있다고 생각한다. 반면 성격 장애가 있는 사람들은 자신에게는 물론이고 어느 누구에게도 책임감을 느낄 필요가 없다는 망상에 빠져 있다. 그러므로 그는 어떤 경우에도 책임을 지지 않으려고 한다. 성격 장애를 지닌 사람들이 세상과 갈등을 일으킬 때, 그들은 거의 기계적으로 세상에 잘못이 있다고 생각한다.

우리는 누구나 어느 정도의 환상을 가지고 살아간다. 심리학자들은 이를 인생의 과도기에 우리를 지탱하는 건강한 환상이라고 부른다. 낭만적 사랑의 환상을 예로 들어보자. 그런 환상이 없다면 사람들은 결혼하지 않을 것이다. 아이들을 키우는 것이 힘들기보다는 재미가 있다고 착각하는 것 또한 건강한 환상이다. 그렇지 않다면 아이를 낳지 않을 것이다. 나는 아이들이 기저귀를 떼었을 때 훨씬 다루기 쉬웠고, 그 후 학교에 다니기 시작했을 때는 그 전보다 다루기가 더 쉬웠다. 운전면허증을 취득하고, 대학교에 입학하고, 마침내 아이들이 결혼했을 때 가장 쉬워졌다는 생각이 든다. 지금의 나는 우리 아이들이 사십대가 되면 지금보다 다루기가 더 쉬울 것이라는 환상을 갖고 있다. 이런 환상은 우리가 계속해서 앞으로 나아가고 성장하도록 한다.

우리가 환상에 너무 오랫동안 그리고 지나치게 집착하지만 않는다면 그것이 그렇게 나쁘기만 한 것은 아니다. 문제는 환상 때문에 성장이 지속적으로 방해를 받을 때다. 예를 들어 자신의 식습관과 외모에 대해 강박적으로 생각하는 열여섯 살 여자아이가 자신은 학교 친구들만큼 날씬하거나 예쁘다고 생각하지 않는다고 하자. 이런 환상이 극에 달하면 이 아이는 음식을 입에 대지도 않는 거식증에 걸릴지도 모른다. 물론 나이가 들면서 이런 신경증적 딜레마에서 벗어나 이십대가 되었을 때는 자신감 넘치고 확신에 찬 여성이 될 가능성 또한 있다.

운동을 잘 못하는 청년은 자신의 지적 능력으로 부족한 운동 능력을 보완한다고 생각할 수도 있다. 그가 자신의 지적 능력을 가치 있게 생각한다면, 그는 학교의 운동선수들과 자신을 비교할 때 느끼는 신경증적 열등감를 극복하는 것이 가능할 것이다. 그러므로 경미한 신경증이나 성격 장애를 평생 고칠 수 없는 기질로 볼 필요는 없다. 반면 지속적인 신경증과 성격 장애는 치료를 하지 않으면 심각한 문제를 일으킬 수도 있다. 이들은 점점 심각해져 우리의 앞길을 막는 커다란 걸림돌이 될 수 있다.

칼 융에 따르면 "신경증은 언제나 정당한 고통을 대신한다." 그러나 그 대용물이 우리가 피하려는 고통보다 더 괴로울 수도 있다. 신경증 그 자체가 큰 문제이기 때문이다. 나는 이런 사정을《아직도 가야 할 길》에서 이렇게 표현하였다. "언제나 그러하듯이 많은 사람들은 이런 고통과 문제를 피하려 할 것이고, 그 대신 신경증을 첩첩이 쌓아갈 것이다. 신경증에 직면할 용기가 있는 일부 사람들은 다행히도 정신과 치료를 받아서 적절한 고통을 경험하는 법을 배우게 된다. 어떤 경우든 문제 해결 과정에서 나타나는 적절한 고통을 피하려고만 한다면, 문제에 따르는 성장을 피하는 것이다. 이 때문에 만성적인 정신병은 성장을 멈추고 갇혀 있는 상태라고 말할 수 있다. 성장과 치유 과정이 없다면, 인간의 영혼은 시들어 가기 시작한다."

다른 사람들은 지나친 생각이 문제라고 한다

단순 사고 때문에 우리는 빈번히 스스로에게 해를 입힌다. 하지만 때로는 우리가 올바른 생각을 한다는 이유로 다른 사람들이 우리에게 해를 입히는 경우도 있다. 가령 우리 자신은 생각을 많이 하는 사람이지만 다른 사람들이 그것을 좋아하지 않는다면, 그것은 그들의 문제이지 우리의 문제는 아니다. 당신은 두뇌를 써서 생각하는 사람인데, 당신을 이용하거나 학대하고 또는 당신을 지배하려 하거나 소심하고 의존적이게 만들려고 하는 사람이 있다면, 그들에게는 당신이 생각한다는 사실 자체가 문제가 된다. 그들의 은폐된 동기는 당신이 스스로 올바른 생각을 할 수 있는 능력을 갖고 있음을 깨닫지 못하도록 하는 것일지도 모른다.

신문 기사들과 정부의 발표 내용들은 모두 우리가 그걸 믿게 하는 데 많은 노력을 들인다. 그러므로 우리가 스스로 생각하지 못한다면, 이내 통제와 책략의 손쉬운 표적이 된다. 우리를 의존적으로 만들기 위해, 사회는 많은 생각은 불필요하다고 가르친다. 부모님은 늘 내게 이렇게 말씀하셨다.

"스캇, 넌 생각을 너무 많이 하는구나."

얼마나 많은 부모와 교사들이 아이들에게 이렇게 말하고 있는가. "넌 생각을 너무 많이 해." 다른 사람에게 이렇게 말하는 것이 얼마나 무서운 일인가. 우리에게 뇌가 있는 이유는 바로 생각하기 위해서다. 그러나 우리는 지성과 올바른 사고력을 중요하게 여기지 않는 문화 속에서 살고 있다. 올바르게 생각한다는 것은 다르다는 것을 의미하며, 심지어 위험스러워 보이기까지 한다. 부모나 고용주 또는 정부처럼 통제하는 위치에 있는 사람들은 누구나 우리가 독자적으로 생각하는 것 자체를 위협적인 것으로 느낀다.

지금까지 내가 쓴 책에 대한 가장 보편적인 반응은 특별히 새로운 내용은 없다는 것이다. 그러나 내가 말한 것은 많은 사람들이 오랫동안 생각했지만 표현하기를 두려워한 것이었다. 생각하기와 솔직함을 드러내지 못하게 하는 문화적 풍토 속에서 그들에게 커다란 위안이 되는 것은 자신이 혼자가 아니라는 것, 다시 말해 미치지 않았다는 것을 아는 것이다.

사실 다른 사람들과는 다르게 말하고 느끼며, 진정한 주체적 존재가 되는 데는 용기가 필요하다. 만약 우리가 스스로 생각하는 길을 선택한다면, 그에 대한 반발에 대비해야 한다. 그럴 경우 별난 사람 또는 불평분자로 비춰질 위험도 있다. 사회의 주류에서 벗어나 있는 사람이라고 여겨질 수도 있고, 최악의 경우 보통 사람들과는 다른 비정상적인 사람으로 받아들여질 수도 있다. 그러나 성장을 하고자 하는 한, 우리는 생각해야 한다.

많은 사람들의 경우 스스로 생각하는 자유를 받아들이는 데 평생이 걸리기도 한다. 게다가 이런 자유를 향한 길은 사회의 잘못된 통념들에 의해 방해를 받기도 한다. 그리고 그런 통념의 하나는 사춘기를 지나고 나면 큰 변화가 일어나지 않는다고 믿는 것이다. 사실 우리는 평생에 걸쳐서 아주 조금씩이라도 변화하고 성장할 수 있다. 이것은 선택의 문제다. 중년의 위기를 맞게 되었을 때, 그제야 생각이 새롭고 독립적인 방향으로 접어드는 경우도 적지 않다. 어떤 사람들에게는 이 세상을 떠날 때 비로소 독자적인 생각이 발달하기 시작한다. 슬픈 일이지만 많은 사람들에게는 그런 기회가 아예 찾아오지도 않는다.

선한 모습, 악한 모습 그리고 어중간한 모습

당신이 생각하는 것이 바로 당신의 모습이라는 말은 정말로 옳은 말이다. 당신이 가장 많은 관심을 갖고 생각하는 것이 곧 당신의 모습이며, 당신이 생각하지 않는 것도 당신의 한 모습이다. 우리가 생각하는, 또는 생각하지 않는 선한 것, 악한 것 그리고 그 중간의 모든 것들은 본질적으로 우리가 어떤 존재인지에 대해 많은 것을 말한다.

모든 것을 단순하게만 생각하면, 우리는 복잡한 상황 속에 있을 때조차 언제나 단순한 해결책, 분명한 대답, 명쾌한 결과 등을 바란다. 그러나 누구와 결혼을 할지, 어떤 직업을 선택할지, 언제 집을 구입할지 등과 같은 여러 가지 상황에는 때때로 모험이 따른다는 현실도 받아들여야 한다. 즉, '어중간한' 불확실성의 상태를 감수하는 것을 배워야 한다.

《아직도 가야 할 길》에서 썼듯이 불확실성에 대한 포용력은 우리의 가정을 의심하는 과정에서 중요하다.《창가의 침대》에 등장하는 형사는 고정관념에 사로잡혀 무턱대고 수사를 추진하는 과정에서 방향을 잃고 성급한 판단을 내리게 된다. 그 이유는 그가 불확실한 시기를 견디면서 기다리지 않았기 때문이다. 반면 어떤 상황에 대해 다양한 측면에서 깊이 생각했지만 여전히 확신할 수 없고, 그 때문에 깊이 생각하는 것이 오히려 우유부단함을 초래하는 경우도 있다. 무엇인가를 놓칠 수 있는 가능성은 언제든지 있으며, 불확실한 것에서 비롯되는 고통은 기꺼이 감수해야 한다. 그래서 그런 불확실성에 마주치지만 그럼에도 어느 시기가 되면 행동하고 결정을 내릴 수 있어야 한다. 우리의 생각과 느낌을 헤아리는 과정에서 가장 중요한 문제는 우리가 사실은 전혀 모르고 있다는 의식과 그에 대해 기꺼이 싸우려는 태도다. 이것은 자기 성찰이면서 동시에 의구심을 경험하는 것이기도 하다. 의심한다는 것은 지혜를 쌓는 출발점이다.

심리 치료사로 활동하면서 나는 많은 사람들이 어린 시절의 신념에 집착하는 모습을 볼 수 있었다. 그런 사람들은 자신의 신념을 마치 안심담요처럼 끌어안고 다니지 않고서는 성인으로서 제구실을 할 수 없는 것처럼 보였다. 그들이 커다란 공허를 마주했을 때 비로소 의심과 불확실성이 고개를 들었으며, 위기에 직면하자 그것은 그들에게 구원의 은총이 되었다.

치료를 시작한 지 1~2년 정도 되었을 때, 그들은 처음 나를 찾았을 때보다 더 우울해지기도 했다. 이런 현상을 치료 과정에 나타나는 우울증이라고 부른다. 이 시기에 환자들은 과거의 사고방식이 더 이상 그들에겐 유효하지 않다는 것을 깨닫는다. 그리고 자신의 사고방식 중 일부는 어리석은 것이며 현실에 적용할 수 없는 것이라는 사실을 알게 된다. 그러나 새로운 사고방식들은 너무나 위험스럽고 어렵게 느껴진다. 그들은 과거로 돌아갈 수도 없으며, 그렇다고 앞으로 나아갈 수도 없다. 이러한 '어중간한 상태'에서 환자들은 우울증에 빠진다. 이 시기에 그들은 이렇게 질문한다.

"왜 새로운 곳으로 가야 하지? 왜 내가 노력을 해야 하지? 왜 내가 믿음을 바꾸는 위험을 감수해야 하지? 다 포기하고 그냥 죽어버릴까? 뭐 하러 이걸 해야 해? 이 모든 게 다 무슨 소용이야?"

이런 질문들에 쉬운 답은 없다. 의학 서적이나 정신과 서적에도 이에 대한 답은 없다. 이런 질문은 근본적으로 실존적이고 영적인 문제들이기 때문이다. 바로 인생의 의미에 대한 문제인 것이다. 이 시기를 버텨내기가 힘들기는 하지만 나는 이 우울증이 나타나는 시기를 치료가 이루어지는 시기라고 생각했다. 왜냐하면 이런 영적인 고민은 궁극적으로 장기간 치료를 받고 있는 환자들을 성장하도록 이끌기 때문이다.

《아직도 가야 할 길》의 서문에서 나는 정신과 영혼은 분리될 수 없기 때문에 영적 성장과 정신적 성장의 구분은 없다고 했다. 생각(지성)과 정신적·영적 성장은 서로 분리될 수 없다. 내가 수련의 시절이었을 때는 지적 통찰력에 대한 비판이 유행했다. 유일한 고려 대상은 감정적인 통찰력이었으며, 지적 이해력은 별다른 가치가 없어 보였다. 이것은 단순주의에 빠진 사고였다.

궁극적으로 감정적 통찰력이 있어야 한다는 점은 인정하지만, 개인적인 사례를 지적으로 통찰하기 전까지는 그 감정적 측면도 좀처럼 이해되지 않을 것이다. 오이디푸스 콤플렉스를 예로 들어보자. 성인이 되어서도 아직 해결되지 않은 오이디푸스 콤플렉스를 가지고 있다면, 그는 우선 이 콤플렉스에 대해 지적으로 정확히 알아야 한다. 그렇지 않으면 치료는 불가능하다.

건강한 성인이 되기 위해 우리는 부모에 대한 성적인 감정을 포기함으로써 오이디푸스 딜레마에서 벗어나야 한다. 남자 아이에게 아버지는 어머니의 관심을 얻기 위한 경쟁자로 비춰진다. 여자 아이의 경우에 성적 대상 또는 사랑의 대상인 아버지에 대한 욕망은 어머니와의 경쟁을 의미한다.

일생에서 처음으로 아이들은 상실의 불안을 경험한다. 그들은 강제적으로 갖고 싶은 중요한 대상을 포기해야 한다. 내 경험에 비추어보았을 때, 오이디푸스 콤플렉스를 잘 극복하지 못한 사람들은 최초의 포기를 경험하지 못했기 때문에 이후 무엇인가를 포기하는 과정에서 매우 심각하고 큰 어려움을 겪는다. 그러므로 그들이 환상 속에서나 꿈꾸었던 식으로 부모를 소유할 수 없다는 사실을 깨닫고 그런 현실과 타협하는 것은 매우 중요하다.

내게 치료를 받기 위해 플로리다에서 코네티컷으로 이사한 여성의 경우가 그 적절한 예다. 그녀는《아직도 가야 할 길》의 초창기 팬이었다. 그리고 이사를 할 수 있는 경제력도 있었다. 돌이켜보니 나는 그녀가 그렇게 멀리까지 이사 오지 않도록 말려야 했다. 왜냐하면 그녀는 집 근처 의사에게 치료를 받을 수 있었기 때문이다. 이것은 그녀를 치료하는 과정에서 내가 저지른 여러 가지 실수 중 하나였다. 그리고 그녀의 치료는 완전치 않았다. 그녀를 치료하는 과정에서 직면했던 어려움들을 돌이켜보면, 문제의 진실을 간파했던 것은 내게 치료를 받으려는 숨겨진 의도를 자신도 모르게 털어놓았다는 것을 그녀가 처음 알게 된 날이었다. 특별한 그날의 상담시간이 끝난 뒤 그녀는 자동차 운전석에 앉아서 훌쩍이며 몸을 떨면서 이렇게 말했다.

"아마, 내가 오이디푸스 콤플렉스를 극복하면, 스캇 선생님은 나와 결혼하실 거야."

나는 그녀 인생에 있어서 아버지 역할이었고, 그녀가 가질 수 없었던 진짜 아버지의 대체물이었다. 나중에 그녀는 이렇게 말했다. "어쩌면 선생님 말씀이 맞을지도 모르겠네요. 오이디푸스 콤플렉스를 갖고 있는 것 같아요." 내가 그녀에게 오이디푸스 콤플렉스를 설명하지 않았다면 그 정도로 깊이 문제에 접근할 수는 없었을 것이다.

또 다른 예는 무언가를 포기하는 데 어려움을 겪는 남자였다. 이 환자 역시 치료에 실패했다. 그가 치료를 받으러 찾아왔을 때, 그의 고통은 심각했다. 그에게는 세 명의 여자 친구가 있었고, 그들 모두와 섹스를 한다는 것이 그의 고민이었다. 그런데 더욱 복잡한 문제는 그가 다시 네 번째 여자 친구에게 매력을 느끼기 시작했다는 것이다. 그는 이렇게 말했다.

"스캇 선생님, 선생님은 제가 겪고 있는 이 고통이 얼마나 끔찍한지 이해하지 못하실 거예요. 추수감사절 날 저녁에 서로 다른 장소에서 세 번씩 저녁 식사를 하는 게 어떤 건지 아세요?"

"그런 생활 방식이 당신의 인생을 복잡하게 만드는 것은 아닌가요?"라고 나는 대답했다.

그 당시 나는 정신과 치료는 하지 않고 상담만 하고 있었다. 처음에 나는 이 남자를 어떻게 생각해야 할지 알 수 없어서, 다시 한 번 오라고 말했다. 그 사이에 나는 그가 여자 친구들 중 한 명도 포기하지도 못하고, 그렇다고 해서 한 명을 선택하지도 못하는 이유가 오이디푸스 콤플렉스를 극복하지 못해서가 아닐까 하고 생각했다. 그가 두 번째로 나를 찾아왔을 때, 어머니에 대해 이야기하라고 말했다. 그는 자신의 어머니가 눈이 부실 만큼 미인이었다는 것을 장황하게 늘어놓았다. 그는 직장에서 사내 카운셀링을 담당하고 있었고, 심리학과 관련된 워크숍도 진행하고 있었다. 심리학에 대한 상당한 배경 지식이 있음에도 그는 자신의 딜레마를 감성적으로는 인식하지 못하고 있었다.

"그런데 해리, 오이디푸스 콤플렉스에 대해 알고 있어요?"라고 내가 물어보았을 때, 그는 "그건 사람들 사이의 관계에 문제가 있는 것 아닙니까?"라고 대답했다.

직업상 이 남자는 적어도 오이디푸스 콤플렉스가 무엇인지 알고 있어야 했다. 그는 교육 기간 중에 오이디푸스 콤플렉스에 대해 말하는 것을 거의 듣지 않았던 것이 분명했다. 물론 이 단어가 그의 신경증을 자극했을 것이 분명하다. 진단을 내리고 나서 나는 그에게 다른 의사를 소개했다. 나중에 나는 그의 치료 과정이 성공적이지 못했다는 이야기를 들었다. 그는 변화하려고 하지 않았다. 어떤 것도 포기하지 않는다면 앞으로 나아갈 수 없다.

이와 같은 문제는 마조히스트(피학대 음란증 환자)를 치료하는 과정에서도 나타난다. 그들이 가진 신경증의 근본 원인은 바로 비참해지고 싶은 욕망이다. 그들이 병을 치유하기 위해서는 행복해지는 방법을 배워야 하는데 이 병의 근본 원인은 행복해지고 싶지 않는 것이다. 이런 상황은 자신이 불행해진다 하더라도 절대로 포기하고 싶지 않거나 또는 포기할 수 없는, 무엇인가에 집착하고 있는 사람들이 치료에 실패할 수밖에 없는 자기 패배적 조건이다. 이는 마치 실패하기 위해 준비가 되어 있는 것과 같다. 어떤 것을 포기한다는 것은 변화를 의미한다. 앞서 자신의 난잡한 생활을 포기하지 않으려는 남자의 경우처럼, 이런 부류의 사람들은 자신을 치유할 수도 있는 변화를 시도하지 않는다. 그것은 생각 장애로 인해 그들이 지불해야 하는 대가다.

생각하기 그리고 듣기

우리는 추측과 그것에 병행하는 환상에 거의 중독되다시피 의존하고 있다. 이 때문에 흔히 다른 사람들과의 의사 소통에서 오해가 생기며, 커다란 혼란을 초래하기도 한다. O.J. 심슨 평결 후 나타난 인종간의 양극화 현상은 좋은 예다. 흑인이건 백인이건 자신의 인종에 대한 일반적인 가정에 의문을 제기하지 못함으로써 실제로 우리에게 전달되는 메시지가 무엇을 뜻하는 것인지 제대로 들을 수 없다. 우리는 훌륭한 의사 소통의 기본적인 방법이 무엇인지 잊고 있다. 당연한 일이지만 다른 사람의 말을 경청하지 않으면 진정한 의사 소통을 할 수 없고, 스스로 잘 생각하지 않으면 다른 사람의 말을 잘 들을 수 없다.

언젠가 어느 산업 심리학자가 내게 이런 이야기를 한 적이 있다. 특정 주제에 대해서 학생들을 가르치는 데 소요되는 총시간은 그 학생들이 성장했을 때 그들이 배운 내용을 실제로 활용하는 빈도와 반비례한다는 것이다. 나는 물론 학교에서 가르치는 내용이 졸업 후 유용하게 사용되는 정도와 정비례해야 한다고 생각하지는 않는다. 하지만 학생들에게 올바르게 생각하고 다른 사람의 이야기를 경청하는 과정에 대해 더 많이 지도하는 것이 현명한 태도라고 생각한다.

대부분의 공립학교와 사립학교에는 의사 소통의 중요한 요소들을 가르치는 정규 교과 과정이 사실상 전무하다. 성공한 최고 경영자라면 적어도 자신의 시간 중 사분의 삼은 생각하는 것에 그리고 다른 사람의 말을 듣는 데 투자할 것이다. 그리고 그는 말하는 데는 시간을 조금 사용하고, 글쓰기에는 이보다 더 적은 시간을 할애할 것이다. 그러나 그런 중요한 기술 개발을 위해 정해진 정규 교육의 양은 유능한 경영자 교육에 투자되는 시간에 반비례한다. 사실 이 기술은 우리 인생의 모든 측면에서 매우 중요하다.

많은 사람은 남의 이야기를 듣는다는 것이 수동적인 상호 작용이라고 생각하지만 실상은 그 반대다. 다른 사람들의 이야기를 잘 듣는 것은 적극적인 집중력을 발휘하는 것이며, 또 아주 힘든 일이다. 그것은 사람들이 이러한 사실을 깨닫지 못했거나 대부분의 사람들이 다른 사람들의 말을 귀담아 듣지 않으므로 굳이 그 사람들의 말에 귀 기울이고 싶지 않기 때문이다. 다른 사람들의 이야기에 귀를 기울이고 의사 소통을 잘 하려고 최선을 다한다면, 우리는 한 발자국 더 움직이고, 한 걸음 더 걸어야 한다. 게으름과 두려움에 의한 무기력과 거부에 맞서 그렇게 해야 하지만 언제나 힘든 노력이 필요하다.

잘 듣는다는 것은 다른 사람의 말에 최대한 집중해야 하며, 그것은 아주 넓은 의미에서 사랑의 표현이다. 잘 듣는 데 있어서 중요한 것은 자신을 괄호 밖에 두는 훈련, 자신의 선입견, 사고의 틀 그리고 욕망 등을 잠시 포기하거나 옆으로 밀쳐두는 일이다. 이것은 다른 사람의 입장이 되어 그의 세계를 가능한 한 많이 경험하기 위해서 필요한 훈련이다.

말하는 사람과 듣는 사람의 일치, 이것은 바로 우리 자신을 확대 또는 확장하는 것이며, 새로운 지식은 항상 이런 과정을 통해 얻어진다. 잘 듣는다는 것은, 곧 자신을 괄호 밖에 두는 것이기 때문에 일시적으로 다른 사람의 존재를 완전히 수용한다는 의미다. 이렇게 포용력을 느낄수록 말하는 사람은 차츰 상처받지 않을 것으로 안심하면서 자신의 깊은 내면의 세계를 더 활짝 열어 보이려고 할 것이다. 이렇게 되면 그들은 서로를 보다 잘 이해하기 시작한다. 진정한 의사 소통이 이루어지고, 두 사람이 추는 사랑의 춤이 시작된다. 자신을 괄호 밖에 두고, 다른 사람에게 전적인 관심을 집중시키는 데에는 너무나 큰 에너지가 필요한 일이기 때문에 오직 사랑에 의해서만 이루어질 수 있다. 나는 그것을 상호 성장을 위해 자신을 확장시키려는 의지라고 정의하고 싶다.

언제나 우리에게는 이 에너지가 부족하다. 우리가 사업상 일을 할 때나 사회생활을 할 때 다른 사람의 이야기를 잘 듣고 있다고 느낄지 모르지만, 우리는 대개 그들의 이야기를 선별적으로 듣고 있다. 우리 마음속에는 미리 정한 안건이 있어서 상대방의 말을 들으면서도 어떻게 하면 원하는 목적을 달성해서 대화를 빨리 끝내거나 또는 자신에게 만족스러운 방향으로 대화를 이끌 수 있을까를 궁리한다. 대부분의 사람들은 다른 사람의 말을 듣는 것보다는 자신의 말을 하는 데 더 관심이 많거나, 듣고 싶지 않은 것들은 듣지 않으려 한다.

다른 사람의 이야기를 잘 듣는 능력은 연습을 통해서 점차 나아질 수 있다. 그러나 이 과정이 저절로 얻어지는 것은 아니다. 나는 잠시 다른 생각에 빠져 환자들이 한 이야기를 듣지 못해 다시 해달라고 부탁한 적이 있었는데, 그것은 정신과 의사로서 거의 은퇴를 앞둔 시기가 되어서였다. 이런 부탁을 하게 된 처음 몇 번은 환자들이 혹시 자기 말을 잘 안 들었느냐고 묻지 않을까, 그로 인해 화를 내지는 않았을까 걱정했다. 그런 걱정과는 달리, 다른 사람의 말을 잘 듣는 능력에서 중요한 것은 자신이 진심으로 귀를 기울이지 않은 짧은 순간조차 놓치지 않고 의식하는 것임을 환자들은 본능적으로 이해하는 것 같았다. 그리고 내가 잠시 집중하지 않았다는 사실을 인정하는 게 오히려 대부분의 시간 동안 잘 듣고 있었다는 확신을 그들에게 준 것 같다.

나는 사람들이 그들의 말을 진심으로 귀담아 듣는 것을 아는 것, 그 자체만으로도 놀랄 만한 치료 효과가 있다는 것을 발견했다. 내가 치료한 환자들 중 사분의 일 정도는 성인이든 어린아이든 상관없이 문제의 근본 원인을 알아내거나 그에 대한 중요한 설명을 하기도 전에 처음 몇 달간의 치료 과정만으로도 상당히 놀랄 만큼 상태가 나아졌다. 이런 현상이 나타나는 데는 여러 가지 이유가 있겠지만 그 중 가장 중요한 것은 환자 자신이 몇 년 만에 처음으로, 또는 생애 처음으로 자신이 하는 말을 다른 사람이 주의 깊게 들어준다는 사실을 느꼈기 때문이다.

자유 그리고 생각

흐트러진 생각과 명료한 생각에는 분명한 차이가 있다. 그러나 정신 의학적 관점에서는 나쁜 생각이나 나쁜 감정 같은 것은 없다는 것이 원칙이다. 어떤 면에서 이 원칙은 분명히 유용하다. 그러나 다른 측면에서는 너무 단순하다.

윤리적 판단을 내릴 수 있는 경우는 어떤 행위가 일어났을 때다. 가령 어떤 사람이 당신을 때려야겠다고 생각하고, 실제로 램프를 들고 당신의 머리를 후려치는 것은 나쁜 짓이다. 그러나 단순히 때리겠다고 생각만 하는 것은 그렇지 않다. 이것이 바로 개인적인 생각과 이를 '공개적으로' 행동에 옮기는 것과의 차이점이다. 후자는 생각을 행동으로 옮김으로써 그것을 구체화시킨다. 한 개인의 생각이 행동으로 옮겨지지 않는 한, 그 생각을 판단하는 것은 사실상 불가능하다.

그래서 우리는 자유와 생각에 관한 역설에 직면한다. 한편으로 우리는 무엇이든 생각할 수 있는 자유가 있다. 그러나 치료를 받기 위해서는 스스로 자유로운 상태가 되어 자신의 본연의 모습이 되어야 한다. 이 말은 우리가 자유롭게 범죄적 충동에 넘어갈 수 있다거나 우리 생각을 다른 사람들에게 강요할 수 있다는 것, 혹은 책임지지 않고 파괴적인 행위를 할 수 있다는 의미가 아니다. 무엇이든 생각하고 느낄 수 있는 자유에는 우리의 사고와 감정을 훈련시킬 책임감이 수반된다. 내가 그랬던 것처럼 어떤 사람들은 스스로에게 울 수 있는 자유를 허용해야 한다. 반면 쉽게 상처를 받을 수 있는 사람들은 울지 않는 법을 배울 필요도 있다. 우리는 무엇이든 생각하고 느낄 수 있는 자유를 가져야 하지만 자신의 생각을 모두 공공연하게 떠벌리거나, 항상 가슴속의 감정을 숨김없이 드러내야 하는 것은 아니다.

훌륭한 평화운동가이고, 환경보호활동가이며, 시민운동가인 피트 시거는 반파시스트적인 독일 민요 〈사고는 자유롭다〉를 불렀다. 생각하고 느끼기 위해서 우리는 자유로워져야 한다. 그러나 다른 것들과 마찬가지로, 자유에는 수식어가 필요하다. 단련하지 않은 자유는 우리를 위험에 빠뜨린다. 사실 무엇이든지 생각할 수 있는 자유는 복잡한 딜레마를 보여준다. 좋은 생각을 위한 자유에는 제한적 규칙이 필요하며, 모든 생각들이 다 좋은 것이라고 할 수는 없다. 형편없는 생각은 어처구니없는 행동으로 이어질 수도 있다. 더구나 우리 사회에서 벌어지는 단순 사고의 예를 통해 보았듯이, 정상이라고 인정된다는 이유만으로 극단적이고 나쁜 생각들을 좋은 것으로 간주한 증거가 비일비재하므로 생각의 자유에 대해서는 아무리 주의해도 지나치지 않다.

캣 스티븐스의 노래 〈참을 수 없어〉는 이렇게 끝을 맺는다.

"네가 하고 싶은 말을 해, 네가 생각하는 것을 말해, 무엇이든지 생각해." 나는 이 노래를 좋아한다. 그러나 스티븐스가 "무엇이든지 생각해"라고 말할 때는 조금 조심스러워진다. 사람들에게 무엇이든 생각하라는 것은 두려운 제안일 수 있다. 그렇지만 나는 사람들에게 이런 자유를 주어야 한다고 생각한다. 또 모든 사람들이 올바른 생각만 하는 것은 아니라는 사실을 인식하고 있어야 한다. 생각하는 자유에 감사하면서 우리는 항상 잘못된 결정과 올바른 결정 둘 다를 내릴 수 있다는 것을 명심해야 한다. 그래서 생각의 자유와 함께 불확실성의 자유도 인내하는 법을 배워야 한다.

이런 사실들을 상징적으로 강조하고 싶어 했던 내 친구가 멋진 제안을 한 적이 있다. 그의 주장에 의하면 미국 동부 해안에 세워져 있는 자유의 여신상과 균형을 맞추기 위해서 서부 해안에는 책임의 여신상을 세워야 한다는 것이다. 사실 자유와 책임은 서로 분리할 수 없다. 우리 스스로 생각할 수 있는 자유를 가지고 있다면, 우리는 어떻게 생각하는지, 무엇을 생각하는지 그리고 인생을 값지게 살기 위해 우리의 사고력을 사용하고 있는지에 대해 궁극적으로 책임을 져야 한다.

시간과 효율성

대부분 사람들은 자신이 생각하는 방법을 안다고 믿는다. 이러한 믿음의 밑바탕에는 생각하는 데에는 그다지 많은 노력이나 시간이 필요하지 않다는 가정도 들어 있다. 집에 가는 길에 세탁물도 찾고 또 가는 길에 먹을거리도 살 수 있다. 이렇게 일상생활에서 시간을 효율적으로 쓸 수 있는 사회에 살고 있는 것은 분명 다행이다. 하지만 그 덕에 어떤 결과가 패스트푸드 레스토랑의 서비스처럼 신속하게 나오기를 기대하기도 한다. 우리는 시간을 효율적으로 사용하라는 말을 자주 듣지만, 효율적으로 생각하기 위해서 시간을 투자하지는 않는다. 실제 문제들에 직면했을 때, 그런 문제들이 마치 30분짜리 TV 시트콤에서처럼 신속하고 쉽게 처리될 수 있다고 상상하는 것이다.

그 결과 많은 사람들이 깊이 있게 생각하는 일에 거의 관심을 보이지 않는다. 참된 사고를 하기 위한 노력은 뒷전에 물러나 있고, 일상생활을 하면서 마주치는 여러 가지 딜레마들을 효과적으로 처리하기는커녕 결국 제자리만 맴돌고 있다. 대부분의 사람들은 지도를 보고 어느 도로를 선택해서 갈 것인지 생각한 후에 장거리 자동차 여행을 한다. 그러나 일생을 통한 정신적이고 영적인 여행에선, 왜 목적지에 가고자 하는지, 진정으로 가려는 곳이 어딘지 또는 그 여행을 위한 최상의 계획을 어떻게 세우고 준비할 것인지에 대해서는 굳이 생각하지 않는다.

이와 같이 단순하게 접근하기 때문에, 우리 인생의 여러 가지 측면들을 간과하고 마침내는 그런 것들이 돌이킬 수 없는 위기가 된다. 또 우리가 가진 선입견과 자아관의 전체적인 틀에 맞지 않는다는 이유로 성장을 촉진할 수 있는 새로운 아이디어를 놓치기도 한다. 그저 단순한 반응만을 하면서 엄청난 시간을 소모한다. 마치 최소한의 시간과 관심을 필요로 하는 신호에만 반응하고, 생각하는 데 시간과 노력이 드는 일은 무엇이든 무시하도록 프로그램된 로봇과 같다. 우리는 아무 생각 없이 그저 표면만 훑고 지나간다. 그러나 올바른 사고는 시간이 많이 소요되는 과정이다. 즉각적으로 결과가 나타나기를 기대할 수도 없다. 때로는 속도를 늦추고, 시간을 내어 깊이 있게 생각도 하며, 명상도 하고, 기도도 해야 한다. 이것이 보다 의미 있고 효율적인 존재가 되기 위해서 가야 할 유일한 길이다.

나는 타고난 사색가라고 이전에 말한 적이 있다. 이 말은 따로 시간을 내어 생각하고 기도하는 것이 내게는 칫솔질처럼 아주 자연스러운 일이라는 의미이다. 나는 매일 세 번 45분씩 총 2시간 30분 동안 일상적으로 하는 일이 있다. 이 시간의 십분의 일 정도를 하느님께 말씀을 드리는 일(대부분 사람들이 기도라고 생각하는)에 쓰고, 또 다른 십분의 일은 하느님의 말씀을 듣는 일(묵상이라고 정의되는)에 쓴다. 나머지 시간 동안 나는 어떤 결정을 내리기 전에, 생각하고, 우선적으로 해야 할 일들을 분류하고, 여러 가지 가능한 선택들을 숙고한다. 내가 이 시간을 기도 시간이라고 부르는 이유는 그저 생각하는 시간이라고 말한다면 사람들이 이 시간을 신성하게 여기지 않아 편한 마음으로 나를 방해할 것이기 때문이다. 그렇다고 내가 정직하지 않다는 말은 아니다. 여러 가지 면에서 생각하는 것은 기도하는 것과 유사하다.

기도와 관련해서 내가 좋아하는 정의는—신에 대한 언급조차 없는—매튜 폭스의 것이다. 그는 기도를 "인생의 미스터리에 대한 근본적인 응답"이라고 정의한다. 그러므로 기도는 생각하는 것과 밀접한 관계가 있다. 우리가 근본적으로 응답할 수 있으려면 먼저 근본적으로 생각해야 한다. 잘 생각한다는 것은 아주 근본적인 활동이다.

여기서 내가 말하는 '근본적인'이란 단어의 의미를 명확히 하는 것이 중요할 것 같다. 근본적이라는 단어의 어원은 '뿌리'라는 의미의 라틴어 '라딕스radix'이다. 근본적이라는 의미는 대상의 뿌리에까지 도달하여 그 본질을 파악하고, 피상적인 것에 정신을 빼앗기지 않는 것이다. 이 '근본적'이라는 의미의 단어 '래디컬radical'과 동의어는 기본적 또는 본질적이라는 의미의 '펀더멘탈fundamental'이다. 기본적이란 매우 중요한 것을 의미한다. 그런데 흥미롭게도 '근본적radical'이라는 말의 명사형 '래디컬리스트radicalist'는 무장 투쟁하는 좌파 무정부주의자를 뜻하는 데 쓰이고, '근본적fundamental'이라는 말의 명사형 '펀더멘탈리스트fundamentalist'는 우파 극우주의자를 뜻하는 데 쓰인다.

그러나 내가 이 단어들을 사용할 때는 그와 같은 두 가지 정신적 성향을 가진 사람들을 의미하지 않는다. 나는 근본적인 문제들에 대해 심사숙고하는 사람이 근본주의자라는 의미에서 이 말을 사용한다. 다시 말해 깊은 생각에 의해 이루어지는 모든 행동은 인생의 가장 중요한 문제들을 다루고 이를 해결하려 한다는 의미에서 근본적이라고 할 수 있다. 기도도 이와 마찬가지다. 기도가 의미 있는 행위로 이어지지 않는다면 그것은 아무 소용이 없다.

근본적으로 사고하는 사람들은 독립적인 사고를 하는 사람들이다. 그러나 그들은 자신에게만 의지할 수 없다는 것도 안다. 독립적으로 생각한다는 것이 곧 다른 사람들의 정보와 지식은 배제하고 극단으로 치우친다는 것을 의미하지는 않는다. 그러므로 스스로 생각한다는 것은 바람직하지만 이것이 모든 보편적인 지혜를 부정하고 모든 사회적 규범을 무시하는 독불장군처럼 행동하는 것을 의미하지는 않는다. 이는 오히려 에너지를 불필요하게 사용하는 것이고, 시간을 비효율적으로 낭비하는 것이다. 오히려 우리는 훌륭한 지도자와 선생님들에게 공식적으로 혹은 비공식적으로 많은 것들을 배울 수 있다. 훌륭하게 생각을 할 수 있는 사람들을 통해서 효율적이고 충만한 삶의 좋은 본보기를 발견할 수도 있을 것이다.

나는 내가 가진 여러 가지 모습 중 하나가 효율성 전문가라고 생각한다. 정신과 의사이자 작가로서 나는 사람들이 보다 효율적인 삶을 살 수 있도록 도왔고, 비록 그들의 생활이 항상 행복하거나 안락한 것은 아니었지만 주어진 상황 속에서 가능한 한 많은 것을 배우고 인생에서 많은 것을 얻을 수 있도록 도왔다.

강연 활동을 할 때, 사람들은 내가 강연과 저술 활동, 아버지와 남편으로서의 역할, 사회운동가 그리고 엄청난 분량의 독서 등 어떻게 그 많은 일들을 해낼 수 있는지 자주 질문했는데 나는 적어도 하루에 2시간은 아무것도 하지 않고 그 시간에 생각하고, 기도하고, 우선적으로 해야 할 일들을 계획하기 때문에 보다 효율적인 사람이 될 수 있었다고 대답했다.

효율적으로 생활하면, 보다 짧은 시간에 상대적으로 많은 일들을 할 수 있다. 효율적으로 생각하는 과정에서, 당신은 삶의 어려운 문제들을 대수롭지 않다는 듯 모른 척하기보다 정면으로 대응할 수 있도록 보다 중요한 것을 우선시하는 방법을 배우게 된다. 효율적이 되려면 반드시 훈련이 필요하다. 이와 같은 훈련은 항상 다른 대안들을 기꺼이 생각할 뿐 아니라 자신의 만족감을 뒤로 미룰 수 있는 능력을 개발하는 것이다. 그와는 달리 단순하게 생각하게 되면 결국 현명하고 생산적인 결정을 할 수 있는 선택을 하지 못하고, 제멋대로 반사적인 대응만을 하게 된다.

효율적이 된다는 것은 우리 자신의 일시적인 기분들을 통제해야만 한다는 의미는 아니다. 일상생활의 매순간을 계획한다는 것은 말이 되지 않는다. 효율성이란 계획을 세우는 것뿐 아니라 그에 대한 준비를 하는 것을 의미한다. 그 결과 반드시 일어나게 마련인 위급한 상황이 발생했을 때는 미리 준비가 되어 있기 때문에 그 순간 가장 필요한 것에 주저하지 않고 대응할 수 있다. 효율성이라는 것은 필요 이상의 큰 피해를 일으키며 어마어마한 문제로 불거지기 전에 반드시 처리해야 할 것들에 대해서 주의를 기울이는 일이다.

단순주의는 비효율적이고 나태한 타개책이다. 문제를 해결하는 훈련에 따르는 합당한 노력과 고통을 피하려고 적절치 못한 지름길을 택하는 생각을 한다면 발전은 없다. 단순주의는 손쉬운 해결책이 있다는 환상을 갖게 하는 방법일 뿐 아니라, 곤경에 빠지게 만드는 확실한 길이다. 그렇기 때문에 나는 단순한 해결책만을 제시하는 단순주의와 선택을 하기 전에 우선시해야 할 일을 정하는 효율적 단순성을 구분한다. 우리가 진지하게 생각하고 행동하고자 한다면 그 차이는 매우 중요하다.

역설 그리고 성실하게 생각하기

모든 것에는 단 하나의 이유가 있으며, 그에 대한 손쉬운 해결책이 있다고 생각하는 사람들이 단순주의와 지적 편협성을 조장한다. 나는 많은 여행을 통해서 어디를 가든 그런 편협성은 특별한 것이 아니라 일반적이라는 사실을 알게 되었다. 만약 모든 것에는 단 하나의 이유만 있다고 가정한다면, 자연히 우리는 그 이유만 찾으려 할 것이다. 그리고 이것과는 상충되지만 반드시 찾아내야 할 다른 가능성들은 무시하게 될 것이다.

나는 높은 수준의 교육을 받은 많은 사람들이 폭동, 동성애, 낙태 등의 문제에서부터 빈곤, 질병, 악 그리고 전쟁 등과 같은 복잡한 사안들에 대해서까지 아주 단순한 해석을 하거나 그런 해석을 찾아내려 한다는 사실에 놀란 적이 있다. 복잡한 현상에 단순한 논리를 가지고 살아가는 것보다는 차라리 많은 것들에 대하여 아무런 논리 없이 살아가는 것이 더 건강한 삶일지도 모른다.

《거석을 찾아서 *In Search of Stones*》에서 나는 부유한 백인 증권 중개인과 나눈 대화에 대해 썼다. 로드니 킹 구타 사건에서 관련 경관에 대한 무죄 평결이 나온 후 일어난 LA폭동을 이야기하던 중, 교육 수준이 높고 지적이며 성공한 그 증권 중개인은 폭동의 원인이 '가족 가치의 붕괴'라는 확신을 가지고 내게 말했다. 모든 폭도들이 실제로 흑인 청년들이었다는 사실에서 그는 이런 결론을 끌어냈던 것이다. "만약 그들이 결혼해서 부양해야 할 가족이 있었다면, 폭동을 일으킬 만한 시간적 여유가 없을 것"이라고 그는 덧붙였다.

나는 그 자리에서 크게 화를 냈다. 나는 그에게 200년 동안 지속된 노예 제도 아래에선 대부분 흑인들이 결혼을 할 수도, 합법적인 가족을 가질 수도 없었다는 사실을 말했다. 백인이 흑인의 가족이라는 가치를 불법적인 것으로 만든 것이다. 나는 그에게 왜 일반적으로 흑인 남성들보다 흑인 여성들의 교육 수준이 높고 취직하기가 상대적으로 더 쉬운지에 대해 문화적·역사적 이유를 들어 설명했다. 또 그 당시에 캘리포니아 주의 경제 침체가 다른 지역보다 나빴다는 사실도 상기시켰다. 나는 미국에서 주 정부 가치의 몰락에 대해서도 이야기했고 편견에 의한 억압과 절망의 심리에 대해서도 이야기했다. 나는 "가족 가치의 '몰락'이 어쩌면 폭동의 원인들 중 하나였을지 모르지만, 그것은 복잡하게 얽혀진 많은 이유들 중 하나일 뿐이다"는 결론을 내렸다.

나는 그에게 모든 중요한 일에는 여러 가지 측면의 원인이 있다는 개념, 즉 '중층결정'에 대한 설명을 했다. 중층결정에 대한 인식에는 전체 상황을 제대로 보기 위해서 단순한 생각이 아니라 여러 차원의 측면들을 종합하는 태도가 필요하다. 많은 문제들을 이해하는 데도 그러한 관점이 필요하다. 잘 생각한다는 것은 여러 가지 차원에서 대상을 바라본다는 의미이다. 그것이야말로 진지하게 생각하는 행위의 본질이다. '성실integrity'이라는 단어의 어원은 전체, 완전, 완성 등을 의미하는 명사인 '완integer'이다. 성실하게 생각하고 궁극적으로 성실하게 행동하기 위해서 우리는 아주 복잡한 세상에 존재하는 다양한 이유와 여러 가지 측면들을 통합하여 생각할 수 있어야 한다.

정신과 의사들은 '통합하다'라는 동사의 반대말로 '칸막이하다'라는 단어를 사용한다. 칸막이하는 것은 적합한 관계가 있는 대상들이 서로 충돌해서 우리에게 스트레스나 고통 또는 마찰이나 긴장감을 일으키지 않도록 그것들을 우리 마음속에서 완전히 분리된 구역에 따로 떼어 가두는 것이다. 《평화 만들기*The Different*

Drum》와《거석을 찾아서》에서 내가 언급한 한 가지 예는 한 남자가 하느님과 하느님의 창조를 사랑한다고 열렬히 믿으며 일요일 아침마다 교회에 가지만, 월요일에 출근해서는 근처 하천에 유독성 폐기물을 방류하는 회사의 방침을 아무렇지도 않게 생각하는 것이다. 이것은 물론 그 사람이 종교와 회사의 업무를 서로 분리된 다른 구역 속에 두기 때문이다. 그는 우리가 '주일 아침용 신자'라고 부르는 사람이다. 이런 태도는 사업을 하기에는 편리할지 모르지만 성실한 태도는 결코 아니다.

성실하게 생각하고 행동하기 위해 우리는 서로 대립되는 생각과 요구 조건 사이의 긴장감을 충분히 경험해야 한다. 이를 위해서는 중요한 질문을 해야 한다. 무엇인가 빠진 게 있는가? 일반적으로 갖는 단순한 환상과 가정을 뛰어넘어 무엇이 빠져 있는지를 찾아내려는 노력을 기울여야만 한다.

초기 수련의 시절에 나는 환자가 말하지 않은 것이 말한 것보다 중요하다고 배웠다. 이것은 생략된 것의 근원을 찾아가는 데 필요한 훌륭한 길잡이다. 예를 들어 심리 치료 과정 동안 건강한 환자들은 그들의 현재와 과거 그리고 미래에 대해 통합적인 전망에 따라 이야기를 할 것이다. 만약 환자가 자신의 현재와 미래에 대해서만 이야기하고 과거에 대해서는 한마디도 언급하지 않는다면, 충분한 치료를 위해 밝혀야 하는 어린 시절의 중요한 문제(해결되지 않고 버려져 있는)가 적어도 한 가지는 있다고 확신할 수 있다. 만약 환자가 자신의 어린 시절과 미래에 대해서만 이야기한다면, 자신의 현재 상황과 관련된 몇 가지 중대한 어려움, 대부분은 가까운 사람과의 관계나 도박과 관련된 문제를 겪고 있다고 말할 수 있다. 그리고 환자가 자신의 미래를 한 번도 언급하지 않는다면, 공상이나 미래의 희망과 관련된 문제가 있다고 의심할 수 있다.

우리가 성실하게 생각하고 그것에 따르는 고통을 기꺼이 참고 싶어도 어쩔 수 없이 역설paradox에 직면하게 되는 경우가 있다. 그리스어 '파라para'는 '~의 측면, 옆, ~따라, 지나서, 너머'라는 의미이다. '독사doxa'는 의견이란 뜻이다. 그러므로 역설은 '통념과 반대가 되는 말 또는 모순되고, 믿을 수 없고 또는 부조리하지만 실제로는 사실일 수도 있는 이야기'이다. 어떤 개념이 역설적이라면, 그 자체만으로도 진정성이 느껴지고 진실처럼 들린다는 뜻이다. 그와 반대로 만약 어떤 개념이 전혀 역설적이지 않다면 전체의 어떤 양상을 통합시키지 못한 것으로 의심할 수 있다.

엄격한 개인주의 윤리가 전형적인 예다. 많은 사람들이 개인주의의 환상에 빠지게 되는데 그것은 그들이 통합적으로 생각하지 않거나 혹은 그런 의지가 없기 때문이다. 우리는 혼자서 혹은 혼자 힘만으로는 존재할 수 없다. 내가 통합적으로 생각한다면, 나의 생명은 땅과 비와 태양뿐 아니라 농부들, 출판업자들, 도서 판매업자와 더불어 나의 아이들, 아내, 친구들 그리고 선생님들이라는, 말하자면 가족, 사회 그리고 모든 창조물의 전 구성원들에 의해 키워진다는 사실을 깨닫게 된다. 나라는 존재는 단순히 한 개인이 아니다. 나는 상호 의존적인 존재다. '고집스럽게' 행동할 권리가 나에게는 전혀 없는 것이다.

전체 그림에서 실체의 한 조각도 빠짐없이 모든 부분들이 다

통합되어 있다면, 당신은 아마도 역설에 직면하게 될 것이다. 우리가 사물의 근원에 도달하게 되면, 모든 진리는 역설적이다. 예를 들어 진리는 내가 개인임과 동시에 개인이 아니라는 것이다. 그러므로 진리를 추구한다는 것은 서로 별개이며 정반대로 보이지만 사실은 서로 얽혀 있고 어떤 식으로 연관되어 있는 것들을 통합하는 것이다. 인생에 대한 많은 것들이 표면상 단순해 보이지만 복합적—비록 언제나 복잡한 것은 아니지만—이라는 점에서 현실 그 자체는 역설적이다. 단순주의와 단순성에 차이가 있듯이 거기에는 분명한 차이가 있다. 다시 말해 전체성에는 하나의 거대한 단순함이 있다.

《아직도 가야 할 길》은 많은 역설로 가득 차 있다. 나는 "인생이 어려운 것은 문제에 직면하고 이를 해결하는 과정이 고통스럽기 때문"이라고 썼다. 그러나 내가 인생이 어렵다고 말할 때, 이것이 결코 쉽지도 않고 보람도 없다는 뜻이 아니다. 그 말의 의미를 구체적으로 생각하지도 않고 인생이 어렵다고 말하는 것은 '인생이 힘들면 죽어야지'라는 생각에 동조하는 것이다. 이것은 단순하면서도 허무주의적인 생각이다. 그것은 모든 아름다운 것, 선량함, 영적 성장을 위한 기회, 평온 그리고 인생의 경이로운 측면 등을 무시하는 것이다. 실제로 신비스럽고 역설적인 진실 중 하나는 인생이 우리에게 고통도 주지만 그 고통이 지나가면 말할 수 없는 커다란 즐거움이 뒤따른다는 점이다.

역설을 이해한다는 것은 결국 미치지 않고서도 우리 마음속에서 서로 모순되는 개념들을 파악할 수 있다는 것을 뜻한다. 정신과 의사로서 나는 '미친'이라는 단어를 경솔하게 사용하지 않는다. 사람들이 진실이라고 당연시했던 것이 그리고 유일한 진실이라고 믿었던 것이 의문시될 때, 그들은 미칠 것 같은 느낌을 갖는다. 그것은 대조적인 생각들의 진실에 대해 기계적으로 어느 한쪽을 부정하거나 거부하지 않고 마음속에서 그 생각들을 가지고 곡예를 하는 정신적 곡예술이다. 그러나 이해하기 힘든 사실—예를 들어 이 세상에서 악은 선과 공존한다는 사실—을 부정하고 싶은 강한 충동이 일어날 때, 환상, 거짓 사실들, 명백한 거짓 등을 구별하는 과정에서 역설을 이해할 수 있는 능력이 필요하다.

우리들 대부분은 역설적으로 생각할 수 있는 능력을 가지고 있다. 이런 능력을 무시하거나 또는 사용하는 정도는 다양한 차이를 보인다. 그 정도는 지능 지수에 의해 결정되는 것이 아니라 사고력의 연습량에 의해 결정된다. 예리한 역설적 사고력을 원한다면 옛말에도 있듯이 그 능력을 사용해야 한다. 그렇지 않으면 결국에는 잃게 될 것이다. 우리가 역설적으로 생각하는 능력을 더 많이 사용하면 할수록 그 능력은 더욱 확장될 것이다.

보다 훌륭한 사고를 하기 위해 우리 사회에 어떤 변화가 필요한 것은 분명하다. 그러나 동시에 개개인의 생각과 이러한 도전에 대응하는 방법에 대한 책임은 우리 개인에게 있다. 궁극적으로 사람들이 잘 생각할 수 있도록 가르칠 수 있다면, 마치 개인의 질병을 치료하듯이 사회의 질병도 치료할 수 있을 것이다. 결국 생각을 잘하는 데서 얻어지는 이익은 노력할 만한 가치가 있으며 다른 어떤 것보다 훨씬 더 가치 있다. 이는 궁극적으로 희망적인 일이다.

오래전 나는 다음과 같은 글귀를 읽은 적이 있다.

"일단 정신세계가 진실로 확장되면, 그것은 결코 이전의 상태로 되돌아가지 않는다."

의식

생각을 잘 한다는 것의 요점은 좀 더 의식적이 되는 것이다. 그리고 이것이야말로 능숙한 문제해결의 선행 조건이다. 그렇다면 의식이란 무엇인가? 또 왜 그것이 중요한가?

의식이란 예를 들어 사랑, 기도, 아름다움 그리고 공동체 사회 등과 같이 한 가지 관점만으로는 정의내릴 수 없는 포괄적이고 복잡하며 신비로운 것이다. 《아직도 가야 할 길》의 '사랑의 미스터리'라는 제목의 장에서 나는 사랑에 관한 내 생각을 밝혔다. 그 책에서 나는 백여 페이지에 걸쳐 글을 쓰면서 마치 사랑에 관해서는 모든 것을 알고 있는 것 같지만 막상 나 자신도 설명할 수 없었던 많은 문제를 제기했다.

《거석을 찾아서》에서는 예술 역시 정의하기 힘들다는 것을 강조했다. 예술이 가진 수많은 특성 가운데 하나는 비합리성이다. 인간이 만든 다른 창조물에는 분명한 존재 이유가 있다. 그런 물건들은 우리 생활에 필요하고, 유용하며, 제각기 확실한 기능을 갖고 있다. 포크나 스푼, 칼이나 도끼, 집 또는 사무실의 존재 이유에 대해 심각하게 생각하는 사람은 거의 없다. 그러나 어떤 특별한 재료를 깎아 포크의 손잡이나, 칼날, 건물의 모형 등을 만들게 되면, 그것은 곧 장식적인 일에 관여하는 것이며, 따라서 꼭 합리적이라고는 할 수 없는—또는 쉽게 정의 내릴 수 없는—예술의 영역에 들어서게 된다.

몸에 화장을 하고, 캔버스에 그림을 그리고, 돌에 조각을 하고, 시를 쓰고, 작곡을 하는 등의 행위는 우리가 인간만의 아주 독특한 활동을 하고 있다는 것을 보여준다. 예술은 의식을 내포하고 있다. 자신의 몸을 장식하는 행위에서 드러나듯 자신에 대한 의식뿐 아니라, 자신의 외부에 있는 사물—그리고 아름다움—에 대한 의식도 포함되어 있는 것이다.

오직 한 가지 관점만으로 의식에 대해 적절한 정의를 내릴 수 없다. 대부분의 경우 우리는 보다 작은 규모의 것들에 대해 정의를 내릴 수 있을 뿐이다. 의식을 포함해서 단순히 하나의 정의만으로 규정할 수 없는 것들은 모두 궁극적으로는 신과 관련 있다. 예를 들어 이슬람교도가 어떠한 형태로도 신의 이미지를 형상화하는 것을 금하고 있는 것 역시 이러한 맥락 속에 있다. 즉, 어떤 형태의 이미지도 결국에는 신의 존재를 담을 수 없고 표현할 수 없으며, 다만 전체 중의 극히 일부만을 드러낼 수 있을 뿐이다. 따라서 그런 행위는 일종의 신성 모독이 될 것이다.

의식의 신비

"나는 생각한다. 그러므로 나는 존재한다"는 명제를 남긴 것으로 유명한 이가 바로 데카르트다. 대신에 나는 오히려 '의식한다'라는 단어를 써서 이렇게 표현하고 싶다. "나는 내가 생각하고 있다는 사실을 의식하고 있다. 그러므로 나는 존재한다." 이 말의 의미는 의식 없는 것은 존재하지 않는다는 것인가? 그렇지는 않다. 창문 밖에 서 있는 나무가 의식이 없는 것이라고 하더라도 우리는 그 나무의 존재를 즐기기도 하거니와 우리와는 별개의 실체로 그 존재를 인식한다. 나무는 인간과는 무관하게 스스로 생명체로서의 분명한 표시를 드러낸다. 토양, 비, 햇볕 등에서 끊임없이 에너지를 공급받으며 계절이 변화함에 따라 나뭇잎의 색깔도 바뀐다. 사실 우리는 나무, 풀, 돌 등이 의식 없는 존재인지에 대해 분명한 지식을 갖고 있지는 않다. 그런 것들이 자의식이 없는 존재라는 믿음은 일종의 가설일 뿐이다. 어쩌면 그런 존재들은 우리와는 다른 방식으로 의식하고 있는지도 모른다. 설령 내가 사슴이나 꽃 그리고 돌고래 등의 마음을 알아보고 싶다 해도 내겐 그럴 능력이 없다.

이처럼 의식 또는 자의식과 같은 개념은 결코 단순하지가 않다. 일반적으로 의식을 인간과 다른 피조물을 구분시키는 어떤 것으로 생각하려는 경향이 있다. 그러나 다른 한편으로 온 세상은 의식으로 활기가 넘친다. 세상은 살아 움직이고, 사물을 인식하며, 성장하고, 변화하고 있다. 동시에 오히려 우리 자신이 무의식 속에 완전히 빠져 있기도 한다. 역설적이지만 인간들에게서 두드러지게 나타나는 사실이다. 어떤 사람들은 깊이 생각하지만, 많은 사람들이 거의 생각하지 않거나 아예 생각을 하지 못한다는 사실을 고려하면 알 수 있는 이야기다.

《아직도 가야 할 길》에서 나는 우리가 의식과 무의식 모두를 갖고 있다고 말했다. 의식적인 정신은 결정을 하고 그것을 행동으로 옮기게 한다. 반면 무의식적 정신은 의식의 표면 아래에 존재하며, 우리가 자연적으로 인식하지 못하고 있는 내용에 대해서도 엄청나게 많은 정보를 가지고 있다. 무의식은 '의식적 자아'라고 규정되는 '우리'가 알고 있는 그 이상의 사실들을 알고 있다. 은폐되어 있고 의식되지 않는 것들을 어떻게 알 수 있을까? 그것은 그야말로 신비이며, 그저 신비스러운 것이라고 할 수밖에 없다. 그러나 우리는 몇 가지 암시를 통해 의식을 개발할 수 있다.

전두엽의 재발견

앞서 나는 인간이 다른 피조물과 구별되는 점들 중 하나가 상대적으로 본능의 힘이 약하다는 사실임을 지적했다. 본능의 힘이 약하기 때문에 인간은 학습을 할 수밖에 없다. 본능적으로 알고 있는 사실은 그리 많지 않기 때문에, 인간은 살아가면서 어떻게 행동해야 되고 또 어떻게 문제를 해결해야 되는지를 학습해야 한다.

인간의 한정된 본능 가운데 가장 원초적인 것은 소위 반사 작용이라고 불리는 것이다. 반사 작용의 한 가지 예는 예기치 않은 고통에 대한 반응이다. 우연히 뜨거운 난로 위에 손을 대면, 우리는 채 고통을 느끼기도 전에 벌써 손을 끌어당긴다. 이것은 척수에 '반사궁'이 있기 때문이다. 우리 몸으로 전달되는 고통의 메시지는 뇌 자체에서 인식하기 전에 몸의 운동에 관여하는 신경 섬유에 먼저 전달된다. 그러나 그 고통이 아주 심각한 것이라면 뇌는 재빨리 그 사실을 인지 – 의식 – 하게 되고, 그 결과 신체적 · 정신적으로 고통을 느낀다.

의식은 뇌 속에서 특정 위치를 차지하고 있지는 않다. 그럼에도 그 위치를 구분하자면 주로 전두엽 부분에 국한되어 있다. 전두엽에 종양이 생기면 우선 인지력과 집중력의 감소가 나타나며, 그 결과 복잡한 문제의 해결 능력이 떨어진다.

오랫동안 신경 정신과 의사들은 고착된 망상으로 인해 심한 고통을 겪는 정신분열증 환자들에게 전두엽 절제술을 해왔다. 수술 절차는 간단한데, 전두엽의 앞부분(뇌에서 가장 발달된 부분)과 나머지 뇌의 연결 부분을 절단하는 것이다. 다시 말하면 이 수술을 함으로써 의사들은 가장 발달되어 있고 가장 인간다운 기능을 하는 뇌 일부분의 기능을 없앤 것이다. 물론 그들이 잔인하기 때문에 이런 수술을 하는 것은 아니다.

사실 나는 의사로 활동하면서 전두엽 절제술을 받은 환자들을 몇 번 만났다. 그런데 그들의 말은 그 수술이야말로 끔찍한 인생에서 최선의 선택이었다는 것이다. 오랜 기간 동안의 엄청난 고통에서 그들을 해방시켰기 때문이다. 그러나 그들이 그런 해방의 대가로 지불한 것은 인간적인 어떤 면모 한 가지를 잃는 것이다. 전두엽 절제술을 받은 환자들은 분별 있는 판단력이 상실되는 증상을 보인다. 수술은 그들의 고통을 없앴지만, 자아 인식 능력은 현저히 떨어지고, 정서적 반응의 폭도 매우 좁아지는 후유증을 남긴다.

창세기 3장의 교훈

인류학과 신경 해부학에서 강력하게 제기되는 주장은 인류의 진화 방향이 전두엽과 의식의 발달을 향해 있다는 것이다. 흥미로운 것은 성서와 신화 역시 인간 의식의 진화에 대해 많은 가르침을 담고 있다는 점이다. 인간성에 대한 가장 복잡하고 다차원적인 신화 중 하나인 창세기 3장은 또 다른 중요한 암시를 준다. 창세기에 의하면 신은 아담과 이브에게 선과 악을 분별하는 지혜를 가질 수 있는 열매를 따먹지 말도록 명령한다. 그러나 그들은 타락한 천사의 유혹에 빠진다. 신의 명령을 어긴 그들은 자신의 모습을 감춘다. 왜 숨어 있느냐고 신이 물었을 때, 그들은 몸에 아무것도 걸치지 않고 있기 때문이라고 대답한다. "누가 그 사실을 이야기했느냐?"라고 신이 묻는다. 비밀은 여기서 드러난다.

다시 말해 선악과를 따먹은 첫 결과는 아담과 이브가 비로소 자의식을 갖게 된 것이고 그 때문에 부끄러움을 느꼈고 겸손해졌다는 점이다. 그들은 나체 상태라는 것을 인식하게 된다. 여기서 추론할 수 있는 하나의 사실은 죄의식과 수치심이 의식의 표현이라는 점이다. 물론 이러한 감정이 지나치게 과장되면 병적이라고 말할 수도 있다. 그러나 어느 정도까지 이들은 인간성의 본질을 이루는 일부분이고, 또 심리적 발달 과정과 기능에서는 필수적인 감정이기도 하다. 그러므로 창세기 3장은 인간 진화의 신화이며, 구체적으로 인간 의식의 진화에 관한 신화이다. 다른 신화와 마찬가지로 그것은 진리의 보고라고 할 수 있다. 이처럼 에덴동산의 신화가 전하는 많은 진실 가운데 한 가지는 인간은 부끄러워하는 존재라는 점이다.

생각이 깊고 멋진 사람들을 만날 수 있는 기회가 내게 자주 있었는데 그들 중에는 기본적으로 부끄러움이 없는 사람은 없었다. 그들 중 몇 사람은 자신이 부끄러움을 느낀다고 생각하지는 않았지만, 우리가 이야기를 나누는 동안 그 사실을 깨닫기도 했다. 조금도 부끄러움이 없는 사람도 극소수 있었는데, 어떤 면에서 보자면 심각한 장애가 있는 사람들이다. 말하자면 인간성을 상실한 사람들이었다.

인간은 자의식을 갖게 되면서 자기 자신을 하나의 독립된 실체로 의식하게 되었다. 하지만 그 결과로 우리는 자연 또는 그 밖의 다른 존재들과 하나라는 느낌을 잃어버렸다. 이런 상실감의 상징이 바로 에덴동산에서의 추방이다. 아담과 이브가 더 높은 차원의 자의식을 가지게 되면서 필연적으로 그들이 깨닫게 된 사실은 행동에는 결과가 따르게 되고, 그들의 선택으로 인한 책임을 영원히 져야 한다는 것이다. 인류는 이런 고통을 물려받았다. 우리는 모두 성숙이라는 사막에 내던져지게 되었다.

따라서 인간 의식의 진화는 단순한 죄의식이나 수치심보다 더 심오한 함축적 의미를 가진다. 인식을 할 수 있을 때 비로소 우리는 자유 의지도 갖게 된다. 내 생각에 무엇보다 신이 자신의 모습을 따라 인간을 창조한 까닭은 진화의 과정을 통해 우리에게 자유 의지를 부여하기 위해서였을 것이다. 순전히 반사적이거나 또는 본능적인 차원에서 움직일 때에는 자유 의지가 존재하지 않는다. 나는 '자유'라는 단어를 강조하고 싶다. 총이 등을 겨냥하고 있을 때 우리는 결코 자유로울 수 없다. 신이나 진화의 과정을 통해서 우리에게 주어진 것은 생각과 행동을 스스로 선택할 수 있는 자유다.

창세기 3장이 드러내 보여주는 진실은 우리의 의식을 지속적으로 진화시켜 더 크게 확장해야 할 필요가 있다는 것이다. 인간의 진화가 발전적인 현상이며 인간이 의식을 가진 존재라는 사실을 고려한다면, 그 과정이 아무리 힘들다고 해도 아무것도 모르는 무지의 상태로 다시 돌아갈 수는 없다는 것이다. 케루빔 천사가 불꽃칼을 들고 지키고 있는 에덴동산의 문은 우리에게 다시는 열리지 않을 것이다. 여러 가지 의미에서 인간은 의식을 가져서 축복받은 존재인 동시에 저주받은 존재다. 의식과 함께 선악의 실체에 대한 인식이 생기게 되었기 때문이다.

선과 악

창세기의 처음 세 장은 선과 악의 발생에 대한 이야기다. 창세기의 첫 부분에서 제시되는 것은 선을 행하려는 충동은 창조가 무엇인가라는 문제와 관련이 있다.

신이 먼저 하늘을 창조하고 나서 보니 그것은 훌륭했다. 그다음으로 신은 땅, 바다, 식물, 동물 그리고 인간 등을 만들었다. 그것들 역시 훌륭한 창조물이었다. 반면에 악을 행하려는 충동은 창조적이라기보다는 파괴적이다. 선과 악, 창조와 파괴 간의 선택은 우리의 몫이다. 궁극적으로 우리는 선택에 대한 책임을 져야 하고 그 결과를 수용해야 한다.

신(또는 진화의 과정)이 우리에게 자유 의지를 부여하는 바로 그 순간부터 신은 세상에서 인간들이 악을 행할 수 있는 잠재적인 가능성을 열어둔 것이다. 선택이 없다면 악이란 존재하지 않는다. 만약 우리에게 자유 의지가 있다면, 선악을 선택할 수 있는 힘도 가져야만 한다. 그러면 우리는 선을 선택할 수 있는 것처럼 악을 선택할 수 있는 자유도 가지는 것이다.

그러므로 다음 이야기가 악의 한 가지 예라는 사실은 당연하면서도 대단하게 느껴질 법하다. 창세기 4장에서 카인은 아벨을 살해한다. 그가 그런 일을 저지른 것을 자유 의지에 따른 문제로 보아야 할까? 신이 카인에게 아벨은 어디 있냐고 물었을 때, 그는 이렇게 되묻는다.

"제가 동생의 보호자입니까?"

우리는 이 대답이 역겨운 합리화라는 것을 알 수 있다. 그것은 자신을 합리화하면서 일종의 자기 방어적 생각을 드러낸다. 그것은 아주 얄팍하고 거의 반사적인 사고방식이다. 카인의 대답에서 우리는 그가 깊이 생각하지 않았기 때문에 아벨을 죽였다는 암시를 받는다. 우리는 자유 의지 때문에 생각을 할 수도, 하지 않을 수도 있다. 또 생각한다 하더라도 피상적으로 하거나 깊이 있게 생각할 수도 있는 것이다.

그렇다면 깊이 생각하지 않는 이유는 무엇일까? 왜 일부 사람들은 단순하게, 피상적으로 그리고 반사적으로만 생각하는가?

대답은 이렇다. 우리는 의식을 가진 존재이지만 다른 피조물들과 마찬가지로 고통을 피하고자 한다. 깊이 있는 생각을 한다는 것은 피상적으로 생각하는 것보다 훨씬 고통스럽다. 진지하게 생각을 할 때, 우리는 마음속으로 여러 가지 이유와 요인들을 밀고 당기는 가운데 팽팽한 긴장감을 느낄 수밖에 없다. 진지함 속에 고통이 있듯이, 의식에 고통이 따르는 것 역시 필연적이다.

악의 문제로 깊이 들어가기 전에 내가 다시 한 번 강조하고 싶은 것은 우리 삶의 목적이 그저 고통 없는, 곧 언제나 편안하고 행복하고 충만한 삶을 사는 것은 아니라는 점이다. 문제 해결에는 고통이 따르고 차원 높은 의식을 갖게 되는 과정은 인생을 사는 것처럼 결코 쉬운 일이 아니다. 그러나 그런 과정에는 많은 이점도 있다. 그 중 가장 중요한 것은 더욱 효율적인 삶을 살게 될 것이라는 점이다.

우리는 다양한 상황과 일상의 딜레마에 대처하는 폭넓은 선택의 가능성을 인식하게 될 것이다. 또 게임의 법칙을 더 잘 알 것이고, 그 결과 다른 사람에게 쉽게 속아서 우리 자신의 이익에 반하는 일들을 하지 않을 것이다. 대중 매체나 가족들의 지시 그리고 동료들의 영향력에 휘둘리기보다는 스스로 무엇을 생각하고 무엇을 신뢰할 것인지를 결정할 수 있는 더 나은 위치에 서 있게 될 것이다.

유감스럽게도 고통은 의식 작용의 불가피한 부산물이다. 우리는 또 우리 자신과 다른 사람들의 요구, 부담감 그리고 슬픔 등을 더 잘 알게 될 것이다. 인간이 반드시 죽을 수밖에 없는 존재라는 사실과 몸속의 세포 하나하나에서 일어나고 있는 노화의 과정을 더 잘 알게 될 것이다.

우리는 자신의 죄와 불완전성을 의식할 것이고, 그리고 필연적으로 사회의 죄와 악을 더 잘 인식하게 될 것이다. 그러므로 깊이 있는 생각을 할 것인가 하지 않을 것인가의 선택은 의식의 작용에 고통이 따른다는 사실을 수용할 것인가 하지 않을 것인가의 선택이다.

이 선택은 아주 중요하기 때문에 《아직도 가야 할 길》의 첫 번째 장에서 두 가지 문제에 초점을 맞추어 다루었다. 우선, 여러 가지 문제들이 우리에게 어떻게 고통을 주는가라는 문제와 우리는 고통을 피하려는 존재이기 때문에 문제에 직면하고, 고통을 처리하려 하기보다는 어떻게 그것으로부터 벗어나려 하는가라는 문제였다. 그와 비슷하게 《끝나지 않은 여행》의 첫 번째 장 역시 '의식과 고통의 문제'라는 제목을 붙였다.

비록 의식적으로 사는 일에 따르는 고통으로 인해 그 과정이 가치 있거나 훌륭하지 않을 수도 있다. 그러나 우리가 의식을 성숙하게 하지 못해서 또는 진지하게 생각하지 못해서 지불해야 되는 대가를 고려한다면, 비로소 그 가치를 이해할 수 있을 것이다. 우리가 생각하지 않고 의식의 성장을 위해 노력하지 않기 때문에 일어나는 불필요한 개인적 고통, 인간관계에서 일어나는 커다란 어려움 그리고 사회적 혼란 등 세상의 악은 너무나 많다.

악, 죄 그리고 그 밖의 개념들

악과 정신 이상, 질병과 죄는 서로간의 중요한 차이가 구분되어야 한다. 그래서 나는《거짓의 사람들》에서 사물에 이름을 붙임으로써 그것을 통제할 수 있는 어느 정도의 힘이 우리에게 주어진다고 썼다. 악은 구체적인 정신 질병의 한 가지 유형으로 규정될 수 있으며, 다른 주요 정신 질환에 집중적인 관심을 기울이는 것과 마찬가지로 과학적인 연구가 이루어져야 한다고 믿는다. 물론 악은 여전히 악이다. 아우슈비츠, 밀라이 대학살, 존스타운의 대학살 그리고 오클라호마 시의 폭발 사건 등이 이를 뒷받침하는 사실들이다. 악은 미지의 사실을 설명하기 위해 원시 종교가 상상력을 동원해 꾸민 이야기가 아니다. 그것은 단순한 '질병' 이상의 의미를 가진다.

이 세상에서 일어나는 수많은 사건들의 상황을 고려할 때, 진지하게 생각을 한다면 악의 실체를 그냥 지나칠 수 없다. 미국에는 악에 대한 거부감이 폭넓게 퍼져 있다. 많은 사람들이 악의 존재를 무시하거나 그 실체를 직면하기를 주저한다. 그 이유는 많은 사람들이 거만하거나 혹은 다른 사람보다 고고하게 행동하는 것처럼 보이기 싫어하기 때문이다. 여러 가지 악행을 저지른 사람을 그저

'병적'이라고 기술하는 신문기사를 보는 것은 드문 일이 아니다. 정신과 의사로서 나는 '병적'이라는 단어를 치료가 가능할 뿐 아니라 치료받기를 원하는 어떤 질병 때문에 고통을 겪는 사람들에게 쓰는 것이 더 적절할 것이라고 생각한다.

악은 '병적'인 관점에서 실행되지만, 대부분의 '병든' 사람들이 악인은 아니다. 그들은 자신의 악의를 내면화시키고 치료의 도움을 받지 않을 경우에는 자기 자신을 고통스럽게 괴롭힌다는 점에서 차이가 있다. 악한 사람들은 가는 길이 다르다. 병든 사람들은 고통 받지 않는다. 그들은 다른 사람들을 향해서 채찍을 휘두르며, 그들을 희생양으로 만들기 때문에, 고통 받는 것은 오히려 주변 사람들이다. 자신들에 대한 아주 좋은 평가, 자만, 독선 그리고 그보다 더 나쁜 것 등에 탐닉해 있는 사람들이 야기하는 나쁜 영향력을 생각해보라.

악은 파괴적이므로 궁극적으로는 일종의 질병이다. 그러나 생각 장애가 있다고 해서 그가 한 행동에 대한 책임이 면해지는 것은 아니다. 생각하거나 하지 않거나 하는 것은 개인의 선택이다. 그러므로 악에 대해 정신의학적 진단이 고려되어야 한다고 해서 범죄를 저지른 사람이 감옥에 가지 않아도 된다는 뜻은 아니다. 물론 경우에 따라 정신적으로 이상이 있을 때 죄에 대한 책임을 면하게 하는 법 규정에 대해서도 전적으로 찬성한다. 우리가 선택을 할 때는 언제나 그에 대한 이유가 있어야만 하기 때문이다.

《거짓의 사람들》에서 나는 대담하게도 어떤 부류의 사람들은 악하다고 주장했다. 그들은 어떤 사람들인가? 중요한 점은 악한 사람들과 일반적인 범죄자들 그리고 악한 사람들과 일반적으로 비도덕적인 사람들을 구별하는 것이다. 정신과 의사로 일하면서 얼마동안 나는 교도소에서 유죄 판결을 받은 범죄자들을 치료하는 일을 했다. 많은 사람들이 악의 문제는 감옥에 갇혀 있는 사람들에게 국한된 것이라고 생각하지만, 내 경우에는 수감자들을 악한이라고 느낀 적이 거의 없다.

그들은 분명히 파괴적인 사람들이고 또 대체로 그런 짓을 되풀이한 사람들이다. 그러나 그들의 파괴적인 측면에는 일종의 무작위성이 있다. 더욱이 일반적으로 그들은 자신들의 사악한 행위에 대한 책임을 거부하지만, 그래도 그들의 사악함에는 어느 정도 개방적인 성격이 있다. 이런 사실을 그들 스스로도 지적하곤 하는데, 자신들은 정확히 말하자면 '정직한 범죄자'이기 때문에 체포되었다고 주장한다. 진짜 악한 사람들은 교도소 밖에 있다는 것이 그들의 주장이다. 분명히 그런 주장은 얄팍한 자기 정당화다. 그러나 아주 일반적인 측면에서 볼 때 나는 그들의 주장이 정확하다고 생각한다.

사실, 악을 저지르는 대부분의 사람들은 그저 평범한 시민들처럼 보인다. 그들은 저 아래 동네 혹은 이웃에 사는 사람들일 수도 있다. 그들은 돈이 많거나 적을 수도 있으며 또는 교육을 받았거나 받지 못한 사람일 수도 있다. 그들의 대부분은 결코 '범죄자'로 지칭할 수 없는 사람들이다. 때때로 그런 사람들은 사회에 잘 적응해서 살고 있으며 표면적으로는 올바른 말과 행동을 하고 있는 '착실한 시민들'이다. 그들은 지역사회의 활동적인 지도자, 주일 학교 교사, 경찰, 은행원, 학생 또는 부모 등일 수도 있다.

《거짓의 사람들》에서 그려지고 있는 바비와 그의 부모는 소위 지극히 정상적으로 일상생활을 영위하는 사람들이 저지를 수 있는 악의 유형들을 보여준다. 그의 형 스튜어트가 22구경 소총으로 머리를 쏘아 자살하고 난 후, 열다섯 살의 바비는 온갖 종류의 잡다한 옛일들을 떠올리며 형과 치고받고 싸운 것에 죄책감을 느끼기 시작한다. 그는 스튜어트의 죽음에 어느 정도 책임이 있다고 느끼고, 결국 스스로를 악한 존재로 생각하기 시작한다. 결코 놀라운 일이 아니다. 우리 가까이 있었던 누군가가 자살한다면 최초의 충격에 이어 우리가 보이는 반응은—만약 우리가 정상적인 인간적 양심을 가지고 있는 사람이라면—우리가 잘못한 것이 무엇일까 생각하는 일일 것이다.

만약 바비가 건강한 가정환경에서 자랐다면, 안정된 노동자인 부모는 스튜어트의 죽음에 대해서 바비에게 이야기하고, 스튜어트가 정신병으로 고통 받고 있었으며, 형의 죽음은 바비의 탓이 아니라고 안심시켰을 것이다. 그러나 부모는 그렇게 하지 않았다. 이러한 위로를 받지 못한 바비에게는 우울한 기색이 역력했다. 학교 성적은 곤두박질쳤고, 교사는 바비를 심리 치료사에게 데리고 가라고 부모에게 조언을 해주었다. 그러나 부모는 그것마저 하지 않았다.

크리스마스 때 바비의 부모는 그가 원하지도 않았던 그 22구경 소총을 굉장한 선물인 양 그에게 주었다. 이 물건이 전하는 메시지는 끔찍했다. 바비는 심한 우울증에 빠져 있는 상태였다. 더욱이 그에게 이 선물을 주려는 부모의 동기가 무엇인지 이해할 만큼 충분히 성숙한 상태가 아니었다는 점을 고려한다면, 그가 받아들이는 메시지의 핵심은 이런 것이다.

"너의 형이 자살할 때 사용했던 이 총을 받아서 형처럼 해. 넌 죽어야 돼."

이러한 태도에 내포된 끔찍한 의미를 알고 나서 부모가 보인 반응은 모든 악행의 근저에 있는 전형적인 부정과 자기기만이었다. 그의 부모는 이렇게 말했다. "그것은 우리가 줄 수 있는 가장 좋은 선물이에요. 우리는 그저 노동자일 뿐이지요. 우린 세련되지도 않고 똑똑하거나 당신처럼 교육을 많이 받은 사람도 아니라고요. 그런 것들에 대해서 생각할 수 있는 그런 사람들이 아닌걸요."

물론 악한 행위를 한다고 해서 모두 악인이 되는 것은 아니다. 그렇지만 누구나 악한 일을 할 수 있기 때문에 우리는 모두 악하다고 말할 수도 있다. 물론 죄나 악을 그저 정도의 문제라고 생각하는 것 또한 잘못이다. 죄를 짓는다는 것은 포괄적 의미에서 '목표에서 벗어나는 것'이다. 이 말은 우리가 과녁에 명중시키지 못할 때마다 죄를 짓는 것이란 의미다. 죄라는 것은 끊임없이 완벽해지려는 노력의 실패를 의미할 뿐이다. 우리는 누구나 항상 완벽할 수는 없기 때문에 모두가 결국에는 죄인이라고 할 수 있다. 우리는 일반적으로 자신이 할 수 있는 최선을 다하지 못한다. 이때 우리는 스스로에게 또는 다른 사람들에게 일종의 죄를 짓게 된다.

물론 범죄에도 정도의 차이는 있어 보인다. 가난한 사람들보다는 부자들을 속이는 것이 덜 나쁘게 보인다. 그러나 그것은 여전히 사람을 속이는 일이다. 사업에서 속임수를 쓴다거나, 소득세 신고를 거짓으로 한다거나, 다른 여자를 만났으면서 늦게까지 사무실에서 일을 했다고 아내에게 말하거나 또는 친구와 전화로 1시간씩이나 수다를 떨면서 세탁소에 맡긴 옷을 찾아올 시간이 없었다고 남편에게 말하는 것은 법적으로는 서로 다른 의미가 있다. 어떤 행위는 상대적으로 용서받을 확률이 더 높을 것이며, 또 어떤 상황에서 그런 일이 일어났는가에 따라서도 달라질 수 있을 것이다. 그러나 분명한 사실은 그런 행위들 모두 거짓이며 배신이라는 점에서는 다르지 않다는 것이다.

일상적으로 자기 자신과 다른 사람들을 배신하며 사는 것이 우리 현실이다. 가장 나쁜 경우는 뻔뻔스럽게 충동적으로 그런 일을 저지르는 사람들이다. 가장 교만한 경우는 그런 일을 하지 않도록 노력해야 한다고 생각하면서 약삭빠르게 그런 일을 저지르는 사람들이다. 그런 행위가 의식적인가 또는 무의식적인가 하는 것은 중요하지 않다. 어쨌든 그것은 배신행위다. 만약 당신이 양심적인 사람으로 절대 그런 일을 하지 않는다고 생각한다면, 스스로에게 거짓말을 하고 있는 것은 아닌지 또는 혼자 착각하고 있는 것은 아닌지 자신에게 물어보라. 자신에게 정직하다면, 당신은 죄를 짓고 있다는 사실을 깨닫게 될 것이다. 그것을 깨달을 수 없다면, 당신은 스스로에게 철저하게 정직하지 않았다는 것이며 그 자체가 죄다.

그러므로 우리 모두는 어느 정도 죄인이다. 그러나 악한 사람들이 절대적으로 죄의 크기나 행위의 불법성만으로 규정될 수 있는 것은 아니다. 그들이 저지르는 죄 그 자체가 악인을 규정하지는 않는다. 오히려 그들이 저지르는 죄의 교묘함, 지속성, 일관성 등이 더 중요한 의미를 갖는다. 그리고 일관성을 강조하는 까닭은 바비의 부모와 같은 종류에 속하는 악한들은 자신의 죄의식을 회피하기 위해서라면 어떤 짓도 서슴없이 감행할 수 있기 때문이다.

그림자

칼 융은 인간 악의 근원에 "그림자를 마주치지 않으려고 하는 거부감"이 있다고 생각했다. 융의 '그림자'란 개념은 우리가 인정하고 싶지 않은 것, 자기 자신에게 그리고 타인들에게 지속적으로 은폐하고, 의식의 융단 밑에 숨기고 싶은 것들을 포함하는 우리 마음의 한 부분이다.

우리들 대부분은 명백한 죄나 실패, 결함 등으로 인해 장벽에 부딪히게 되면 자신의 그림자를 인정하게 된다. 융이 사용하는 '거부'라는 단어의 의미는 훨씬 적극적인 그 무엇을 포함한다. 죄와 악의 경계선을 넘은 사람들의 특성은 자신의 죄의식을 절대적으로 거부한다는 것이다. 그들에게 나타나는 가장 중요한 결함은 양심이 없다는 사실이 아니라 양심의 고통을 인내하지 않고 거부한다는 점이다. 다시 말해 그들의 행위를 악으로 만들어버리는 것은, 죄가 아니라 죄를 지었다는 사실을 인정하지 않고 거부하는 것이다.

사실 악한惡漢들은 아주 지적인 사람들이다. 그들은 거의 모든 측면에서 상당히 의식이 있지만 그들의 그림자를 인정하지 않으려는 경향이 있다. 내가 알고 있는 악에 대한 가장 간결한 정의는 '전투적 무지'이다. 악은 일반적 의미의 무지와는 다르다. 구체적으로 말하자면 그것은 그림자와 싸우는 무지이다. 악한 사람들은 죄의 고통을 참거나 의식 속에 들어온 그림자와 마주치기를 거부한다. 대신 그들은 죄의 흔적이나 그런 사실을 이야기하는 사람 또는 그런 사실을 상징하는 사람들까지도 모두 없애려고 애를 쓴다. 이런 파괴 행위로 인해서 그들의 악이 저질러지는 것이다.

나는 항상 죄의식은—비록 '우울한 경험'으로 생각될 수도 있지만—여러 가지 면에서 일종의 축복이라고 주장했다. 자신의 개인적인 결함을 진심으로 인식하는 것을 나는 개인적인 죄의식이라고 부르고 싶다. 자신이 천성적으로 게으르고, 무지하고, 이기적이어서 늘 자신의 창조주를 배반하고 다른 인간 동료들을 배반하며 심지어는 자신에게 최선의 이익마저도 배반하는 존재로 인식하는 것은 결코 기분 좋은 일은 아니다. 그러나 이런 개인적인 실패나 부족함을 인식할 수 있다는 것은 역설적으로 인간이 가진 가장 큰 축복 중의 하나다. 우리에게 적당하게 주어진 죄의식은 결코 유쾌하진 않지만, 우리의 죄가 통제할 수 없을 정도로 악화되는 것을 막아주는 역할을 하기도 한다. 즉, 우리가 죄를 지으려는 마음을 막는 가장 효과적인 안전장치인 셈이다.

우리가 더욱더 의식적으로 살아야 하는 이유 중의 하나는 악한 존재가 되지 않기 위해서다. 다행스러운 사실은 진실로 악한이라고 부를 수 있는 사람은 극소수라는 점이다. 그러나 그보다 정도가 심하지 않은 형태의 심리적 질병을 가지고 있는 사람들은 주변에 너무나 많다. 그들은 비록 악한은 아니지만 마음속에 있는 그림자를 직면하지 않으려는 성향을 보이는 사람들이다. 지그문트 프로이트와 그의 딸 안나는 아주 흥미롭게도 우리의 무의식 심연에는 때때로 '사악한 것'이 숨어 있다는 사실을 밝혀내었다.

전통적인 프로이트 심리학에 의하면 대부분의 심리적 장애의 원인은 분노, 의식하지 못한 성적 욕망 등과 같이 은폐되어 있는 감정에서 기인한다. 이런 이유로 인해 대부분의 학자들은 심리적 질병을 무의식의 영역에 국한된 것으로 간주했다. 그 결과 무의식의 영역은 심리적 병리 현상의 온상이며, 그런 징후들은 개인을 괴롭히기 위해 표면으로 솟아오르는 지하의 악마 같은 존재로 인식되었다. 그러나 나의 생각은 정반대다.

《아직도 가야 할 길》을 쓸 때 나는 모든 심리적 장애란 기본적으로 의식의 혼란이라고 믿었다. 그런 현상은 무의식에 근거를 두고 있는 것이 아니라, 어떤 문제를 잘 생각해서 처리하려고 하지 않거나, 의식적으로 어떤 감정이나 고통을 회피하려는 것에 그 뿌리를 두고 있는 것이다. 이와 같은 문제들, 감정, 욕망 등은 다만 고통을 피하려는 의식적 마음이 그런 것들을 무의식의 영역으로 밀어넣었기 때문에 그곳에 있을 뿐이다.

물론 아무런 문제의식도 없이 한심하게 사는 사람은 아무도 없다. 마찬가지로 항상 완전한 의식을 가지고 아주 건강하게 사는 사람도 거의 없다. 사람들 각자가 노력하는 정도의 차이가 다르다는 것을 고려한다면, 수많은 의식 수준의 차이가 있을 것이다. 그러나 의식의 수준은 본질적으로 측정하기가 쉽지 않다. 표준 심리 테스트를 통해서 정신 건강을 측정한다 하더라도 어떤 사람의 정확한 의식 수준을 결정하기는 힘든 일이다. 다만 우리는 어떤 사람의 행동을 통해서 그 정도를 가늠할 수 있을 뿐이다. 그러나 아마도 의식의 정도를 측정할 수 있는 가장 좋은 방법은 일관되게 나타나는 그 사람의 전체적인 사고방식일 것이다. 예를 들면 단순 사고를 지향하는 사람은 진지하게 사고하는 사람보다 의식의 정도가 낮다.

이렇게 사고와 의식은 서로 평행 관계 속에 복잡하게 얽혀 있다. 의식은 모든 생각의 기초이고, 생각은 모든 의식의 기초이다. 생각을 제대로 하지 못하는 경우에는 언제나 의식 수준에서 그에 상응하는 결손이 나타난다. 그러므로 모든 인간의 행동은—선량하든, 악하든, 무심하든—그에 수반된 생각과 의식의 정도 혹은 질적 수준 여부에 달려 있다.

사람들은 자주 내게 이렇게 묻곤 한다.

"스캇 박사님, 우리는 누구나 한두 가지 신경증 증세가 있고, 또 완벽한 의식을 가지고 있는 사람은 아무도 없는데 언제 치료가 필요한지 그것을 어떻게 알 수 있습니까?"

내 대답은 이렇다.

"그건 바로 당신이 어려움에 처해 있다고 느낄 때입니다. 만약 당신이 치료를 받지 않고도 잘 성장할 수 있다면 치료는 필요 없습니다. 그러나 성장하지 못하고 어려움에 처해 같은 자리를 맴돌고 있다면, 그건 분명히 비능률적인 상태에 처해 있는 것입니다.

효율성이 떨어질 때는 언제나 잠재적인 능력의 저하가 나타나는 것입니다."

분명 우리가 의식 수준을 높여야 하는 또 다른 이유가 있다. 그것은 정신적 영적 성장의 근본이며, 이런 성장을 통해서 우리는 더욱더 유능한 존재가 되기 때문이다.

의식 그리고 능력

우리는 일상생활에서 일어나는 여러 가지 필요 사항들을 처리하거나 문제 해결을 보다 잘 할 수 있도록 하는 여러 가지 능력이나 재능을 열거할 수 있을 것이다. 그러나 일반적으로 능력이라는 개념은 복합적인 역량을 의미한다. 의식의 발전과 관련해서 능력은 단순히 적합한 수준의 기본적인 생존 기술을 습득하고, 사물을 조직화하는 방법을 배우고, 탁월한 기억력을 가지는 것 이상의 폭넓은 개념이다. 진정한 능력은 단순히 지식을 축적하는 것보다 지혜를 넓히는 것이다. 그것은 진정한 인격적 힘을 발휘하게 하는 심리적·영적 성숙함에 도달하기 위해 노력하는 것이다.

많은 사람들이 요리책을 보지 않고도 요리를 하거나, 매뉴얼을 보지 않고도 자동차 엔진을 수리할 수 있다. 또는 여러 가지 상황에 상응하는 신속하고 정확한 정보를 기억하는 탁월한 기억력의 소유자일 수도 있다. 그러나 폭넓은 사고를 할 수 없거나 아예 의도적으로 하지 않는다면, 또 여러 가지 상황들을 창조적으로 고려하지 않는다면, 예측할 수 없는 어떤 상황을 처리할 수 없게 되는 것이다. 매뉴얼을 보지 않고도 음식물 쓰레기 분쇄기를 쉽게 수리할 수 있었던 사람이 아이들의 교육 문제나 아내와의 대화 등과 같이 보다 복잡하고 섬세한 문제에 직면하면 아주 큰 무력감을 느끼게 될지 모른다.

인생의 어떤 부분에서는 제법 유능하다고 해도 다른 부분에서의 능력은 달라질 수 있는 것이 우리의 현실이다.《창가의 침대》에 등장하는 주요 인물 가운데 한 사람인 헤더는 간호사로서 자신의 직무에는 유능하고 성실한 여자였다. 그녀는 능숙한 간병인에다 원만한 성격의 소유자여서 요양원에서는 가장 모범적인 직원 중 한 사람이었다. 그러나 개인 생활은 전혀 달랐다. 그녀는 배우자를 선택하는 데 서툴렀으며 남자에 대한 잘못된 판단으로인해 체면을 구길 때도 있었고 심지어 학대를 당하기도 했다. 한편으로는 뛰어난 간호사였지만 여자 친구로서는 형편없었던 헤더는, 심리학자들의 표현을 빌자면, '자아의 갈등이 없는 영역'과 극단적으로 갈등하는 영역이 공존하는 인물의 전형이다. 그런 사람들은 어떤 영역에서는 의식적이지만 또 다른 영역에서는 신경증적 갈등으로 인해 완전히 무의식적으로 변한다.

많은 사람들이 이런저런 문제로 혼란을 느끼는 것은 의식이 모든 영역에서 균등하게 작용하지 않기 때문이다. 헤더의 경우처럼 그런 고통에서 벗어나기 위해 치료를 받을 수도 있다. 그들은 미치지 않았다. 또 인생에서 중요한 성장은 서서히 이루어진다는 사실을 확인하고는 안도할 수도 있다. 하지만 치료가 곧 의식을 발전시키는 과정에서 생기는 고통까지도 없앨 수 있는 만병통치약은 아니라는 사실도 깨닫게 될 것이다.

정신과 의사로 활동하면서 나는 환자들에게 늘 이렇게 말하곤 했다. "정신 치료는 당신을 행복하게 만들려는 게 아니라, 당신의 힘을 길러주려는 겁니다. 이 과정을 다 끝낸다 하더라도 당신이 더 행복해진다고 보장할 수는 없습니다. 내가 보장할 수 있는 것은 다만 당신이 더 유능해질 거라는 점이죠." 나의 이야기는 계속된다. "그러나 살다 보면 능력의 진공상태가 있을 것입니다. 그래서 우리가 더 유능해지면, 신이나 우리 삶이 우리로 하여금 더 큰 일을 하도록 만듭니다. 결과적으로 당신은 여기 처음 올 때보다 훨씬 더 큰 문제로 고민하면서 이곳을 떠날 것입니다. 당신이 이제 더 이상은 사소한 문제들에 얽매이지 않고 좀 더 큰 문제를 생각하고 있다는 사실을 알게 되면 기쁨과 마음의 평화가 찾아올 겁니다."

언젠가 정신치료의 목적에 대해 질문을 받았을 때 프로이트는 이렇게 말했다. "무의식을 의식화하는 것입니다." 이 말은 물론 새로운 것은 아니다. 치료의 목적은 환자들이 더 명료하게 생각하고, 인생을 더 효율적으로 살 수 있다는 사실을 인식하도록 도와주는 것이다.

인식 또는 의식의 발전은 자아 개발이라는 측면에서도 말할 수 있는데, 그것은 의식의 발전과 상당히 유사하다. 《탄생을 기다리는 세계*A World Waiting to Be Born*》에서 자아란 인격의 통치부이며, 자아의 발전(성숙)은 대체로 세 단계로 설명될 수 있다고 말했다. 첫 번째 단계는 아주 어린 시절인데 이 시기에는 자의식이 거의 전무한 상태다. 이때의 자아는 최저 단계인 감정적 수준에 머물러 있으며 감정에 얽매여 있다. 자의식이 없기 때문에 어린아이는 악의가 없고 대부분 귀엽다. 어린아이는 자신이 즐거울 때면 100퍼센트 즐겁게 행동한다. 그들은 놀랄 만큼 활기차고 순수하다. 물론 이렇게 자의식이 없기 때문에 때때로 다루기 어려운 존재가 되기도 한다. 아이들이 슬프다고 느낄 때, 그들은 100퍼센트 슬픔을 느끼고 때로는 도저히 위로가 불가능한 상태에까지 이르기도 한다. 아이들이 화를 낼 때는 떼를 쓰고 고집을 부리며 이따금씩은 거칠고 사악한 행동을 보이기도 한다.

생후 9개월이 되면 자의식의 흔적이 어렴풋이 보이기 시작한다. 그 후 자아 인식의 능력은 어린 시절을 거치면서 점점 성장해간다. 그러나 사춘기가 되면, 자의식은 폭발적으로 성장한다. 그 시기에 젊은이들은 처음으로 정확히 '관찰자로서의 자아'를 갖게 된다. 이제 그들은 즐겁거나 슬프거나 또는 화가 날 때 그런 감정 상태의 자신을 관찰할 수 있게 된다. 이런 변화는 자아가 더 이상 감정의 차원에 완전하게 얽매여 있지는 않는다는 것을 의미한다. 자아의 한 부분, 즉 관찰자로서의 자아는 감정과 분리되고 보다 높은 위치에서 지켜보게 된다. 대신 이런 변화의 결과로 무의식적 활기는 잃어버리게 된다.

관찰자로서의 자아가 사춘기에 완전히 발달하는 것은 아니다. 그런 탓에 사춘기의 청년들은 충동적으로 행동하기도 하며, 가끔은 위험할 정도로 활기차다. 그러나 또 어떤 때에는 별난 헤어스타일이나 옷을 입고 난폭한 행동을 함으로써 의식적으로 전혀 다른 정체성을 가지려고 하기 때문에 가식 덩어리로 보이기도 한다. 끊임없이 또래의 친구나 부모와 스스로를 비교하기 때문에 이 대담한 태도의 젊은이들도 때로는 몹시 수줍어하며 수없이 많은 극심한 당혹감과 자기 비하의 감정으로 고통 받기도 한다.

이와 같은 사회 심리와 정신적 발달의 시기에 자의식은 때로 아주 고통스러운 것이기도 하다. 이 때문에 많은 사람들이 자의식을 지속적으로 발달시키기보다는 아예 그 과정을 포기하고 성인기에 접어든다. 그리고 성인기에 접어들었다 하더라도 관찰자로서의 자아는 여전히 발전하지 못했기 때문에 자기 관찰 능력은 그리 신통치 않다. 대신에 고통스럽지도 않게 된다. 이런 상황이 발생하는 이유는 실제로 의식의 폭이 축소되기 때문이다. 대다수의 사람들은 자신도 모르는 사이에 자신의 감정과 결함을 축소시키거나 제한적으로 인식하는 것에 만족하게 된다. 그렇게 되면 그들의 인격적 성장의 여정은 갑자기 중단되고, 결과적으로 그들의 잠재적 성장 가능성은 실현될 수 없으며, 진정한 의미의 심리적 영적 성장은 이루어지지 못하게 된다.

그러나 신의 은총과 신비로 인해 운이 좋은 소수의 사람들은 인격적 성장의 여정을 계속하여 관찰자로서의 자아 성장을 위축시키지 않고 강화해 나간다. 정신 분석학에 기반을 둔 심리 치료가 아주 효과적인 이유 중 하나는 그것이 관찰자로서의 자아를 훈련시키는 도구라는 것이다. 진료실의 침대에 누워서 환자가 하는 일은 단순히 자신의 이야기를 하는 것이 아니라, 이야기를 하면서 스스로의 모습을 관찰하고 또 자신의 감정을 관찰하는 것이다.

관찰자로서의 자아 훈련이 중요한 이유는 자아가 충분히 강해지면 개인은 다음 단계로 진입할 수 있는 위치에 있게 되어 이른바 초월적 자아를 발전시킬 수 있기 때문이다. 초월적 자아와 함께 우리의 인식의 차원은 보다 폭이 넓어지고, 현실적으로는 때와 장소 그리고 근거를 잘 구별해서 우리의 본질을 나타낼 수 있게 된다. 우리의 생각과 감정을 전반적으로 더 의식하게 될수록 자신의 결점을 잘 알게 될 것이다.

물론 그렇게 되더라도 더 이상 두렵지는 않을 것이다. 기꺼이 자신의 좋은 측면과 나쁜 측면 모두를 통합적으로 이해할 수 있게 되기 때문이다. 그래서 우리가 가진 한계를 인정하면서도 때로는 그것을 조롱하면서 살아갈 수 있는 능력을 개발할 수도 있을 것이다. 우리의 불완전성을 인정하면, 좀 더 능숙하게 우리가 변화시킬 수 있는 일과 할 수 없는 일들을 구분하고 가능한 능력의 범위 내에서 그런 일들을 처리할 수 있다.

중요한 관찰자로서의 자아의 존재 자체는 어느 정도 자발성의 상실을 의미한다. 초월적 자아의 발달은 이전 단계인 관찰자로서의 자아라는 토대 위에서 이루어진다. 이 때문에 완전히 의식적인 사람은 때로 자신이 하고 싶은 대로 모든 일을 자유롭게 할 수 없다는 사실을 안다. 반면에 그런 사람들은 언제 거침없이 행동해야 하는지를 의식적으로 결정할 수 있고, 또 언제 어떤 상황에서 조심해야 하는지를 판단할 수 있는 심리적 융통성을 가지고 있다.

어느 날 오후 나는 어떤 환자에게 초월적 자아의 개념을 설명하고 있었다. 그 환자는 분노를 표출하는 문제로 인해 진료를 받고 있는 상황이었다. 그는 몇 년 전 학생들의 시위가 한창이던 시절에 대학의 고위 행정직을 맡았던 사람이었다. "아 그렇군!" 그는 갑자기 소리를 질렀다. "이제 당신이 하는 말을 이해하겠어요"라고 말하며 그는 소요 사태가 극에 달했을 때 당시 대학 총장이 어떻게 사임하고, 후임 총장이 즉각 그 자리를 대신하게 되었는지 자세히 설명했다.

우리는 회의를 거듭했었죠. 가끔 격론이 벌어지기도 했습니다. 새로 부임한 총장은 듣기만 했어요. 그는 가끔 아주 조용한 어조로 대학 정책은 이러저러해야 한다고 코멘트를 하곤 했지만, 이런 사태를 수습해 나갈 요령을 익히고 있는 중이었기 때문에 그의 목소리에는 확신이 없었어요. 나는 그가 평정을 유지하는 것이 놀라웠지요. 하지만 나는 그가 지나치게 수동적이고, 어쩌면 무능력한 것은 아닐까 의심하기 시작했습니다. 마침내 대강당에서 모든 교수들이 참석하는 대규모 회의가 열렸습니다. 그날 회의 주제는 아주 중요한 것이었습니다. 젊은 교수 한 사람이 일어나 어떻게 대학의 모든 행정 관리자들이 무감각하고 복지 부동하는 독단적 집단에 불과할 수 있냐고 장황한 비난을 퍼부었습니다. 그의 말이 끝나자 새로 부임한 총장이 연단으로 성큼성큼 걸어갔습니다. "제가 이곳에 부임한 지 이제 3주가 되었습니다." 그는 평상시의 조용하고 침착한 어조로 말문을 열었습니다. "여러분들은 지금까지 새로 부임한 총장이 화를 내는 것을 본 적이 없을 겁니다. 그러나 오늘 그런 기회를 갖게 될 것입니다." 그리고 조금 전의 오만하고 멍청한 젊은 교수를 완전히 묵사발을 만들었지요. 아주 인상적인 장면이었습니다. 아마 그게 당신이 말하는 초월적 자아의 전형이겠지요.

의식적인 삶과 지속적인 자기 검증에 마음을 쓴다면 일부의 자유는 제한될 수 있다. 하지만 그 과정에 잘 적응한 사람들이 궁극적으로 깨닫게 되는 것은 그러한 방식이 오히려 우리의 삶을 진정으로 자유롭게 한다는 사실이다. 높은 수준의 의식 밑에는 고도의 자기 통제력, 다시 말해서 심리적 능력이 있기 때문이다.

초월적 자아의 단계에 이르는 것은 오케스트라의 지휘자가 되는 것과 유사하다. 앞서 대학 총장의 경우처럼, 초월적 자아를 가진 개인은 자신의 감정을 잘 인식하고 있기 때문에 실제로 그런 감정들을 조화롭게 조정할 수 있다. 이따금씩 슬픔을 느낄 때도 있지만 스스로를 지휘를 하며, 이렇게 말할 수 있다.

"지금은 슬픔을 나타낼 때가 아니라 즐거움을 표현할 때요. 자, 바이올린은 소리를 죽이고, 호른은 힘차게."

여기서 그의 능력, 즉 인격적인 힘이 오케스트라의 지휘자가 바이올린을 내동댕이치지 않는 것처럼 자신의 슬픔을 억누르거나 부정하는 것은 아니다. 다만 자신의 슬픔을 잠시 옆으로 밀쳐두거나 괄호밖에 두는 것이다. 이와 비슷하게 초월적 자아의 감정적 · 지적 능력으로 그는 즐거워하는 자신에게 이렇게 말할 수 있을 것이다.

"호른, 난 네가 좋다. 그러나 지금은 즐거움을 표현할 때가 아니야. 분노가 필요할 때이거든. 자, 북을 치라고."

그러나 사실주의적 관점에서 모든 축복은 잠재되어 있는 저주이며, 의식과 능력은 모두 고통과 뒤엉켜 있다는 사실을 다시 한 번 기억해야 한다.《아직도 가야 할 길》에서 말했듯이, '한 인간의 위대함을 가장 잘 측정할 수 있는 기준은 고통을 이겨내는 능력'이다. 켄터키 의과 대학의 정신 의학과 교수인 아놀드 루드비히의 저서《위대함의 가치》에서는 책의 제목에 걸맞게 이러한 사실을 강조하고 있다. 루드비히의 책은 예술가, 작가, 발명가 그리고 그 외의 다른 창조적인 사람들을 포함해서 여러 유형의 분야를 대표하는 20세기의 뛰어난 인물 1004명의 삶을 조사한 10년간의 연구에 근거를 두고 있다.

천재와 그들의 정신 건강 사이의 관계를 연구한 결과, 우리 시대에 살았던 모든 위대한 천재들은 사람들이 믿는 보편적인 관점을 쉽게 버릴 수 있고, 기존의 권위에 도전하면서, 고독을 이겨낼 수 있는 강인한 능력이 있었다. 그와 동시에 그들은 우울증, 불안, 알코올의존증 등의 정신적인 문제를 일으킬 수 있는 '심리적 불안 증세'를 보이기도 했다. 그러나 이러한 성격들이 그들을 무기력하게 만들지는 않았으며, 실제로 개인의 능력을 발휘할 수 있도록 기여하였다. 그들은 창조적인 업적을 이루고 새로운 길을 열었으며 혁신적인 해법을 제시하고 새로운 학파를 등장시켰다.

높은 의식 수준의 재능 있는 사람들이 겪는 고통의 또 다른 측면은 자신의 우월성과 타협해야 하는 고된 노력에 관한 것이다.《탄생을 기다리는 세계》에서 주장했듯이, 확실히 뛰어난 재능을 가진 대부분의 사람들은 그들의 권한을 사용하는 것을 두려워하기 때문에 개인적이고 사회적인 욕구에 대한 유혹과 싸우게 될 것이다. 그런 사람들은 대부분은 개인적 능력, 정신적인 힘과 함께 겸손함도 갖추고 있기 때문에 스스로를 남들보다 뛰어나거나 '더 훌륭한' 존재라고 생각하지 않는다.

제인이라는 여성이 이런 경우에 해당된다. 그녀는 과민성 반응(짜증) 때문에 치료를 받으러 온 경영학 전공 2학년의 똑똑하고 예쁜 여학생이었다. 그녀에게 남자친구들은 따분했다. 담당 교수는 잘난 체하는 인물이었고 동료 학생들, 특히 여학생들은 아주 편협하고 상상력이 없어 보였다. 그녀는 도대체 무엇이 문제인지 알 수 없었다. 그러나 그녀는 똑똑했기 때문에 끊임없이 짜증을 불러일으키는 그런 상태에서 산다는 것은 분명히 무언가 잘못되었다고 느꼈다.

상담 시간마다 자신이 처한 상황에 대해 똑같은 이야기를 반복해서 말하게 되자 그녀는 격앙된 목소리로 외쳤다. "내가 여기서 한 일이라곤 투덜대는 것뿐이었다는 생각이 들어요. 난 징징거리고 싶지 않은데 말이죠."

"그렇다면 자신의 우월성을 받아들이는 방법을 배울 필요가 있겠군요"라고 나는 말했다.

"뭐라고요? 그게 무슨 뜻이죠?" 제인은 어이없어했다. "난 남들보다 뛰어나지 않아요."

"당신이 투덜거리는 불평은 모두 자신에 비해 남자 친구가 매력적이지 않다거나, 교수들이 너무 잘난 척한다든가, 친구들이 별로 재미있지 않다든가 하는 평가에 초점이 맞추어져 있습니다. 당신이 느끼는 모든 불행은 자신이 다른 사람들보다 더 뛰어난 존재라고 느끼기 때문일 겁니다. 실제로도 그렇구요"라고 나는 지적해 주었다.

"난 내가 뛰어난 존재라고 생각하지 않아요." 그녀는 절망적인 기분으로 소리를 질렀다. "바로 그게 문제라고요. 자신이 우월하다고 생각해서는 안 되잖아요. 모든 사람은 평등하니까요"

"그럴까요?" 나는 눈살을 찌푸렸다. "당신이 남들도 다 당신처럼 똑똑하다고 생각하고 있는 한 그들이 똑똑하지 않은 모습을 보일 때마다 늘 짜증을 낼 수밖에 없는 거지요. 사람들이 당신의 기대를 충족시키지 못할 때면 끊임없이 그 사람들에게 실망하게 될 겁니다."

이후 몇 주 동안은 제인에게 괴롭고도 힘든 치료의 시기였다. 그녀는 흥분하는 기색을 보이기도 했지만 자신이 올바른 방향으로 나아가고 있다고 조금씩 느끼고 있었다. 평범하다는 것은 아주 편하다. 그것은 또 안전하기도 하다. 그런데 제인은 어떻게 자신의 우월함을 수용하면서 오만에 빠지지 않을 수 있을까? 자기 정당화의 늪에 빠지지 않을 수 있을까? 만약 그녀가 진정으로 뛰어난 사람이라면, 고독한 삶을 살아야 될 운명이지 않을까? 만약 그녀가 평범한 사람이 아니라 비범한 사람이라면, 왜? 왜 그녀일까? 왜 그녀가 선발되었을까? 선택받은 것일까, 저주받은 것일까?

물론 나는 대답을 해줄 수는 없었다. 그러나 그 질문들이 실제로는 매우 중요한 문제라는 점을 인정하면서 그녀를 안심시키려고 했다. 점차로 그녀는 자신이 평범한 존재가 아니라는 사실과 자신이 선택받았지만 동시에 저주받은 존재이며, 축복받았지만 동시에 짐을 떠맡은 존재라는 사실을 받아들이게 되었다.

그러나 높은 의식 수준과 뛰어난 능력에 따르는 또 다른 고통스러운 짐은 문화적 관습을 초월해야 되는 외로움이다. 오랜 세월 동안 수많은 사람들 중에서 극소수의 사람들—소크라테스나 예수 같은 인물들—만이 그 시대의 경직된 문화와 단순 사고의 틀을 초월했다. 그러나 우리가 살고 있는 현대에는 매스컴, 심리 치료 그리고 신의 은총의 결과로 미국에만도 수십만 명의 사람들이 이런 일에 앞장서고 있는 것으로 추정된다.

이들은 발전적 생각으로 인습적이고 비논리적인 사고에 도전한다. 그들은 국가나 민족에 대한 맹목적인 충성에 의문을 제기하고, 자신들이 속한 문화가 부여하는 한계를 넘어 정신적 성장을 이룬다. 신문의 모든 내용을 신뢰하지 않으며, 진실을 추구하고, 사회나 대중매체가 조장하는 '정상'이라는 환상을 깨뜨리기 위해 도전한다. 그들은 주변 세계에서 보이는 단순 사고의 틀 속으로 흡수되고 동화되는 것을 거부할 수 있는 용기를 갖고 있다. 가족이라는 개념을 새롭게 규정한다. 그들은 가족이라는 개념에 단순히 혈연관계만이 아니라, 공통의 관심사들 그리고 인생에 대한 공통의—성장 지향의—관점을 공유하는 타인들과의 의미 있는 모든 관계를 포함시킨다.

의식 수준을 높여가는 과정에서 스스로에게 진심으로 진실해지려고 노력하면서 자유와 해방감을 경험하는 사람들이 많이 있다. 그들의 인식은 영원한 것에 뿌리를 내리게 되고, 의식의 진화는 바로 영적 성장의 본질이 된다. 그러나 그들이 선택하는 길은 외로운 여정이기 때문에 그 대가도 치러야 한다. 깊이 있는 사고를 하는 사람들은 때때로 삶과 세상을 단순하게 바라보고 사는 많은 사람들에게 오해를 받기도 한다. 의식이 있는 사람들은 사회의 통념인 "좋은 게 좋다는 식"의 정서를 쉽게 받아들이지 않기 때문에, 그 사회의 주류에 잘 적응하기 어려워한다. 그러므로 그들은 다른 사람들이 그들을 이해하고 그들과 의사 소통을 하기 어려워한다는 것을 느낀다. 가족들과도 소외감을 느낄 때가 있으며, 친한 친구나 보편적 문화 의식으로부터 이질감을 느낄 수밖에 없다. 이것이 바로 그들이 치러야 할 대가다.

이러한 지적이고 영적인 엘리트들은 다양한 배경에서 나올 수 있다. 그들은 부자일 수도 가난한 사람일 수도 있고, 인종, 성 그리고 교육 정도와도 무관하다. 물론 의식은 견뎌낼 수 있는 강인한 내적 힘을 요구하기 때문에 그들에게 주어진 운명, 즉 그들의 성장 배경이 된 정신세계를 넘어설 수 있는 잠재력을 가졌음에도 많은 사람들이 성장보다는 정체라는 보다 쉬워 보이는 길을 선택하기도 한다.

예를 들어 베트남 전쟁 기간 중에 군에서 정신과 의사로 일하는 동안 진료했던 수많은 흑인 병사들은 아주 복잡한 질문에도 대답을 잘할 수 있을 만큼 지적인 젊은이들이었음에도 바보 같은 태도를 보였다. 많은 병사들은 문제를 일으키기를 원치 않았다. 또 다른 병사들은 능력 있는 사람들에게 주어질 여러 가지 요구와 수

반되는 책임을 피하고 싶어 했다. 마찬가지로 많은 사람들이 정도의 차이는 있겠지만 의식적으로 살아가길 부담스러워 한다. 아무 생각 없이 사는 것이 편하다는 것을 잘 알고 있기 때문이다. 사람들은 늘 인식과 성장의 중요성에 대해 열심히 떠들어대지만, 항상 언행이 일치하지는 않는다.

일반적으로는 의식을 무슨 독감처럼 생각해서 누군가가 깊이 있는 생각을 하도록 주변 사람들에게 권하기라도 하면 마치 그 병에 전염되거나 치명적인 상황에 이를 것처럼 생각하기도 한다. 이 책의 1장에서 설명했듯이, 사색가들은 "생각을 지나치게 많이 한다"는 말을 주위 사람들에게서 자주 듣는다. 의식적이고 깨어 있는 상황은 말하자면 끊임없이 의심과 불안에 직면해 있는 것과 같다. 그래서 깊이 있게 생각한다는 것은 마치 마약에 빠져 끊지 못하고 점점 더 그 양이 늘어나는 것과 같다.

죽음에 대한 의식

의식과 연관된 또 하나의 극심한 고통이 있다. 그것은 심각한 고민을 요구하는데, 바로 죽음과 죽어가는 것에 대한 의식이다. 다른 동물에 비해 인간이 보다 더 의식적이라고 한다면, 이는 '인간만이 유일하게 자신의 죽음을 인식하고 있는 존재'라는 것을 뜻한다. 그것은 또한 흔히 말하는 인간의 조건이기도 하다. 누군가는 이를 두고 단순히 인간의 조건일 뿐 아니라 인간의 딜레마라고 말하기까지 한다. 사람들이 그런 현실을 인식하는 것을 아주 고통스럽게 생각하는 경향이 있기 때문이다.

결과적으로 대부분의 사람들은 이런저런 방법으로 죽음과 직면하기를 피하려 한다. 대부분의 사람들은 죽음과 정면으로 마주하기를 두려워한다. 그래서 좀 더 일찍, 좀 더 자주 죽음을 생각하거나 준비하지 못하고 오히려 무방비 상태에서 죽음과 맞닥뜨리게 되곤 한다. 우리는 죽음을 거부하고 젊음을 숭배하는 문화 속에 살고 있다. 때문에 죽음을 떠올리게 하는 어떠한 표시도 받아들이지 않기 위해 갖은 노력을 다한다. 지금은 고전이 된《죽음의 거부》라는 책에서 어니스트 베커가 지적했듯이, 이런 현상은 또 여러 가지 기이한 방식으로 우리를 악으로 이끈다(신들이 우리에게 해를 끼치지 못하게 하기 위해 신들을 위로하려는 방편으로 양을 바치거나, 아니면 실제로 인간을 제물로 바치는 행위에서처럼).

죽음에 대한 거부감과 자연스럽게 연관되어 나타나는 현상은 늙음에 대한 거부감이다.《거석을 찾아서》에서 말했듯이, 사실 늙음을 환영하는 것은 부자연스럽다. 늙는 것은 빼앗기는 과정, 결국 모든 것을 빼앗겨가는 과정이기 때문이다. 의사로서 활동하던 후반기에 나는 육십대 후반에서 칠십대 초반에 이르는 네 명의 노부인들을 만났다. 그들은 모두 늙는 것에 대한 우울증이라는 비슷한 문제로 나를 찾아온 사람들이었다. 그들의 의식은 모두 세속적이었고 모두 돈을 많이 벌었거나 또는 돈이 많은 사람과 결혼했다. 자식들도 모두 성공했다. 그들의 인생은 마치 시나리오대로 움직이는 듯했다.

그러나 이제 곧 그들은 백내장이 생길 것이고, 보청기나 틀니가 필요할 것이며, 고관절 치환 수술이 필요할 것이다. 이런 것들은 그들이 써왔을 시나리오에는 없던 것이었다. 그들은 화가 나고 우울한 기분에 빠져 들었다. 그들을 도와줄 수 있는 것이라곤 아무것도 없었다. 내가 할 수 있었던 일은 나이가 들어가는 것을, 단순히 약해지는 자신을 지켜봐야 하는 무의미한 시간 이상의 의미심장한 것으로 볼 수 있도록, 그들의 시각을 바꾸어주는 것이었다. 나는 그들이 노년기를 준비의 시간이며 영적인 시기로 받아들이도록 도우려고 했다. 그러한 사실을 납득시키기가 쉬운 일은 아니었다. 나는 그들에게 모든 가능한 방법을 동원해서 납득시키려 노력했다.

"당신은 시나리오 작가가 아닙니다. 인생은 전적으로 당신이 만들어낼 수 있는 쇼가 아닌 겁니다." 그들 중 두 사람은 이 사실을 받아들이기보다 차라리 우울증에 빠져 지내는 것이 낫다고 생각하고 곧 떠나버렸다.

그중 한 노부인은 우울증이 심했지만, 신앙심이 강하고 기독교인의 사고방식을 가진 덕분에 치료가 훨씬 쉬웠다. 육십 대 중반의 그녀는 양쪽 눈에 망박바리 증상을 보였다. 90퍼센트의 시력을 상실한 그녀는 자신의 운명에 대해 화가 나 있었으며, 신기술이라고 하는 레이저 치료법으로도 병을 치료하지 못한 안과 의사에 대해서도 분개하고 있었다. 몇 번의 상담을 하는 동안 한 가지 중요한 문제가 드러났다.

"사람들이 내 팔을 잡고 교회 안의 의자에서 빠져 나오거나, 교회의 계단을 내려오도록 도와주는 게 나는 정말 싫었어요." 그녀는 소리를 질렀다. "난 집 안에 처박혀 있는 것도 싫었어요. 많은 사람들이 스스로 나서서 나를 이곳저곳으로 데려다 주지만, 친구들에게 나를 어디로 데려다 달라고 계속 부탁할 수는 없잖아요."

그녀가 자신이 누구의 도움도 받지 않고 살아온 데 대해 자긍심을 가지고 있음이 분명했다.

"당신은 아주 성공적인 삶을 살아온 분입니다. 당신은 성취하신 모든 일에 대해 그만한 자부심을 가질 만합니다. 그러나 지금 당신은 이승에서 천국으로 향하는 여행을 하고 있습니다. 그 여행을 위한 훌륭한 규칙은 가벼운 마음으로 여행하는 것입니다. 당신이 이 모든 자부심을 지니고서 천국에 들어가는 여행을 과연 성공적으로 하실 수 있을지는 모르겠군요." 나는 말을 이었다. "지금 앞이 보이지 않는 것을 저주라고 생각하실 겁니다. 그 점에 대해 뭐라 안 좋은 말씀을 드리고 싶지는 않습니다. 그러나 그것을 하나의 축복으로 생각할 수도 있을 것입니다. 이제는 더 이상 필요하지 않은 자부심이라는 짐을 벗을 수 있게 해준 것이니까요. 눈을 제외한다면 건강은 아주 좋은 편입니다. 아마 적어도 10년 이상은 더 사실 수 있을 겁니다. 그 기간 동안을 축복으로 여기면서 살 것인가 아니면 저주로 여기면서 살 것인가는 전적으로 당신에게 달려 있습니다."

한때 저주로 보았던 것을 축복으로 여길 수 있도록 생각을 바꾸는 문제는 늙어가는 것을 준비의 기간으로 받아들이는 문제와 직결된다. 그렇다면 무엇을 하기 위한 준비인가? 물론 내세를 위한 준비다. 《지상에서처럼 천국에서》라는 책에서 내가 다룬 주제 중 하나는 연옥이었는데, 나는—이 표현이 아주 적절하다고 믿는데—그곳을 고통 없는 배움을 위한 가장 현대적인 기술과 훌륭한 설비가 갖추어진 정신 병동이라고 묘사했다. 그렇지만 분명히 잊지 말아야 할 것은 우리가 연옥에서 보내는 시간의 양은 우리의 인생에서 중요한 문제(그림자와 늙어가는 문제)에 직면하고 죽음을 준비하는 것을 회피하는 데 쏟았던 노력에 정비례한다는 사실이다. 내세에서든 현세에서든 우리는 연옥에서 해야 할 일들을 해야만 한다. 그렇지 않으면 우리는 신과 함께하지 못하고 림보에서 영원히 머물게 되는 것이다. 망설일 필요가 없지 않은가?

어떤 사람들은 그런 일들을 용기 있게 잘 해나간다. 앞에서 언급했던 노부인은 아주 빠른 속도로 자신의 혼란한 문제를 풀어가기 시작했다. 4년간 지속되어 온 우울증은 세 번째 만났을 무렵에는 조금씩 사라지기 시작했다. 그러나 대부분의 상황은 쉽게 변화하지 않거나 영원히 해결되지 않기도 한다. 늙음과 궁극적으로 죽음에 직면하는 과정에서 어떤 사람들은 죽어가고 있다는 사실을 받아들여야만 하는 굴욕감을 견디지 못해 스스로 목숨을 끊기도 한다. 그리고 모든 것이 박탈되는 과정에 따라오는 상실감을 견뎌내지 못하는 사람들도 많다.

나는 육체적 건강과 민첩성을 박탈당하는 것은 별로 두렵지 않다. 하지만 정신적인 박탈감을 느낀다면 다른 사람들처럼 고통스럽지 않을까 하는 생각을 한다. 영웅적인 인물, 좋은 스승 그리고 끊임없이 관심을 갖고 있던 것을 상실하게 되었을 때, 우리는 공허함을 느낀다. 수많은 환상들이 깨어졌을 때, 결국에는 그것을 잃어버리는 것이 좋은 일일 수도 있지만 많은 사람들이 그로 인해서 상처를 받기도 하고, 냉소적이 되거나 스스로를 처량하게 느끼기도 한다.

나조차도 앞서 시력을 상실한 부인처럼 품위 있는 노년을 보낼 수 있을지는 확신할 수 없다. 그러나 신과의 관계에 의지하지 않고서는 늙어가는 것에 의젓하게 대처할 수 없을 것이라는 점은 분명하다. 그것은 진정한 안식처로써 내세를 믿는 문제만이 아니라, 오히려 늙는 것을 내세를 위한 준비 과정으로 받아들이는 믿음이 문제다. 내게는 박탈의 과정에서 느끼는 수치심에 대한 불평을 늘어놓을 수 있는 대상이 필요하다. 아내 릴리나 신이 그런 대상이다. 가끔은 신이 영혼과 천사의 음성과 같은 신적 계시로 나를 인도했으면 한다. 지금에서야 깨닫게 된 것은 노년기의 박탈 과정은 부분적으로 일어나는 일이 아니다. 그 박탈감은 육체적인 것에 국한되는 것이 아니라 전반적인 부분에 해당된다. 진실은 신이 우리의 일부분을 원하는 게 아니라 우리의 전부를 원한다.

건강과 치유의 길은 죽음의 거부와는 전혀 다르다. 그 주제에 대해 내가 읽은 가장 훌륭한 책은 조지프 샤프가 쓴《죽음을 곁에 두고 사는 삶》이다. 샤프도 나처럼 죽음이란 모든 의미를 빼앗는 것이 아니라 또 다른 의미를 주는 것이라 믿고 있다. 나이에 관계없이 우리는 죽음을 깊이 의식함으로써 궁극적으로 새로운 의미를 찾는 길로 들어가게 된다. 죽음에 대한 생각을 피하려는 두려움에서 그저 단순하게 부모에게서 물려받은 신앙에 매달릴 수도 있다. 그러나 그런 종교는 물려받은 옷처럼 우리 몸을 잠시 따뜻하게 할 수는 있지만, 겉치레에 불과할 뿐이다. 그러나 성숙한 종교는 죽음의 신비와 치열한 고투를 벌이며, 죽음과 직면함으로써 그 속에서 개인적인 의미를 발견하게 한다. 이러한 치열한 노력을 누군가 다른 사람이 대신하게 할 수는 없다. "신에게는 손자가 없다"라는 말이 있다. 부모를 통해서 신과 관계를 맺을 수는 없다. 탄생, 죽음, 재생의 순환에 직접적으로 관계함으로써 '신의 자식'으로 스스로의 의미를 찾아야 한다.

이는 현실적으로 일어나는 변화를 받아들여야 한다는 것을 의미한다. 그렇게 하기 위해서는 우리가 생각하고 행동하는 방식을 끊임없이 새롭게 수정해야 할 필요가 있다. 특히 현재의 나 자신을 가장 편안하게 느낄 때 변화가 요청된다. 변화란 때때로 죽음 그 자체처럼 죽고 싶은 기분이 들기도 한다.《아직도 가야 할 길》에서 나는 2000년 전 세네카의 말을 인용했다. "인생의 전 과정을 통하여 우리는 계속 살아가는 법을 배워야 한다. 더욱 놀라운 사실은 평생토록 우리가 죽는 법을 배워야 한다는 것이다." 이 말이 함축하는 것은 무엇보다도 적절한 때가 되면 우리 삶에 대한 통제권을 의식적으로 포기하는 법—궁극적으로는 우리 자신을 신에게 맡기는 것—을 배워야 한다는 것이다. 비록 두려운 일이기는 하지만 말이다.

신과 함께하는 여행

지금까지 나는 의식을 성장시켜야 하는 여러 가지 이유를 말했다. 그러나 그에 대해 좀 도전적인 질문을 할 수 있다. 그 이유 중 하나가 의미를 찾는 것이라면, 도대체 우리는 어떤 의미를 찾아야 하는가? 우리는 선량해지기 위하여, 악에서 벗어나기 위해서 의식적으로 깨어 있는 상태가 될 필요가 있다. 그러나 왜? 왜 선량해져야 하는가? 의식적인 단계가 되면 될수록, 우리의 힘과 능력은 더 커질 것이다. 그렇다면 무슨 목적으로 그렇게 하는가? 전체적인 진화의 추진력이 의식의 방향으로 나아간다고 하면, 도대체 우리는 어디를 향해서 나아가고 있는가?

모든 미스터리가 다 풀린 적은 없다. 그러나 적어도 이 질문들에 대한 대답의 일부는 의식적conscious이라는 단어의 라틴어 파생어인 '콘-스키레con-scire'에서 찾을 수 있다. 그 의미는 "~와 함께 알게 되다to know with"이다. 얼마나 이상한 파생어인가? "함께 알게 된다라니to know with"? 무엇과 함께 알 수 있단 말인가? 나는 이 뜻을 "신과 함께 알게 되다"로 해석한다. 심리적 혼란은 무의식보다는 주로 의식에 뿌리를 두고 있다. '못마땅한' 내용들은 우리의 의식적 정신이 받아들이기를 거부하기 때문에 무의식에 저장된다. 만약 우리가 이런 불쾌한 내용들을 다룰 수 있게 되면, 무의식은 절대적인 기쁨의 정원이 되어줄 것이고, 우린 그곳을 통해 신과 연결될 수 있을 것이다. 다시 말해서 우리가 마음을 활짝 열고 무의식을 받아들이고 그 지혜를 의식하게 되면 신은 우리의 무의식을 통해서 모습을 드러낸다.

《여정의 선물》에서 마릴린 수녀가 쓴 '지혜'의 노래 중 하나는 "지혜는 영혼이지요"라고 시작한다. 그 후렴은 이렇다.

"나는 이렇게 말하지요. 부탁하면 얻을 것이요. 구하면 찾을 것이요. 두드리면 열릴 것이다. 나는 이렇게 말하지요. 주님은 당신께 마음을 주고, 주님은 당신께 길을 인도하고, 주님은 당신께 빛을 주십니다."

신은 실제로 우리에게 그의 마음을 줄 것이다. 충분히 의식적인 마음이 되면 우리는 신의 마음에 맞추어 생각할 수 있다. 그러므로 의식의 발전은 무엇보다 신의 마음과 일치하기 위해서 무의식을 향해 마음을 열어가는 과정이다. 새로운 진실을 깨닫게 되는 것은 우리가 의식적으로 그것을 진실한 것으로 다시 인지하기 때문이다. 무의식 속에서 이미 알고 있던 것들을 새로이 알아보게 되는 것이다. 이때 우리는 신이 인간에게 나누어주는 지혜를 알게 된다.

《아직도 가야 할 길》에서 나는 신이 실제로는 우리에게 다양한 방법으로 말을 걸고 있다고 주장하면서 몇 가지 예를 들었다. 그 한 가지 방법은 '조용하고 낮은 목소리'를 통해서다. 조용하고 낮은 목소리에 대해 나는 《여정의 선물》에서 또 다른 예를 들었다. 아주 먼 영혼의 여정을 따라왔지만 아직도 자신의 부족한 신앙심과 신앙에 대한 막연한 두려움에 직면하여 심각한 고민에 빠진 삼십대 후반 여성의 경우가 그렇다.

내 친구이기도 한 그녀는 며칠 동안 아침마다 겪었던 자신의 경험을 털어놓았다. 립스틱을 바르고 직장에 가려고 막 문을 나서는데, 머릿속에서 조용하고 낮은 목소리가 "조깅을 해"라고 속삭였다. 그녀는 그 목소리를 떨쳐버리려고 머리를 흔들었지만 그 목소리는 더 강하게 울려 왔다. "말도 안 돼." 그녀는 자신에게 또 한편으로는 그 목소리를 향해 말했다.

"난 아침에는 달리지 않아. 저녁에만 달린다고. 그리고 지금은 직장에 가는 길이잖아."

"그래도 지금, 조깅을 해." 그 목소리가 계속해서 고집하자 그녀는 다시 생각하기 시작했다. 마침 그날 아침에는 9시가 아니라 10시에 사무실에 도착한다 해도 큰 무리가 없다는 사실을 깨달았다. 그래서 그녀는 그 목소리에 따라 외출복을 벗고 운동복으로 갈아입었다. 근처 공원에서 1마일 반을 달리고 나서 그녀는 어색한 기분이 들기 시작했다. 그녀는 조깅을 즐기면서 하지 않았고, 도대체 왜 달려야 되는지 알지 못했다. 그때 그 목소리가 다시 들려 왔다. "눈을 감아라." 그건 명령이었다.

그녀는 반감을 가지며 "미친 짓이야. 달리는데 눈을 감으라니."라고 말했다. 그러나 다시 그녀는 그 목소리에 따라 눈을 감았다. 두 걸음을 옮겼을 때 그녀는 공포심으로 인해 눈을 떴다. 그러나 아직 그녀는 길을 벗어나 있지 않았다. 숲은 사라지지 않았고 하늘은 무너져 내리지 않았다. 그 목소리는 다시 그녀에게 눈을 감으라고 했다. 마침내 그녀는 눈을 감고서도 길을 벗어나거나 곤경에 처하지 않고 스무 걸음이나 달릴 수 있었다. 어느 지점에 이르렀을 때 그 목소리가 이렇게 말했다. "오늘은 그만 하자. 이제 집으로 돌아가라."

이 이야기를 하고 나서 친구는 눈물을 글썽거렸다. “생각해봐. 전 우주의 창조자가 시간을 내서 나와 함께 달렸단 말이야.” 그녀는 기쁨에 겨워 소리를 질렀다.

친구의 조깅 경험이 말하는 것처럼, 신은 전혀 예기치 않은 순간에 우리에게 말을 건다. 그러나 그 목소리를 듣고 따를 수 있는 순간은 오직 영혼의 마음이 신을 향해 열려 있고 그것을 들을 준비가 되어 있어서 신의 목소리가 찾아올 때뿐이다. 그러나 그것은 결코 쉬운 일이 아니다.《아직도 가야 할 길》에서는 꿈을 통해서도 신은 우리에게 그 모습을 드러낼 수 있다고 말했다. 꿈은 무의식이 주는 선물이다. 물론 꿈을 의식하고 싶지 않을 수도 있고 그 속에서 신의 계시를 알아내고 싶지 않을 수도 있다.

나 자신도 신의 계시라고 판단되는 꿈을 꾼 적이 있다. 그때는 내가 진실로 신에게 모든 것을 맡긴다는 말의 진정한 의미를 막 알아가기 시작할 무렵이었다.《아직도 가야 할 길》의 출간이 확정되었고, 난 휴식이 필요하다고 생각했다. 그렇다고 어느 해변에 앉아 쉬고 싶은 생각은 없었기 때문에, 2주일 예정으로 수녀원에 갔다. 그것은 나의 첫 ‘피정’의 시간이었고, 아주 특별한 경험이 될 것이라는 생각이 들었다.

이 기간 동안 해야 할 일들이 많이 있었다. 그중에서 가장 중요한 항목은 혹시라도《아직도 가야 할 길》이 베스트셀러가 된다면 무엇을 할 것인가를 결정하는 일이었다. 개인적인 일을 그만두고 순회강연이나 떠날까, 아니면 J.D. 샐린저처럼 숲 속으로 들어가 은둔생활을 하며 전화번호부에 등록되지 않은 전화번호를 하나

받을까? 어떤 길을 선택해야 할지 알 수 없었다. 신이 내가 어떤 길을 가기를 원하는지도 알 수 없었다. 어떤 경우도 위험이 커 보였다. 그래서 최우선적인 희망은 피정생활의 고요함과 성스러운 분위기 속에서 이 딜레마를 풀 수 있는 방법에 대해 신의 계시를 받는 것이었다. 《끝나지 않은 여행》에서 나는 이때의 내 경험을 자세히 이야기했다. 그때 꾼 꿈은—비록 처음에는 모호했지만—내게 인생에 대한 전혀 새로운 관점을 갖게 했다.

> 나는 분명히 중류층 가정으로 보이는 집을 보고 있었다. 자동차가 두 대인 그 집에는 모든 부모가 원하는 그런 타입의 17세 소년이 있었다. 그는 고등학교 3학년 학생회장이었고 졸업식에서 졸업생 대표로 고별사를 읽게 되어 있었고, 축구부의 주장이었으며, 외모도 아주 뛰어났고, 방과 후에는 아르바이트를 열심히 했다. 거기다가 그에게는 아주 예쁘고 얌전한 여자 친구도 있었다. 더욱이 그 소년은 운전면허증도 있었는데, 또래답지 않게 아주 침착하고 책임감 있게 운전했다. 아버지만이 그에게 운전을 못하게 했다. 그 대신 그의 아버지는 축구 연습이나 아르바이트 장소나 데이트 그리고 무도회에 갈 때는 반드시 태워주겠다고 했다. 설상가상으로 아버지는 그 소년이 운전을 할 수 있었음에도 자동차를 태워주는 대가로 아들이 방과 후에 열심히 일을 해 번 돈에서 1주일에 5달러씩을 지불하도록 했다.

나는 독재자 같은 아버지에게 큰 분노를 느끼며 꿈에서 깨어났다. 그 꿈을 어떻게 해석해야 할지 알 수 없었다. 도대체 앞뒤가 맞지 않는 것처럼 보였다. 그 꿈 이야기를 글로 써놓은 지 사흘이 지나 다시 그 글을 읽고 있을 때 나는 아버지father란 단어의 첫 글자를 대문자 'F'로 썼다는 사실을 알았다. 나는 혼잣말을 했다. "꿈속에서의 아버지가 바로 신, 하느님 아버지Father라고는 전혀 생각하지 못했구나. 그렇다면 나는 꿈속의 17세 소년이 아닐까?" 마침내 나는 신의 계시를 받았다는 것을 깨닫게 되었다. 신은 내게 이렇게 말하고 있었던 것이다.

"이봐, 스캇. 넌 마땅히 내야 될 돈을 내면 되는 거고, 운전은 내게 맡겨."

재미있는 것은 내가 신은 항상 절대적으로 선량한 존재라고 생각했다는 사실이었다. 그러나 꿈속에서 나는 신에게 독재적이고 지나치게 통제하려는 악한의 역할을 맡겼던 것이다. 아니면 적어도 나는 분노와 증오심을 드러내며 신에게 대응하고 있었다. 물론 문제는 이것이 내가 기대했던 신의 계시가 아니었다는 사실이다. 그것은 내가 듣고 싶었던 것도 아니었다. 나는 신으로부터 약간의 충고를 듣고 싶었다. 변호사나 회계사로부터 듣는 조언처럼 받아들일 수도 있고 거부할 수도 있는 그런 충고를 원했던 것이다. 나는 "운전은 내게 맡겨"라고 하는 것처럼 거창한 신의 계시를 원하지 않았다. 오랜 세월이 흘렀지만 아직까지도 나는 이 계시에 따라 살려고 노력한다. 나는 여전히 사춘기에 불과한 내 인생의 운전석을 신 혹은 신의 존재에게 내맡기고 그에게 복종하는 것을 배움으로써 나 자신을 신에게 완전히 맡기며 살고 있다.

배움과 성장

여러 번 되풀이해서 말했듯이, 늘 행복하고, 모든 것이 풍족하고, 언제나 편안해지기 위해서 이 세상을 사는 것이 아니라면, 우리는 여기에 왜 있는가? 인생의 의미는 무엇인가?

우리가 사는 이유는 배움, 다시 말해 진화하기 위해서라고 나는 믿는다. '진화'라는 것은 발전을 의미한다. 무언가를 배운다는 것은 퇴보(뒤로 움직이는)의 반대 개념인 진보(앞으로 움직이는)할 수 있는 위치에 서는 것이다. 배움을 실천하기에 이 세상보다 더 이상적인 환경은 없을 것이다. 만약 있다면 상상 속으로 한번 그려보라고 감히 권하고 싶다. 우리의 인생은 우여곡절과 불확실성과 이해하기 힘든 과목들로 가득 차 있다. 우울한 시기에는 우리의 인생이 천상을 향한 신병 훈련소처럼 보일지도 모른다. 《아직도 가야 할 길》에서 내가 인용한 벤자민 프랭클린의 말이다.

"우리에게 고통을 주는 것들이 우리의 스승이다."

배움은 생각과 의식이 서로 복잡하게 짜여지는 과정이다. 생각이나 의식과 마찬가지로 배움 역시 결코 단순하거나 쉽지 않으며, 이 또한 신비로 가득 차 있다.

무엇보다도 나는 과학자다. 과학자들은 지식에 이르는 최선의 길이 경험을 통해서라고 믿는 경험주의자들이다. 다시 말해 경험은 지식을 습득하기에 유일한 방법은 아니지만 최선의 방법이다. 그래서 과학자들은 세상의 지식을 습득하고 진실을 발견하기 위해 여러 가지 실험을 하고 다양한 경험들을 비교 분석한다.

나는 또 영적인 사람이기도 하다. 신앙뿐 아니라 증거, 말하자면 신의 은총을 경험했기 때문에 나는 신에 대해 알고 있다.《아직도 가야 할 길》과《거석을 찾아서》에서 나는 이러한 경험의 예를 설명했다. 통계적으로도 증명이 가능한 수많은 신의 은총도 이야기한 바 있다. 어떤 사실을 과학적으로 입증하는 가장 유용한 방법 중 하나는 소위 불가능성의 통계학을 적용시키는 것이다. 그것은 측정된 가능성의 수치가 낮을수록 불가능성은 커지며, 그럴 경우에 일어난 사건은 단순히 우연의 결과만은 아니라고 좀 더 편안한 마음으로 결론 내릴 수 있다. 그러므로 우리는 어떤 일이 일어난 이유를 설명할 수는 없더라도 어떤 의미심장한 원인이 있었기 때문에 그 일이 발생했다고 결론 내릴 수 있을 것이다.

그것이 바로 신의 은총이란 '우리에게 유익한 결과를 가져다주는 극히 일어나기 힘든 형태의 사건'이라고 내가 말하는 이유다. 그러한 사건 속에서 우리가 신의 지문—실제 손에 있는 지문이 아니더라도—을 볼 수 있을 거라고 결론 내리는 이유 역시 그 때문이다.

이 점에서 나의 입장은 칼 융과 아주 비슷하다. 그는 말년에 영화에서 인터뷰를 하는 장면을 찍었다. 그 영화는 클라이막스에서 이런 결론을 내리고 있었다. 대담자가 융에게 물었다.

"신을 믿으십니까?"

내 기억으로, 그 당시 83세였던 융은 파이프 담배 연기를 천천히 내뿜고는 이렇게 말했다.

"신을 믿느냐고? 믿는다는 말은 사실이라고 생각하지만 구체적인 증거가 없을 때 사용하는 말이지. 아니, 난 신을 믿지는 않아. 나는 신이 존재한다는 사실을 알고 있어."

영혼의 역할

우리가 사는 이 세상이 인간에게 이상적인 배움터라는 나의 주장은 신이 이 세상을 창조할 때 그런 목적을 가졌을지도 모른다는 가능성을 염두에 둔 것이다. 그렇다면 다음으로 이어져야 할 논의는 영혼의 개념에 관한 것이다.《거짓의 사람들》에서 나는 키이츠가 이 세상을 비유한 시구 '영혼을 만드는 골짜기' 란 표현을 인용했다. 이 말의 의미는 배우고 준비하기 위해 이 세상에 살고 있다는 것이다. 이러한 믿음은 기독교와 다른 종교들이 공유하는 환생론이라고 할 수 있다. 결국 우리 삶의 목적은 전생의 나쁜 업보 bad karma를 없애고, 궁극적으로는 이승을 벗어나 부활의 대변화를 이루기 위해 필요한 배움에 있다는 것이다.

인생의 여정에서 끊임없는 배움이 우리의 목적이라면, 배움의 궁극적 목적은 영혼의 완성일 것 같다. 완성된다는 개념은 우리 인간이 완전해질 수 있다거나 모든 면에서 완벽해지도록 노력해야 된다는 의미는 아니다. 그것은 우리가 일생을 통하여 배울 수 있고, 변화할 수 있으며, 성장할 수 있다는 의미다.

나는 완고한 세속주의자에게 신의 존재를 증명할 수 없을 뿐 아니라, 영혼의 존재도 증명할 수는 없다. 다만 이제까지 내가 쓴 모든 책에서 그 존재를 나타내는 다양한 암시를 했을 뿐이다. 하지만 모든 사람들이 융이나 키이츠가 그러했듯이 그런 증거에 마음을 열고 받아들인 것은 아니었다. 내가 쓴 최근의 책은 안락사에 대한 것인데《영혼의 부정*Denial of the Soul*》이라는 제목을 붙였다. 대다수의 대중들이 영혼의 증거에 대해 무지하며, 이런 저런 이유로 그에 대해 둔감해져 있거나, 마음의 문을 닫고 있다는 느낌을 받지 않았다면 나는 구태여 '부정'이라는 단어를 사용하지 않았을 것이다.

그렇다면 영혼이란 무엇인가? 거듭 말하지만, 우리가 이해할 수 없는 거대한 존재, 그렇기 때문에 한마디로 단순하게 정의 내릴 수 없는 어떤 존재와 관련 있다는 것을 우리는 이미 알고 있다. 따라서 불완전하기는 하지만 임의로 유용한 정의를 내릴 수도 있다. 적어도 그렇게 정의를 내림으로써 우리는 배움이라는 신비한 주제를 좀 더 심도 있게 살펴볼 수 있을 것이다.

나는 영혼이란 '신이 창조하고, 신에 의해 육성되는, 독특하고, 발전 가능한 불멸의 인간 정신'이라고 정의하고 싶다. 이 정의에 사용된 각각의 수식어는 모두 중요하지만 우선 세 가지에 초점을 맞추어보자. 나는 이미 앞에서 이 세상은 인간의 이상적인 배움터이며, 그러한 목적을 위해 만들어졌다고 말했다. 다음으로 내가 말하고 싶은 것은 인간은 신에 의해 창조되었으며, 나아가 배우기 위해 창조되었다는 것이다. '신에 의해 육성된다'는 말은 신은 잉태되는 순간부터 우리를 창조했을 뿐 아니라, 신의 은총으로 평생 동안 보살핀다는 의미다. 신이 우리에게 원하는 바가 없었다면, 우리를 보살필 아무런 이유도 없을 것이다. 그렇다면 신은 우리에게 무엇을 원하는 것일까? 신은 우리에게 배움을 원하고 신의 은총은 그 목적을 이루라고 내리는 것이다.

또 하나 중요한 수식어는 '발전 가능한'이다. 배울 수 있는 능력이 우리에게 없다면 신이 우리에게 배움을 원할 수는 없을 것이다. 인간은 종으로 또 개체로 진화하는 존재이다. 물질적 존재로서 인간의 몸은 언젠가는 성장을 멈추고 필연적으로 소멸하지만, 영적—정신적 발달은 죽는 순간까지도 계속될 수 있다(또 그 이후로도 영원히 지속될 것으로 생각한다). 이러한 영적—정신적 발달을 나는 앞으로 '성장'이라는 말로 표현할 것이다. 성장은 필연적으로 배움에 의해서 이루어진다.

성장할 것인지 말 것인지, 배울 것인지 말 것인지의 선택권이 결국 우리에게 있음을 나는 지금까지 반복적으로 말했다. 금세기의 가장 유명한 심리학자 중 한 사람인 에이브러햄 매슬로우는 '자기 실현 self-actualization'이란 용어를 만들었다. 이것은 사회 심리학적 용어인데, 영적인 기능과 자율성 그리고 그 외의 개인적 역량을 최고로 만들기 위해 성장하고 진화할 수 있는 인간의 능력을 의미한다. 인간은 생존에 필요한 기본 욕구를 충족시킬 수 있는 수단을 가지게 되면, 한 차원 더 높은 인식 수준을 지향하게 된다고 매슬로우는 말한다.

매슬로우의 생각에 동의하는 부분은 많지만 '자기 실현' 개념에는 이의를 제기하려 한다. 즉, 인간이 자기 자신을 창조할 수 없는 것처럼, 자기 자신을 실현시킬 수는 없다고 나는 믿는다. 내가 아이리스나 다른 꽃을 만들 수 없는 것처럼 나 자신을 창조할 수 없다. 내가 할 수 있는 일은 우리가 보고 즐길 수 있도록 신이 만들어 놓은 정원을 가꾸는 일일 뿐이다. 이 말의 의미는 자신의 영혼을 스스로 만들 수는 없지만, 그것을 잘 가꾸거나 잘못 가꿀 수는 있다는 뜻이다. 즉, 성장을 선택한다면 우리는 자신에 대한 공동의 창조자가 될 수 있지만, 성장을 거부한다면 신과 함께하는 공동 창조자의 역할 역시 거부하는 것이다.

그러므로 매슬로우의 '자기 실현'이란 개념에는 인생을 배움과 선택의 연속적인 기회로 인식하며 대부분 성장을 선택한다는 전제가 깔려 있다. 신의 안내에 따라 자신에 대한 공동 창조자가 된다는 것은 꽃잎을 열고, 자라게 하고, 꽃을 활짝 피우는 계속되는 과정이다. 성인이 된 사람이 배움과 성장을 의식적으로 선택한다는 것은 할 수도 있고 또 하지 않을 수도 있다. 그러나 어린 시절의 배움은 대부분 '수동적'이다. 다시 말해 대부분의 배움은 그저 무의식적으로 일어난다.

수동적 배움

과학자들은 생각이나 의식이 무엇인지 완전히 이해하지 못하는 것처럼, 배움의 원리도 완전히 이해하지 못한다. 대학에서 심리학을 공부할 때, 아주 중요한(내게는 아주 어려운) 주제인 학습 이론을 공부했다. 그 당시 대부분의 학습 이론은 파블로프가 실험용 개를 가지고 연구한 조건 형성 과정과 연관되어 있었다. 그에 따르면 학습은 마치 쥐가 징벌(전기 충격)과 보상(먹이)에 의해 미로를 달리도록 훈련되는 것처럼 보상과 징벌에 의해 이루어지는 것이라고 생각했다.

여기서 더 나아가 아이들이 언어를 습득하는 방법도 행동주의자들이 주장하는 조건 형성 과정을 통해서 이루어진다고 믿었다. 그러나 당시의 위대한 사상가였던 아서 케스틀러는 저서《기계 속에 숨어 있는 유령》에서 행동주의 이론으로는 결코 언어 습득에 대한 답을 찾을 수 없는 10여 가지의 문제점을 제기함으로써 이들의 이론을 완전히 파괴시켰다. 케스틀러 자신이 정작 언어 습득 방법에 대해 설명하지는 않았지만, 적어도 그 문제에 대해 우리가 얼마나 무지한 상태인지는 증명했다. 아직까지도 아이들이 어떻게 말하는 것을 배우는지는 미스터리다.

우리가 알고 있는 사실 중 하나는, 개인의 학습 능력이 반드시 오관을 모두 사용해야 하는 것은 아니라는 것이다. 예를 들어 헬렌 켈러는 귀가 들리지 않았고 앞을 볼 수 없었지만, 언어뿐 아니라 놀랄 만한 지혜까지도 습득할 수 있었다. 반면 감각적 욕구가 상실

되면 아이들의 학습에 심각한 장애가 일어난다는 사실도 알게 되었다. 1920년대 독일의 한 고아원에서 의미 있는 스킨십이나 놀이를 하지 않고 양육된 아이들의 예를 통해, 육체적으로나 정신적으로 성장을 하기 위해서는 다른 사람들과 어느 정도의 감각적 관계(예를 들어 스킨십을 통해 우리는 다른 사람들과 연결되어 있다는 느낌을 가진다)가 필요하다는 사실을 알게 되었다.

또 아이들의 발달 단계에는 특별히 중요한 시기가 몇 차례 있는데, 이때 몇몇 욕구 영역이 상실 또는 무시되고 적절한 조치가 취해지지 않을 경우 아이들의 성장에 장애가 올 수 있다. 헤드 스타트Head Start 프로그램이 유용한 이유가 바로 거기에 있다. 유아 조기 교육의 한 부분으로써 이러한 프로그램들은 아이들이 사회적·정신적 능력을 개발할 수 있도록 하기 위해 끊임없는 자극을 제공한다.

그러나 언어 습득처럼, 어린 시절에 이루어지는 대부분의 학습은 지극히 수동적이다. 예를 들어 어린아이들은 언어를 배우기 전에, 심리학자들이 자아 경계선ego boundary이라고 부르는 것을 배운다. 갓 태어난 아기는 자신과 주변 세상을 구별할 수 없지만, 태어난 지 9개월이 된 아이는 자신의 팔이 엄마의 것과 다르며, 자기 손가락은 아빠의 것과 다르다는 것을 배운다. 또 자신이 배가 아플 때, 세상 모든 사람의 배가 다 아픈 것은 아니라는 것도 배운다. 그러나 이러한 배움은 선택의 문제가 아니기 때문에 나는 수동적이라고 부르는 것이다.

유아들이 팔과 손가락을 뻗으려 할 때, 그 행동에는 많은 의미가 포함되어 있다. 실제로 이 같은 자아 경계선에 대한 학습은 의식의 발달로 볼 수 있다. 최초 자의식의 증거가 나타나는 때가 보통 생후 9개월쯤이기 때문이다. 그 전까지는 낯선 사람이 방 안에 들어와도 아무 일 없이 평화롭게 침대에 누워 있던 아기가, 9개월 무렵이 되면서 낯선 사람을 보면 두려워서 울거나 소리를 지르며 불안한 행동을 보인다. 이 시기의 아이들에게, 심리학자들이 말하는 이방인에 대한 불안감(낯가림)이 생기게 되는 것이다. 왜 그럴까? 이 사실로부터 추론할 수 있는 것은 아이들이 이때부터 스스로를 아주 작고, 상대적으로 무력하며 지극히 공격받기 쉬운 독립된 실체로 인식하게 된다는 것이다. 공격받기 쉬운 상태라는 두려움을 드러냄으로써 아이는 처음으로 자의식을 갖는 것으로 추론할 수 있다. 자의식은 우리 자신이 타인과 다른 독립된 존재라고 인식하는 현실적 감각을 수반한다.

언어 습득과 자아 경계선 인식이라는 수동적 학습은 고통이 따르지 않는 것 같다. 그러나 어린아이의 입장에서 보자면, 이보다 더 고통스러운 시기는 없을 것이다. 두 살이 될 무렵의 아이는 자아 경계선을 완전히 습득하지만, 아직 자신의 힘의 경계선은 알지 못하는 상태이다. 결과적으로 아이는 지금 이곳이 최상의 세계이며 자신이 모든 것을 통제할 수 있는 힘을 가지고 있다고 생각한다. 두 살이 채 되지 않은 아이가 부모, 형제들, 가족이 키우는 개나 고양이를 마치 개인의 소유물인 양 그들 위에 왕처럼 군림하려는 것을 볼 수 있다. 그러나 소위 미운 두 살의 시기라 불리는 이때쯤이면 아이는 걸을 수 있고, 물건을 집어서 던지기도 하며, 책장에서 책을 빼내는 것도 할 수 있는데, 아이의 어머니나 아버지는 이렇게 말한다.

"아니, 아니. 안 돼, 자니. 그렇게 하면 안 돼. 안 돼. 안 되는 거야, 그것도 하면 안 돼. 넌 대장이 아니야. 안 돼. 우린 널 아주 많이 사랑한단다. 넌 우리에게 아주 소중해. 그렇지만 안 돼, 네가 대장이 아니거든. 이 집의 대장은 엄마와 아빠란 말이야. 안 돼. 안 돼. 안 돼."

미운 두 살의 시기에 아이에게 일어나는 심리적 상황 변화는 사성 장군에서 이등병으로 강등되는 것과 같다. 그러니 이 기간이 우울과 분노의 시기가 되는 것은 당연하다! 미운 두 살의 시기는 비록 고통스럽지만, 매우 중요한 학습 시기이다. 만약 아이가 태어난 지 3년이 끝날 무렵에 지나치게 심각한 굴욕감에 짓눌려 있지 않다면, 그 아이는 '유아기적 자기도취'에서 벗어나는 거대한 첫 발자국을 내딛는 것이다. 이때는 에리히 프롬의 표현을 빌리자면 사회화의 토대가 완전히 마련되는 시기인데, 프롬은 그것을 '자신이 해야 할 일을 하도록 배우는 과정'이라고 정의한다.

어린 시절이 계속되면서 아이는 여러 가지 방법으로 배움을 실천하겠지만 그것은 주로 숙제, 시험, 시험 점수 그리고 집안에서의 기대치 등과 같은 외부적인 압력에 의한 것이다. 그러므로 대부분의 아이들에게 있어서 배움은 수동적인 형태를 유지한다. 이것의 대표적인 예가 《다정한 눈꽃송이》에 나오는 여덟 살짜리 여주인공 제니다. 그 소녀는 건강한 가정에서 자라고 있으며, 그녀의 좌뇌와 우뇌의 기능은 모두 정상이다. 소녀는 배우기 위해 애써 노력하지는 않는다. 사물을 의식적으로 이해하려고도 하지 않는다. 그녀는 분당 1마일의 빠른 속도로 생각을 처리하며 자연스럽게 떠오르는 대로 받아들인다.

아마도 어린 시절에 가장 중요한 학습은 역할 모델에게 배우는 것일 게다. 평범한 가정에서 가장 중요한 역할 모델은 당연히 부모이다. 아이들은 부모의 모습이 나중에 자신이 따라가야 할 모습이라고 생각하는 경향이 있는데 이것은 자연스러운 현상이다. 특히 자제심의 예에서 이러한 경향이 잘 나타나는데, 부모가 자제심을 갖고 행동하는 모습을 보고 자란 아이는 어린 나이에도 무의식적으로 스스로 자제심을 가지고 행동하려는 경향을 보인다.

반면에 자제심 없이 행동하는 부모 밑에서 자란 아이는 그것을 따라야 할 행동 방식이라고 생각하게 되고, 자제심과 같은 중요한 행동요건을 발전시키는 법을 배우지 못한다. 만약 부모가 "내가 행동하는 대로 하지 말고, 내가 말하는 대로 해야 돼"라고 가르치는 경우 더욱 심각하다. 어린 시절의 학습은 비록 수동적이더라도 정말로 중요하다. 운 좋게도 이 시기에는 지성뿐 아니라 감성까지도 함께 발전시킬 수 있기 때문이다.

지능은 수치로만 측정될 수 있다고 믿는 사람들이 많다. 분석적 지능의 경우에는 그렇긴 하지만 지능의 또 다른 측면, 즉 자아 인식, 공감 능력 그리고 사회 의식 등과 같이 눈에 보이지 않는 요소와 관련된 부분들은 무시되거나 경시되어왔다. 최근 들어 오랫동안 사용되어온 지능 지수 측정 검사에 대한 논쟁이 뜨겁다. 아이큐 테스트가 도움이 되고 긍정적인 면이 있지만, 한계점도 있다. 그중

한 가지는 문화적 편견을 초래하는 경향인데, 표준 테스트의 결과가 잘못 적용되기도 하고 많은 학생들의 학습 능력에 대한 잘못된 평가가 이루어지기도 한다.

그러므로 인간의 지적 능력을 측정하는 것인 만큼 인간이 감정을 어떻게 다루는지도 정확하게 측정하는 것이 중요하다고 제시하는 최근의 몇몇 연구는 아주 의미 있다. 감성 지능을 구성하고 있는 능력은 복잡하고 다각적이다. 이 연구에서 인용한 감성 지능을 나타내는 한 가지 예는 만족감을 지연시키는 능력이다. 나는 《아직도 가야 할 길》에서 그것을 언급했다. 그 책에서 나는 즐거움보다는 고통을 먼저 마주하고 극복함으로써 우리가 누릴 즐거움을 더 높일 수 있도록, 인생은 고통과 즐거움을 조정하는 과정이라고 했다.

《타임》지는 최근의 이런 연구에 많은 지면을 할애했다. 당연한 결과이지만 이 연구에 의하면 감성 지능의 토대는—대부분의 다른 감정적 기능은 여기에 근거하고 있는데—자아 인식이다. 예를 들어 자아 인식과 연관해서 심리학자들은 '메타무드'의 중요성을 언급한다. '메타무드'란 행동을 취하기 전에 한걸음 물러서서 현재 자신이 느끼는 감정이 어떤 것인지—그 감정이 분노인지, 부끄러움인지, 아니면 슬픔인지 등—를 인식하는 능력이다. 이 개념은 내가 앞에서 언급한 '관찰자 · 초월자로서의 자아' 개념과 상응한다. 일단 감정적 반응이 자신에게 인식되면, 우리는 재빨리 그 감정을 분석한다. 그러면 그것을 긍정적으로 통제할 수 있는 가능성은 훨씬 높아진다. 감성 지능에 수반하는 자아 인식은 우리로 하여금 자기 통제를 더 잘할 수 있도록 하기 때문에 가장 중요하다.

감성 지능을 개발하는 데 방해가 되는 것은 우뇌의(직관적) 사고력보다 좌뇌의(지적) 사고력을 강조하는 문화권에서 심각하게 나타난다. 어린 시절에 감정을 억압하거나 완전히 차단하는 것을 배운 아이들에게서 감정적 마비증상이 발견되는 것은 당연하다. 자연스럽게 감정을 표현하는 데 익숙하지 않은 성인들은 아이들이 감정을 표현할 때마다 끊임없이 비난하고 "그런 식으로 감정을 드러내지 말라"고 꾸짖게 되며, 그 결과 아이들의 감정 인식은 억압을 받는다.

좌절감을 적절히 통제할 수 없거나, 고통스러운 감정을 인식할 수 없게 되면 아이들은 식이장애를 일으키거나, 다른 아이들을 괴롭히는 등의 파괴적 행동을 보인다. 그것은 성인들로부터 감정을 통제하는 교육을 제대로 받지 못했기 때문이다. 교사나 부모는 그 아이들에게 자신의 감정을 자연스럽게 표현할 수 있도록 가르치는 것이 도움이 될 거라고 나는 믿는다(이 말은 아이들이 생각하거나 느끼는 대로 마구 행동해도 된다는 의미는 아니다).

어린 시절에 이루어지는 수동적 학습이 중요하지만—감성적 측면에서나 지능적 측면에서나—성인기의 능동적 학습은 더욱 중요하다. 어떤 심리학자들 사이에서는, 사춘기 무렵에 여러 가지 고통을 겪으면서 생긴 심리적 상처로 인해 좋든 싫든 그 시기에 인격이 완성된다고 생각하는 경향이 있다. 맞는 말이긴 하지만 반드시 그런 것은 또 아니다. 강한 의지만 있다면 인생의 나머지 75퍼센트의 기간에도 우리는 큰 변화를 이룰 수 있고, 비약적 성장도

할 수 있다. 적어도 조나단 스위프트가 말했던 바를 이룰 수는 있을 것이다.

"우리 인생의 후반부는 전반부에 저질렀던 온갖 어리석음과 편견 그리고 잘못된 생각을 모두 치유하는 데 쓰인다."

성인기의 능동적 배움은 가능한 일일 뿐 아니라 아주 바람직한 일이기도 하다.

성장과 의지

어떤 측면에서 보면 성인기에 이르러서야 적극적이고 의도적인 선택을 통해 배움을 실천한다는 사실을 우리는 잘 안다. 그러나 우리가 이해할 수 없는 것은 그 이유다. 여기서 우리는 지극히 신비스러운 인간의 의지와 직면한다.

이미 밝혔듯이, 어떤 사람들은(예를 들어 나의 직계 가족들 모두) 강한 의지를 가지고 태어나지만, 또 어떤 사람들은 상대적으로 그렇지 못하다. 물론 이런 문제를 과학적으로 연구한 적은 없다. 의지의 강도에 차이가 있는가? 그 차이는 유전적인 것인가? 의지는 어느 정도까지 개발되거나 학습될 수 있는가? 이런 것들에 대해서 우리는 아는 게 거의 없다. 그것은 심리학적 연구에 있어서 지극히 신비로운 주제이며, 광활한 미개척 분야다.

어쨌든 강한 의지는 인간에게 부여된 가장 큰 두 가지 축복 가운데 하나라고 나는 믿고 있다. 강한 의지가 곧 성공을 보장하는 것이라서가 아니라(예를 들어 강한 의지가 역설적으로 히틀러 같은 인물을 만들 수도 있지 않은가) 의지가 약하면 실패할 확률이 높기 때문이다.

예를 들어 의지가 강한 사람은, 즉 성장하려는 신비스러운 의지를 가진 사람은 그들의 성장배경이 어떻든 또는 치료의 성공률에 관계없이 심리 치료를 잘 받아들인다. 반면에 의지가 약한 사람은 여러 가지 자질 — 훌륭한 아이디어와 재능과 같은 — 이 있어도 그저 그 자리에 멍하니 주저앉아 아무것도 해내지 못한다.

그러나 계속해서 지적하였듯이 모든 축복은 잠재적인 저주이기도 하다. 강한 의지가 잘못되면 못된 성격이 될 수도 있다. 그 망할 공이 자신이 원하는 방향으로 날아가지 않았다는 이유로 골프 클럽으로 나무를 내리찍는 것도 의지가 강한 사람의 경우다. 의지가 강한 사람들은 그들의 분노를 효과적으로 통제하기 위해 배워야 할 것이 많다.

《끝나지 않은 여행》에서 나는 환자들에게 늘 이렇게 설명했다고 썼다. 의지가 약하다는 것은 뒤뜰에 작은 당나귀 한 마리를 매어둔 것과 같다. 그 당나귀는 당신에게 큰 해를 끼치지 않는다. 최악의 경우라 해봐야 그곳에 심은 튤립 꽃봉오리를 뜯어먹는 정도이다. 그러나 당나귀는 당신에게 큰 도움도 되지 않는다. 그래서 결국 당신은 해야 할 일을 하지 못했다는 후회를 하면서 인생을 마감하게 될 것이다. 반면에 강한 의지를 가지고 있다는 것은 힘이 센 스코틀랜드 산 복마卜馬 수십 마리를 뒤뜰에 풀어둔 것과 같다. 그 말들은 덩치가 크고 힘도 아주 세기 때문에, 잘 훈련시켜서 마구를 매어두지 않으면 집을 무너뜨릴지도 모른다. 그런데 마구를 잘 매어두기만 한다면, 당신은 그 말들을 이용해 태산도 움직일 수 있을 것이다. 그러므로 고삐를 매어둔 의지인가, 아니면 고삐가 풀려 있는 의지인가의 차이는 아주 중요하다.

그렇다면 어디에 의지의 고삐를 매어두어야 하는가?

당신의 의지는 당신 자신에게만 매어두어서는 안 된다. 그것은 당신 자신보다 훨씬 더 차원 높은 힘에 매어두어야 한다.

제럴드 메이는《의지와 영혼》이라는 책, 특히 '자유 의지와 고집'으로 제목을 붙인 1장에서 고집은 고삐 풀린 인간의 의지를 의미하고 자유 의지는 보다 차원 높은 힘에 의해 부름을 받거나 인도된 곳으로 기꺼이 가려는 사람의 강한 의지를 지칭하는 말이라고 설명하고 있다. 더욱이 자유 의지와 더 높은 차원의 힘과의 관계를 고려한다면,《아직도 가야 할 길》에서 성장하려는 의지는 본질적으로 사랑과 같은 것이라고 한 말이 결코 우연의 일치는 아닐 것이다.

나는 사랑을 자신이나 다른 사람의 영적 성장을 위해서 자신을 더 넓히려는 의지라고 정의했다. 정의에 따르면 진정으로 사랑하는 사람은 성장하는 사람이다. 나는 사랑할 수 있는 능력이 어떻게 자애로운 부모에 의해서 길러질 수 있는지를 말했다. 그러나 부모의 교육만으로는 부족하다는 점도 지적했다. 우리에게 있는 사랑의 능력과 성장의 의지는 어린 시절 사랑하는 부모에 의해서 길러질 뿐 아니라, 신의 은총과 사랑에 의해서 평생 동안 길러지는 것이라고 믿는다.

그러나 여전히 우리에게 남는 의문은, 평생 동안 성장 의지를 지속적으로 보여주는 사람들은 왜 소수에 불과할 뿐이고, 대부분의 사람들은 성장의 기회뿐 아니라 배움에 수반되는 책임마저도 회피하는가이다. 성인이 되어서도 적극적으로 배우려 하고 의식적으로 자신의 의지를 성장시키겠다고 선택하는 것은 인생에서 가장 중요한 결정이다. 그렇다면 언제 이러한 선택을 하게 되는가? 이 문제는 정말 중요한데 과학적으로 연구된 적은 없다. 이미 언급했듯이, 어린 시절에 이런 선택을 한다는 증거는 없다. 빨라야 사춘기 중반쯤에야 선택이 가능할 것이다. 내가 쓴 책을 읽고 편지를 보낸 청소년들 중에는 이미 그런 선택을 확실히 했다고 하는 15~16세 정도의 젊은이들이 있었다.

내 딸들은 대학에 입학할 무렵 과학과 수학을 공부하기 어렵다는 사실을 알고 있었지만 전공 과목으로 선택했다. 나는 아이들이 겪게 될 어려움이 안타까워서 그들에게 소질이 있고 자연스럽게 터득할 수 있는 인문학과 같은 과목을 선택하는 게 어떠냐고 물어보았다. 두 아이가 대답했다.

"아빠, 공부하기 쉬운 과목을 전공하는 게 무슨 의미가 있죠?"

이 아이들은 적어도 내가 그 나이였을 때보다도 배움에 대한 의지가 앞서 있었다.

그러나 배움의 의지란 빠르면 사춘기 때 나타날 수도 있지만, 반드시 그때여야만 하는 것은 아니다. 그런 중요한 선택을 하게 되는 시기가 삼십대, 사십대, 오십대 또는 육십대가 될 수도 있고, 심지어는 죽음을 맞기 한두 달 전이 될 수도 있다. 또 일회적으로만 선택할 수 있는 것도 아니다. 어떤 사람들은 선택을 하기는 했지만, 진심으로 하지 않아 인생의 나머지 기간 동안 적극적인 배움을 실천하지 못하는 경우도 있다.

또 어떤 사람들은 중년기에 그런 선택을 하고도 가장 열정적인 학습자가 되기도 한다. 때로는 중년의 위기를 겪는 과정에서 자신의 상황을 살펴보는 시간에 그런 선택의 기회가 찾아오기도 한다. 내가 아는 한 대부분의 경우 여러 차례 선택을 하게 되는데, 그런 결심은 반복할수록 강해진다. 내 경우에도 그랬다. 나는 적극적인 배움을 실천하려고 최초로 결심했던 때가 언제인지 기억하지 못한다. 대신에 그런 결심을 다지고 다졌던 많은 순간들을 기억할 뿐이다.

나의 개인적인 학습 방식은 평생 동안 경험으로부터, 특히 개인적인 경험에 대한 깊은 사색을 통해 배우는 것이다. 그렇기 때문에 나는 사색하는 사람을 조그마한 경험으로부터 그 속에 들어 있는 가치를 최대한 뽑아내는 사람이라고 부른다. 중요한 것은 인생에서 얼마나 많은 경험을 하느냐가 아니라 그 경험으로 당신이 무엇을 하느냐의 문제다.

우리는 다양한 분야에서 여러 가지 경험을 하고 많은 업적을 이루고도 여전히 아무런 변화 없이, 이전과 다를 바 없는 모습으로 살아가고 있는 사람들을 알고 있다. 다양한 경험을 통해서 자기 자신과 이 세상에 대해서 아무것도 배우지 못한다면, 그저 이리저리 돌아다니면서 시간만 낭비한 셈이다. 그 때문에 우리는 자신의 영혼을 성장시킬 수 있는 내적·외적 경험에 관심을 기울여야 한다.

무언가를 기꺼이 배우려는 자유 의지에는 상당 부분 내면의 성찰을 통해 배우고자 하는 자세가 포함되어야 한다. 철학자 키에르케고르의 말은 이런 점을 구체적으로 언급하고 있다.

"놀랄 만한 업적을 이루고 방대한 양의 지식을 습득했지만, 정작 자신에 대해서는 아무것도 모르는 사람이 있다. 그러나 고통은 자신의 내부를 바라볼 수 있게 한다. 만약 당신이 그 고통을 느낀다면, 당신의 내부에서부터 이미 배움은 시작된 것이다."

결국 스스로의 의지로 배움과 성장을 지향하는 사람들은 분명히 신의 목적과 뜻을 같이 하는 사람이라고 할 수 있다. 그러나 그런 사람들은 이와 같은 사실을 의식하거나 또는 스스로를 '보이지 않는 우주의 질서와 조화를 이루고 있는 존재'라고 생각하지는 않는다. 그는 자신을 불가지론자라고 생각할지 모른다. 그러나 신을 더 높은 차원의 힘을 가진 존재로 인정하지 않는 대부분의 사람들은 그들이 생각하기에 자기보다 더 위대한 무엇, 즉 이상적인 사랑, 빛, 진실 등에 기꺼이 헌신하려는 태도를 보일 수도 있다.

이 모든 것은 신과 연결되는 것들이다. 그들이 수십 년 동안 스스로의 의지대로 배움과 성장을 계속했더라도 대부분 필연적으로 살아 있는 신의 손길 속으로 들어온다. 그리고 그들의 영혼은 창조주와 각별한 인연을 만드는 것이다.

자기도취에서 벗어나기

내가 없는데 세상이 어떻게 돌아갈 수 있는가라고 생각할 만큼 자기중심적인 사람들이 있다는 말을 들은 적 있을 것이다. 그러나 대부분의 경우, 자기도취가 그 정도로 심하지는 않다. 우리 모두가 알아서 타협해야 하는 가장 어렵고 중요한 사실 중 하나는 세상은 어느 한 개인을 중심으로 움직이는 게 아니라는 것이다.

나는 앞에서 자기도취를 생각 장애라고 말한 적이 있다. 《거석을 찾아서》에서 아내 릴리와 내가 전화번호를 등록하지도 않았고 다른 치밀한 보안 장치를 해두어야 했던 가장 중요한 이유가 세상의 자기도취자들로부터 우리를 보호하기 위해서라고 말한 적이 있다. 이런 보안 장치를 갖기 10여 년 전에는 새벽 2시에도 전화벨이 울리는 경우가 흔했다. 전화를 건 사람은 내가 쓴 책의 어떤 부분을 이야기하고 싶은 낯선 사람이었다. "지금은 새벽 2시입니다"라고 내가 항의하면, 상대방은 이렇게 받았다. "이곳 캘리포니아는 11시밖에 되지 않았어요. 그리고 지금이 전화 요금이 가장 싼 시간대이고요."

자기도취자들은 다른 사람의 입장은 전혀 생각하지 않으며, 생각할 능력도 없다. 사실상 우리는 모두 자기도취자로 태어난다. 그러나 건강한 사람으로 성장하면서 자연적으로 타고난 자기도취에서 벗어난다. 이러한 성장은 의식적으로 다른 사람의 입장을 고려하고 다른 사람을 배려하는 법을 배우면서 이루어진다. 또 이러한 배움은 스스로 터득하게 되는데, 배우면 배울수록 다른 사람을 더 의식하게 되기 때문이다.

나는 이미 앞에서, 미운 두 살의 시기를 거쳐 어린아이가 유아기적인 자기도취에서 벗어나 큰 발걸음을 내딛는다고 말한 적이 있다. 사람들이 이런 자기도취를 벗어나지 못하는 이유가 무엇인지는 알 수 없다. 자기도취를 극복하지 못하는 이런 상황이 인생의 가장 취약한 시기, 즉 어쩔 수 없이 굴욕감을 느낄 수밖에 없는 미운 두 살의 시기에 시작되기 때문이 아닌가 생각한다. 이 시기의 아이에게 가능한 한 부드럽게 대해야 하는 것은 부모의 몫이다. 그러나 모든 부모가 이렇게 하지는 않는다. 미운 두 살의 시기와 어린 시절 전체를 통하여, 아이들을 겸손하게 가르치는 차원을 넘어 아이들에게 굴욕감을 느끼게 하는 부모도 있다. 아이들이 자기도취에서 벗어나지 못하는 것은 지나친 굴욕감에 뿌리를 두고 있는 것일지도 모른다.

심한 굴욕감을 경험한 아이들은 필사적으로 자기 중심적인 세계관에 집착하려는 경향이 있다. 말 그대로 자신만의 귀중한 삶을 스스로 지켜야 한다고 느끼기 때문이다. 이들에게 자기도취는 험난한 세상에서 안전함을 느끼게 해주는 유일한 보호 장치다. 심한 굴욕감을 경험하면서 그들의 자아는 위축되고, 그 결과 자기도취라는 기준 틀을 이용해 세상을 바라보는 것을 곧 자신들의 생존 방식이라고 여기게 된 것이다.

우리가 유아기적인 자기도취에서 벗어나는 위대한 첫 발걸음을 내딛는 시기가 바로 미운 두 살의 시기지만 이것이 결코 유일한 기회나 최종 단계는 아니다. 사실상 자기도취의 불길이 타오르는 시기는 일반적으로 사춘기 시절이다. 예를 들어 사춘기의 아이들은 다른 가족에게 차가 필요할지도 모른다는 생각을 아예 하지 않는다. 그렇지만 사춘기 시절이야 말로 자기도취에서 벗어나 다음 발걸음을 내디딜 수 있는 시기이기도 하다. 나는《탄생을 기다리는 세계》에서 내가 사춘기 초반에 겪었던 인생의 전환점이 된 한 가지 예를 설명했다.

열다섯 살이 되던 어느 날 아침, 나는 기숙학교를 향하여 걸어가고 있었는데, 50야드쯤 떨어진 곳에 있는 반 친구를 보았다. 그는 나를 향하여 걸어오고 있었다. 우리가 나란히 걷게 되었을 때 5분 정도 서로 이야기를 나누다가 헤어져 각자의 길로 걸어갔다. 길을 따라 50야드쯤 걸어가다가 나는 신의 은총으로 갑자기 계시를 받았다. 내가 그 친구를 처음 본 순간부터 바로 이 순간까지 총 10분 동안 나는 완전히 내 생각에만 빠져 있었다는 것을 깨달았다. 우리가 만나기 전 2~3분 동안 나는 그 친구에게 강한 인상을 심어줄 멋진 말을 생각하는데 완전히 몰두해 있었다. 우리가 이야기를 나눈 5분 동안 나는 멋진 말로 응수하기 위해서 그의 말을 듣고 있었다. 내가 그의 얼굴을 쳐다본 것은 내 말이 그에게 어떤 효과가 있었는지 알아보기 위한 것이었을 뿐이다. 우리가 헤어지고 난 후 2~3분 동안에도 나의 생각은 오로지 그에게 좀 더 강한 인상을 심어줄 말이 어떤 것일까였다.

나는 내 친구에 대한 생각은 조금도 하지 않았다. 그 친구에게는 어떤 기쁨이, 혹은 어떤 슬픔이 있을까 라든가, 내가 무슨 말을 하면 그 친구의 어려움을 덜 수 있을까라는 문제에 대해서는 전혀 관심이 없었던 것이다. 오직 관심이 있었다면 그것은 다만 나의 재치를 빛내줄 조연으로 그리고 나의 영광을 비춰줄 거울로써의 그였다. 그러나 신의 은총으로, 나는 내가 얼마나 자기 중심적이었는가에 대한 계시받았을 뿐 아니라, 내가 만약 지금까지 그런 의식으로 살아왔다면 얼마나 공허하고 외로운 '성인기'를 맞았을까 하는 두려운 사실도 깨닫게 되었다. 결국 나는 열다섯 살 때 자기도취 증세를 극복하기 위한 싸움을 시작했다.

그것은 시작에 불과했다. 자기도취 증세는 쉽게 떨칠 수 없는데, 그것이 가진 촉수는 치밀하고 침투력이 강하다. 우리는 매일, 매주, 매달, 매년 그 촉수를 계속해서 잘라야만 한다. 그 여정에는 자신의 겸손함에 대견해 하는 등 많은 함정이 도사리고 있다. 의식이 성장함으로써 자기도취 증세도 덜해졌으며, 다른 사람들과 더 많은 공감을 나누려는 노력을 해오고 있다. 그러나 돌이켜볼 때 가장 후회하는 것 중의 하나는 연로해져가는 부모님께 내가 얼마나 무심했는가 하는 점이다. 나이가 들어가면서 부모님이 감수해야 했던 것들을 더 잘 이해하게 되면서 그 어느 때보다도 그분들과 깊은 일체감을 느낀다.

자기도취에서 벗어나기 위해 나름대로의 방법을 터득하는 것이 내 인생의 가장 중요한 과업이었으며, 돌이켜 생각할 때 가장 훌륭한 스승은 나의 결혼 생활이었다.《탄생을 기다리는 세계》에서 나는 자기도취 증세로 인해 결혼한 지 2년이 지나서야 아내 릴리가 단순히 나의 부속물이 아니라, 그 이상의 어떤 의미를 가진 존재라는 것을 어렴풋이 깨달았다고 술회한 적이 있다. 내 눈을 뜨게 한 것은 부부 사이의 사소한 마찰이었다. 곁에 있었으면 할 때 아내가 마침 쇼핑을 나가거나 외출해 집에 없으면 그때마다 화가 났고 또 혼자 있고 싶을 때는 아내가 옆에서 '성가시게 구는 것'에 화가 났다.

나는 이러한 짜증의 대부분이 내 마음속에 있는 유별난 생각에서 비롯된다는 사실을 점차 깨닫게 되었다. 내가 원할 때면 릴리가 반드시 거기에 있어야 된다고 생각했고, 그녀의 존재가 성가시게 느껴지면 사라졌으면 하고 생각했던 것이다. 더구나 그런 때가 언제인지를, 굳이 내가 말하지 않더라도 그녀는 알고 있어야 된다고 생각했다. 10년이 더 지나고 나서야 나의 유별난 광기는 완전히 치료될 수 있었다.

그러나 그것 역시 시작일 뿐이었다. 릴리와의 결혼 생활이 이렇게 유지될 수 있었던 가장 큰 이유는 두 사람 다 나름대로 사려가 깊은 사람들이었기 때문이다. 물론 처음에는 그러한 배려심도 미숙했으며 자신의 이미지에 더 관심이 컸다. 우리는 스스로를 좋은 사람이라고 생각하고 싶었기 때문에, 좋은 사람이 되려고 노력했다. 좋은 사람이 된다는 의미는 사려 깊어진다는 것. 우리는 좋은 사람 혹은 사려 깊은 사람이 되기 위한 가장 중요한 규칙을 알고 있었다. 바로 '네가 대접받고 싶은 대로 남들에게 베풀어라'라는 규칙이었다. 그래서 우리는 서로에게 대접받고 싶은 대로 서로를 대하려고 노력했지만 그 방법은 그다지 효과적이지 않았다.

릴리와 나는 자기도취 증상이 다른 사람들에 비해 비교적 가벼운 상태로 결혼 생활을 시작했기 때문이었다. 우리는 새벽 2시에 전화를 거는 그런 부류의 사람은 아니었다. 우리는 예절바르기로는 나무랄 데 없었지만, 현명하지 못했다. 우리는 다른 사람들도 우리와 같고 만약 그렇지 않으면 교육을 잘못 받은 사람이라는 자기도취적 사고로 행동했기 때문이다.

결과적으로 그 규칙은 시작일 뿐이라는 사실을 배우게 되었다. 성장하기 위해 우리는 각자의 다름(차이)을 인정하고 존중해야 된다는 것을 배워야 했다. 결혼 생활의 고급 과정에서 배워야 할 교훈은 이렇다.

"입장을 바꾸어서 상대방이 나에게 해주고 싶어 하는 대로 그들에게 행하라."

그것을 터득하기가 쉽진 않았다. 60년이 넘는 세월을 살아왔지만 아직도 아내와 나는 그것을 배우고 있는 중이고 때로는 초보자처럼 생각할 때도 있다. 우리 두 사람의 차이는 결혼 생활의 지혜이며, 양념이 되기도 한다는 사실을 배우고 있다. "두 사람이 머리를 맞대면 한 사람보다 낫다"는 교훈에서 두 사람의 머리가 동일하다면 이 표현은 무의미해질 것이다. 아내와 내 머리가 서로 다르기 때문에, 두 사람의 머리를 맞대었을 때—육아, 재산 관리, 여행 계획 등과 같은 일들에서—훨씬 더 현명한 결과가 나타났다. 그러므로 자기도취에서 벗어남으로써 협동하게 되고 그 과정에서 우리는 힘과 지혜를 함께 모을 수 있다.

자기도취와 자기애의 차이

그러나 여기에는 역설적인 측면이 있다. 자기도취—자기 중심적인 생각과 과도한 자부심—에서 벗어나 성장하는 것이 무엇보다 중요한 인생의 목표이지만, 결정적으로 실제 자기 자신의 소중함과 가치를 받아들이는 것이 정말 중요하다.

겸손은 자기 자신을 있는 그대로 진실하게 아는 것을 의미한다. 자신의 실체를 정확하게 파악하여 좋은 점과 나쁜 점 모두를 인정하는 것이 중요하다. 많은 사람들이 잘못 알고 있듯이, 겸손은 자신의 부정적인 부분을 부각시키고 긍정적인 부분은 대충 평가절하하거나 무시하라는 의미가 아니다. 그러나 대다수의 사람들은 거짓 겸손을 과시하며 그렇게 행동한다. 거짓 겸손은 당연한 상황에서조차도 칭찬을 받거나 자신의 생각을 주장할 수 없는 무능력한 상태로 이끈다.

자기애(항상 긍정적인 의미로 사용)와 자존심(때때로 의심스러운 의미로 사용)의 차이도 구별되어야 한다.《끝나지 않은 여행》에서 설명한 것처럼, 이 두 용어가 혼동되는 경우가 있는데, 영어에는 이러한 의미차이를 표현할 수 있는 정확한 단어가 없기 때문이다. 결국 이 문제는 적절한 단어를 새로 만들면 해결되겠지만 당분간은 지금까지 써오던 용어에 만족해야 할 것 같다.

예컨대 간혹 적절치 못한 행동을 하는 경우, 그것이 '나쁜' 행동이라는 사실을 부정하거나 잘못을 깨우치고 바로 잡으려고 노력하지 않는 것은 주로 자존심에 관한 문제다. 반면 자기애의 경우라면 자신의 잘못을 인정하고 자신을 탓하는 좀 더 건강한 행동을 할 수 있을 것이다. 한때의 잘못이 곧 한 인간의 존재 가치를 전적으로 규정하는 것이 아니라는 점을 구별할 수 있어야 한다. 우리가 모든 능력을 다 갖고 있지 않으며 완벽하지도 않다는 사실을 깨닫는 순간이 필요하다. 이때가 성장에 있어서 결정적 순간인데, 자신을 사랑하는 행위 속에는 자신에게 갈고 닦아야 될 부분이 더 있다는 사실을 인식하는 것도 포함되기 때문이다.

그러므로 항상 자기 자신에게 만족한다는 주장(자존심을 세운다는 말과 동의어이며 자기도취적인 주장)과 자기 자신을 소중하고 가치 있는 사람으로 여긴다는 주장(건강한 자기애적 주장)에는 분명한 차이가 있다. 이러한 차이를 이해하고 구별하는 것이 성숙한 정신 건강의 선행 조건이다. 좋은 사람, 건강한 사람은 때로는 자존심을 버려야 하고, 언제나 자신에게 만족할 수 없다는 인식을 감당하는 사람이다. 항상 자신을 떠받들어서는 안 되지만 자신을 사랑하고 소중하다고 생각할 수 있어야 한다.

20년 전에 나는 열네 살 때부터 줄곧 혼자 살아온 열일곱 살의 소년 환자를 만난 적이 있다. 그 소년의 부모는 아주 폭력적이었다. 나는 그에게 이렇게 말했다.

"잭, 너의 가장 큰 문제는 자신을 사랑하지 않고 또 자신을 가치 있게 생각하지 않는다는 점이야."

그날 밤 나는 끔찍한 폭풍우가 쏟아지는 가운데 코네티컷 주에서 뉴욕까지 운전을 해서 가야만 했다. 폭우가 고속도로 위를 휩쓸고 있었다. 시계視界가 너무 좁아서 갓길과 차선 분리선이 잘 보이질 않았다. 몹시 피곤했지만, 나는 모든 신경을 도로에 집중했다. 단 1초라도 집중력을 잃는다면 도로 밖으로 벗어날 형편이었다. 그 끔찍한 폭우 속을 뚫고 90마일을 달릴 수 있었던 것은 끊임없이 나 자신에게 되뇌었던 말 덕분이었다.

"이 차는 조그만 폴크스바겐 자동차이지만 이 속엔 정말 귀중한 물건이 들어 있어. 이 물건을 뉴욕까지 안전하게 운반해야 해."

결국 나는 임무를 완수했다.

사흘 뒤 나는 코네티컷으로 돌아와 잭을 다시 만났다. 그때 알게 된 사실은 이러했다. 그도 같은 날 밤 폭우 속을 여행했는데, 그는 나처럼 지쳐 있지도 않았고 훨씬 짧은 거리를 운전했지만 그의 차는 도로에서 이탈했다. 다행히 심한 부상을 입지는 않았다. 물론 그가 일부러 사고를 냈다고도 생각하지 않았다. 자기애의 결핍이 자살을 초래하기도 하지만 나는 그가 자살을 시도했다고 생각하지는 않는다. 아마도 그의 차가 이탈한 이유는 그는 자신의 자동차에 정말로 귀중한 물건이 실려 있다는 확신을 할 수 없었기 때문이 아니었을까?

또 다른 예는《아직도 가야 할 길》이 출간되고 난 직후 치료를 시작한 여성 환자의 경우다. 그녀는 뉴저지 주 중부지역에서 내가 살고 있는 코네티컷 주까지 치료를 받으러 그 먼 곳에서 왔다. 그녀는 평생 교회에서 살아온 여성이었다. 교회에서 자랐고 목사와 결혼했다. 처음 1년 동안은 1주일에 한 번씩 치료를 받았지만, 전혀 진전이 없었다. 그러던 어느 날 그녀는 이렇게 말문을 열었다.

"오늘 아침 운전하면서, 갑자기 내 영혼의 성장이 무엇보다 중요하다는 걸 알게 되었어요."

그녀가 드디어 답을 찾아냈다는 사실에 나는 호쾌한 웃음을 터뜨렸다. 그 여성은 내 책이 좋아서 나를 찾아왔고 1주일에 한 번 6시간의 운전을 마다하지 않고 나를 만났다. 그러나 그녀는 일평생을 교회에서 보내고 있는 사람이라, 영혼의 성장이 가장 중요하다는 사실을 이미 알고 있으리라 짐작했기에 아이러니하기도 해서 웃음이 나왔다. 그녀는 몰랐던 것이다. 나는 영혼의 성장이 삶에서 얼마나 중요한 문제인지를 모르는 사람이 생각보다 많을지도 모른다는 의구심이 들었다. 일단 그 사실을 깨닫게 되자 그녀의 치료는 일사천리로 진척되었다.

자신을 소중하게 여기는 사람이라면, 자신을 위해 어떠한 노력이라도 할 만한 가치가 있다고 믿는다. 난관을 극복하고 발전하기 위해 치료를 받으려는 결심, 자신이 통제할 수 있는 범위 내에서 어떤 위험 상황을 대비한 안전 점검, 이것이 우리 자신을 진정으로 귀하게 생각하는지 가늠하는 척도다. 《아직도 가야 할 길》에서 언급했듯이 스스로를 가치 있고 중요한 사람이라 여기는 주된 요소는 어린 시절 부모로부터 얼마나 소중한 존재로 대우받았느냐이다. 이 사실은 자신을 바라보는 방식에 상당히 많은 영향을 주는데 감수성이 풍부한 어린 시절이 우리의 가치관 형성에 중요한 시기이기 때문이다.

그러나 그 책을 쓴 지 18년의 시간이 지났다. 나는 자아가치에 대한 불신이 깊게 뿌리박힌 사람이 성년기에 접어들었을 때의 문제를 지나치게 비관적으로 말했다. 그런 사람들이 건강한 가치관을 발전시킬 가능성은 거의 없다는 말도 했다. 그러나 지금의 나는 적어도 어린 시절에 자신을 소중히 여기고 존중하는 법을 배우지 못한 상당수의 사람들에게 도움이 될 만한 두 가지 방법을 알게 되었다. 한 가지 방법은 장기간의 심리 치료다. 치료 기간 동안 치료사는 일종의 대체 부모가 되어 환자가 얼마나 소중한 사람인지 지속적으로 표현함으로써 치료를 하는 것이다. 오랜 심리 치료 과정의 결론을 내릴 때—특히 치료가 성공적이었을 때—환자들의 가장 흔한 반응은 이런 것이다.

"그러니까, 펙 선생님, 선생님은 저를, 제가 생각했던 것보다 훨씬 더 소중한 사람으로 대하셨어요."

또 다른 방법도 있다. 신이 인간의 삶에 직접 개입하여 영적인 메시지를 전할 때도 있는 것 같다. 그러한 경험의 위력에 대한 경외감에 수혜자들은 당황한다. 그들은 감사하고 황송해하며 세월이 지나도 계속해서 "왜 저입니까?"라고 묻는다. 그때까지도 여전히 자신들에게 그러한 은총을 받을 만한 자격이 있는 것인지 의아하기 때문이다. 오랜 기간 동안 자기 자신을 하찮게 여기던 사람이 신의 계시를 받았을 때 겪은 압도적인 은총의 경험은 사실 커다란 사건이다.

사실을 기록한 나의 책에서는 그런 사건들을 설명하지 않았지만, 자신의 가치에 대한 생각이 갑자기 바뀌었다고 회상했던 환자들과 친구들이 있다. 때때로 이러한 계시는 무서운 인생 경험을 하는 가운데 나타난다. 또 어떤 사람들에게는 자신의 목숨이 위태로운 상황에서 나타나기도 한다. 가령, 어느 여성은 이러한 위협에서 자신의 가치를 깨달아 육체적인 학대를 견뎌왔던 관계를 끝내겠다는 결심을 하기도 한다. 나는 두 권의 소설에서 그러한 사건을 다루었다. 《창가의 침대》에서 60세의 요양소 관리자 사이먼턴 부인은 그러한 배움의 메시지를 받는다. 《지상에서처럼 천국에서》에 나오는 티시도 연옥에서 그런 경험을 한다. 두 이야기는 허구지만 나에게 그런 이야기를 들려주었거나 내가 만났던 실제 인물들의 사실이 반영되어 있다.

자기도취, 죽음 그리고 죽음의 학습

인간의 타고난 자기도취는 대단히 복잡한 심리현상인데, 인간의 생존 본능에 없어서는 안 되는 요인이기도 하다. 그러나 고삐 풀린 자기도취는 심리적 질병의 대표적인 전조증상이다. 건강한 정신생활은 점차 자기도취에서 벗어나는 과정이다. 지극히 흔한 일이지만 자기도취에서 벗어나지 못한 결과는 매우 파괴적이다.

죽음에 대한 예측과 육체적으로 죽어가는 과정은 그와 같은 건강한 성장에 커다란 자극이 될 수 있다. 아니 어쩌면 가장 큰 자극이 될 수 있을 것이다. 정신 의학자가 말하는 자존심의 상처라는 의미는 자기도취적 상처다. 자기도취적 상처 중에서 죽음은 가장 극단적인 경우다.

우리는 어떤 식으로든 사소한 자기도취적 상처를 받으며 살게 된다. 이를테면, 학교 친구에게 바보라고 불리거나, 배구팀을 짤

때 끝까지 선택받지 못하는 사람이 되거나, 대학 입시에 실패하거나, 상사의 비난을 받거나, 해고를 당하거나 혹은 자식들에게 외면당하기도 한다. 이런 상처의 결과로 우리는 쓰라린 아픔을 맛보거나 아니면 한 단계 성장을 하기도 한다. 그러나 죽음은 가장 참담한 결과이다. 생명의 소멸이 임박했다는 것보다 우리의 자기도취적 집착과 자기기만을 위협하는 것은 없다.

그러므로 죽음과 죽음을 떠올리게 하는 모든 것을 두려워하는 것은 당연하다. 그런 두려움을 이기는 방법에는 두 가지가 있다. 하나는 보편적인 것이고 또 하나는 좀 도전적인 것이다. 보편적인 방법은 그것을 우리 마음속에서 지우고, 그것을 인식하지도 않으며, 아예 생각하지도 않는 것이다. 좀 도전적인 방법은 가능한 한 일찍 죽음에 직면하는 것이다. 그렇게 함으로써 우리는 죽음에 사실상 단순한 것으로 인식할 수 있다. 다시 말해서 우리가 자기도취를 극복할 수 있는 한, 죽음에 대한 두려움도 극복할 수 있는 것이다. 이런 사실을 알고 있는 사람들에게 죽음에 대한 예측은 오히려 심리적·정신적으로 성장할 수 있는 커다란 자극이 된다. 그들은 이렇게 생각할 것이다.

"어쨌든 나는 죽을 텐데, 어리석기 짝이 없는 나의 자아에 집착하는 것이 무슨 소용이 있는가?"

이렇게 해서 그들은 자기 중심적 생각에서 벗어나기 위한 여정을 시작한다. 쉽지는 않겠지만, 이것은 분명 가치 있는 여정이다. 자기도취, 자기 중심적 생각, 자존심 등을 점점 더 많이 줄일수록 우리는 죽음에 대한 두려움뿐 아니라 삶에 대한 두려움도 점점 벗을 수 있다. 또 이것은 더 많은 사랑을 베푸는 법을 배우는 계기가 된다. 끊임없이 자신을 보호하고 방어해야 한다는 마음의 짐을 벗어버리고, 자신에게만 집착해 있던 눈길을 들어 진정으로 타인을 인식할 수 있게 된다. 이제 우리는 이전에 경험한 적 없는 근원적인 행복감을 지속적으로 경험할 수 있다. 이것은 자기를 잊어버릴수록 점점 더 많은 신의 모습을 기억할 수 있고, 삶의 구석구석에서 그의 모습을 알아볼 수 있기 때문이다.

모든 위대한 종교에서 반복되는 가르침은 자기도취로부터 벗어나는 길이 곧 인생의 의미를 찾는 길이라는 것이다. 핵심적인 메시지는 다음과 같다.

"죽는 법을 배워라."

불교도와 힌두교도들은 필연적인 자기 해탈(초월)의 과정으로 이 교훈을 설명한다. 실제로 그들에게는 자아 개념마저도 망상이다. 예수도 이와 유사한 말을 했다.

"생명을 구하려는 자는 누구나(즉, 자아를 지키려는 자는 누구나) 생명을 잃을 것이요, 나를 위해 생명을 버리려는 자는 누구나 생명을 찾을 것이다."

《인생 수업》의 저자 엘리자베스 퀴블러 로스는 사람들이 육체적인 죽음에 직면해 있을 때 어떤 경험을 하는지 사람들에게 물어보고 그것을 과학적으로 분석한 최초의 인물이다. 그 결과 그녀는 죽음의 과정 속에 나타나는 다섯 단계의 감정 상태를 분류했다. 그녀의 분석에 따르면 사람들은 다음의 순서로 각각의 단계를 경험한다. 거부, 분노, 타협, 우울 그리고 마지막으로 수용이다.

첫 번째 거부의 단계에서 사람들은 이렇게 말한다.

"검사결과가 다른 사람의 것과 바뀐 거야. 그럴 리가 없어, 나에게 이런 일이 일어날 수는 없어." 그러나 이런 거부 반응은 오래 가지 않는다. 그러고 나서 그들은 분노한다. 의사에게 화를 내고, 간호사들에게 화를 내며, 병원에 대해서도 화를 낸다. 친척들에게 화를 내고, 신에게도 화를 낸다. 화를 내더라도 아무 소용이 없게 되면, 그때부터 타협하기 시작한다.

"교회에 다시 나가 기도를 하면 암이 사라질지도 몰라"라든가, "아이들에게 전보다 잘 대하면, 내 콩팥이 좋아질 거야"라고 말한다.

그래도 아무런 변화가 없으면, 이젠 다 끝장 났고 곧 죽게 될 것이라고 생각한다. 이때쯤이면 그들은 우울증에 빠진다.

만약 그들이 어려움을 견뎌내고, 치료 의사들이 제안하는 우울증 치료법 처방을 따르기로 한다면, 그들은 우울증을 벗어나 다섯 번째 단계인 수용의 단계로 들어간다. 이 단계는 영적인 평온의 단계인데, 많은 사람들에게 빛의 단계이기도 하다.

죽음을 수용하는 사람들에게는 빛이 보인다. 영성심리적인 의미에서 이들은 이미 죽었다가 되살아난 사람들처럼 보인다. 그런 모습은 보기에 아름답지만 쉽게 볼 수 있는 것은 아니다. 대부분이 이 단계에서 죽음을 맞이하는 게 아니기 때문이다. 사람들은 여전히 거부하고, 분노하며, 타협하려 하고 우울해하면서 죽어간다. 우울증의 증상이 너무 고통스럽고 견디기 힘들어 대부분의 사람들은 이 시기를 넘지 못하고 거부나 분노, 타협의 단계로 퇴보하기 때문이다.

이 다섯 단계는 퀴블러 로스가 설명한 순서대로 항상 정확하게 진행되지는 않는다. 하지만 이 단계들은 죽어가는 과정에 나타나는 정서적 고통에 일반적으로 적용되며, 폐기 학습에 필요한 여러 종류의 인생 수업(그 당시 퀴블러 로스가 미처 인식하지 못했던)에도 일반적으로 타당하게 적용된다.

폐기 학습 그리고 융통성

나는 내 딸과 함께했던 경험에 대해 이야기를 한 적이 있다. 그 경험을 통해서 나는 폐기 학습이 우리의 성장에 꼭 필요하다는 사실을 인식하게 되었다. 어느 날 밤, 여유 시간이 생겨 이참에 딸과 행복하고 친밀한 관계를 만들고자 했다. 그때 딸아이의 나이는 열네 살이었다. 몇 주일 동안이나 체스 게임을 하자고 졸라대던 참이었기에 체스 게임을 하자는 내 말에 아이는 기꺼이 응했다. 우리는 체스판을 펼쳐놓고 서로 팽팽한 게임을 해나갔다. 다음 날 학교에 가야 했기에, 딸아이는 9시가 되자 이제 곧 자야 하니 체스 말을 좀 빨리 써달라고 요구했다. 그 아이는 아침 6시에 일어나야 했다. 나는 아이들의 잠자는 습관을 엄격하게 훈련시켜야 한다는 것을 잘 알고 있었지만, 엄격한 규칙이라도 때에 따라서는 포기할 수도 있어야 한다는 생각이 들었다. 나는 딸아이에게 이렇게 말했다.

"하루쯤은 좀 늦게 자도 돼. 끝마치지 못할 게임이라면 시작을 하지 말았어야지. 그리고 지금 한참 재미있는데."

게임을 15분 정도 더 했는데 그 사이 아이의 얼굴엔 불안한 기색이 역력했다. 마침내 아이가 애원했다. "제발, 아빠. 좀 빨리 두세요." 나는 대답했다. "안 돼, 체스는 진지한 게임이야. 체스를 잘하려면 천천히 두어야 해. 진지하게 두지 않는다면 게임을 하지 않는 게 나아." 결국 딸의 기분은 엉망이 되었고 그렇게 10분을 더 했다. 마침내 딸아이가 울음을 터트리더니, 이 바보 같은 게임을 당장 그만두겠다고 소리를 지르면서 계단을 뛰어 올라갔다.

그 상황에 대한 나의 첫 번째 반응은 거부였다. 그저 별일 아니다. 딸아이의 기분이 잠시 예민해졌을 뿐이다. 그것은 분명 나하고 상관없는 일이다. 그러나 그런 생각도 실제로 도움이 되지는 않았다. 정작 문제는 그날 저녁 상황이 내가 의도했던 바와는 정반대가 되고 말았다는 것이다. 그러자 나는 화가 났다. 부녀간의 친밀한 관계를 위해서 잠자는 시간을 좀 양보할 수도 있지 않나 하는 생각이 들었기 때문이다. 딸의 그 융통성 없는 태도에 화가 났다. 그건 딸의 잘못이었다. 그래도 문제는 해결되지 않았다. 나 또한 잠자는 시간은 엄격히 지키는 편이다. 딸아이 방으로 올라가서 방문을 두드리고는 이렇게 말해야 하지 않을까 하는 생각을 했다. "미안하다, 얘야. 아빠가 너무 심했구나. 용서하렴. 잘 자거라"라고 말이다. 그러나 이때 내가 타협을 하고 있구나 하는 생각이 들었다. 그것은 '싸구려 사과'에 불과하다. 마침내 내가 멍청한 짓을 했다는 생각이 들기 시작했다. 나는 그날 저녁 딸과 함께 행복한 시간을 보내려고 했는데, 90분 뒤에 아이는 눈물을 흘리며 나에게 화가 나서 말도 제대로 하지 못했다. 대체 무엇이 잘못된 것일까? 나는 우울해졌다.

다행히도 나는, 마지못해서 한 일이었지만 그쯤에서 멈추고 우울한 기분을 풀 수 있었다. 나는 딸과의 좋은 관계를 만들겠다는 욕망보다는 체스 게임에 이기고 싶다는 욕심이 지나쳐 그날 밤을 망치고 말았다는 사실에 직면했다. 그러자 정말로 우울해졌다. 어떻게 내가 그 정도로 균형 감각을 잃어버릴 수 있었을까?

이기고 싶다는 욕망이 너무 컸고, 이와 같은 욕망을 포기해야 된다는 사실을 받아들이기 시작했다. 그러나 이런 사소한 일에 대한 포기도 쉽지 않았다. 지금까지 살아오면서 이기고 싶다는 욕망은 내게 큰 도움이 되었고, 실제로 나는 많은 것들을 쟁취하기도 했다. 이기겠다는 생각 없이 어떻게 체스 게임을 할 수 있겠는가!

나는 어떤 일이든 열성적으로 매달리지 않고서는 마음이 편하지 못했다. 최선을 다해 체스 게임을 해야 한다고 생각하면서 어떻게 진지하지 않을 수 있겠는가! 그러나 어쨌든 내겐 변화가 필요했다. 나의 경쟁심과 진지함은 나를 지배하는 행동 양식이었고, 그런 이유로 나와 딸과의 관계는 계속해서 멀어질 것이라는 사실을 알았기 때문이다. 만약 내가 이런 행동 양식을 바꾸지 못한다면, 불필요한 눈물과 고통의 시간들이 또 생겨나게 될 것이다.

게임에서 이기려는 욕망을 어느 정도 포기하자 우울한 기분이 사라졌다. 나는 가정 교육에서와 마찬가지로 게임에서 이기려는 욕망도 없앴다. 내가 어린아이였을 때는 게임에서 이기고 싶은 욕망이 나에게 큰 도움이 되었다. 그러나 부모가 된 지금은 그것이 방해가 된다는 사실을 알게 되었다. 나는 그것을 버려야 했다. 아쉽지는 않았다.

성숙한 정신 건강을 유지하려면 사고의 유연성이 필요하다. 상충되는 욕구와 목표, 의무 그리고 책임감 등에서 끊임없이 미묘한 균형을 맞출 수 있는 능력이 있어야 한다. 균형을 잘 맞추기 위한 훈련의 본질은 새롭게 습득된 정보를 처리하기 위한 새로운 학습과 우리 안에 이미 고착되어 있는 무엇인가를 폐기하는 것이다. 자아의 일부를 버리는 고통을 피하기 위해 융통성보다 정체停滯를 선택하는 것이 이상한 것 같지만, 그 과정에 따르는 감정적 고통의 깊이를 고려하면 납득이 된다. 무엇이든 폐기한다는 것은 인간의 경험 가운데 가장 고통스러운 것이다. 자신의 일부를 버린다는 것이 함축하는 의미는 인격적 특성, 이미 학습되어 확립된 행동 양식, 이데올로기 그리고 심지어는 생활 방식까지도 폐기하는 것이기 때문에 그 고통은 말로 표현하기 힘들 것이다.

여러 가지 형태의 폐기 행위는 우리가 보다 성숙된 영성으로 나아가는 인생의 여정을 떠나려 한다면 반드시 필요하다. 무엇인가를 버리려 할 때 나타나는 가장 큰 두려움은 아무것도 남지 않은 텅 빈 상태가 되지 않을까 하는 것이다. 이것은 무無 또는 무의 상태에 대한 실존적 두려움이다. 다른 것으로의 변화는 낡은 방식의 죽음을 의미하는 한편 새로운 방식의 탄생을 위한 빈자리를 만드는 것을 뜻하기도 한다.

다섯 단계로 이루어진 죽음의 과정은 기존의 학습된 것을 폐기하고 새로운 것을 배우는 과정에서 얼마나 중요한 의미가 있는지 아무리 강조해도 지나치지 않을 것이다. 이러한 과정은 개인뿐 아니라 집단이나 국가 전체에서도 일상적으로 나타난다. 가령, 베트남 전쟁 당시의 미국의 행동 양식을 보자. 베트남 전쟁 상황에 대한 미국 정부의 정책이 잘못되고 있다는 증거가 1963년과 1964년도에 처음 나타나기 시작했다.

이때 미국 정부의 첫 반응은 어떠했는가?

그것은 거부였다. 잘못된 것은 하나도 없다고 했다. 특수 부대원을 좀 더 투입하고, 몇 백만 달러의 자금만 더 지원하면 된다는 거였다. 그 후 1966년과 1967년에 미국 정부의 정책이 제 기능을 하지 못하며, 심각한 결함이 있다는 증거가 더 나타났을 때 미국 정부의 반응은 무엇이었나? 분노였다. 베트콩 사살자의 숫자가 발표되기 시작하고, 고문도 시작되었다. 마치 북 베트남을 미국의 주차장으로 만들어버리려는 듯 엄청난 폭격이 가해졌다.

1969년과 1970년에는 미국의 대 베트남 정책은 실패라는 움직일 수 없는 증거가 나왔다. 그러자 미국 정부의 다음 반응은 '타협'이었다. 미국 정부는 북 베트남을 협상 테이블로 끌어낼 수 있으리라 생각하면서, 한쪽에서는 폭격을 멈추고(당근) 또 다른 쪽에서는 폭격을 시작했다(채찍). 그러나 실패는 계속되었다.

그 당시 일부 사람들은 전쟁으로 인한 심각한 우울증을 경험했지만, 정부는 베트남에서 빠져나오기 위한 협상에 어쨌든 성공했다고 대부분의 미국 사람들이 믿게 만들었다. 그러나 사실 미국은 협상을 한 것이 아니었다. 미국은 실패했다. 미국은 50만 명이 넘는 사람들을 데리고 도망쳤던 것이다. 하나의 국가로 미국은 그 당시 이 커다란 비극으로 인한 우울증에서 벗어나는 데 실패했다. 때문에 결과적으로는 그 경험으로부터 어떠한 교훈도 얻지 못했다. 그런 일이 있고 난 뒤 25년이 지난 최근에 와서야 미국은 어느 정도의 우울증을 치유하고, 국제 관계에 있어서 미약하나마 겸손함을 보이는 것 같다.

새로운 것을 배우기 위해서는 자신 속에 들어 있던 낡은 것을 버려야 한다. 이 과정은 개인이나 집단 모두에 해당된다.《평화 만들기》에서 공동체 형성의 한 단계인 '비움'으로 이 과정을 상당히 깊이 있게 설명했다. 한 집단이 비움의 단계, 즉 배움의 단계에서 거치게 되는 가장 중요한 과정은 마치 마지막 죽음의 고통을 겪는 유기체와 흡사하다. 이 기간은 몹시 고통스러울 수 있다. 이것은 집단 전체가 배움을 위해 투신하며, 또 낡고, 방해되고, 못쓰는 것들을 폐기하는 데 몰두하는 시기다.

개인이든 집단이든 고통을 겪고 있을 때에는 그 고통은 마치 영원히 계속될 것처럼 느껴진다. 인생의 주기 속에는 항상 재생(부활)의 기회가 존재한다. 따라서 우울의 단계를 겪은 다음에는 반드시 수용의 단계가 뒤따르게 마련이다. 언젠가 청중석에 있던 한 사람이 이런 질문을 했다. 결혼 생활도 오래하게 되면 결국 이런 과정을 거치는 것이 아니냐는 것이었다. 나는 그렇다고 대답했다. 처음으로 두 사람 사이의 차이가 드러나면, 첫 반응은 그런 차이를 부정하려 하고 또 사랑 때문에 서로에게 빠졌다는 사실도 부정한다. 그 차이를 더 이상 부정할 수 없게 되면 나와 다르다는 이유로 배우자에게 화를 낸다. 화를 내도 아무런 소용이 없고, 배우자가 아무런 변화도 보이지 않게 되면, 이런저런 방법으로 타협을 시도한다.

"당신이 저런 것을 고치면, 나는 이런 것을 고치겠소."

이마저도 소용없으면 우리는 우울해지고 결혼 생활은 회의적이 된다.

그쯤에서 참고 견딜 수 있다면 — 보통 여러 해 동안이고, 나의 경우는 거의 20년 가까운 기간이다 — 우리는 상대방을 수용하는 법을 배울 수 있게 되고, 릴리와 나의 경우처럼, 낭만적 사랑을 하는 부부 관계 이상의 관계에 이르러, 승리(영광)를 서로 나누게 된다. 그러나 사람들은 이 모든 단계를 거치는 결혼 생활은 전혀 바람직한 결혼 생활이 아니라고 믿는 것 같다. 마치 결혼과 같이 장기간에 걸쳐 이루어지는 인간 관계는 순풍에 미끄러지듯 흘러가는 항해와 같아야 된다고 생각한다. 사실 이것은 우리가 극복해야 될 심각한 환상 중의 하나다. 지금 한 여성이 떠오르는데 그녀는 이렇게 말했다.

"펙 박사님, 전《거석을 찾아서》란 책을 너무 좋아해요. 그런데 너무 슬픈 책이에요."

난 그때 그녀가 말하는 슬프다는 의미가 무엇인지 잘 몰랐다. 아마도 그녀는 결혼 생활이란, 내가 책 속에서 말한, 여러 가지의 진정제를 복용하면서 영위하는 것은 아니어야 된다고 생각했기 때문에 슬프다고 표현했을 것이다. 그러나 나는《거석을 찾아서》는 승리를 보여준 책이라고 믿고 있다. 릴리와 온갖 종류의 좋고 나쁜 일들을 겪었지만, 환상을 버리고 신뢰와 수용을 새롭게 만들면서, 우리가 이전에 생각했던 것보다 서로에 대한 훨씬 큰 이해를 할 수 있게 되었다.

그러므로 죽음의 다음 단계는 재생이다. 그것은 처음에는 죽음만큼이나 고통스러운 것일지 모른다. 1장에서 나는 많은 환자들이 치료를 하면서 우울증을 겪게 된다는 사실을 설명했다. 이전 삶의 방식은 더 이상 지킬 수 없고, 새로운 삶의 방식은 불가능할 정도로 어려워 보일 때, 되돌아갈 수도 그렇다고 선뜻 앞으로 나아갈 수도 없게 된 사람들은 우울을 경험하게 된다.

나는《창가의 침대》에서 이런 위험에 대해서 설명했다. 헤더는 치료 과정에서 마침내 '오래된 녹음테이프', 즉 남자들과의 관계에서 잘못된 적응방식을 버리고 '새로운 녹음테이프'를 실험하겠다는 무서운 결심을 한다. 이 두 가지 과정이 서로 뒤얽혀 있기는 하지만, 새로운 테이프의 실험은 오래된 테이프의 폐기만큼이나 두려운 것이다. 오래된 테이프가 효력이 없다는 것이 분명하지만 오래 신은 구두처럼 꼭 맞고 편안하게 느껴질 수도 있다. 새로운 테이프는 애초부터 편하게 생각하고 있는 것들, 부모님에게 배운 것들 그리고 문화 전체가 보증한 것들과 전혀 다른 방식을 요구한다. 그래서 이것은 위험천만할 수도 있다.

그러나 배움은 모험이다. 모험이란 미지의 세계로 들어가는 것이다. 때문에 어느 정도 모험을 즐길 수 있어야 한다. 가는 곳과 방법을 정확하게 알고 있고, 가는 동안 무엇을 보고 경험하게 될지 미리 알고 있다면 그것은 모험이 아니다. 미지의 것을 두려워하고, 모험에 승선했을 때 적어도 약간 무서워지기도 하는 것이 인간적이며 현명하다. 의미 있는 배움이란 상당 부분 모험을 통해서만 가능한 기회다. 모험은 우리를 새롭고 예기치 않은 것에 노출시키기 때문이다.

배움을 위한 모험

심리 치료 역시 인생의 가장 큰 모험 중 하나다. 태미라는 여성이 어쩔 수 없이 내게 왔을 때, 그녀는 이십대 중반이었고 아주 심각한 우울증에 빠져 있었다. 그녀의 우울증은 완벽주의의 환상에 빠져 행동하는 사람들에게 흔히 나타나는 전형적인 예였다. 젊은 시절의 대부분을, 자신도 모르게 스스로 비현실적인 기준을 만들어놓고는 그 기준에 맞추어 살려고 노력했다. 그리고 그 기준이 다른 사람들이 자신에게 원하는 것이라 생각했다.

완벽주의의 씨앗은 일찍부터 심어져 있었고, 값비싼 대가가 지불되어야 했다. 완벽주의 환자들의 전형적인 특징처럼 태미의 경우도 알코올의존증 환자 가정에서 성장했다. 어린아이로서 그녀는 여러 가지 측면에서 어른의 책임을 떠맡아야 했다. 우울증과 심각한 알코올의존증으로 무기력한 어머니는 그녀에게 정서적으로는 부재 상태와 다름 없었고, 아버지는 거의 부재중이었다. 이러한 난국을 헤쳐 나가기 위해 그녀는 어린 동생들을 돌보았다.

이런 상황 때문에 태미는 초등학교에서 고등학교에 이르는 동안 자신만의 생활을 할 수 없었다. 혼란한 가정형편으로 인해 학교는 태미에게 유일한 안식처였으며, 그곳에서 만큼은 다른 사람을 보호해야 할 필요 없이, 자신도 보살핌이 필요한 어린아이로서 대우받는 유일한 장소였다. 이로 인해 그녀는 학교 생활을 열심히 했고, 뛰어난 학업성적을 거두어 가족 중에서 첫번째로 대학졸업자가 되었다.

비록 추측에 불과하지만, 완벽주의로 형성된 자아 이미지의 기준에 따라 살아가기 위해서는 태미 자신이 '모든 것을 잘 해내야'만 한다고 판단했던 것 같다. 자신이 모든 것을 잘 해내야 했을 뿐 아니라 가족들은 그녀가 언제나 모든 것을 잘 해낼 것이라고 기대하고 있다고 생각했다. 그런 기대에 맞추어 살아가자니 태미에겐 엄청난 스트레스가 쌓일 수밖에 없었고, 여러 가지 면에서 숨 막힐 듯이 답답함을 느꼈다.

그녀 역시 속으로는 자신이 그처럼 완벽한 기준에 모든 것을 맞출 수는 없으리라는 점을 잘 알고 있었다. 그러나 이러한 환상을 유지하기 위해 노력하면서 동시에 자신의 현실적 한계를 인정해야 하는 것 또한 힘들었다. 내적 외적 압박감은 결국 심리적 고통의 신체적 증상을 초래하였을 뿐 아니라 몇 년에 걸쳐 극심한 불안감에 시달리게 했다. 한때 자살을 생각하기도 했지만 실행에 옮긴 적은 없었다.

장기 치료 기간 동안 우울증의 근본 원인이 너무 높은 기준에 맞추어 살아가려고 했던 자신의 행동과 자기 자신의 진정한 정체성의 부족이었다는 사실을 깨닫게 되었다. 표면적으로 사람들에게 그녀는 자신 있고 독립적인 여성으로 보였지만 그녀의 자아 이미지는 남들이 자신을 어떻게 생각하는지 혹은 그들이 자신에게 기대하는 것이 무엇인지와 같은 문제에 주로 집중하고 있었다.

처음에는 치료 시간 동안 태미의 진술 대부분은 피해자로서의 하소연이었다. 그녀는 다른 사람들이 자신에게 주었던 상처나 도와주지 않았던 일들에 대한 장황한 불평을 늘어놓았다. 이 문제로 여러 가지 이야기를 주고받은 지 몇 달이 지난 뒤, 마침내 그녀는 피해 의식에서 벗어나 자신이 어떤 역할을 했는지 생각하기 시작했다. 그런 과정에서 그녀는 극적인 전환점을 맞았다. 그녀는 결국 그 모두가 자신이 선택한 것이라는 사실을 깨달았다. 이와 함께 그녀는 가족 중에서 유일하게 대학을 다녔기 때문에 다른 가족이 자신을 대단한 사람으로 떠받들어도 자기에게 한계가 있다는 사실을 인정하기로 결심하게 되었다. 그녀는 '그들'에 대한 이야기는 그만하게 되었고, '나'를 주어로 한 진술문을 사용하여 자신의 감정을 고백하기 시작하면서 이전에 결코 알지 못했던 개인적인 힘의 의식을 느꼈다. 한번은 힘들어 하면서도 이런 이야기를 했다. 헤어진 남자 친구가 그녀의 친절을 이용했는데 그가 한심한 인간이기 때문이기도 하였지만 더 큰 이유는 둘 사이 관계에서 그녀가 받은 것보다 훨씬 더 많은 것을 주어서라는 사실을 자신이 깨달았다는 것이다.

어린 시절부터 가족의 구원자이자 희생자의 역할을 떠맡으면서 겪었던 사회화 과정에 대해 더 많이 알게 되면서 태미는 성인이 되어서도 자아 이미지의 근본적 토대를 계속해서 이러한 역할에 두고 있었다는 사실을 점점 더 명확히 알게 되었다. 더욱 놀랍

고도 겸허하게 했던 사실은 그녀 자신이 심리적 보상을 즐기고 있었다는 것을 깨달은 점이었다. 가족의 구원자이며 언제나 '잘' 해주기 위해 노력하는 여자 친구라는 생각은 그녀의 자아를 드높여 주었다. 그렇지만 그녀가 지불했던 대가는 너무 컸다.

돌이켜볼 때 태미는 고생스러운 자신의 처지를 적어도 수동적으로 따르고 있었다는 사실을 인식할 수 있었다. 그녀는 이용당했음을 느끼게 되었고, 자신에게 요구만 했던 가족, 친구들, 옛 남자 친구들에게 화가 났다. 그러나 문제가 복잡해진 것은 그녀가 가끔은 죄의식을 느낀다는 점이었다. 정작 그녀 자신의 문제는 온 가족들을 괴롭히는 가난과 부족한 교육 등의 문제와 비교했을 때 적절하지 않거나 사소한 문제로 여겨졌기 때문이다. 그 시점 까지 대부분의 남자친구들도 그녀만큼 많은 것을 성취하지는 못했던 사람들이었다.

치료가 계속되면서, 태미는 자신에 대한 현실적인 기대가 어떤 것인지 다시 규정하기로 했다. "실수는 나를 인간적으로 만들어주는 것이지 수치스러워할 이유는 없다는 것을 깨닫게 되었어요. 완벽하게 행동하지 않는다고 해서 나 자신이 곧 불완전한 인간이라는 의미가 아니라는 것도 알게 되었고요. 그건 흑백의 문제가 아니라 미묘한 회색빛 문제인 것 같아요. 이젠 실수해도 괜찮다는 것을 알아요. 실수를 하더라도 나 자신과 나의 모든 장단점까지도 가치 있게 생각할 수 있게 되었답니다"고 하면서 그녀는 깔깔대고 웃었다.

그녀는 자신의 '나쁜 성질'들을 알게 되면서 겸손해졌고 마찬가지로 자신의 진정한 장점에 대한 깨달음, 즉 치료 과정에서 인식하게 된 '좋은 성질'들은 그녀의 기운을 북돋워주었는데 이것은 놀라운 일이었다. 또 하나는 완벽주의의 끈을 느슨하게 풀어놓으면서 좀 더 부드럽고 유연하게 자신을 판단하게 되었다. 치료 시간에 어린 시절의 모습을 그리라는 요청을 받고 자신의 모습에 감정이입이 되어 갑자기 울음을 터트렸을 때 그녀는 카타르시스를 경험했다. 그녀는 어려웠던 어린 시절을 잘 견뎌내었고, 그럼에도 잘 성장한 자신의 능력을 인정할 줄 알게 되었다.

훨씬 더 큰 돌파구가 열렸던 것은 그녀가 건강하지 못한 완벽주의로 인해 다른 사람의 애정과 도움을 받고 싶었으면서도 그 사실조차 인정하려 하지 않았음을 깨닫게 된 순간이었다.

"아마도 내 친구나 가족들이 선뜻 나서서 나를 도와주지 못했던 것은 다 저 때문이었던 것 같네요. 나는 내가 모든 것을 다 해야 할 것 같았기 때문에 그들의 도움을 받아들이지 않았던 겁니다"고 말했다. 그래서 그녀는 정기적으로 다른 사람들에게 도움을 요청하는 자기주장 훈련의 목표와 주는 습관으로 인해 받는 것을 어려워하는 문제를 해결하기 위한 목표를 세웠다. 어느 날 어떤 남자가 자신을 멋지고 예쁘다고 생각한다는 이야기를 전해 들은 그녀는, 그런 찬사를 물리치기 위한 여러 가지 이유들을 늘어놓는 대신 아주 우아하게 고맙다고 말할 수 있었다는 이야기를 의기양양하게 전했다.

처음 치료를 받으러 왔을 때 그녀에게는 선택의 여지가 없어 보였다. "어떻게 해야 할지 모르겠어요. 난 완전히 엉망이에요"라고 말했던 태미에게 치료는 참으로 보람 있었고 그녀를 정신적으로 새로 태어나게 한 과정이었다. "나 자신의 한계를 의식하게 되었기 때문에, 인생의 모든 측면에서 높은 기대치를 가지고 거기에 맞추어야 할 필요가 없게 된 것이지요. 지금부터는 나 자신에게 중요한 그런 일들에 최선을 다할 것 같아요. 다른 사람들도 그들 자신의 책임을 다해 열심히 노력하겠지요. 그러면 나 혼자서 온 세상에 대한 책임을 떠맡아야 된다는 생각은 하지 않아도 되겠지요"라고 그녀는 말했다. "그런 생각을 하니까 모든 일이 제대로 되기 위해서는 반드시 내가 있어야 된다고 생각하는 것이 얼마나 오만한 짓인지 알게 되었어요. 지금부터는 좀 뒤로 물러나 있겠어요. 그리고 모든 일들이나 사람들을 내가 다 돌보아야 한다는 생각은 하지 않으려고 해요. 그러니까 해방감을 느껴요. 정말이지 좀 이상하게 들릴지 몰라도 점차적으로 나 자신의 인간성을 회복시킬 수 있었던 것 같아요."

어니스트 커츠와 캐서린 케첨이 공동 저술한《불완전함의 영성》이라는 책에서는 완벽주의에서 건강을 회복하려는 태미와 같은 사람들의 여정에 대해 직접적으로 언급하고 있다. 그러한 사람들은 자신의 한계의 진실에 직면했을 때 마음을 열고 솔직하고 진지한 겸손을 통해 점점 더 영성적으로 그러한 것들을 의식한다.

심리 치료의 모험을 시작하도록 이끄는 것이 용기인지 아니면 절망감(바닥으로 떨어진 데서 비롯되는 위기감)인지 구별하기는 힘들다. 예수와 나란히 인류의 위대한 스승으로 알려진 루미의 말이 기억난다. 루미는 13세기 이슬람교 신비주의자다. "인체의 기관은 필요에 반응하며 진화한다. 그러므로 너의 필요를 늘려라.” 그래서 나는 필요를 시인하는 것은 곧 용기 있는 행동 그 자체라고 믿는다. 그러므로 필요 — 또는 절망적인 느낌 — 가 절실한 동기라 하더라도, 치료를 받기 위해서는 용기가 필요하다. 그것은 진정으로 미지의 세계에 발을 들여놓는 것이기 때문이다. 그는 치료사에게 자신을 드러내야 하고 어떤 도전을 받게 될 지 알 수도 없다.

치료를 시작하면 사람들은 마음을 열고 도전하려고 하지만 자신에 대해 어떤 것을 배우게 될지 알지 못한다. 그러나 일반적으로 자신에 대한 ‘나쁜 점’을 발견하게 될 것이라고 확신한다. 환자의 치료 경험에 의하면 치료 과정에서 환자들은 예상하지 못했던 자신의 ‘나쁜 측면’을 알게 되는 것이 사실이지만 실제로는 예상하지 않았던 ‘좋은 측면’을 알게 되기도 한다.

정말 희한한 사실은 용기가 무엇인지 이해하고 있는 사람들이 상당히 드물다는 것이다. 대부분의 사람들은 용기란 두려움이 없는 것으로 생각한다. 두려움이 없다는 것은 용기가 아니다. 두려움이 없다는 것은 일종의 뇌 손상이다. 용기는 두려움과 고통에도 불구하고 앞으로 나아갈 수 있는 능력이다. 용기를 낼 때, 우리는 두려움을 극복함으로써 더 강해질 뿐 아니라 성숙을 향한 힘찬 발걸음을 대딛게 된다.

《아직도 가야 할 길》에서 성숙에 대한 정의를 내리진 않았지만, 미성숙한 사람들의 이야기는 많이 했다. 미성숙한 사람들의 가장 큰 특징은 인생이 자신의 요구대로 되지 않는다고 불평하며 앉아 있기만 하는 것이다. 반면에 상대적으로 수가 적지만 성숙한 사람들은 인생의 요구를 충족시켜야 하는 것은 그들의 책임, 혹은 기회로 간주한다. 사실 우리에게 생기는 모든 일들이 인생의 여정에서 배워야 할 것을 가르쳐주기 위해 미리 계획되어 있었던 것임을 깨닫게 되면, 전혀 다른 관점에서 삶을 바라볼 수 있다.

성숙하면서도 독자적인 관점은 인생의 궁극적인 모험에 직면했을 때 절대적으로 필요한 것이다. 내가 알기로 따분한 정신 치료보다 더 위대한 모험이 있는데 그것은 마지막 죽음의 모험이다. 어떤 신앙이든지 상관없이 죽음의 모험이 끝났을 때 어디서 어떤 모습으로 우리 자신을 발견하게 될지는 아무도 확신할 수 없다. 죽음은 진정한 미지의 세계로 들어가는 것이 아니겠는가!

죽음과 죽어가는 것은 인생의 가장 큰 모험이기 때문에, 이 시간은 배움의 마지막 기회일 뿐 아니라 가장 위대한 기회다. 심리치료사로서 나에게 가장 충만했던 기회는 죽어가는 환자와 함께 했을 때였다. 이 말이 역설적으로 들릴 수도 있다. 죽음을 앞두고 있는 사람들이 그들에게 남아 있는 시간이 많지 않다는 것을 깨달을 수 있을지도 모른다는 사실 때문이다. 나는 '~일지 모른다'라고 말했는데 인식은 선택이기 때문이다.

앞서 지적했듯이 대부분의 사람들은 그들이 죽어간다는 것을 거부하고, 그렇게 해서 그 과정에 따르는 배움마저 거부한다. 그러나 죽어간다는 것—남아 있는 시간이 별로 없다는 것—을 수용하기로 할 때 그들은 이 세상에서의 마지막 남은 며칠 혹은 몇 주 만에 가장 놀라운 성장으로 도약할 수도 있다. 우리는 임종의 고백과 개종의 이야기뿐 아니라 극적인 참회, 용서, 화해의 이야기를 들어 본 적이 있을 것이다. 우리는 이런 이야기들이 진실하기 때문에 귀를 기울인다. 죽어가는 것은 가장 위대한 영광의 시간일지 모른다.

정말이지 이것은 너무 중요한 주제이기 때문에 다음 장, '개인적인 인생의 선택'에서 다시 다루게 될 것이다. 여기서 간단하게 언급하면 훌륭한 죽음을 선택한 사람들은 배움을 선택했던 사람들, 배움이 삶의 핵심이며 없어서는 안 될 피난처라는 태도를 발전시킨 사람들이었다는 점이다. 훌륭한 죽음을 선택하는 것은 본질적으로 훌륭하게 사는 방법을 배우려는 선택의 일부다.

가치와 배움의 선택

배움에는 가장 중심적 역할을 하는 세 가지 요소가 있다. 태도, 기질, 가치가 그것이다. 이들은 서로 밀접하게 연결되어 있는 것 같으면서도, 각각의 고유한 기능이 따로 있는 독립된 요소다.

태도는 어떤 대상을 바라보는 후천적으로 습득된 성격 또는 일반적인 접근 방법이기 때문에 당연히 개인의 학습 능력에 영향을 미친다. 종교에 대한 무신론자의 태도는 사물의 인식에도 영향을 준다. 피상적으로나마 종교적 성향을 보이는 알코올의존증 환자는 대체로 AA(미국 알코올의존증환자협회)에 대해 부정적인 태도를 보이는데, '무력한 존재'라는 사실을 아주 싫어하기 때문이다. 태도가 어느 정도까지 학습되고 또 어느 정도까지 타고나는지 판단하기는 힘들지만, 상당 부분은 환경에 따라 길러질 수 있다는 근거가 있다. 생각을 잘 하지 못하거나 매사에 부정적인 모든 사람은 대체로 '태도'에 문제가 있다. 긍정적인 태도를 보이는 영역에서는 더 좋은 학습 효과가 나타난다. 예를 들어 두려워하면 할수록 — 항상 자신을 방어하거나 보호해야 할 필요를 느낄수록 — 어떤 특정 주제나 경험에 대해서 마음을 열고 배울 수 있는 가능성이 더 적어진다. 그러므로 배움에는 자신의 태도를 의식하고, 자신의 태도에 의문을 가져보는 것이 포함된다. 물론 항상 이렇게 할 수는 없다. 그러나 심리 치료를 받는 동안만이라도 치료에 시간을 할애했듯이, 안정된 분위기 속에서 자신의 태도에 의문을 제기하거나 생각할 수 있을 것이다.

기질이란 생물학적으로 성격을 지칭하는 말이다. 그것은 유전자 속에 들어 있다. 그렇기 때문에 부모나 많은 시간을 함께한 사람이라면 아주 어린아이라 할지라도 어떤 상황에서 어떤 반응을 보일 것인지 상당히 정확하게 판단하고 예측할 수 있다. 다만 논란의 대상이 되고 있는 부분은, 기질이 탄생석처럼 고정되어 있는가 아니면 특정 시기에 확립되면 고칠 수 없게 되는가 하는 것이다.

가치란 우리가 중요하다고 생각하는 특성이다. 인생에서 보다 중요하다고 여기는 것들은 우리의 선택과 인식 방법에 영향을 미친다. 알아야 될 모든 것을 다 배울 수는 없기에, 우리가 선택에 직면했을 때 가장 가치 있다고 생각하는 것을 기준으로 삼는다. 결과적으로 우리는 무언가를 배우겠다는 결심을 한 이상 무엇을 배울지는 평생에 걸쳐 선택해야 된다. 수피 무슬림(이슬람의 신비주의자)인 이드리에스 샤의 말을 빌리면 이렇다.

"공부하는 것만으로는 충분하지 않다. 우선 무엇을 공부하고 무엇을 공부하지 않을 것인가를 결정해야 한다. 언제 공부하고 또 언제 공부하지 않을 것인가, 누구와 함께 공부하고 누구 밑에서 공부하지 않을 것인가도 결정해야 한다."

이 말은 구체적인 학문 활동에만 적용되는 것이 아니라 인생에서 어떤 경험을 할 때 그리고 어떤 곳에 우리의 시간과 관심을 쏟아야 할지를 선택할 때에도 적용된다. 이드리에스 샤는 일의 우선 순위 문제에 대해서도 부분적으로 언급하고 있다. 내 경우에도 일의 우선 순위를 정할 때 최우선으로 생각하는 것은 기도 시간이다. 이와 같은 우선 순위에는 무엇을 공부하고 무엇을 공부하지 않을 것인가 하는 것도 관계가 있다. 그러나 나의 가장 중요한 선택은 내가 지켜야 할 가치를 식별하는 문제였다. 예를 들어 성실의 가치는 내가 가장 높게 생각하는 우선 순위다. 《아직도 가야 할 길》에서 밝힌 또 다른 두 가지의 중요한 가치는 진실 혹은 진리에 대한 헌신과 그에 합당한 책임을 수용하는 것이다. 책임감을 가진다는 점에서 중요한 사실은 배움의 과정에 나타나는 고통을 받아들인다는 결정이다.

진리에 대한 헌신적 태도는 과학자로서의 내 일부이다. 과학적 방법이라는 것은 스스로를 기만하는 인간의 욕망과 싸워 이기기 위해 수세기에 걸쳐 채택한 일련의 규약과 절차에 불과하다. 우리 과학자들은 당장의 지적 혹은 정서적 위안보다 더 고귀한 어떤 것에 헌신하며 이러한 방법을 실천한다. 그러므로 과학은(예를 들어

진실을 찾는 과정에서 과학자 개인의 자아가 방해되는 경우를 제외하고) 좀 더 고귀한 힘에 복종하는 활동이다. 나는 고귀한 힘의 표본이 신—신은 빛이고, 사랑이며, 진리이다—이라고 믿기 때문에 이러한 가치를 추구하는 행위는 거룩하다. 따라서 과학이 모든 문제에 답할 수는 없지만, 제자리를 지킬 때 가장 거룩한 학문이 될 수 있다.

헌터 루이스는《가치의 문제》에서 서로 다른 가치 기준에 따라 세상을 이해하고 행동하는 사람들의 모습을 예를 들어 설명한다. 그가 말하는 가치들의 목록에는 경험, 과학, 이성, 권위 그리고 직관이 있다. 그러나 루이스는 우리가 기본적인 가치를 선택하는 시기가 언제인지 확실하게 밝히지 않는다. 그것은 어쩌면 선택이 아니라 유전적인 어떤 것일지도 모른다. 그것이 만약 선택이라 해도 어린 시절에는 무의식적으로, 또 수동적으로 선택될 것 같다. 그러나 어른이 되면 우리의 가치와 우선 순위를 끊임없이 평가할 수 있는 힘을 갖게 된다.

경험주의자로서 나는 지식과 이해에 이르는 왕도는 경험이라 굳게 믿는다. 그러나 루이스는 '혼합 가치 체계'에 대해서 이야기한다. 이 부분이 그의 책의 핵심이라고 생각한다. 우리가 만약 자신에게 중요한 가치를 인식하게 되면, 어른이 되어서도 계속해서 다른 가치들을 키워나갈 수 있다. 예를 들어 어린 시절 '성서의 권위'는 내게 중요한 가치가 아니었다. 지금도 나는 성서가 '완벽'하다고 생각하지 않는다. 그렇지만 성서를 공부하고 배우고 그것을 실천하는 데서 즐거움을 느낀다.

성인이 된 지금도 나는 아내 릴리에게서 직관의 힘을 배우려고 한다. 그것은 내가 젊었을 때 생각하지 못한 가치다. 내가 좌우 뇌를 모두 사용할 것을 강력하게 추천하듯이, 배움에도 다양한 방법이 있기 때문에 가능한 한 혼합 가치 체계를 복합적으로 개발할 것을 권한다.

이제는 통합성(성실)과 전체성의 주제로 돌아와야겠다. 어린 아이들과는 달리 성인들은 의식적 선택에 의해 통합성을 훈련시킬 수 있다. 어떤 사람들은 정보나 콘텐츠 기술(일반적으로 남성적 성향)을 배우는 데 소질이 있으며, 또 어떤 사람들은 관계의 기술(여성적 성향)에 탁월한 재능을 보이기도 한다. 우리가 어떤 영역에서는 소질이 있고, 다른 영역에서는 그렇지 않을 때, 어렵다고 느끼는 부분을 피하려고 하거나 불편하게 느끼는 측면은 무시하려고 한다. 그런 일들은 낯설고 위험하기 때문이다. 많은 남성들은 그들의 여성적 성향에서 벗어나려 하고 또 많은 여성들은 남성적인 기질이 요구되는 일을 피하려 한다.

전체성의 인식을 위해 우리는 양성적 특성에 마음을 열어야 하고, 남성적 요소와 여성적 요소 모두를 포괄하기 위해 개방적으로 변해야 한다. 우리는 전체적인 인간이 되어야 하는 신의 부름을 받았다. '건강', '전체성' 그리고 '신성神性'은 모두 그 어원이 같다. 특히 인생 후반기의 영성적·심리적 과제는 인간 존재의 잠재력을 완전하게 표현하는 것이며, 우리가 될 수 있는 최상의 존재를 향해 나아가는 작업을 하는 것이다. 전체적이 되면서 우리는 숨어 있는 재능들을 사용하게 된다. 우리는 이러한 재능을 배우거나 발달시킬 수 있지만, 대체로 많은 연습이 필요하고, 때로는 자신의 취약점을 인정하는 겸손하고 성숙한 자세가 요구된다.

나는 테니스 선수로서 훈련받은 경험을 이야기한 적이 있다. 10대 초반까지 나는 상당히 괜찮은 선수였다. 백핸드는 약했지만, 꽤 멋진 서브를 넣을 수 있었고 포핸드는 아주 강력했다. 그 당시 나는 백핸드를 피하는 방법을 개발했다. 나는 주로 코트의 왼편에 서서 가능한 한 모든 공을 포핸드로 받아내곤 했다. 이런 방식으로 나는 상대 선수가 치는 95퍼센트의 공을 받아칠 수 있었다. 문제는 나머지 5퍼센트의 공이었다. 상대 선수들은 나의 약점을 곧바로 알아차렸고, 나를 코트 한쪽으로 몰면서 포핸드로 받아 칠 수 없는 공으로 공격했다. 결국 그들은 나를 물리쳤다. 서른두 살이 되어서 내가 깨달은 사실은 가능한 최고의 테니스 선수가 되려고 했다면, 다시 말해 테니스 선수로서의 나의 잠재력을 완성시키고자 했다면 백핸드 연습을 열심히 해야 했다는 것이었다. 그것은 나를 낮추는 작업이었고 대단히 부자연스러워했던 일을 해야 한다는 것이었다. 중앙의 기준선 오른쪽에 서서 백핸드로 가능한 모든 공을 받아치는 것이었다.

그 결과 나는 나보다 실력이 떨어지는 선수에게도 연달아 패했다. 나의 게임을 보기 위해서 코트를 찾은 관중들에게 내가 보여준 것은 공이 코트 바닥을 두 번이나 치고, 펜스를 넘어가고, 네트에 걸리는 모습 등이었다. 그러나 석 달이 지나지 않아 나는 내 인생에서 처음으로 멋진 백핸드를 칠 수 있게 되었다. 나는 그 당시 내가 살고 있었던 조그마한 섬에서 가장 훌륭한 테니스 선수가 되었던 것이다. 그때 나는 골프를 시작했다. 그런데 그것도 나를 겸손하게 만들었다.

나에게 골프는 정말 굴욕적인 운동이었다. 내가 그것을 배움의 기회로 생각하지 않았다면 골프를 칠 수도 즐길 수도 없었을 것이다. 사실 나의 완벽주의로 인한 포악한 성격과 완벽하지 못했을 때 빠져드는 깊은 자기 증오심 등 나 자신에 대해 많은 것을 알게 되었다. 골프를 통하여 나는 서서히 나의 완벽주의와 그 외의 다른 불완전한 많은 부분들을 치유하고 있다. 내 생각에 전인적 인간이 되기 위해서는 약점을 고치는 것보다 더 건강하고 중요한 방법은 없는 것 같다.

역할 모델로부터 배우기

다른 사람들과 우리의 관계, 또 그들로부터의 배움은 인생의 선물이다. 하나의 축복으로써의 역할 모델은 우리가 맨 처음부터 모든 것을 배우지 않아도 되게 도와준다. 다른 사람의 말을 귀담아듣고 주위를 잘 관찰한다면, 우리가 가고 있는 길에 놓인 예기치 않는 위험을 피할 수 있다. 그들은 이미 그 위험을 마주친 경험이 있기 때문이다.

그러나 그런 역할 모델은 현명하게 선택해야 하는데, 때로는 역할 모델이 해가 될 수도 있기 때문이다. 어린 시절에는 좋든 싫든 부모가 가장 중요한 역할 모델이 되고, 성인이 되면 역할 모델을 스스로 선택할 수 있다. 좋은 점을 배울 역할 모델을 선택할 수도 있고, 동시에 반면 교사로서 부정적 역할에 적합한 모델을 활용할 수도 있다.

나는 의사 시절 초기에 만났던 부정적인 역할 모델을 통하여 많은 것을 배웠다. 편의상 그의 이름을 범블즈 박사라고 하자. 그는 정신과 책임의사였으며 좋은 사람이었다. 그러나 그의 정신분석적 직감은 틀릴 때가 많았다. 그 당시 나는 수련의였는데 그와 같이 지낸 처음 두 달 동안은 아주 혼란스러웠다. 그러나 대체로 잘못된 진단은 범블즈 박사가 내린 것임을 나중에 깨닫게 되었다. 그 후 나에게 그는 부정적 역할 모델의 유용한 본보기가 되었다.

나의 전문적인 판단과 범블즈 박사의 생각을 비교함으로써 어떻게 하는 것이 옳은가를 구별할 수 있었다. 내가 그를 찾아가서 "이 환자는 정신분열증으로 진단받았고, 뭐 그런 모습이 좀 보이기도 하지만 그렇다고 완전히 정신분열증 환자처럼 행동하지는 않습니다"고 말하면, 범블즈 박사는 대뜸 이렇게 말했다.

"그래 맞아. 정신분열증의 전형적 케이스야."

그러면 나는 그 환자에 대한 진단을 의심하는 것이 옳다고 생각했다. 아니면 내가 "이 환자는 정신분열증으로는 보이지 않습니다만, 그가 행동하는 것을 보면 그럴지도 모른다는 생각이 듭니다"고 말하면 범블즈 박사는 이렇게 대답했다.

"두말할 것도 없어. 정신분열증 환자는 아니야."

그러면 나는 정신분열증으로 진단하는 것이 옳다고 판단했다.

다른 사람들에게서 배우려고 할 때는 좋은 교사와 나쁜 교사를 구별할 수 있는 미묘한 차이를 날카롭게 파악할 수 있어야 한다. 그러나 그런 차이를 쉽게 구별하지 못하기 때문에 부모나 다른 영향력 있는 사람들이 나쁜 역할 모델임에도 그들이 하는 행동을 똑같이 따라해야 된다고 생각하고, 그러면서 신경증을 일으키기도 한다.

나는 나이가 지긋한 몇몇의 환자들로부터 내가 하고 싶지 않을 일에 대해서 많은 것을 배우게 되었다. 내가 보기에 세상에서 가장 슬픈 모습의 하나는 노인들이 이미 그럴 능력이 사라졌음에도 젊었을 때처럼 살아가려고 애쓰는 모습이다. 일반적으로 이런 부류의 사람들은 노년과 죽음에 대한 진지한 준비를 해두지 않은 사람들이다. 그들은 그 자리에 머물러 앞으로 나가지도 못하고 있다. 그들 중 많은 사람들이 다른 사람의 도움을 받지 않고 집을 관리하려고 한다. 그러나 온갖 종이 조각이 집 안 이곳저곳에 흩어져 있고, 그들의 일상생활은 완전히 엉망이 된다.

역설적이지만 이런 환자일수록 그들의 지배력을 포기하지 않으려고 한다. 비록 그들은 원하지 않았지만 나는 종종 이런 환자들을 요양소로 보내기도 했다. 그렇게 하는 것은 정말 고통스러운 일이다. 이런 환자들은 그냥 가만히 앉아서 다른 사람들의 도움을 기꺼이 받기만 했어도, 집에서 편안한 여생을 즐길 수 있었을 것이다. 그들의 삶이 비참하게 된 것은 순전히 지배력을 포기하는 법을 배우려고 하지 않았기 때문이다. 그들의 가족과 나는 그들의 지배력을 간신히 빼앗아 그들을 보살필 요양소로 보내야 했다.

부정적인 역할 모델로서 가련한 이들에게 내가 배운 것은 거의 매일 이렇게 기도하는 것이다. "나에게 때가 왔을 때, 더 잘 준비되어 있게 하고 내가 가진 어떠한 지배력도 포기할 수 있게 해달라"는 것이다. 사실 나는 이미 그렇게 하는 법을 배우기 시작했다. 내가 제일 걱정하는 것은 이런 배움의 노력이 중단되지 않을까 하는 것이다.

집단의 배움

배움을 계속한다는 것은 개인에게뿐 아니라 집단의 경우에도 아주 중요하다. 나는 집단의 학습 과정에 필요한 '비움'과 '폐기 학습'에서 집단 전체가 겪게 되는 죽음의 고통에 대해 언급했다. 그것은 내가 여러 번 목격한 현상이다. 지난 10여 년 동안 의사라는 전문 직업인으로서 크게 배우고 몸소 체험한 것은 공동체장려재단FCE: Foundation for Community Encouragement에서 다른 사람들과 함께 일한 것이다. FCE의 임무는 공동체의 원칙, 즉 집단 내부의 그리고 집단들 사이의 건강한 의사 소통 원칙을 교육하는 것이다. FCE는 여러 단체들을 대상으로 어떻게 하면 '전체적'이고 심지어 '신성한' 공동체로 만들 수 있는가 등을 교육한다.

집단이 건강하면, 그 개개의 구성원들에게 그들 자신과 다른 사람들에 대해서 더욱 효과적으로 배울 수 있는 환경을 제공한다. 집단 자체도 배운다. 폐기 학습을 포함해서 많은 일을 하게 되겠지만, 집단은 개인의 총합보다 더 지혜롭고 뛰어난 '집단의 의식'을 발전시킬 수 있다. 그러한 집단들은 아주 효율적인 의사결정체가 될 수 있다. 건강한 집단은 복잡한 문제를 풀어가는 데 매우 생산적이기 때문에, FCE는 사업체와 기타 기관들로 활동 범위를 넓히고 있다.

우리는 그러한 조직 안에서 협력적 의사결정을 목적으로 임시 공동체를 구성하는 것을 배웠다. 사실 우리는 이런 일을 아주 잘 해낼 수 있는 방법을 배웠다. 우리가 지금 노력하고 있는 부분은 FCE의 개입이 끝나고도 이런 단체들이 자력으로 공동체의 구성 요소를 지켜 나갈 수 있는 능력을 개발하도록 도와주는 방법을 찾아내는 것이다. 그것은 건강한 의사결정과 집단 기능이 일상적으로 유지되도록 하기 위해서 지속 가능한 공동체를 만들기 위한 노력이다.

FCE에서 우리가 하는 일은 메사추세츠 공과 대학 조직학습센터의 피터 센게가 하는 일과 거의 비슷하다. 그의 저서 《제5경영》에서 센게는 '학습 조직'이라는 용어를 만들었다. 그것은 FCE에서 지속적 공동체라고 부르는 것과 같은 의미다. 학습 조직은 반드시 공동체여야 한다. 지속적 공동체는 당연히 학습 조직이 될 것이다. 그러나 중요한 문제는 배움의 지속성이다. 어떤 조직이 위기에 처해 있을 때, 일시적으로 학습 활동을 하게 도와주는 것은 비교적 쉬운 일이다. 그러나 그 조직이 계속해서 학습할 수 있도록 가르치는 것은 결코 쉬운 일이 아니다.

집단은 배움에 대한 새로운 관점을 통찰할 수 있을 것이다. 배움을 그저 1년에 한 번씩 필수 과목을 듣기 위해 등록하는 것처럼 부담스런 것이 아닌, 개인적 성장과 집단적 성장의 기회로 생각할 수 있어서이다. 우리는 이 사실을 어떻게 교육할 것인지 어렴풋한 정도로만 알았다. 이것은 사실 새롭게 개척해야 될 분야다.

집단의 건강은 개인의 건강보다 더 큰 의미가 있다고 생각하는 것은 타당하다. 한 개인이 나머지 삶을 훌륭하게 살아가기 위해서 배움을 계속해야 하는 것처럼, 조직이나 기관도 마찬가지다. 우리의 생존은 우리가 속해 있는 기관들이 지속가능한 공동체로 진화해서, 지속적인 학습 조직이 되느냐에 달려 있는지도 모른다.

THE
ROAD
LESS
TRAVE

제2부

복잡한 일상생활과의 씨름

개인적 인생의 선택

삶이 복잡한 이유는 우리가 개인이면서 동시에 가족과 조직, 사회의 구성원으로서 기능하기 때문이다. 사실 이러한 범주들은 임의로 분류된 것이다. 하지만 어떤 주제에 대해 심도 있게 논의하기 위해서 때로는 이와 같은 임의적인 구분이 필요하다. 그럼 먼저 철저하게 개인의 입장에서 내린 결정 중 가장 중요하게 생각되는 것을 중심으로 이야기하겠다.

의식은 언제나 선택에 선행한다. 따라서 의식이 없다면 선택도 없다. 우리가 해야 할 가장 중요한 한 가지는 끊임없이 의식을 증대시키는 것이다. 한편 의식이 있다고 선택이 쉬워지는 것은 아니지만, 반대로 의식은 선택의 범위를 다양하게 넓혀준다.

선택의 복잡함을 예로 들어, 분노를 어떻게 처리하는지 생각해 보자. 중뇌에는 강한 감정을 조절하고 만들어내는 신경 세포 집단 혹은 신경 중추가 있다. 그 중 하나가 분노 중추다. 《끝나지 않은 여행》에서 나는 이렇게 설명했다. 분노 중추는 인간에게나 동물들에게나 똑같은 방식으로 작용한다. 그것은 기본적으로 자신의 영역을 침해한 다른 동물을 공격하는 영역 보호 기제이다. 자신의 영역을 침범당할 경우 사람도 개와 다를 바 없이 분노를 표출하며 싸우게 될 것이다. 다만 인간의 경우에는 영역이나 경계선에 대한 정의가 좀 더 복잡하고 다면적일 뿐이다.

인간에게도 공간적 영역이 있어, 만일 자신의 소유지에 누군가가 무단으로 들어와서 꽃을 꺾으면 화를 낼 것이다. 또 인간에게는 심리적 영역도 있어서 누군가가 자신을 비난하면 역시 화를 낸다. 그뿐만 아니라 종교적 또는 이념적 영역이 있어 누군가 자신의 신념 체계를 비방하면 화를 내는데, 더욱이 비판하는 사람이 이방인이거나 다른 사람들에게 무고한 소리를 떠들어대면 분노는 더욱 커진다.

우리의 분노 중추는 때로 적절치 않게 작동되거나 침해를 받지 않았어도 잘못 인식하고 화를 내기도 한다. 따라서 쉽게 분노를 표출하는 상황을 유연하게 처리할 필요가 있다. 그러므로 우리는 분노 감정을 처리하는 복잡한 방식을 배워야 한다. 때로는 이렇게 생각할 필요도 있다. "화를 내는 것은 어리석고 성숙하지 못한 행동이야. 나만 손해인 셈이지." 또 때로는 이런 결론을 내리기도 한다. "이 사람이 내 영역을 침범하기는 했지만, 우발적인 것이니까 화를 낼 필요는 없어." 또는 "그가 내 영역을 조금 침범한 건 사실이지만, 그 정도로 화를 낼 것까진 없는 거야." 그러나 이따금은 한이틀 정도 심사숙고하며 그가 정말 심각할 정도로 내 영역을 침범한 것인지 아닌지를 판단해야 할지도 모른다. 그리고 자신의 영역을 침범당했다는 확신이 들면 그 사람을 찾아가서 이렇게 말할 필요가 있다. "이봐. 할 말이 있어." 그런 다음 그 자리에서 크게 혼을 내면 될 것이다.

화가 났을 때 그에 적절히 반응할 수 있는 다섯 가지의 방법이 있다. 그 방법 모두 알아야 하고 또 어떤 상황에서 어떻게 반응해야하는지도 알아둘 필요가 있다. 이렇게 하자면 자신의 마음 안팎에서 어떤 일이 일어나고 있는지 잘 의식할 필요가 있다. 삼십대나 사십대가 되기 전에 화를 다스리는 방법을 알고 있는 사람들이 아주 적으며, 대부분의 사람들은 기꺼이 그런 것을 배우려고 하지 않는 것 같다.

사실 생활 속에서 일어나는 많은 문제와 도전들을 생산적으로 처리하는 법을 배우는 능력이 곧 심리적 발전, 혹은 영적인 성장을 의미한다. 역으로 말하자면 발전을 거부하는 것은 우리가 성장할 수 없는 것과 같고, 궁극적으로는 스스로를 파괴하는 것이다.

현명한 이기주의와 어리석은 이기주의의 갈림길

정신적 성장을 하기 위해서는 자기 파괴적인 행위와 자기 생산적 행위를 구별할 수 있어야 한다. 개업의로 활동하고 있을 당시에 나는 통상 다섯 번의 상담 치료를 하고 난 후부터는 어떤 환자라도 '이기적이지 않은unselfish'이라는 단어를 쓰지 못하게 했다. 나는 환자들에게 나 자신을 설명할 때, 다른 사람 혹은 다른 존재를 위해서 아무 일도 해본 적이 없는 이기적인 사람이라고 말했다. 꽃에 물을 줄 때도 이렇게 말했다. "이봐, 꽃들아. 내가 너희들을 위해 무엇을 하고 있는지 좀 봐. 너희들은 나를 고맙게 생각해야 돼." 나는 예쁜 꽃들을 좋아하기 때문에 그렇게 하고 있을 뿐이다. 마찬가지로 내 아이를 위해 무엇인가를 해주었다면 그것은 내 마음속에 상당히 멋진 아버지, 진솔한 아버지로서의 이미지를 만들고 싶었기 때문이다. 성실한 이미지와 함께 그 두 가지 이미지를 유지하기 위해서 가끔 나는 평소에는 하고 싶어 하지 않을 그런 것들을 아이들에게 해야만 했다. 더구나 나는 예쁜 아이들을 좋아한다.

사실 우리는 아무리 사소한 것일지라도 자신에게 어떤 이득이나 이익이 없으면 아무것도 하지 않는다. 자선 단체에 기부금을 내는 행위는 기분을 좋게 한다. 법학 대학원에 진학하기 위해 대학을 졸업하자마자 좋은 보수가 보장되는 직장을 '포기했다'고 한다면, 사회를 위해서 봉사하기 위한 것이라는 주장은 곧 자신을 위해 봉사하는 것이나 마찬가지 의미다. 사회에 나가서 활동하기보다는 집에서 아이를 키우기 위해 자신을 '희생'하는 여성이 있다면 그녀는 '가족을 믿기' 때문이며, 개인적으로 이러한 결정을 함으로써 무언가 이익이 된다고 믿기 때문에 그렇게 할 수 있을 것이다. 우리는 수도사나 수녀들을 보면서 생각한다. "세상에, 저렇게 이기적이지 않을 수가. 저분들은 섹스도, 가족생활도, 사유재산도 다 포기하지 않았는가. 심지어는 자신의 삶에 대한 자율적인 권리도 포기한 거야." 그러나 그들의 마음속에는 다른 사람들과 동일한 이기적인 이유가 있다. 그들은 그들이 선택한 길이 즐거움을 향유

할 수 있는 최선의 길이라고, 자신을 위해 결정했을 뿐이다.

그러므로 이기심은 간단한 문제가 아니다. 나는 환자들에게 현명한 이기주의의 길과 어리석은 이기주의의 길을 구별할 수 있느냐고 물어보곤 했다. 어리석은 이기주의의 길은 모든 고통을 피하려는 것이다. 현명한 이기주의의 길은 어떠한 고통이나 괴로움, 특히 정서적 고통이 생산적인지 또는 파괴적인지를 분별하는 것이다. 내가 고통, 괴로움, 규율 등에 관한 많은 글을 쓰기 때문에 사람들은 내가 고통을 즐기는 사람이라고 생각한다. 나는 고통을 즐기는 사람이 아니다. 즐거움을 즐기는 사람이다. 나는 생산적이지 않은 고통은 그것이 무엇이든 아무런 가치도 없다고 생각한다. 만약 나에게 일반적인 두통 증세가 있다면, 무엇보다 먼저 효과가 강한 진통제 두 알을 복용할 것이다. 본질적으로 두통과 같은 것에는 그 자체로나 나 자신에게나 아무런 덕이 없다. 그런 소모적인 고통에서는 어떠한 가치도 발견할 수 없다. 반면에 우리의 삶 속에는 생산적인 것을 많이 배울 수 있는 그러한 고통도 있다.

내가 즐겨 쓰는 '생산적' 혹은 '비생산적'이라는 말은 각각 '실존적' 그리고 '신경증적'이란 의미이다. 실존적 고통은 존재의 내재적인 부분이며 적절하게 피할 수 있는 것이 아니다. 가령, 성장을 하고, 독립적인 인간이 되려는 과정에 겪는 고통, 상호 의존적이고 의지하는 방법을 배우는 데서 겪는 고통, 상실과 포기에 따른 고통 그리고 노년과 죽음의 고통 등이다. 이런 종류의 고통으로부터 우리는 많은 것을 배운다. 반면에 신경증적 고통은 모든 존재에 내재된 측면이 아닌 정서적 고통이다. 그것은 비생산적이고 불필요하며, 존재하는 데에 방해가 된다. 신경증적 고통은 가능한 한 빨리 없애야 한다. 그것은 마치 멋진 골프 게임을 하기 위해서는 10개 또는 12개 정도의 클럽만 있으면 충분함에도 98개의 골프 클럽을 갖고 코스를 도는 것과 같기 때문이다.

프로이트의 이론이 50년 전 지식인들 사이에서 처음으로 조금씩 알려지고 있었을 때(흔히 그렇듯이 잘못 해석되어), 죄의식이 신경증과 관련이 있을 거라고 생각한 전위적 성향의 부모들은 자녀들이 죄의식을 갖지 않도록 돌보겠다고 결심했다. 이것은 끔찍한 결과를 낳았다. 교도소에는 죄의식을 느끼지 않거나 죄의식이 부족한 사람들로 넘쳐나고 있다. 인간이 사회 속에서 살아가기 위해서는 어느 정도의 죄의식이 필요하며, 나는 그것을 실존적 죄의식이라고 부른다. 물론 서둘러 강조해야 할 사실은 지나친 죄의식, 즉 신경증적 죄의식은 불필요할 뿐 아니라 우리 삶의 즐거움과 평온을 고갈시킨다.

다른 고통스러운 감정, 즉 불안을 생각해보자. 불안은 고통스럽기는 하지만 우리가 제대로 활동하기 위해서는 어느 정도 필요한 감정이다. 예를 들어 내가 뉴욕에서 강연을 하기로 되어 있다고 하자. 그곳까지 어떻게 갈 것인지 걱정이 되면 불안해서 지도를 찾아볼 것이다. 불안감이 없었다면 나는 아무 준비도 없이 출발해서 퀘벡에 도착하는 일이 생길 수도 있다. 그러는 동안에, 뉴욕에서는 나의 강연을 듣겠다고 수천 명의 사람들이 기다리고 있을 것이다. 그러므로 제대로 살아가려면 어느 정도의 불안감은—지도를 찾아보도록 만드는 이런 실존적 불안은—필요하다.

그러나 이 정도의 불안을 넘어서 살아가는 데 방해가 될 만큼의 큰 불안이 있을 수 있다. 예컨대 이런 생각이 가능하다. '타이어가 펑크 나서 사고가 나면 어떡하지. 뉴욕 사람들은 엄청 빨리 달린다던데. 강연장에 겨우 도착하더라도 주차할 곳이 없으면 큰일인데. 강연을 들으러 오는 사람들에게는 미안하지만 나로서도 어쩔 수가 없을 거야.' 이런 공포증에 가까운 불안은 존재를 향상시키기보다는 존재를 제약하여 신경증에 걸리게 한다.

인간은 본능적으로 고통을 회피하려는 동물이다. 고통을 무조건 환영하는 것도 바보 같은 짓이지만, 고통을 무조건 피하려는 것도 어리석은 짓이다. 삶의 기본적인 선택 중 하나는 현명한 이기주의의 길을 따라갈 것인가, 아니면 모든 문제들을 회피하는 어리석은 이기주의의 길을 갈 것인가이다. 그런 선택을 하기 위해서 우리는 신경증적 고통과 실존적 고통의 차이를 알아야만 한다.

《아직도 가야 할 길》에서 이미 말했듯이 인생은 문제의 연속이기 때문에 고해이고, 그 문제들을 직시하고 해결하는 과정은 자못 고통스럽다. 많은 문제들은 그 성격에 따라 우리에게 여러 가지 불편한 감정들, 즉 좌절감, 비탄, 슬픔, 고독, 죄의식, 후회, 분노, 두려움, 불안, 고뇌 또는 절망감을 불러일으킨다. 이러한 감정의 고통은 육체적 고통만큼이나 견디기 힘들다. 어떤 사건이나 갈등이 우리 안에서 고통을, 이른바 문제를 불러일으키기 때문이다. 그러나 인생의 의미는 문제에 부딪히고 그것을 해결하는 전체적인 과정에서 찾을 수 있다. 문제는 우리에게서 용기와 지혜를 일깨운다. 나아가 그런 문제들은 우리에게 새로운 용기와 지혜를 만들어준다. 문제는 성공과 실패를 가르는 경계선이다. 우리는 이런 문제들을 통해 정신적·영적으로 성장한다.

다른 선택, 즉 인생 자체가 요구하는 것을 직면하지 않으면 종종 많은 것을 잃게 됨을 뜻한다. 대다수의 사람들은 문제들을 정면 돌파하려 하기보다는 회피하려고 한다. 사실 문제를 회피하고 문제 속에 있는 정서적 고통을 피하려는 태도는 모든 심리적 질병의 원인이다. 사람들은 대체로 이런 성향을 어느 정도 가지고 있어서 정신적으로 완전하게 건강한 사람은 없다. 보다 건강한 사람들은 이러한 문제들을 두려워하지 않고 기꺼이 받아들인다.

우리가 살아가면서 문제에 부딪힐 때마다 매번 그 문제를 완벽하게 해결하리란 보장은 없다. 하지만 현명한 사람이라면 문제에 직면해 해결하는 과정에서 비롯되는 고통을 통해 배우고 성장할 수 있다는 사실을 잘 알고 있다.

책임감의 선택

심리 치료를 받으러 오는 사람들은 신경증이나 흔히 성격 장애로 고통 받는 사람들이다. 《아직도 가야 할 길》에서 지적한 것처럼 이러한 상태는 근본적으로 책임감 장애라고 할 수 있다. 신경증 환자는 지나치게 많은 책임을 짊어지려는 사람들이고 성격 장애를 가진 사람들은 충분한 책임감이 없는 사람들이다. 따라서 그들은 세상과 문제에 관여하는 방식이 정반대의 입장에 있는 사람들이다.

신경증 환자들은 세상과 갈등이 있을 때마다 자동적으로 자기 잘못이라고 생각한다. 그러나 성격 장애를 가진 사람들이 세상과 갈등하게 되면, 자동적으로 세상의 잘못만 탓한다.

신경증 환자와 성격 장애자들은 언어 표현의 패턴도 서로 다르다. 신경증 환자들의 언어에는 '내가 이렇게 해야 되는데', '내가 이렇게 하는 게 당연한데', '내가 이렇게 해서는 안 되는데' 와 같은 표현이 두드러진다. 이런 표현은 스스로 일정 기준에 미치지 못하며, 항상 잘못된 선택을 한다고 생각하는 열등감 가득한 자아 이미지에서 나온다. 그러나 성격 장애자들의 언어는 주로 '할 수 없지', '그럴 수밖에 없어', '어쩔 수 없어' 와 같은 표현에 의존한다. 이것은 스스로 선택의 권한이 없으며, 자신의 행동은 어쩔 수 없는 외부의 힘에 의해 완전히 지배당하고 있다고 믿는 무기력한 자아 이미지를 보여준다.

'성격 장애'란 용어는 1950년 이전까지는 개별 진단 증상이나 증상의 범주로 존재하지 않았다. 대부분의 정신적 장애는 신경증으로 불렸고, 신경증은 다시 일반적으로 '자아-이질적' 신경증과 '자아-동질적' 신경증이라는 두 개의 범주로 나뉘어졌다. 자아-이질적 신경증은 개인의 자아가 문제 상태와 맞서 싸우는 것이다. 개인은 문제 상태를 원치 않기 때문에 기꺼이 그 문제를 해결하려고 한다. 반면에 자아-동질적 신경증은 개인의 자아가 자신의 상태를 인정하려 하지 않거나, 더구나 자신의 문제로 바라보지 않은 상태와 관련 있다.

나는 오키나와에서 군의관으로 일할 당시 두 명의 여자 환자를 만났는데, 그들은 뱀을 몹시 두려워했다. 뱀을 두려워하는 사람은 많으므로 그 자체가 특별한 문제는 아니었다. 그들의 두려움이 문제가 되고, 공포증에 이르게 된 것은 그로 인한 생활불능의 상태였다. 일상생활에서 두려움은 여러 측면에서 어려움을 초래했다.

오키나와는 그 섬에만 서식하는 아주 무서운 하부라는 뱀 때문에 뱀 공포증을 가진 사람을 자연스럽게 볼 수 있는 곳이다. 그 뱀은 맹독성으로 큰 방울뱀과 비단뱀의 중간 크기 정도였다. 하부라는 뱀은 낮 동안에 잠을 자고, 밤에 활동하는 야행성이다. 그 당시 오키나와에는 약 10만 명의 미국인이 있었는데, 2년에 한 번 정도로 그 뱀에 물리는 사람이 있었다. 뱀에게 물린 사람들의 절반은 야간에 정글 지역을 돌아다녔는데 그곳은 군 주거 지역 근처가 아니었다. 뱀에 대한 정보가 있어서 미국인들은 그 뱀을 잘 알고 있었고, 모든 병원에는 뱀에 물렸을 때를 대비한 해독제가 구비되어 있었다. 수년 동안 실제로 그 뱀에 물려 사망한 미국인은 한 명도 없었다.

진료실을 찾아온 첫 번째 환자는 삼십대 초반의 여성이었다. "전 이 뱀이 무서워요. 말도 안 되는 소리란 걸 알아요. 하지만 전 밤에 외출을 하고 싶지 않아요. 아이들을 데리고 밤에 영화관에도 갈 수 없고. 남편과 클럽에도 못 가요. 그 뱀에 물린 사람이 아무도 없다는 사실을 저도 알기 때문에, 정말이지 제가 바보 같다는 생각까지 든답니다"고 그녀가 말했다.

그녀가 사용하는 언어를 보면 그 공포심은 자아-이질적 증상이었다. 즉, 그녀의 공포심은 자신의 이미지에 맞지 않았고, 그 결과 그녀의 자아와 갈등을 일으키고 있었다. 그녀는 대부분 바깥출입을 잘 하지 못했고, 특히 밤에 외출하는 것이 두려웠다. 하지만 이런 생활은 문제가 있다는 사실을 스스로가 받아들이고 있었고 공포심을 경감시킬 방법을 찾아 일상생활에 방해를 받고 싶지 않았다.

프로이트는 공포심이란 실제적 두려움의 대체물이라는 사실을 처음으로 밝힌 사람이었다. 이 여성의 치료에서 발견한 사실은 그녀는 죽음에 대한 두려움이나 악에 대한 두려움 등의 실존적 문제에 직면한 적이 전혀 없었다. 그러나 일단 그녀가 그러한 문제들을 경험하기 시작하자, 비록 적극적인 상태는 아니었지만 가족과 함께 밤에 외출도 하게 되었다. 치료 덕분에 그녀가 오키나와를 떠날 준비를 할 무렵에는 이미 성장의 길로 들어서 있었다.

두 번째 여성의 경우, 내가 그녀에게서 뱀에 대한 두려움을 알게 된 것은 그녀가 주최한 디너파티에서 나눈 대화 덕분이었다. 그녀는 사십대였고, 경영인의 아내였다. 이야기를 나누는 동안 나는 그녀가 은둔 생활을 하고 있다는 사실을 알게 되었다. 그녀는 오키나와에서는 거의 집 안에 틀어박혀 지내다시피 하고 있기 때문에 미국으로 얼마나 돌아가고 싶은지에 대해 열심히 말했다. "그 끔찍한 뱀 때문에 저는 외출을 할 수 없어요." 그녀는 다른 사람들은 밤에도 외출을 잘 하고 있다는 사실을 알고 있었지만, 이렇게 말했다. "그들이 바보가 되고 싶다면 그건 그 사람들 문제죠." 더구나 그녀는 자신의 문제에 대해 미국 정부와 오키나와 섬을 비난했다. 정부가 나서서 이 끔찍한 뱀 문제를 해결해야만 한다는 것이다. 자아 동질적 신경증 환자에게서 전형적으로 나타나듯이 그녀는 뱀에 대한 공포증을 자신의 문제로 바라보지 않았다. 또 그녀는 뱀에 대한 두려움으로 파생되는 폐해가 심각한 지경인데도 그것을 치료하려고 하지 않았다. 그 공포증이 온전한 삶을 살지 못하는 것을 그냥 방치하고 있었다. 그녀는 집 밖으로 나가는 어떤 사교 모임에도 참석하지 않았다. 그 모임이 남편의 사업에 중요한 의미를 갖는 경우에도 마찬가지였다. 이런 상황이 남편의 경력에 얼마나 치명적인지도 고려하지 않았다.

위의 두 경우에서 보듯이 신경증 환자는 심리 치료가 비교적 용이하다. 그들은 자신의 문제에 대한 책임을 느끼고 있으며 그들 스스로에게 문제가 있다고 보기 때문이다. 그러나 성격 장애를 가진 사람들의 경우 치료는 훨씬 힘들다. 그들은 자기 자신을 문제의 근본적 원인으로 보지 않으며, 변해야 된다면 그것은 자신이 아니라 세상이라고 믿고 있기 때문이다. 그러므로 그들은 자기 성찰의 필요성을 인지하지 못하고 있는 것이다.

그러므로 우리가 살아가면서 느끼는 실존적 고통의 상당 부분은 우리가 책임을 질 부분과 책임을 지지 않아도 되는 부분을 구별하고 선택함으로써 건강한 균형을 찾는 과정에서 필연적으로 경험하는 고통이다.

분명한 사실은, 성격 장애자들은 그와 같은 실존적 고통을 피하려 한다는 것이다. 일부 신경증 환자들도 그러한 고통을 피하려고 한다. 그러나 신경증 환자는 모든 것이 자신의 책임이라고 생각한다. 그래서 이들은 선택을 해야 하는 상황에서 비롯된 실존적 고통, 즉 "안 돼! 더 이상은 안 돼요"라는 말을 사람들에게 해야만 하는 고통을 피하려고 한다. 하지만 궁극적으로는 더 많은 신경증적 고통을 겪는다.

우리의 삶에서 자신의 책임 여부를 구별하는 문제는 인간의 실존에 끊임없이 제기되는 도전이다. 그 문제는 언제나 완벽하게 해결되지 않는다. 우리가 해야 되는 일은 우리 삶을 형성하는 여러 가지 사건들의 변화하는 과정 속에서 우리의 책임이 어디에 있는지를 항상 평가하고, 재평가해야 한다는 것이다. 그 방법에 대한 공식은 없다. 각각의 상황은 모두 다르기 때문에 우리의 책임과 책임이 아닌 것에 대한 선택을 되풀이해서 판단하고 선별할 필요가 있다. 그것은 우리가 죽는 순간까지 수만 번 되풀이해야 할 일이다.

복종의 선택

훈련은 인생의 여러 가지 문제를 해결하는 수단이다. 모든 훈련은 복종의 한 형태다. 우리가 책임을 져야 하는 것과 책임을 지지 않아도 되는 것을 구별하는 훈련은 매우 중요하다. 우리는 언제 무엇에 대해 복종하고 또는 복종하지 않을 것인지를 그리고 그 복종의 대상이 우리의 자아인지, 사랑인지, 신인지 아니면 악의 힘인지를 선택해야 되는 실존적 고통을 겪기 때문이다.

예를 들면 우리는 어린 시절에 부모 또는 그 외의 다른 보호자들에게 복종한다. 그러나 성인기에 접어들면, 우리는 언제 어떻게 부모에게 복종을 하고 또는 복종을 하지 않을 것인지를—특히 부모의 가치관에 대해—결정해야 한다. 무조건적인 복종은 바람직하지 않다. 어른이 되어서도 부모에게 완전히 복종하는 것은 우상숭배만큼이나 파괴적이다. 또 우리가 매순간 자신의 가치관을 선택하듯 어느 정도까지 사회의 가치에 동조하고 또 어느 정도까지 불복할 것인가 생각해야 한다. 궁극적으로 우리는 신에게 복종할 것인가의 여부를 결정해야 하며, 사실 어떤 유형의 신에게 복종할 것인가도 결정해야 한다.

'더 차원 높은 힘'이라는 용어는 익명의 알코올의존증 환자들 모임의 규칙 12단계에서 처음 소개되었거나 아니면 적어도 그것으로 일반인들에게 널리 알려지게 되었다고 생각한다. 내가《탄생을 기다리는 세계》에서 정의한 그 용어의 의미는 개인 자신보다 '더 높은' 어떤 존재가 있다는 것이다. 그리고 우리는 그 존재가 사랑이든, 빛이든, 진실이든, 신이든 관계없이 그와 같은 높은 차원의 그 무엇에 우리 자신을 복종시키는 것이 바람직하다는 것이었다. "제 뜻이 아니라, 당신 뜻이 이루어지게 하소서"라는 말은 그와 같은 복종에 대한 열망을 영광스럽게 표현하고 있다. 여기서 중요한 단어는 '뜻'이다. 복종은 인간의 의지를 더 높은 차원의 어떤 것에 실질적으로 귀속시키는 것을 의미한다. "신은 빛이요, 사랑이요, 진리이다." 모든 사람들이 신(하느님)을 믿는 신자가 될 필요는 없지만, 건강한 삶을 살기 위해서 우리는 이러한 신의 속성에 자신을 복종시켜야 한다.

빛에의 복종은 의식의 선택 그리고 외적인 지각과 내적인 통찰력의 선택에 대한 복종으로 규정될 수 있을 것이다. 그리고 또 하나의 복종은 사랑에 따를 것이냐의 여부인데, 그것은 자신을 확장할 것이냐를 결정하는 것이다. 그것은 단순한 문제가 아니다. 흔히 사랑은 아주 미묘하고 신비스러운 것이라고 한다.《아직도 가야 할 길》에서 나는 사랑을 자신과 다른 사람의 영적인 성장을 촉진시키기 위하여 스스로를 확장하려는 의지라고 정의했다. 이러한 정의는 사랑이 낭만적 사랑, 결혼, 양육 등의 개념보다 훨씬 더 포괄적인 것임을 인정하는 것이다. 예를 들어 수도자들이나 수녀들은 그런 경험이 없지만, 그들 중 많은 사람들이 진정한 의미에서 위대한 사랑의 실천자들이다.

우리의 문화 속에는 신화와 상식을 검증할 수 있는 사랑과 관련된 수많은 역설이 존재한다.《아직도 가야 할 길》에서 사랑에 관한 부분을 시작하면서 나는 우리의 문화적 고정관념과 싸워 물리치기 위해 진짜 사랑이 아닌(낭만적 사랑과 같은) 것들을 먼저 언급해야 했다. 가령, 우리는 받는 것보다는 주는 것이 낫다는 이야기를 많이 들었다. 그러나 나는 "주는 것만큼 받는 것도 좋은 것이다"라는 것이 더 적절한 표현이라고 생각한다. 사람들은 이 문제에 대해 신경증적 죄의식을 가지고 있다. 그래서 진정한 의미의 사랑보다는 잠정적으로 더 많은 괴로움과 갈등을 부추길 수 있는 자선이라는 종교적 혹은 문화적 이상에 맞추어 살아야 한다는 강박관념을 가진다.

사람들이 받는 것을 어려워하는 이유 중의 하나는 마치 누군가에게 영원히 빚을 지게 되는 것 같고 그로 인해 구속감을 느끼게 될 수 있어서이다. 결혼 생활 초기 몇 년 동안 릴리와 나는 소위 죄의식 은행을 계속 유지하고 있었다. 내가 릴리를 위해 무엇인가를 해주었다면 죄의식 은행 계좌에 돈을 입금한 것이 된다. 만약 릴리가 나를 위해 무엇인가를 해주었다면, 내 계좌에서 그만큼의 돈이 빠져나가는 것이다. 다른 많은 부부들처럼 우리가 이런 어처구니없는 짓을 그만두게 된 것은 몇 년이 지난 후였다. 어떤 사람들은 성장 배경이나 문화적 배경 때문에 어떤 칭찬이나 좋은 소식을 관습적으로 있는 그대로 받아들이지 말아야 한다. 사랑을 받아들일 수 없는 것은 사랑을 줄 수 없는 것만큼이나 파괴적인 것이다.

우리가 지금까지 배운 것은 '사랑은 부드럽고 친절한 것'이다. 그러나 거친 사랑을 보여주어야 할 때도 있다. 사랑은 때로 모호하기도 하다. 그것은 때로는 부드러움을 또 때로는 엄격함을 요구하기도 한다. 우리가 끊임없이 다른 사람들에게 우리 자신을 내어주려고 하고 자기 자신을 돌보지 않는다면 사랑을 잘할 수 없는 것이 사실이다. 사랑에의 복종은 현관의 매트가 되는 것을 뜻하는 것이 아니다. 일생 동안 무엇이 우리의 책임이고 무엇이 아닌지를 선택하는 것처럼, 사랑에 복종한다면 언제 다른 사람들을 사랑하고 또 언제 자신을 사랑해야 되는지도 선택해야 한다.

사랑함에 있어서 가장 중요한 것은 자기 자신에 애정을 기울이는 것이다. 우리 자신을 사랑하지 않는다면 다른 사람들을 사랑할 수 없다. 여러 인간 관계 속에서 우리는 많은 사람들이 사랑이라는 이름으로 서로를 치유하고 변화시키려고 노력하는 것을 본다. 다른 사람들을 치유하고 변화시키려는 시도는 여러 가지로 달리 생각할 수 있다고 하더라도 대체로 이기적이고, 지배적이고, 사랑과는 무관하다. 릴리와 나는 결혼 생활을 하면서 수용과 이해를 다 포함하는 그런 유형의 사랑에 도달하기 위해, 서로를 변화시키려는 자신의 욕구를 없애려고 많이 노력했다.

문화적인 세뇌를 받은 많은 사람들은 사랑은 주는 것이라고 생각한다. 즉, 그들은 자기 자신 또는 다른 사람의 기대에 부응하기 위해서 무엇인가를 해주어야만 한다고 느낀다. 역설적인 사실은 많은 경우 아무것도 하지 않는 것, 즉 끊임없이 무엇을 해주는 것에 집중하기보다 본래의 모습 그대로 존재하는 것이 때로는 더 큰 사랑의 방식이라는 것이다. 예를 들면 나는 신학을 주제로 이야기하는 것을 무엇보다 재미있어 하지만, 내가 사랑을 하는 방식은 아이들에게 신학에 관해 많은 이야기를 하지 않는 것이다. 그것은 어쩌면 아이들에게 간섭하는 설교일 수 있기 때문이다. 내 소설《다정한 눈꽃송이》의 등장인물인 제니는 사춘기 직전의 소녀인데, 아버지에게 내세를 믿느냐고 묻는다. 아버지는 이렇게 대답한다.

"어떤 질문은 너무 중요한 것이어서 네 스스로 그 대답을 찾아야 하는 경우도 있단다."

이 경우 그녀의 아버지가 자신의 의견을 말하지 않은 것은 딸에 대한 사랑과 존중의 행동이다.

그 다음에 이야기할 것은 진리에 대한 복종이다. 이 문제는 단순히 과학적으로 입증된 사실을 받아들이거나 실험실에서 과학적인 방식을 따르는 것 이상으로 훨씬 더 복잡하고 까다롭다.《아직도 가야 할 길》에서 나는 좋은 삶을 살기 위한 네 가지 기본 훈련 중 하나로 진실 또는 진리에 대한 헌신을 들었다. 이 훈련에 대해 설명하면서 내가 주목했던 것은 때로는 진실의 일부를 드러내지 않고 보류하는 것이 사랑의 행위일 수 있다는 사실이었다. 그러나 진실에 대한 이런 사소한 '속임수'는 잠재적 위험을 가지고 있기 때문에, 나는 작은 선의의 거짓말이라도 허용될 수 있는 경우에 대해 엄격한 기준을 제시해야 한다고 생각한다. 그러나 진실의 중요한 요소를 다른 사람에게 숨기는 것은 뻔뻔스럽고 악의적인 거짓말만큼이나 기만적이다. 그와 같은 거짓말은 단순히 사랑이 없는 행위 정도가 아니라 궁극적으로 가증스러운 행동이다. 그러한 모든 행위들은 세상의 어둠과 혼란을 가중시킨다. 그와는 반대로 진실을 말하는 것—특히 위험을 감수해야 하는 경우일지라도—은 사랑의 행위이다. 그렇게 함으로써 세상의 어둠과 혼란은 줄어들고, 세상에 절실하게 필요한 빛은 더욱더 밝아지는 것이다.

거짓말을 할 때에, 우리는 대체로 우리가 하는 행위에 책임을 지지 않으려 하고 예측되는 고통스러운 결과를 피하려 한다. 나는 어린 시절에 부모님이 내게 가르쳐주신 이 간결하고 힘찬 표현에 대해 항상 감사하고 있다. "당당하게 음악을 마주하라." 이 말은 결과에 정면으로 대처하며, 무엇을 숨기지 말 것이며, 거짓말을 하지 말 것이며, 당당하게 살라는 것을 의미한다. 그 의미는 분명하지만 지금 생각하면 그건 좀 이상한 표현이었다는 생각이 든다. 왜 '음악'이란 단어가 들어갔을까? 일반적으로 음악은 즐겁고 기분 좋은 것으로 생각한다. 그런데 왜 고통스러운 것일 수도 있는 어떤 것에 정면으로 마주한다는 의미에 음악을 마주하라는 표현을 사용했을까? 나로서는 알 수가 없다. 그 표현이 어떻게 유래된 것인지 알 수 없다. 그러나 그 단어의 선택에는 심오하고 신비스러운 타당성이 있다는 생각이 든다. 왜냐하면 정직의 명령에 복종할 때 우리는 진실과 조화를 이루게 되고, 우리의 삶에는 고통이 없는 것은 아니지만 점점 아름다운 선율이 흐르게 될 것이기 때문이다.

진실에 대한 이야기를 하면서 나는 누구를 속인다는 것이 주로 다른 사람들을 대상으로 하는 행위인 듯 말한 것 같다. 사실은 다르다. 우리는 자신을 속이는 경향이 더 강하기 때문이다. 물론 자신에 대해서든 타인에 대해서든 부정직함은 서로를 부추겨 거짓의 상승 효과를 일으킨다. 남을 속이는 것은 어느 정도 제한적인 일이나, 자기 자신을 기만하는 능력은 자신이 죄에 대한 대가를 기꺼이 치르겠다고 결심하는 한 무제한적이다. 이때 궁극적으로 값을 치러야 할 대가들이 있다. 자기기만은 스스로를 괴롭히고, 다른 사람들에게 거짓말을 할 때처럼 자기 자신을 혐오스러워한다. 그 이유는 '그림자'가 겹겹이 쌓여 자아에 어둠과 혼란을 가중시키기 때문이다. 그와는 반대로 스스로에게 정직하려는 선택은 정신적 · 영적 건강을 위한 선택이며, 따라서 우리 자신을 위해서 할 수 있는 유일한 가장 사랑하는 행위의 선택이다.

개인적 믿음의 영역에서 우리는 복잡하고 다양한 선택에 직면한다. 이 경우 과학의 확실성에 쉽게 의존할 수도 없다. 만약 우리가 어떤 것을 진실이라 믿겠다고 선택한다고 해서, 그것이 곧 진실이라고 할 수 있는가? 그렇게 되면 진실에 복종하는 것은 곧 우리 자신에게 복종하는 것과 다름없다. 신은 진리와 같은 의미이기 때문에, 신에게 복종하려는 선택을 할 때 우리는 자신보다 더 높은 차원의 진리에 복종하는 것이다.《거짓의 사람들》에서 나는 이렇게 주장했다. 우리는 선택의 자유를 가지고 태어났기 때문에, 잘못된 대상에 우리 자신을 맡길 수 있다. 또 나는 오직 두 가지 형태의 존재 방식만 있을 뿐이라고 설명했다. 즉, 신과 선에 대한 복종 혹은 자신의 의지 이외의 어떤 대상에 대한 복종의 거부가 그것이다. 이러한 거부는 자동적으로 자신을 악의 힘, 즉 '거짓의 아버지(사탄)'에게 구속시키는 것이다. 나는 다음과 같은 C.S.루이스의 말을 인용했다.

"우주에 중립적인 지대는 없다. 단 한 뼘의 땅이라도, 단 1초의 시간이라도 하느님의 소유이며, 사탄의 공격을 받는다."

아마도 우리는 선과 악, 어느 곳에도 속하지 않고 하느님과 악마의 중간 지점에 서 있을 수 있을 거라 생각할지 모른다. 그러나 '선택 하지 않는 것 또한 선택'이다. 결국 양다리를 걸친 상태를 참을 수 없게 될 것이며, 복종하지 않으려는 선택도 궁극적으로 무의미해진다.

소명의 선택

대부분의 사람들에게 '생업(vocation, 소명이란 뜻으로도 쓰임 — 옮긴이)'은 단순히 생계를 유지하기 위해 하는 일, 즉 자신의 직업이나 경력이다. 그러므로 '소명'의 세속적 정의는 소득을 얻기 위한 활동을 의미한다. 그러나 종교적 정의는 글자 그대로의 의미가 있으며 보다 복잡하다. '소명召命'이란 말 그대로 부름을 의미한다. 그러므로 '소명'에 대한 종교적 의미는 우리가 부름을 받아서 하는 일이며, 그것은 우리의 직업 혹은 실제로 우리가 하고 있는 일과 일치할 수도 있고 그렇지 않을 수도 있다.

이런 의미에서 소명은 관계의 의미를 내포한다. 왜냐하면 누군가가 부름을 받았다면 이 부름의 주체가 반드시 있을 텐데, 나는 그 주체가 신이라고 믿는다. 신은 우리 인간존재를—회의주의자든 신자이든, 기독교 신자이든 아니든—확실하고 때로는 아주 구체적인 활동으로 불러낸다. 더구나 신은 우리와 개인적인 관계를 맺고 있기 때문에, 이러한 소명의 문제는 전적으로 개별화되어 있다. 신이 나에게 내린 소명은 당신에게 내린 소명과는 틀림없이 다를 것이다.

누군가는 주부가 되는 소명을, 또 누군가는 분명 법률가, 과학자 또는 광고 회사의 임원이 되는 소명을 받을 수도 있다. 직업이 다르듯이 서로 다른 종류의 소명이 있으며, 또 많은 사람들에게는 다른 소명의 기회가 여러 번 있기도 하다. 중년의 시기는 흔히 직업의 변화가 있는 시기이기도 하다. 그러나 우리의 소명과 관련한 영적이고 윤리적인 문제, 혹은 원인이나 결과에 대해서는 분명하지 않다. 과학자로서 나는 무기의 개발에 참여하도록 소명을 받았는가? 변호사로서 죄가 있다고 의심이 드는 사람을 변호하도록 소명을 받았는가? 산부인과 의사로서 나는 낙태를 하도록 또는 하지 않도록 소명을 받았는가?

어떤 사람들은 그들이 받은 소명의 어떤 측면은 자신에게 잘 맞거나 혹은 맞지 않다고 느낀다. 마찬가지로 어떤 사람들은 그들에게 주어진 진정한 소명에서 벗어나기 위해 수년간을 심지어는 평생을 보내기도 한다. 나이 마흔이 된 육군 주임원사 한 사람이 가벼운 우울증 증세를 호소하며 찾아왔다. 그는 우울증의 원인을 2주 뒤면 새로운 발령지인 독일로 떠나야 하는 사실 탓으로 돌렸다. 그와 그의 가족은 이제 이사하는 데 정말 지쳤다고 말했다. 군 장교가, 특히 이런 사소한 이유로 정신 분석의의 상담을 받으러 찾아온 것은 이례적이었다. 그에게는 특이한 점이 몇 가지 더 있었다. 상당한 지성과 능력이 없으면 주임원사가 되기 힘들다. 더구나 이 환자는 재치 넘치고 품위가 있었다. 그러나 그의 취미가 그림 그리기라는 사실을 알고도 나는 놀라지 않았다. 그는 나에게 예술가라는 인상을 강하게 풍겼기 때문이다. 그는 군대에서 22년간 근무했다고 말했을 때 내가 물었다. "이사하는 것이 그처럼 싫다면, 왜 은퇴하지 않는 겁니까?"

"제가 무얼 해야 할지 모르겠어요." 그의 대답이었다.

"원하는 대로 그림을 그릴 수도 있지요." 내가 제의했다.

"아닙니다. 그건 단지 취미일 뿐인걸요. 그걸로 먹고 살 수는 없어요."

그에게 어느 정도의 재능이 있는지 알 수 없었기 때문에 나는 반론을 제기하진 않았다. 하지만 그의 저항하는 태도를 탐색할 수 있는 방법은 있었다.

"당신은 훌륭한 경력을 가진 지성인이고, 다른 좋은 직업을 얼마든지 찾을 수 있을 것입니다"고 내가 응수했다. 그러자 그가 말했다.

"전 대학을 다닌 적이 없어요. 그렇다고 보험영업을 하자니 그건 적성에 맞지도 않아요." 퇴직금을 받아 생활하면서 대학에 다니는 걸 생각하라는 제의에 대해서는 또 이렇게 대답했다.

"전 이제 나이가 너무 많아요. 젊은이들 틈에 끼어들어 공부를 한다는 게 마음이 편치 않네요."

나는 다음 진료 시간에는 최근에 그린 그림 몇 장을 가져오라고 부탁했다. 그리고 그는 유화와 수채화 한 점씩을 가지고 왔다. 두 그림 모두 멋진 작품이었다. 그림들은 형태, 음영, 색채의 효과적인 사용이 탁월했으며 현대적 화풍에 화려하고 상상력이 넘치는 작품들이었다. 내 질문에 그는 1년에 서너 작품을 그리는데, 그 그림들을 팔려고 해본 적은 없고 친구들에게 나누어주었다고 했다.

"이봐요, 당신은 정말 그림에 소질이 있어요. 그림이 경쟁이 심한 분야라는 것은 알고 있지만, 이 그림들은 팔릴 수 있어요. 당신에게 그림 그리기는 단순한 취미 이상이 될 수 있겠어요."

"재능이란 건 주관적 판단일 뿐이지요." 그가 중얼거렸다.

"그러니까 내가 유일하게 당신에게 진짜 재능이 있다고 말한 사람이란 말인가요?"

"아닙니다. 그러나 하늘만 올려다보고 있으면, 다리가 후들거리는 건 당연하지요."

그에게 분명히 실패에 대한 두려움이나 성공에 대한 두려움 아니면 그 두 가지 두려움에 근거한 낮은 성취감의 문제가 있다고 말했다. 나는 그에게 당분간 휴가를 얻어 이곳에 머물면서 문제의 근원을 함께 찾아보자고 제의했다. 그러나 그는 독일로 가는 것이 그의 '의무'라고 완강하게 주장했다. 나는 그곳에서 심리 치료를 받을 수 있는 방법을 알려주었지만, 정작 그가 내 충고를 받아들일지는 확신할 수 없었다. 그는 과거의 소명에 대한 저항이 너무 강해서 지금의 소명이 아무리 또렷하고 크게 들려도 결코 그것을 따르지 않을 것이라는 생각이 들었다.

자유 의지를 받은 우리는 신의 부름에 주의를 기울이지 않는 선택을 할 수 있다. 소명을 받는다는 것이 반드시 그것을 따라야 된다는 의미는 아니다. 역으로 무엇인가를 하고 싶다고 해서 또는 그 일에 재능이 있다고 해서 그것이 반드시 신이 원하는 것이라는 의미도 아니다.

어떤 사람들은 결혼과 가정생활에 대한 소명을 가진다. 그러나 또 어떤 사람들은 독신이나 수도자 생활에 대한 소명을 가지기도 한다. 운명을 믿건 믿지 않건, 많은 망설임 끝에 소명을 수용하게 된다. 어떤 여성은 이미 확고한 경력을 쌓았으며, 두 개의 대학에서 각각 다른 학위를 받아 몇 개의 전문직을 선택할 수 있는 상황에서 처음으로 부모가 될 가능성을 앞두고 불확실함으로 고통을 겪었다. 서른셋의 나이에 처음으로 임신을 하게 되었고, 곧 엄마가 될 상황에 놓여 있었다.

"이전에는 내가 누군가에게 얽매인다는 걸 생각한 적도 없어요. 한 남자에게도 그렇고, 평생 동안 한 아이에게 헌신한다는 생각은 해본 적이 없어요"라고 그녀는 말했다. "나는 나 아닌 다른 누군가의 행복을 장기적으로 책임진다는 생각은 해본 적도 없어요. 나는 오랫동안 구속되지 않는 '자유'와 기분 내키는 대로 사는 데 너무나 익숙해져 있었던 거죠. 난 다른 사람에게 의존하고 싶지도 않았고, 다른 사람 또한 나에게 의존하는 걸 원치 않았던 거예요."

불확실함과 의심을 탐색하고자 하는 그녀의 개방적이고 적극적인 자세를 통해 자신에 대한 새로운 의식이 서서히 나타나기 시작했다.

"완전히 독립적인 생활방식을 '포기하는' 것을 스스로 살펴보고 있다는 것을 알게 되었어요. 상호 의존이라는 아이디어가 좋았어요. 남편과 아이를 위한 자리를 만들었지요. 이러한 생각을 알아가기 시작한 것이지요." 그녀가 말했다. "그런 생각이 들자 아이를 갖지 않는다는 것은 상상할 수가 없었어요. 엄마로서 그리고 헌신적인 배우자로서의 나의 새로운 이미지를 받아들이도록 나를 밀어주었던 그 힘이 무엇인지 꼭 집어서 말할 수는 없어요. 그러나 어쨌든 내가 그 상황을 거부하지 않게 되었을 때 나는 완전히 변했는데, 그냥 이게 딱 맞게 느껴졌어요."

소명의 완성이 곧 행복을 보장하는 것은 아니지만—고뇌하는 예술가였던 반 고흐의 경우에서 보듯—성취감에서 비롯된 마음의 평화를 위한 무대를 마련한 것이 분명하다. 그러므로 자신이 반드시 해야 할 일을 하고 있는 사람을 바라보는 것은 큰 즐거움이다. 자식을 돌보는 일을 진심으로 즐기는 부모를 보면 기분이 좋아진다. 아주 딱 맞는 느낌이 든다. 그와는 반대로 하는 일과 삶의 방식이 그들이 받은 소명과 어울리지 않은 사람들을 볼 때는 항상 마음이 불편하다. 그런 삶은 수치이며, 낭비인 것 같다는 생각이 든다. 신이 우리 각자에게 내려준 유일한 소명은 반드시 우리를 성공에 이르게 한다고 믿는다. 그것은 성공을 재는 진부한 세속적 의미에서의 성공은 아니다. 가령, 나는 큰 부자와 결혼한 여성들을 알고 있는데, 비싼 보석과 높은 지위 때문에 많은 사람들의 선망의 대상이며, 세속적 의미에서 성공했다고 여겨지지만, 무엇보다 그들은 결혼의 소명을 받은 적이 없기 때문에 절망적인 심정으로 살고 있다.

감사함의 선택

10년 전에 나는 두 장의 수표를 받은 적이 있다. 한 장은 강연료였고, 다른 한 장은 내가 요청하지도 않았고 또 기대하지도 않았던 것인데 FCE에 보내는 기부금이었다. "공짜 점심은 없다"는 말은 내가 지지하는 표현이다. 그런데 이것은 아주 특별한 순간이었는데, 한쪽에는 내가 벌어들인 식사가 놓여 있고, 다른 한쪽에는 깜짝 놀랄 맛있는 선물이 놓여 있었던 것이다. 여러분들은 내가 어느 쪽에 더 고마움을 느꼈을 거라고 생각하는가?

우리는 살면서 행운이나 예기치 않은 선물 등을 당연한 것으로 받아들이기 쉽다. 사실 이렇게 모든 것이 세속화되어 있는 시대에 살고 있는 우리는 행운이란 그저 주사위를 한번 굴려서 얻는 것쯤으로 생각하도록 부추겨진다. 모든 것이 그저 우연이나 기회의 문제라고 생각하면서, 행운이나 불행의 기회도 똑같이 주어지며 서로 대차대조표를 만들면 제로에 가까울 것이며, 아무것도 아니라고 추론한다. 이러한 태도는 허무주의(nihilism라는 단어는 라틴어의 '무無'라는 의미의 nihil에서 파생된 것이다)라고 불리는 절망의 철학으로 우리를 이끈다. 허무주의가 이끌어내는 논리적 결론은 궁극적으로 가치 있는 게 아무것도 없다는 것이다.

행운이나 예기치 않은 선물을 바라보는 또 다른 관점이 있다. 초인적인 증여자로 신을 상정하고 있는데, 신이 특별히 인간 존재를 사랑하기 때문에 우리에게 선물을 주는 것이라고 생각한다. 신이 우리의 인생에서 내리는 폭우와 어떤 관련이 있는지는 알 수 없다. 그러나 돌이키면 그런 것들도 신의 축복을 가장하고 있었던 것 같다. 쉽게 알아볼 수 있는 선물이 어떤 사람들에게 주어지는데, 그들은 이 선물이 어떤 형태의 은혜이며 어떤 형태의 불행보다 훨씬 더 크고, 훨씬 더 지속적이라고 생각한다. 이런 형태의 신이 내리는 은혜로운 선물을 우리는 은총이라고 부른다.

우리가 벌어서 얻은 것이 있다면 그것은 진정한 의미의 선물이 아니다. 그러나 은총은 벌어서 얻은 것이 아니라 공짜로 주어지는 것이다. 그것은 그저 얻은 것이다. 은총, 무료, 감사 등의 단어들은 서로 연결되어 흘러간다. 만약 당신이 은총을 감지한다면, 자연스럽게 고마움을 느낄 것이다.

유명한 목사 한 분이 어느 미국 북부지역 청년(양키)에 대한 이야기를 해주었다. 그는 사업상 생애 처음 남부로 출장을 갔다. 서둘러야만 했기 때문에 밤을 새워 운전을 했다. 그가 사우스캐롤라이나에 도착했을 때는 몹시 배가 고파, 길가의 식당에 차를 세우고 스크램블 에그와 소시지를 주문했는데 음식이 나왔을 때 깜짝 놀랐다. 접시에는 하얀 덩어리 같은 뭔가가 담겨 있었다.

"이게 뭐죠?" 그는 웨이트리스에게 물었다.

"그건 그리트라고 하는 거예요."

그녀가 강한 남부 악센트로 말했다.

"이건 주문하지 않았는데." 그가 말했다.

"주문은 하지 않았지만 그냥 나오는 거지요"라고 그녀가 말했다.

목사님이 말하는 은총은 바로 이런 것이다. 주문은 하지 않았지만 그냥 나오는 것 말이다.

내 경험에 비추어본다면, 깜짝 놀랄 기분 좋은 선물을 받고 감사할 수 있다면 그것은 정신 건강에 좋다. 이 세상에서 신의 은총을 느껴본 사람은 그렇지 않은 사람들보다 더 많이 감사하는 마음을 갖게 될 것이다. 그리고 감사하는 마음을 가지는 사람들은 그렇지 않은 사람들보다 더 행복할 것이다. 또 그런 사람들은 또 다른 사람들을 더 많이 행복하게 해줄 것이다. 이 세상이 그들에게 무언가를 주었다고 느끼는 사람들은 기꺼이 무언가를 세상에 돌려주려고 할 것이다.

왜 어떤 사람들은 가슴속에 항상 감사하는 마음이 분명히 있고,

또 어떤 사람들은 감사하지 않는 마음을 분명히 가지고 있을까? 왜 어떤 사람들은 고마운 내색도 분노하는 내색도 크게 드러내지 않으면서 어정쩡한 상태에 있는가? 나는 그 이유를 알 수 없다. 따뜻하게 보살펴주는 가정에서 자란 아이는 커서 고마움을 느끼는 어른이 될 것이며, 불우한 가정에서 자란 아이는 불만스러운 사람이 될 것이라고 생각하는 것은 단순한 논리다. 문제는 이런 사실을 증명할 만한 증거가 많지 않다는 것이다. 예외적인 경우가 너무 많다. 부모의 무관심과 가난과 학대 속에서 자랐지만, 어른이 되어서 주님을 찬양하면서 또는 적어도 인생을 찬양하면서 살고 있는 많은 사람들을 나는 알고 있다. 그와는 반대로 사랑과 유복함이 넘치는 가정에서 자랐지만 감사함을 모르고 사는 몇몇 사람들도 알고 있다. 어쩌면 감사하는 마음은 신비한 것이며 선천적으로 타고나는 것일지도 모른다.

그러므로 '감사하는 태도'는 전적으로 우리가 선택하는 문제가 아닐지도 모른다. 나는 감사하는 마음 그 자체가 하나의 선물이라고 믿고 있다. 선물에 감사할 수 있는 능력이 하나의 선물이라는 것이다. 그것은 강한 의지 외에 인간 존재가 가질 수 있는 가장 큰 축복이다. 그렇다고 감사하는 마음을 선택해서 키워나갈 수 없다는 뜻은 아니다.

언젠가 나는 사십대의 만성 우울증 환자를 돌보고 있는 초보 치료사를 지도한 적이 있다. 그 환자의 우울증은 비교적 경미한 것이었다. 그 환자의 상태를 보다 정확하게 표현하자면 디스펩시아로, 그것은 소화불량을 뜻하는 구식 용어다. 그는 자신의 소화불량의 원인을 세상 탓으로 돌리고 있었고, 그것 때문에 트림을 해댄다고 생각하고 있는 것 같았다. 상당한 시간이 지나도 그의 성향은 크게 바뀌지 않았다. 그러나 2년이 다 지나갈 무렵 내가 지도하고 있던 치료 의사가 이렇게 말했다.

"마지막 치료 때 그 환자는 아주 흥분된 상태로 진료실에 들어왔어요. 그 환자는 운전하면서 언덕을 지날 때 보았던 석양의 아름다움에 감탄의 환호성을 질렀습니다."

"축하할 일이군요!"

내가 대답하자 그게 무슨 뜻이냐고 물었다.

"당신 환자는 이제 반 이상은 치료가 된 겁니다." 내가 말했다. "그 환자의 상태는 급속도로 호전될 겁니다. 내가 듣기로 그 환자는 인생에서 그때 처음으로 즐거움을 경험했던 겁니다. 그가 주변의 아름다움을 볼 수 없고 그에 대한 고마움도 느낄 수 없을 만큼 그렇게 심하게 부정적인 생각 혹은 자기중심적인 생각에 빠져 있지 않다는 겁니다. 이것은 아주 큰 변화를 나타내는 거지요." 나중에 알았지만 내 예상은 적중했다. 몇 달이 지나지 않아서 그 환자는 전혀 새로운 사람이 되었다고 한다.

사실 우리가 행운이나 불행 또는 역경에 어떻게 대응을 하느냐는 감사한 마음을 가질 수 있는 능력이 있는가를 측정하는 가장 진실한 지표가 될 것이다. 우리는 불행을 축복의 가장으로 생각할 수도 있다. 또 우리는 행운을 당연한 것으로 여기지 않는 겸손함을 가질 수도 있다. 날씨가 나쁘다고 늘 불평만 할 것인가, 아니면 좋은 날씨와 다양하게 변하는 날씨를 우리에게 주어진 선물이라고 감사할 것인가? 거센 바람이 부는 추운 겨울날 교통 체증에 걸려 꼼짝도 못하고 있을 때, 그냥 앉아서 애를 태우며 앞차의 운전사에게 욕을 해댈 것인가, 아니면 눈보라가 휘몰아치는 이 한가운데 그래도 차 속에 있어서 축복받은 것이라는 사실만 생각할 것인가? 우리가 가진 기량을 높이기 위해 더 열심히 노력은 하지 않고, 직업 탓만 하고 있을 것인가?

내가 어렸을 때 아버지 친구 분이 그 당시 이미 절판이 된 호레이쇼 앨저 2세의 책을 몇 권 주셨다. 나는 그 책들을 정신없이 읽었다. 그 책의 주인공들은 그들이 가진 모든 것에 감사하는 마음을 가졌다. 그들은 역경에 대해 불평을 하지도 않았고, 그들에게 주어진 짐을 저주라기보다는 오히려 기회라고 생각했다. 어린 시절에 이 책들을 읽은 경험은 나의 청년 시절에 매우 긍정적인 영향을 주었다. 내가 지금의 우리 사회에 대해 우려하는 점은 이와 같은 책들이 더 이상 출간되지 않는다는 사실과 함께 많은 사람들이 이런 책을 케케묵은 것으로 치부한다는 점이다.

품위 있는 죽음에 이르는 선택

지상에서 우리 삶의 최종 선택은 얼마나 멋지게 떠날 것인가 하는 문제다. 그것은 죽느냐 죽지 않느냐의 문제가 아니라 어떻게 죽느냐의 문제다. 우리는 평생 동안 그것을 준비한다. 불행하게도 늙음 자체를 거부하는 우리의 문화는 죽음을 거부하기로 의기 투합한다. 따라서 많은 사람들은 노년기의 가장 위대한 배움, 즉 한계를 수용하는 방법에 대한 배움을 회피하고 있다. 우리 시대의 문화는 인간에게 한계란 없으며 또 있어서도 안 된다고 주장하는 것처럼 보인다. 물론 실제의 삶은 모든 면에서 이러한 관념과는 다르나, 인간의 한계가 없다는 사고방식은 수많은 텔레비전 광고의 핵심이다. 내가 분노를 느꼈던 텔레비전 광고에는 테니스를 치는 육십대의 여성(물론 사십대처럼 보이는)이 나온다. 이 광고의 메시지는 그녀에게 관절염이 있음에도 복용하기만 하면 테니스를 즐길 수 있다는 약 광고였다. 그 광고의 마지막은 화면에 보이지 않는 누군가가 방관자의 입장에서 이렇게 외치고 있었다. "나이에 상관없이 인생을 즐기세요."

실제로 우리는 살면서, 심지어는 젊고 모험적이고 활력이 넘치는 젊은 시절부터 많은 한계를 경험한다. 나이가 들어감에 따라 우리는 점점 더 큰 한계와 마주치게 된다. 그때부터 우리는 혼자 살 것인가 아니면 결혼을 할 것인가, 계속해서 직장을 다닐 것인가 은퇴를 할 것인가 등과 같은 여러 가지 선택을 하게 되는데, 그 선택의 결과로 다른 가능성은 사라지는 것이다. 가령, 휠체어를 타야만 하는 상황에 처한 사람이 예전처럼 일을 하러 돌아다니고 자유롭게 비행기를 타고 다니는 생각만 한다면 어리석어 보일 것이다.

나이 듦을 환영할 수는 없다. 나이가 들어가는 것에서 — 혹은 어떤 변화를 겪으면서 — 나타나는 고유한 상실감과 약간의 우울증은 자연스러운 현상이다. 그러나 나이 듦을 반길 수는 없다는 말이 늙어가는 것과 상실감에서 비롯되는 고통스러운 현실을 거부

해야 된다는 의미가 아니다. 나이가 들어가면서 우리는 육체적인 민첩성, 성적인 능력, 육체적 아름다움 그리고 정치적 영향력 등 모든 것을 빼앗기는 경험을 한다. 우리가 선택할 수 있는 대상이나 권한의 제약이 점점 많아지게 되므로 우리는 이런 한계를 가지고 살아가는 법을 배우지 않을 수 없다.

죽음은 물론 최종적인 상실이다. '만약' 죽어야 한다면—마치 그들이 죽음을 선택할 수 있는 권리라도 있는 것처럼—갑자기 죽고 싶다고 말하는 사람들을 나는 많이 보았다. 암이나 에이즈가 무서운 이유는 그런 병에 걸리면 서서히 죽어가기 때문이다. 서서히 진행되는 육체적 파멸은 육체에 대한 통제력의 완전한 상실을 겪게 한다. 대부분의 사람들에게 이런 과정은 인간의 존엄성을 잃어버리는 것과 동일한 의미를 갖는다. 육체적 소멸에서 비롯되는 인간의 존엄성에 대한 의식은 아주 진지한 것이다. 그러나 진정한 존엄성과 거짓의 존엄성은 구별될 수 있으며, 죽음의 과정에서 보이는 자아의 반응과 영혼의 반응에는 커다란 차이가 있다. 자아는 육체가 소멸되는 모습을 지켜보는 데서 비롯되는 인간 존엄성의 상실을 견딜 수 없어 한다. 그 이유는 존엄성이 전적으로 자아와 관련이 있는 것이며, 영혼과는 관련이 없기 때문이다. 통제력을 포기해야 하는 선택에 직면했을 때 자아는, 패배할 수밖에 없는 전쟁임에도 격렬하게 저항한다. 반면에 영혼은 그 소멸의 과정을 흔쾌히 맞이한다. 우리는 통제력을 포기하면서 거짓된 존엄성 또한 버릴 수 있게 되고, 진정한 존엄성을 가지고 품위 있는 죽음을 맞을 수 있게 될 것이다.

내가 말하는 품위 있는 죽음이란 안락사를 선택한다는 의미가 아니다. 기본적으로 안락사란 성가신 본질적인 문제들을 깨끗하게 처리한다는 의미를 내포하고 있다. 내 생각에 그것은 죽음에 따르는 실존적·합법적인 고통을 줄이고, 그럼으로써 배움과 성장의 기회를 줄이는 것이다. 내가 의미하는 것은 거부의 태도 또한 아니다. 사람들은 죽음이 임박했다는 사실을 알고서도 유언장을 작성하지 않거나, 죽음에 대한 자신의 느낌에 대해 입을 닫는다거나 심지어 먼 미래의 계획을 세우면서 아예 죽음을 모르는 척하는 등의 제각각 거부 형태를 보인다. 이러한 거부는 불가피한 죽음을 의식해야 되는 고통을 어느 정도 완화할 수 있을지는 모르지만, 그 상황에 꼼짝없이 우리를 가두어버린다. 그것은 의미 있는 의사 소통의 기회를 막아버리며, 인생의 마지막 순간으로 향하면서 배우는 모든 기회를 차단하는 것이다.

품위 있게 죽음을 맞는다는 것은 죽음을 배움의 기회로 삼는 선택이며, 영혼의 진정한 존엄성이 빛을 발할 수 있도록 육체적 소멸의 과정을 정화의 과정으로 맞는 것이다. 소설《창가의 침대》에서 나는 요양소에서 죽어가는 몇몇 환자의 모습을 언급하면서 그들의 주위에 후광이 비춰지는 것 같다고 묘사한 적이 있다. 이러한 현상은 허구적 이야기에만 국한된 것이 아니다. 정말이지 우울의 과정을 진심으로 겪고 나서 수용의 단계에까지 이르게 된 사람들의 주변에 나타나는 '밝은 빛'을 목격하거나 그에 대한 이야기를 많은 사람들이 들어본 적이 있다.

노년과 죽음으로 향한 여행에서 불가피하게 겪는 커다란 상실감의 문제를 대할 때 우리는 마음만 먹는다면 전혀 새롭게—비탄이 아니라 겸허한 마음으로—변모할 수 있다. 모든 것은 자연의 법칙에 따른다는 사실을 알고 그것을 수용할 수 있게 된다면 죽음도 품위 있게 맞을 수 있을 것이다. 내세에 대한 믿음과는 별개로 품위 있게 죽음의 품으로 들어가는 것은—역설적으로 불확실함 가운데서도—궁극적으로는 우리 삶의 하나하나의 모습들이 모여 전체적 의미를 이룬다는 변함없는 확신에 묵묵히 따르는 것이다. 그리고 역설적이기는 하지만 우리가 할 수 있는 가장 중요한 선택은—품위 있는 죽음을 맞이하는 선택—모든 선택을 포기하고 우리의 영혼을 절대자의 손길에 완전히 맡기는 것이다.

공허의 선택

죽음은 절대적 공허이다. 죽어서도 내세에 다시 태어날 것임을 믿고 있더라도 죽음의 공허는 두려운 것이다. 더욱이 우리는 내세가 어떤 모습일지 알 수가 없다.

세상에는 다양한 유형의 공허함이 있지만, 가장 중요한 것은 (그리고 신비주의에 빠지지 않고 가장 쉽게 이야기할 수 있는 것은) '무지의 공허'이다. 우리가 사는 사회는 사람들에게 아는 체하는 사고방식을 강요하며 정보에 밝지 못한 것처럼 보이면 무능하다고 낙인을 찍는다. 그러나 우리에게는 무능함이나 죄의식을 느끼지 않으면서 무지를 선택할 권리도 있다. 사실, 각자 살아가는 가운데서 모든 해답을 다 아는 것처럼 생각하는 태도를 버리는 것이 오히려 적절할 뿐 아니라 치유가 되기도 하는 경우가 있다.

사춘기 시절에 내가 겪은 가장 감동적인 치유의 경험은 나에게 무지의 공허를 이야기한 분의 선물이었다. 그분은 훌륭한 역할 모델로서 나에게 많은 도움을 주기도 했던 사람이었다. 《탄생을 기다리는 세계》에서 나는 열다섯 살 때 어떻게 내가 명문으로 알려진 엑시터 고등학교를 그만둘 결심을 하게 되었는지 설명했다. 내 인생의 전환점이 된 그때를 되돌아보면, 그렇게 할 수 있도록 내게 용기를 준 신의 은총에 놀랄 뿐이다. 나는 부모님의 바람에도 명문 사립학교를 그만뒀을 뿐 아니라, 나의 앞길에 놓여 있는 황금빛 와스프(WASP: 앵글로색슨계 미국 신교도를 줄인 말로 흔히 미국 주류 계급을 뜻한다 — 옮긴이) 코스에서도 벗어났다. 그때는 내가 하고 있는 일이 어떤 의미가 있는지 알 수 없었지만, 내가 속한 문화 전체의 구조 밖으로 내딛는 커다란 첫 발걸음을 옮기고 있었던 것이다. '기득권층'의 문화는 누구나가 열망하게 마련인데, 나는 그것을 내던졌던 것이다. 자, 이제 나는 어디로 가야 하나? 나는 완전한 미지의 세계로 발걸음을 옮기고 있었다. 나는 너무나 두려워서 마지막 결정을 내리기 전에 엑시터 고등학교의 선생님 몇 분에게 조언을 구해야겠다는 생각이 들었다. 그러나 어떤 분에게 조언을 구할 것인가?

내 마음속에 떠오른 첫 번째 선생님은 나의 지도 교사였다. 2년 반 동안 그분은 나와 이야기를 나눈 적은 없지만, 친절한 분이라고 알려져 있었다. 두 번째 후보는 무뚝뚝하고 나이 많은 학년담당 교사였는데 많은 졸업생들로부터 사랑을 받는 인물이었다. 그러나 내 생각에는 세 명 정도는 되어야 할 것 같았다. 세 번째의 선택은 쉽지 않았다. 마침내 수학 선생님이었던 린치 선생님이 생각났다. 그분은 젊은 편이었다. 내가 그분을 선택한 이유는 특별한 관계가 있었다거나 특별히 친절한 사람이어서가 아니었다. 그분은 냉정했고, 수학적인 냄새가 나는 사람이었지만 천재 선생님이라는 별명을 가지고 있었다. 그분은 맨해튼 프로젝트라고 하는 고등 수학 연구 분야에 참여한 적이 있었다. 나는 이 천재 선생님에게 나의 결정을 검증받아야겠다고 생각했다.

나는 먼저 친절한 지도 교사를 찾아갔다. 그분은 내가 2분 정도 이야기를 하게 하다가 말을 가로막고는 친절한 어투로 이렇게 말했다.

"스캇, 이 학교에서 네 능력을 충분히 발휘하고 있지 못한 건 사실이지만, 졸업을 하지 못할 정도로 심각한 것은 아니지. 네가 다른 학교에 가서 좀 나은 성적으로 졸업을 하는 것보다는 성적은 좀 떨어지더라도 엑시터 같은 명문 학교를 졸업하는 것이 더 나을 거야. 중간에 말(학교)을 바꾼 기록이 남는 건 좋지 않거든. 그리고 부모님도 걱정을 많이 하실 거야. 그러니 학교에 남아 최선을 다하는 게 어떻겠니?"

그다음에 나는 무뚝뚝한 학년담당 선생님을 찾아갔다. 그분은 내가 30초 정도 이야기를 하게 했다. "엑시터는 세상에서 가장 좋은 학교야." 그분은 헛기침을 하면서 말을 이었다.

"넌 어리석은 생각을 하고 있는 거야. 자, 정신 바짝 차리고 열심히 해보라고, 이 친구야."

기분이 점점 더 참담해진 상태에서 난 린치 선생님을 찾아갔다. 그는 내가 이야기를 하게 내버려두었다. 5분 정도의 시간이 지났다. 그리고 아직 잘 이해할 수 없다며, 엑시터 학교, 가족, 신(그분은 내가 신에 대한 이야기도 하도록 허용했다) 그리고 내 머릿속에 떠오르는 무엇이든 더 이야기하라고 했다. 그래서 나는 10분 정도 더 두서없이 이야기를 늘어놓았다. 모두 합해서 15분 정도를 이야기했는데, 그것은 우울한 기분에 빠져 있고, 말도 잘하지 못하는 열다섯 살짜리 소년에게는 상당히 오랜 시간이었다. 내가 이야기를 마치자, 그분은 몇 가지 질문을 해도 되겠느냐고 물었다. 선생님이 관심을 보이자 힘이 나서 나는 "예"라고 대답했다. 그 후 그분은 30분 동안이나 내게 여러 가지 질문을 했다.

마침내 45분 정도의 시간이 흐른 후, 냉정하게 보이는 이 수학 선생님은 고통스러운 표정을 지으며 의자 뒤로 몸을 젖히면서 말을 했다.

"미안하지만 난 널 도와줄 수 없구나. 네게 해줄 말이 없어." 그분은 말을 이었다. "너도 알겠지만, 완전히 다른 사람의 입장이 되어본다는 건 정말이지 불가능해. 네 입장이 되었다고 해도—내가 그런 상황이 아니어서 다행이다만—내가 무엇을 해야 할지 잘 모르겠다. 솔직히 말해 어떤 조언을 해주어야 할지 모르겠구나. 도움이 되지 못해 미안하다."

사실은 그가 나의 목숨을 구했다고 할 수 있다. 45년 전 어느 날 아침, 내가 린치 선생님의 사무실에 들어갔을 때 나는 거의 자살

직전이었다. 그런데 그분의 사무실을 나설 때, 나는 커다란 짐을 덜었다는 느낌이 들었다. 천재도 어떻게 해야 할지 모른다는데 내가 어떻게 해야 할지 모른다는 것이 무슨 문제가 될까. 세상 사람들의 눈에는 미친 짓처럼 보이는 일을 생각하고 있었지만, 천재가 분명히 미친 짓이라고 말할 수 없는 거라면, 아마도 신이 나를 부르는 소명 같은 것일지도 몰랐다.

내가 필요로 했던 도움을 주었던 분은 아무런 대답도 하지 않았고, 틀에 박힌 조언도 하지 않았으며, 내가 무엇을 하는 것이 좋은지 모르겠다고 말하며 비움(공허)을 실천하고자 했던 바로 그분이었다. 내 말에 귀를 기울이고, 자신의 시간을 기꺼이 할애했으며, 나의 입장이 되려고 노력했고, 나를 위해 자신을 베풀고, 희생시켰던 바로 그분이었다. 나를 진정으로 사랑한 사람은 바로 그분이었다. 나를 치유한 사람도 그분이었다.

세상에는 간단하고 손쉬운 문제 해결법은 없다. 온갖 인생의 경험을 해결하는 과정에서 우리는 어느 정도의 공허와 무지의 고뇌를 견뎌야만 한다. 《끝나지 않은 여행》에서 말했듯이 우리는 살아가면서 다른 사람들을 탓할 수 있는 수많은 일들을 경험한다. 정신적 성장 과정에서 중요한 부분은 용서하는 법을 배우는 것이기 때문에 매번 우리는 다시 생각하고 검토해야 한다. “비난할 것인가, 용서할 것인가?” 또는 “나는 사랑을 하고 있는가 아니면 참고 있는가?” 아니면 단지, “내가 무슨 일을 해야 할까?” 이러한 질문들은 우리가 어떤 상황에 부딪힐 때마다 매번 새롭게 내려야 할 결정이다.

특별한 공식은 없지만, 그런 결정을 내릴 때 도움이 될 지침은 있다. 《평화 만들기》에는 그것에 대한 내용이 있다. 그것은 무의식이 항상 의식보다 한 걸음 앞서간다는 사실을 인식하는 것이다. 문제는 한 걸음 앞서가되 그것이 올바른 방향인지 잘못된 방향인지를 알 수 없다는 데 있다. 우리가 듣는 조그마한 목소리가 성령의 목소리인지 악마의 목소리인지 우리 몸에서 나는 소리인지 알 수 없다. 안다는 것은 의식의 작용이기 때문에, 어떤 시기에 우리가 하는 일이 옳은 것인지 분명히 안다는 것은 불가능하다.

당신의 의지가 항상 선을 지향하고 있고, 선의 모습이 모호하게 보일 때(내 생각에는 98.7퍼센트의 경우에 그렇다) 기꺼이 철저한 고통을 겪을 준비가 되어 있다면, 당신의 무의식은 언제나 올바른 방향을 가리키면서 의식보다 한 발 앞서가게 될 것이다.

다시 말하면 당신은 올바른 일을 하게 될 것이라는 뜻이다. 그러나 그 일을 하고 있을 당시에는 그 사실을 알 수 있는 사치를 누릴 수 없을 것이다. 사실 그런 사치를 기꺼이 포기하기 때문에 정확히 올바른 일을 하게 될 것이다. 이 지침이 모호하게 생각된다면, 당신이 기억해야 할 것은 세상에서 일어나는 대부분의 악은 자신들이 하는 일이 어떤 것인지 알고 있다고 절대적으로 확신하는 사람들에 의해 저질러진다는 사실이다.

조직적 삶과 선택

우리는 마치 개개인이 고립되어 존재하는 것처럼 사적인 생활 역시 개인이 선택하는 것이라 생각할 수 있을지도 모른다. 그러나 사실 우리는 고립적으로 존재하지 않는다. 인간 존재는 사회적 동물로서 실제로 우리가 하는 모든 선택들은 우리가 참여하고 있는 다양한 조직의 영향력 아래에 있고 또 그 맥락 속에 있다. 여기서 말하는 조직이란 단순히 기업 조직을 뜻하는 것이 아니다. 가정도 조직이다. 가정생활에 유용한 여러 가지 원칙들이 기업에서도 유용하게 쓰일 수 있고, 그 반대도 가능하다. 가장 큰 규모로는 우리 사회 전체가 하나의 조직이다. 가장 작은 규모로는 우리가 맺고 있는 모든 개별적인 사회 관계도 조직이다. 두 명 또는 그 이상의 사람들 사이의 관계가 있을 때는 언제나 조직이란 개념이 성립한다.

실제로 모든 인간의 행위는 하나 또는 그 이상의 조직적 맥락 속에서 일어나기 때문에, 결과적으로 조직 행위의 주제는 인간 심리학의 전 분야를 포괄한다. 조직 행위란 일시적인 집단 안에서 인간이 어떻게 행동하는가뿐 아니라, 집단과 조직 그 자체가 어떻게 기능을 하는가를 포함한다. 이 분야는 광범위하지만, 나는 개인적으로 가장 중요하다고 생각되는 조직적 선택, 우리가 내리는 결정, 좋든 싫든 타인에게 영향을 미치는 우리의 행동 그리고 우리 자신뿐 아니라 타인을 대하는 방법에 초점을 맞추려고 한다. 만약 우리가 내린 결정이 단지 우리 자신에게만 영향을 준다면, 우리는 원하는 대로 행동할 수 있고, 그에 따른 책임을 지고, 그 결과에 대처할 수 있다. 그러나 다른 사람이 개입된다면, 윤리와 예절의 영역에 관여해야 할 것이다.

예의

나는 지난 15년 동안 무의미하게 사장되어 있던 중요한 두 단어, 공동체와 예의를 부활시키기 위해 노력했다. 현재 사회에서 공동체를 언급할 때, 그 의미는 어떤 형태로든지 사람들이 모인 복합체를 뜻한다. 예를 들어 미국 뉴저지 주의 모리스 타운을 공동체라고 말할 수 있다. 그러나 뉴저지 주 모리스 타운은 단순히 지리적으로 특정 과세 기준과 몇몇 공공 서비스를 공유한 사람들의 집합일 뿐 인간 존재로서 그들 전체를 함께 연결하는 다른 중요한 요소는 거의 없다. 혹은 어떤 지역의 제3 장로교회를 공동체라고 가정하자. 그들이 신도석에 나란히 앉아 있더라도 그들의 고민거리나 인생의 중요한 문제에 대해 이야기를 나눌 수 없는 것이 현실이다. 이와 같은 사람들의 모임은 가짜 공동체라고 지적하고 싶다.

내 생각으로 공동체는 구성원들의 의사 소통과 관계 있으며, 진정한 의미의 공동체는 그 구성원들 사이에 높은 수준의 의사 소통이 지속적으로 이루어져야 한다. 나는《평화 만들기》에서 공동체에 대해 처음으로 글을 썼다. 그러나 최근 들어 내 삶의 주요 관심사는 저술 활동이 아니라 '공동체장려재단FCE'을 설립하고 발전시키기 위해 다른 사람들과 함께 일하는 것이다. 이 교육 재단의 임무는 집단 안에서 그리고 집단 상호간에 건전하고 진정한 의사 소통을 할 수 있도록 하기 위해 공동체의 원칙을 가르치는 것이다.

이 재단 활동을 통하여 나는 사회적 붕괴와 적대주의가 팽배해지고 있는 이 시점에서, 그 의미가 무색해진 '예의'라는 단어를 부활시키려는 시도를 하게 되었다. 일반적으로 '예의'의 현대적 의미는 피상적인 정중함을 뜻한다. 그러나 실제로는 언제부터인지도 알 수 없는 아주 오래전부터 사람들은 정중하게 다른 사람의 등 뒤에 칼을 꽂았고, 정중하게 서로에게 상처를 입혔다. 나는 19세기 영국 신사 올리버 허포드의 말에 도움을 받아 예의에 대한 보다 의미 있는 정의를 내릴 수 있었다. 그는 이런 말을 한 것으로 잘 알려져 있다.

"신사란 무심코 타인의 감정을 상하게 하지 않는 사람이다."

이 말이 내게 시사하는 바는 때로 다른 사람의 감정을 상하게 하는 것이 필요할지도 모르지만, 중요한 것은 의도, 즉 자신이 지금 하고 있는 행동에 대한 인식이라는 점이다. 이와 같은 인식을 위해서는 의식이 있어야 한다. 그 문제를 주제로 다룬《탄생을 기

다리는 세계: 예의의 재발견》에서 나는 예의를 단순히 피상적인 정중함으로 정의하지 않았다. 나는 예의란 '의식적인 동기에 의한 조직적 행위이며, 이것은 보다 높은 차원의 힘에 순종하는 윤리'라고 정의한다.

여기서 가능한 추론은 의식적이 되기를 선택한 사람은 누구나 예의바른 사람이 되려고 한다는 것이다. 그러나 이때 중요한 문제는 예의바른 사람이 되기 위해 우리는 자신의 동기뿐 아니라 우리가 활동하고 있는 조직 혹은 체제의 동기도 의식해야 된다는 점이다. 예의는 개인적 의식뿐 아니라 조직적 의식도 필요로 한다. 결국 우리가 보다 더 훌륭한 예의에 대한 열망이 클수록 더욱더 체계의 관점에서 생각해야 한다.

체계

의과 대학 생활에서 가장 재미있었던 부분은 현미해부학microscopic anatomy 공부였다. 겉으로 보기와는 다르게 우리 몸의 대부분은 물이다. 그래서 현미경으로 인체 기관의 얇은 조직을 관찰하면 뚜렷하지 않은 흐릿한 섬유질을 제외하고는 그리 많은 부분이 보이지 않는다. 그러나 똑같은 얇은 인체 조직을 얼마 동안 특정 염료에 담아두었다가 다시 관찰하면, 디즈니랜드가 울고 갈 정도로 온갖 재미있는 것들로 가득 찬 정원, 요정의 나라가 펼쳐진다. 그러면 연령, 신분 그리고 건강 상태 등과는 상관없이 이러한 차원에서 우리 모두의 신체 내부는 너무나 아름답게 보인다.

몇 달 동안 아름다운 세포들과 인체 조직 슬라이드들을 하나씩 관찰하면서, 중요한 생각 하나가 떠올랐다. 하나하나의 세포들은 그 자체로 하나의 완전한 체계일 뿐 아니라, 보다 크고 복잡한 체계의 미세한 부분이라는 것이다. 흡수 기능을 가진 융모막 세포, 부드러운 근육 세포, 이들을 서로 연결시키는 결합 조직 세포들이 결합되어 하나의 기관, 즉 소장을 구성하는 부분들이 된다. 또 소장은 소화기 계통의 일부분을 이루고, 소화기 계통은 다시 인체의 다른 체계들과 통합된다. 소화 기관 근육들을 이완 또는 수축하도록 자극하는 자율신경 세포들의 미세 섬유질과 활동 또는 비활동 중인 내분비선들은 신경계의 작은 구성 요소인데, 척수를 통해서 뇌의 다른 세포에까지 연결된다. 미세한 동맥 또는 정맥 세포들이 각 인체 기관들을 통과하고 있고, 이들은 순환계의 한 부분으로 모두 심장에 연결되어 있다. 나는 동맥이나 정맥 속에서 조혈계의 작은 부분으로 원래 골수에서 생성되는 다양한 혈액 세포들을 볼 수 있었다.

나는 인체—그리고 동물이나 식물 같은 다른 생명체—는 하나의 체계라는 사실을 오래전부터 알고 있었다. 그러나 의과 대학에 입학하기 전에는 그와 같은 체계들이 가진 놀랄 만한 복잡성과 아름다움을 알지 못했다. 이런 사실들을 깨닫게 되었던 그때가 바로 내가 과거에 희미하게나마 '알고 있다'고 생각했던 어떤 것에 의식을 한 단계 더 높이 도약시킬 수 있었던 때였다. 개개의 세포가 한 인체 기관의 구성 요소이고, 그 기관 역시 다른 체계의 구성 요소이며, 이 구성 체계들이 모여서 하나의 전체로 우리 몸을 구성하고 있다면, 나의 몸 또한 보다 큰 체계의 구성 요소가 아닐까? 다시 말해 나라는 개인적 자아는 아주 거대한 유기체를 구성하는 한 기관의 세포가 아닐까?

당연한 이야기이다. 햇병아리 의사였던 나는 직간접적으로 무수한 개개의 인간 세포와 연결되어 있었다. 그 무수한 타인들, 바로 등록금을 내주었던 부모님, 나를 가르쳤던 선배 의사들, 내가 부탁한 실험을 해주었던 실험실 연구원들, 병원 직원들, 내가 사용하는 의료 장비 제작업자들, 그 의료 장비를 가지고 진료를 받았던 환자들, 내가 입었던 옷을 만든 노스캐롤라이나 주의 의류 제조업자들에게 목화를 판매했던 미시시피 주와 캘리포니아 주의 목화 재배 농부들, 소를 기르는 캔자스 주의 목동들, 내가 먹었던 상추를 재배한 뉴저지 주의 농부들, 이 모든 것들을 내게 운반한 트럭 운전사들, 내가 살고 있는 집주인, 내 머리를 깎아주는 이발사 등등 나는 이 사람들과 연결되어 있었던 것이다

그래서 나는 '체계 이론(아직 이 용어는 들어보지 않았지만)'의 확고부동한 신봉자가 되었다. 이 이론(이것은 이론이 아니라 사실이다)의 기본 생각은 모든 것은 다 하나의 체계라는 것이다. 하나의 세포, 기관, 기관계 또는 개인이라는 차원을 넘어 거시적인 수준에서 우리 모두는 인간 사회라는 직물을 구성하고 있는 부분들이다. 그 사회는 다시 바다, 육지, 산림 그리고 대기 등과 연결되어 이 모든 전체가 '생태계'를 이룬다는 사실에 우리는 이제 눈뜨기 시작한 것이다. 사실, 체계 이론가들은 흔히 지구 행성 전체를

하나의 유기체로 본다. 물론 지구는 태양계를 구성하고 있는 하나의 행성이다. 그리고 보다 먼 외계로 나가면, 우리는 아마도 은하계와 우주 전체에서도 체계의 본질을 알아볼 수 있을 것이다.

체계 이론가들은 존재하는 모든 것들은 어떤 체계의 일부라는 사실을 넘어 그 체계의 한 구성 요소를 변화시키면, 다른 모든 구성 요소들 역시 변한다고 생각한다. 우리 사회에서도 이러한 일들이 나타난다는 사실을 우리가 깨닫게 된 것은 불과 수십 년밖에 되지 않았다. 우리가 하는 모든 행동이 환경에 영향을 미치고, 이러한 결과들이 우리를 발전시키거나 파괴할 가능성이 있다는 것을 깨닫게 된 것이다.

한 가지 예로, 자동차 운전자들은 누구나 사소한 수리를 위해 정비소에 갔다 집으로 돌아오는 길에 자동차가 다시 고장 나는 경험을 한 적이 있을 것이다. 이런 일이 생기면, 당신은 우선 정비공이 못된 짓을 했다고 생각하면서 그를 탓할지도 모른다. 그러나 대개의 경우는 그렇지 않다. 다만 새로 간 부속품이 전체 체계라 할 수 있는 엔진에 미묘한 변화를 일으켰을 뿐이다. 이를 고치기 위해선 다른 부품들을 조정만 하면 되는데, 때로는 자체가 고장난 것은 아니지만 조정이 불가능한 낡은 부품들도 있다.

인간 관계 역시 하나의 체계이고, 특히 결혼이 그렇다. 부부 문제 심리 치료사로 일하면서 아내인 릴리는 '헐거움'이라는 용어를 만들어냈다. 이 말의 의미는 결혼 생활에서 배우자에 대한 서로의 정의가 헐거워야 한다는 의미, 다시 말해 고정된 것이 아니라 유동적이어야 한다는 의미이다. 심리 치료 일을 하면서 반복해서 우리가 마주하게 되는 것은 치료의 결과 어느 한편의 배우자가 두드러지게 변화하거나 성장을 하게 되면 상대 배우자도 이에 맞추어 변화하거나 성장해야 하는데, 그렇지 못할 경우 그들의 체계, 즉 결혼 생활이 무너지게 된다는 것이다.

나는 심리 치료가 부부 관계의 균형 유지에 유일한 변수라고 말하려는 건 아니다. 모든 생활 방식이 결혼 생활의 본질을 바꿀 수 있다. 나와 아내의 결혼 생활의 본질은 아이가 태어나면서부터 변했다. 그리고 아이들이 기저귀를 떼게 되었을 때 다시 바뀌었다. 아이들이 사춘기가 되었을 때 그리고 독립을 해서 나갔을 때 다시 변했다. 이와 함께 우리 가계의 재정 상태가 변했을 때와 자선 단체의 수혜자 입장에서 대략 20여 년 동안의 자립기를 거쳐 자선기금의 명실상부한 기부자로 입장이 바뀌었을 때에도 우리의 결혼 생활의 본질은 변화해야 했다. 그리고 우리가 중년을 지나 노년에 이르고, 그 후 은퇴를 하는 과정에서도 그것은 분명히 변했다.

그러므로 체계 이론에 의하면 우리는 때로 매우 신속하게 변화에 적응해야 하고, 그렇지 못할 경우 전체 체계는 와해될지도 모른다. 그러나 그와 같은 신속한 변화 능력을 가지기 위해서는 우리가 속해 있는 체계에 대한 정확한 인식을 하고 있어야 한다. 그러나 여기엔 어려움이 있다. 인간의 인식 정도는 아주 다양하다. 대부분의 사람들은 자신을 하나의 독립체로 인식하며, 자신의 시급한 필요나 욕망은 잘 인식하고 있지만, 사회적 동기와 그와 같은 동기가 생겨나는 '그림자'에 대한 명확한 인식이 부족하다. 비교적 인식 정도가 높은 사람들이라 하더라도 우리가 속한 복잡한 조직들과 사회 체계들에 대해서는 놀라울 정도로 인식이 부족한 상태로 머물러 있다.

이와 같은 조직적 · 사회적 인식의 부재는 내가 '정신 세계에 나 있는 구멍'이라고 부를 정도로 극적인 현상이다. 흔히 이러한 구멍이 숭숭 나 있어서 마치 스위스 치즈 조각처럼 보이기도 한다. 가령, 기업체 임원은 자신의 회사가 복잡한 체계라는 것은 인식하고 있지만, 그의 가정 역시 하나의 체계라는 생각은 결코 해본 적이 없을지도 모른다. 또 일부 사람들은 그들 가정이 하나의 체계라는 사실은 아주 잘 알고 있을지 모르지만, 그들이 고용되어 있는 조직에 대한 의식은 거의 없다.

정신 세계에 나 있는 이 구멍—우리가 속한 조직에 대한 무의식 상태—은 흔히 우리의 자기도취 때문에 생겨난다. 한 예로 대규모 제조업체의 조립 라인에 있는 대부분의 직원들은 그들이 회사의 핵심이라고 생각하고 다른 직원들과 그들의 역할에 대해서 거의 생각하지 않을 수 있다. 결국은 자신들이 실제로 상품을 만드는 사람이라는 것이다. 그렇다고 할 수 있는가? 영업 사원들 역시 그들이 회사의 핵심이라고 생각할지도 모른다. 결국 그들이 회사의 상품을 판매하는 사람들이고, 상품이 팔리지 않는다면 회사 역시 존재할 수 없을 것이기 때문이다. 마케팅 부서 직원들은 그들 자신이 회사의 핵심이라고 생각할 수 있다. 그들이 상품 마케팅을 잘하지 않으면 영업 사원들이 제품을 판매할 수 없기 때문이다. 재무부서의 직원들은 그들이 회사의 중심이라 생각할지도 모른다. 그들이 회계 업무를 담당하며 재정 상태를 건전하게 유지하고 있기 때문이다. 그리고 경영진들은 기업을 이끌어갈 정책을 마련하기 때문에 그들이 회사에서 가장 중요한 역할을 한다고 생각할지 모른다. 하지만 이들은 회사 전체에 기여하는 다른 역할의 사람들에게 거의 공감대를 갖고 있지 않을지도 모른다.

일반적으로 우리 사회에도 이와 같은 원리가 똑같이 적용되며, 사회에 만연한 인종 차별주의, 계층 차별주의의 경우도 마찬가지이다. 다른 사람들의 기여에 대한 인식의 부재는 예의 결핍을 초래한다. 이것은 아마도 우리 자신을 더 많이 의식하려는 노력에 짓눌려 조직과 사회에 대한 인식을 발전시킬 여력이 남아 있지 않기 때문이다. 그러나 보다 많은 수의 사람들이 개인적으로 의식 있게 행동할 뿐 아니라, 정신 세계의 구멍을 메우기 위하여 전체 체계의 관점에서 생각하고 의식을 확대하지 않는 한 우리는 보다 더 예의 바른 사회로 발전할 수 없다.

윤리

내게는 월맹군에 의해 격추되고, 생포된 최초의 미국 전투기 비행사였던 친구가 있다. 7년의 억류 기간 동안 초기에 그와 동료들은 체계적으로 고문을 받았다. 그는 그때의 경험을 담은 책에서, 월맹군들이 조직적 행동을 완벽하게 인식하고 움직이고 있었다는 점을 분명히 밝히고 있다. 그들은 자신들이 하는 일을 정확히 알고 있었다. 또 그들의 의도와 구타와 잔혹 행위 등이 전쟁 포로에게 미칠 수 있는 효과에 대해서도 잘 알았다. 그들은 누구든지 많은 고통을 겪고 나면 굴복할 것이라는 점과 고문을 통해서—비록 거짓이라 할지라도—그들의 선전 목적과 조직의 임무를 수행하는 데 유용한 자백을 받아낼 수 있다는 것도 알았다. 그러나 심지어 베트남 전쟁에서 우리 측 실무자들의 무례함에 치를 떨었던 미국인들조차도 그 당시의 고문은 예의 있는 대응이었다거나 혹은 어떤 식으로 정당화될 수 있는 반응이라고는 결코 생각하지 않았을 것이다.

따라서 예의는 단순히 '의식적으로 동기화된' 조직적 행동 이상의 의미가 있다. 그것은 또 윤리적이어야 한다. 도덕 불감증 환자가 아니라면 누구나 고문은 본질적으로 대단히 비윤리적인 행위라는 데 동의할 것이다. 이 예를 든 이유는 고문은 무례함의 극치를 보이기 때문에 이보다 더 교묘한 무례함이 우리 사회에 실질적으로 만연해 있다는 사실을 간과하지 않기 위해서다. 그렇게 하는 것 또한 비윤리적이기 때문이다.

윤리적이라는 것은 적어도 '인도적'이라는 의미와 통한다. 그것은 사람들은 소중한 존재이고 가능한 한 그에 따른 대우를 해야 한다는 태도를 갖는 것을 의미한다. 우리가 인간을 소중한 존재로 생각한다면 그들에게 고문을 하진 않을 것이다.

최근 종교적 우파들은 '세속적 인도주의'를 크게 비난했다. 나는 이런 많은 비판자들에게 그들 스스로가 좀 더 인도주의적으로 행동하라고 권고해야 한다고 생각한다. 그러나 그들의 비난에 어느 정도 일리는 있다. 세속적 인도주의는 모래 위에 지은 집과 같다. 상황이 힘들어지게 되면, 즉 사업이 잘 안 되거나 갈등이 확산

되는 경우, 세속적 인도주의 태도는 쉽게 자취를 감춘다. 이를테면 대중 매체는 특히 세속적 영역에 속하는 것으로 인식되고 있다. 언론에 종사하는 사람들은 일반적으로 자신을 인도주의자로 간주하며, 사람들에게 정보를 전달하는 자신의 일은 그나마 예의를 지키고 인도적이라고 할 수 있는 사회를 유지하는 데 중요한 역할을 한다고 생각한다. 이것은 어느 정도 사실이다. 그러나 나는 너무나 많은 언론인들이 보도 자료를 얻고자 하는 열망에 성급하고 쉽게 자신의 인도주의를 내팽개치는 경우를 보았다.

세속적 인도주의의 문제는 왜 인간이 귀하며 그리고 왜 그들이 합당한 대우를 받아야 하는지에 대해 아무런 근거도 제시하지 못한다는 점이다. 결과적으로 어떠한 신학적 이론에 뿌리내리고 있지 않기 때문에 세속적 인도주의는 기분 내킬 때만 내세우는 현상에 불과하다. 바로 이런 이유 때문에 나는 예의바른 행위를 단순히 '윤리적' 행위가 아니라 보다 구체적으로 '차원 높은 힘에 복종하는 윤리적' 행위라고 정의한다. 앞서 말했듯이 빛, 진리 그리고 사랑이 신과 같은 존재를 뜻하며, 우리가 진정으로 이런 것들에 복종을 한다면, 우리의 행위는 비록 자신에게 신앙심이 있다고 생각하지 않더라도 신성할 것이다.

이제 보도 자료를 얻기 위해 인도주의를 내던진 기자 이야기로 돌아와 이와 같은 복종의 예를 들어보겠다. 비록 그 기자는 거짓말을 하지 않기 위해(고소당하지 않기 위해서) 노력하고(항상 그런 것은 아니다) '사실에 충실하려고' 하더라도, 그는 어떤 사실은 보도하고 또 어떤 사실은 보도하지 않을지를 결정할 수 있는 완벽한 허가증을 갖고 있다. 이런 의미에서 사실들은 통계 수치와 같다. 사실들은 누군가가 하고 싶은 말을 전하는 데 이용될 수 있다. 여러 가지 상황에서 기자는 검은색 그림, 흰색 그림 혹은 회색 그림을 전적으로 자유롭게 뽑아낼 수 있다. 기자가 매우 양심적인 개인이 아닌 이상, 그의 선택은 진실에 대한 심오한 복종에 의해서가 아니라 좋은 기사가 될 것 같은 요소에 의해 결정될 것이다. 그 기자가 진실에 전념했다고 해도, 기사가 해석되는 과정에서 일련의 여러 지시가 개입된다.

기자가 기사를 작성한 후, 초기 정보 수집에 직접 관여하지 않은 편집자들이 자신들의 관점을 그 기사에 덧붙인다. 그들의 관점은 헤드라인이나 기사의 분량 그리고 기사의 배치 과정에서 더해진다. 내 생각으로 가장 훌륭한 기사는 회색처럼 모호한 색깔의 기사들인데, 진실이란 결코 단순한 것이 아니기 때문이다. 그러나 많은 기자들은 진실의 복잡성을 수용하지 않으려고 한다. 왜냐하면 복잡한 이야기는 효과적이고 눈길을 끄는 헤드라인에 도움이 되지 않기 때문이다. 심지어 그들은 진실과 편향된 이야기 사이에 분명한 차이가 있다는 사실을 까마득히 잊어버리고, 사건에서 '편향된 부분'을 찾는 것을 허용한다.

이와 같은 윤리적 복잡성들을 다루는 데 있어서, 나는 규범 윤리와 상황 윤리의 구분이 유용하며 중요하다는 사실을 알게 되었다. 규범 윤리는 역사를 통해 통용되었던 다양한 윤리적 처방에 그 바탕을 두고 있다. 최초의 규범 윤리는 함무라비 법전으로 알려져 있다. 이보다 더 잘 알려진 것으로는 십계명이 있다. 그러한 규범들의 기능은 어떤 상황에서 어떠한 행동이 나쁜 것인지, 잘못된 것인지 혹은 용서받을 수 없는 것인지를 선언한다. 가령, 십계명에는 '살인하지 마라'는 계명이 있다. 이 말은 '전시 상황을 제외하고' 또는 '자기 방어를 해야 되는 경우를 제외하고 살인을 하지 말라'는 뜻은 아니다. 그것은 '살인하지 마라,' 끝이다. 만약도, 그리고도, 그러나도 없다.

그러나 상황 윤리의 기본 원칙은 어떤 행위가 일어난 상황을 고려하지 않고는 그것에 대한 어떠한 윤리적 판단도 내릴 수 없다는 것이다. 십계명과 다르게 상황 윤리는 전시나 자기 방어와 같은 특정 상황에서의 살인은 허용한다.

우리 사회는 단순한 규범 윤리에서 상황적 윤리로 발전하고 있다. 이와 같은 변화는 우리 사법 제도에서 눈에 띄게 나타난다. 변호사 사무실을 방문하면, 그 공간은 두꺼운 책이 빽빽이 꽂힌 서가로 가득 차 있다. 그 두꺼운 서적들의 내용은 대부분 상황적 특징에 대한 판례들이다. 어떤 사례들은 '이러이러한 상황이었던 존스와 스미스 사건의 경우를 제외하고는 계약을 파기해서는 안 된다' 또는 '브라운과 테일러 사건에서 일어난 상황을 제외하고 계약을 파기해서는 안 된다'고 명시하고 있다.

상황 윤리를 준수하며 살기 위해서는 개인은 자신의 내면에 전체 법체계로 기능할 수 있는 능력을 갖추는 것이 필요하다. 건강한 전인적인 존재가 되기 위해서 우리는 자신의 마음속에 유능한 변호사, 유능한 검사 그리고 훌륭한 판사를 모두 가지고 있어야 한다. 성격 장애를 가진 사람들은 마음속에 아주 유능한 변호사를 가지고 있지만, 비교적 양심이 무디거나 내부적 기준을 따르는 검찰을 가지는 경향이 있다. 신경증이 있는 사람들에게는 매우 엄격한 검사가 있지만 고객을 위해 변호조차 할 수 없는 힘없는 변호사가 있다. 마지막으로 마음속에 유능한 변호사와 검사가 모두 있지만, 이런저런 이유로 결정을 내리는 데 큰 어려움을 겪는 사람들이 있는데, 이들에게는 훌륭한 판사가 부족하기 때문이다.

나는 진정으로 상황 윤리를 지향하는 사회의 움직임(그리고 개인적 결정 상황에서의 개인들)을 지지한다. 정신과 의사로서 나는 엄격한 규범 윤리가 비인간적인 결과를 초래한다는 사실을 잘 알고 있다. 그러나 여기에는 고려할 두 가지 단서가 있다. 그 첫 번째는 상황 윤리의 사용은 정해진 규정이 없기 때문에 건전한 의식을 가진 개인들이 사소한 상황의 변화가 있을 때마다 스스로의 행동을 다시 한 번 살펴보아야 할 책임을 진다는 것이다. 어떤 상황에서는 그 사람을 비난하는 것이 옳은 일일지도 모르지만, 조금 다른 상황에선 그를 용서하는 것이 올바른 일일지도 모른다. 정해진 규정이 없는 상태에서는 우리가 하고 있는 일이 옳은 것인가를 그 당시에는 결코 잘 알 수가 없다. 우리는 '무지의 공허'에 의해 작용하는 능력을 갖춰야 한다.

두 번째의 단서는 내가 규범 윤리가 쓸모없다는 의미로 상황 윤리를 강조하려는 것이 아니다. 최근 몇 년 동안 종교적 우파들은 상황 윤리에 더욱 더 비판적이 되었다. 나는 그들의 주장이 퇴보적인 것이라고 생각하지만, 어느 정도는 고려할 가치가 있을지도 모른다. 예를 들어 정당한 전쟁이라는 개념에 대해 생각을 해보자.

인류의 발전사를 고려하면, 전쟁을 없앤다는 것은 인간의 능력 밖의 일인 것처럼 보이므로, 나는 가톨릭교회가 상황 윤리를 사용해서 정당한 전쟁이라는 개념을 발전시킨 것은 적절했다고 생각한다. 그러나 지금까지 존속한 '살인하지 마라'고 명시한 규범 윤리가 없었더라면 우리가 과연 정당한 전쟁과 정당하지 못한 전쟁을 구분하려는 시도를 했을까 하는 점에 대해서는 나는 아직도 확신할 수 없다.

상호 의존과 협력

《아직도 가야 할 길》에서 나는 우리 모두가 의존 욕구와 감정을 가지고 있다는 점을 지적했다. 그러나 나는 그것이 사랑의 구성요소는 아니라는 점과 이런 감정에 이끌리게 되면 끔찍한 의존의 함정에 빠지게 된다는 점 또한 지적했다. 그것이 함정인 이유는 이것에 의존적인 사람은 다른 사람의 지속적인 관심이 없으면 자신이 완전하거나 행복해질 수 없다고 지속적으로 생각하게 되기 때문이다. 그러한 의존성이 원인이 되는 많은 문제들 가운데에는 병적인 질투심이 있다. 의존성에 대한 나의 언급에 잘못된 내용은 없었지만, 의존성에 대한 나의 부정적 평가와 균형을 맞추기 위해 상호 의존성에 대한 긍정적 평가를 다루어야 할 것 같다.

《아직도 가야 할 길》을 쓸 때, 나는 과거 미국의 엄격한 개인주의 윤리의 영향을 어느 정도 받고 있었다. 그 윤리에 의하면 개인들은 독립적이고, 자립적이며 반드시 자신의 운명의 지배자는 아니더라도 자신의 배를 끌고 갈 수 있는 선장이 되어야 하는 소명을 받았다. 이 모든 주장은 옳다. 가능하다면 우리는 독립적으로 살아야 할 소명이 있다고 믿는다. 그러나 이 엄격한 개인주의가 가진 심각한 문제는 동전의 뒷면을 무시하고 있다는 점이다. 즉, 우리에게는 자신의 죄, 어쩔 수 없는 불완전성과 무능력 그리고 상호 의존성 등과 타협을 하면서 살아야 될 소명도 있는 것이다. 개인주의적 윤리는 우리의 약점과 실패를 숨기도록 부추기고, 인간의 한계를 수치스럽게 느끼도록 만들기 때문에, 그것은 절반의 진실일 뿐이다. 그것은 다른 사람뿐 아니라 자신의 눈에도 스스로를 슈퍼우먼이나 슈퍼맨이 되도록 노력하게 만든다. 또 그것은 언제나 우리가 '모든 것을 책임져야' 할 것처럼 보이게 몰아붙인다. 그것은 교회에서 사람들이 같은 신도석에 앉아 있지만 자신의 고통과 열망, 실망에 대해 서로 이야기를 나눌 수도 없고, 모두 평안함을 가장한 가면 뒤에 숨어서 마치 자기 인생을 완전히 통제하고 있는 듯이 보이려고 하는 현상을 초래한다.

7년 뒤에 쓴《평화 만들기》에서 나는 단순하고, 편향적이며, 비역설적이고, 논리적 오류가 있는 이러한 윤리를 규탄했으며, 공동체에 대한 이야기를 하면서 상호 의존성을 위해 싸우기 시작했다. 상호 의존성의 미덕에 대한 가장 극적인 내 경험은 집단에서 공동체를 형성하도록 도와주는 일에서 나온 것이다. 그러나 우선 가장 작은 단위의 조직이라고 할 수 있는 결혼 생활, 특히 릴리와의 결혼 생활 속에서 찾은 상호 의존성에 대한 칭송으로 시작하고 싶다.

우리의 결혼 생활에서 릴리의 주된 역할은 가정 주부였고, 나의 역할은 생활비를 벌어 오는 것이었다. 몇 년 동안 우리는 이런 역할들이 어느 정도 문화적 · 성적 고정관념에 의해 좌우되고 있다는 점에 대해 걱정스러웠다. 그러나 점차로 우리가 자연스럽게 인식하게 된 것은 우리가 분담한 역할들이 고정관념에 의해서 강요된 것이 아니라, 서로 다른 성격에 의해 결정되었다는 점이었다.

결혼 초부터 나는 릴리가 다소 조직적이지 못한 성격이라는 걸 알았다. 릴리는 꽃향기 맡는 것에 정신을 쏟다가 자주 약속을 잊어버리거나 약속된 편지 쓰기를 잊곤 했다. 반면에 나는 결혼 초부터—좋게 말해서—목표 지향적이었다. 만약 꽃이 피는 시기에 비가 내리지 않으면, 매달 세 번째 목요일 오후 2시부터 2시 30분까지로 정해진 꽃향기 맡는 시간과 내 스케줄이 안 맞는다면 나는 꽃향기를 맡을 시간을 낼 수 없었다.

더구나 나는 릴리의 언어 습관 중에서 내 생각으로는 적절치 못하다고 판단되는—세부적인 것으로 인해 '큰 그림'을 보는 데 방해가 되는—경향과 문명의 가장 중요한 발명품, 시계를 무시하는 경향을 책망하곤 했다. 그녀 또한 똑같이 그녀를 미치게 만드는 나의 시간 엄수 습관, 답답함 그리고 문장을 시작할 때, '우선적으로…', '둘째로…', '셋째로…' 그리고 '결론적으로…'라고 말하는 버릇에 대해 비판적이었다. 릴리는 그녀의 언어 습관이 더 월등하다고 생각했고, 나는 나의 언어 습관이 더 뛰어나다고 확신했다. 또 릴리는 전적으로 자녀 양육의 책임을 맡았다. 내가 자녀 양육에 무관심했다는 의미는 아니지만, 그렇다고 이상적이거나 자상한 부모는 아니었다. 특히 아이들과 잘 놀아주는 문제를 거론하자면 나는 자격미달이었다. 당신은 할 일이 있을 때 아이들과 놀아주려고 노력한 적이 있는가? 아니면 정해진 스케줄에서 벗어나 여유가 있을 때, 오로지 아직 마무리하지 못한 글을 써야 한다는 생각만 하고 있는가? 그러나 릴리는 언제나 무한한 아량을 베풀면서 기꺼이 아이들과 놀아주었다. 그녀는 또 내가 책을 쓰는 것도 도와주었다. 내가《아직도 가야 할 길》의 서문에서 밝혔듯이 '그녀는 너무나 헌신적이어서 그녀의 지혜와 나의 지혜를 구분하기가 불가능했다.' 그러나 몇 주가 지나고, 몇 달이 지나도 릴리는 자신의 글을 몇 문장도, 몇 단락도, 몇 장도 충분히 쓸 수(다시 고칠 수) 있는 시간을 낼 수 없었다.

서서히 우리는 한때 악덕으로 보였던 것을 미덕으로, 저주처럼 느껴졌던 것을 축복으로, 부채로 보이던 것을 자산으로 받아들이게 되었다. 릴리는 유연함이라는 재능을 가지고 있고, 나는 조직적 사고라는 재능을 갖고 있었다. 몇 년의 세월이 흐르면서 나는 물 흐르는 대로 살아가는 방법에 대해서 조금 알게 되었고, 아이들과 다른 사람들을 참을성 있고 세심하게 대하는 방법에 대해서도 알게 되었다. 마찬가지로 릴리는 어느 정도는 나아졌지만 완전히 조직적일 수 없다는 걸 깨달았다. 우리는 서로 매우 다른 스타일을 재능으로 인식하기 시작했고, 서서히 상대방의 재능과 자신의 재능을 통합시키기 시작했다. 그 결과 릴리와 나는 점차 보다 완전한 한 개인이 되어가고 있었다. 이러한 변화는 우리가 스스로의 개인적 한계를 인정하고, 상호 의존성의 가치를 인정하지 않았다면 불가능했을 것이다.

'상호 의존성'이라는 용어가 가지고 있는 한 가지 문제는 일부 사람들에게 이 말이 '공동 의존성'을 뜻한다는 것이다. 지난 10년 동안 유행했던 '공동 의존성'이라는 단어는 파트너가 서로의 약점에 영합하는 혹은 부추기는 관계를 의미한다. 이는 비난받을 일이다. 그런데 나는 이 말에 대해 주의를 기울여야 할 필요가 있다고 생각한다. 결혼 생활에서 진정한 배움의 요소는 상대방의 한계를 잘 피하는 방법을 배우는 것이기 때문이다. 그런 한계를 피해야 할 적절한 때가 언제인지 또 그런 한계를 비판하고 직면해야 될 때는 언제인지 등은 고통스러운 '무지의 공허'를 통해서 결정을 내릴 수 있다.

'상호 의존성'이라는 단어를 버리고 싶지는 않지만, 다른 용어, 즉 함께 일한다는 뜻의 '협력'이라는 말로 생각하는 것도 도움이 될지 모른다. 보다 큰 조직에서 일을 하면서 릴리와 나는 그런 조직에는 협력에 대해 많은 배울 점이 있다는 것을 알게 되었다. 우리의 결혼 생활이라는 조직을 살펴봤을 때, 우리는 함께 일을 할 때 특히 그 일을 잘 해냈다는 결론을 내렸다. 어떤 조직 내에서 협력이 잘 이루어지지 않으면, 그 조직은 보기에도 좋지 않다. 그러나 협력이 잘 이루어지면, 그 조직은 효율적일 뿐 아니라 너무 아름다워서 신비한 영광을 보여주는 것 같다.

책임과 구조

상호 의존성은 반드시 협력하고 있는 개개인들이 다른 역할을 맡아야 한다는 의미는 아니다. 그러나 대부분의 경우는 그렇다. 앞서 말했듯이 릴리와 나는 지난 37년간의 결혼이라는 조직에서 서로 다른 역할을 해왔다. 어떤 조직 내에 서로 다른 역할들이 있을 경우에는 언제나 책임과 구조라는 중요한 두 가지 요소가 반드시 작용하게 된다.

나는 대부분의 집안일에서 릴리에게 의존할 수 있다. 릴리가 집안일을 담당할 뿐 아니라 이런 일을 잘하기 때문이다. 그리고 같은 이유로 릴리는 나에게 가계 수입을 의지한다. 우리는 이와 같은 역할 분담을 잘 수행할 수 있었는데, 그 이유는 우리 자신이 그런 일에 대해 책임질 수 있다고 생각했기 때문이다. 다시 말해 우리는 자기 자신과 상대방에 대해 책임질 수 있다고 생각했다. 부정적인 측면에서 보면 책임감은 누군가가 심판을 받아야 한다는 의미를 내포하고 있다. 그러나 긍정적인 측면에서 보면 책임을 지는 사람은 신뢰받고 있다는 의미를 함축하고 있다.

만약 릴리가 가정 주부라는 역할을 잘 수행하지 못한다면—릴리가 더 이상 그 일을 책임질 수 없다면—나는 더 이상 그녀가 그 일을 잘 수행할 것으로 믿지 않을 것이고 그녀 대신 나서서 그 일을 맡았을 것이다. 아내가 일시적으로 몸이 아파서 책임을 상실하게 되었을 때 내가 그녀의 역할을 떠맡는 것은 자연스럽다. 예를 들어 셋째 아이 출산 후, 릴리의 가슴에 종기가 생겼을 때 내가 어린 아기와 다른 두 아이들을 돌보는 것은 아주 당연한 일이었다. 그러나 일시적인 상황이 아니었다면, 이것은 우리의 결혼 생활을 재구성해야 하는 심각한 상황이었을 것이다.

그러므로 서로 상이한 역할과 책임에는 구조의 의미가 함축되어 있다. 결혼과 같은 작은(그러나 결코 단순하지 않은) 조직 내에서의 역할과 구조는 비교적 비형식적인 경향을 가진다. 그러나 조직이 보다 커지고 복잡해지면, 보다 형식적으로 책임과 구조의 틀을 갖추는 것이 매우 중요하다. 업무 분담 서식(업무 개요라는 말을 쓰기도 하는)이 필요하게 된다. 그러면 우리는 형식을 갖춘 조직의 영역에 참여하게 된 것이다.

사실 모든 경영 대학원에는 '조직 이론'이라는 제목의 필수 과목이 있다. 그리고 같은 제목의 매우 두꺼운 기본 교재에는 경영자들이 선택해서 사용할 수 있는 다양한 조직의 구조가 완비되어 있다. 그 조직의 구조는 광범위하고 복잡하지만, 주제는 매우 단순하다. 그 기저에 깔려 있는 원칙은 '상황 이론'이다. 상황 이론은(체계 이론처럼 이론이 아니라 실증적 사실이다) 단 하나의 가장 좋은 조직은 없다는 것을 설명한다. 특정 조직에 적용될 수 있는 최선의 구조는 다른 요인들뿐 아니라 집단적 협력적 노력의 목적에 따라 결정된다.

다른 요인들 중에는 관여하고 있는 사람들의 자질이 있다. 싱크탱크(두뇌집단)조직은 전통적인 제조 회사에서 원하는 그런 종류의 사람을 뽑지는 않을 것이다. 마케팅 부서에서는 관리 부서에서 필요로 하는 그런 종류의 사람을 원하지 않을 것이다. 결혼 조직에서만큼 이런 것이 명백하게 드러나는 조직은 없다. 상황 이론에 따르면, 결혼 조직에 있어서 단 하나의 가장 좋은 조직은 없다. 릴리와 나의 결혼 생활이 고정관념의 역할에 따라 조직된 것처럼 보일지는 모르지만, 내가 이미 앞에서 말했듯이 그 조직은 실제로 서로 다른 성격과 소명의 산물이므로 정확한 모델로 설명할 수 있는 어떤 것이 전혀 아니다. 좋은 것은 정형화될 수 없다. 나는 잘못된 결혼 생활의 전형적인 공식을 제시할 수 있지만, 훌륭한 결혼의 조직 공식을 제시할 수는 없다. 상대가 각기 다 다르고 그들이 처한 상황 또한 다르기 때문이다.

결혼 같은 작은 조직이나 기업체 같은 큰 조직이나 책임이 체계적 구조로 조직되면, 권한 구조가 생긴다. 이 말은 권한은 나누어가질 수 없다는 의미가 아니다. 예를 들면 릴리와 내가 저축한 돈은 서로 공평하게 나눈다. 아이들 문제나 큰 규모의 투자 또는 지출에 대한 중요한 결정을 내릴 때에도 우리는 함께 결정했다. 그러나 개인으로서 우리는 각자 자신의 영역 내에서 제한적인 권한을 가진다.

공동체장려재단FCE 이사회의 한 기업 사장이 우리에게 '지식의 권한'이라는 용어를 가르쳐주었다. 릴리는 주부로서의 역할을 내가 일일이 감독하지 않아도 잘할 수 있다. 릴리에게 그러한 권한이 있기 때문이다. 예를 들어 몇 주 전, 내가 시내에 일을 보러 나갈 때, 릴리는 내게 파슬리 한 단을 사오라고 부탁했다. 상점에 남아 있는 파슬리가 많이 시들어 있었지만, 왕복 40마일을 운전하여 싱싱한 파슬리를 사러 가는 것보다 나는 그 파슬리를 샀다. 그렇지만 그 시든 파슬리를 릴리에게 전할 때 마음이 편치는 않았다. 릴리는 "괜찮아요. 그냥 물에 담가놓으면 돼요"라고 말했다. 하루 만에 그 파슬리는 밭에서 바로 딴 것처럼 아주 싱싱해졌다. 릴리에게는 자신만의 비결이 있었던 것이다.

우리의 결혼 생활은 결코 수직적 관계가 아니다. 책임 분담 체계가 있지만, 전체를 책임지는 보스는 없다. 그러나 기업체 같은 보다 큰 체계에서는 명령 체계가 없는 책임 구조는 있을 수 없다. 명령체계는 회사마다 다를 수 있고, 사업의 성격에 의해서도 결정된다. 그러나 책임을 져야 할 곳이 있어야 한다. 많은 사람들이 수직적인 권한 체계에 대한 좋지 않은 경험들을 가지고 있기에, 구조에 대해 불신하는 경향이 있다. 이러한 태도는 경계해야 할 필요가 있다. 제 기능을 다하지 못하는 구조가 있을 수 있지만, 모든 구조가 다 나쁜 것은 아니다. 대부분의 구조는 좋다. 나는 수년 동안 아이들뿐 아니라 어른들에게도 구조가 필요하다는 것을 알게 되었다.

직장인들은 흔히 권위 구조의 부재로 몹시 힘들어한다. 내가 이런 사실을 처음 알게 되었던 때는 31세에 오키나와 주둔 미 육군 의료센터 신경 정신과 과장으로 부임했을 때였다. 나의 임무는 약 40명으로 구성된 한 부서를 관리하는 것이었다. 그 전까지 나는 한 번도 누군가를 관리한 적이 없었다. 또 경영 관리 비슷한 훈련을 받아본 적도 없었다. 그러나 나는 신경 정신과에 부임한 그 순간부터 나의 관리 스타일이 어떠해야 된다는 아주 분명한 생각을 갖고 있었다. 나는 가능한 내가 경험했던 모든 권위적인 상사와는 다른 관리자가 되고 싶었다.

나는 합의를 결정하는 방법을 몰랐으나 이를 위해 노력하려고 했다. 나의 관리 모델은 고도의 자문 역할이었다. 모든 관계자와 상의하지 않고는 어떠한 행정적 결정도 내리지 않았다. 내 밑에 있는 사람들이 전문 능력의 한도 내에서 가능한 자신들의 삶에 영향을 끼칠 수 있는 문제에 대해 스스로 결정할 수 있도록 최선을 다했다. 우리 부서는 의료 '전문가'들로 구성된 부서이기 때문에, 서열 문제는 무시해도 될 거라고 생각했다. 나는 부하들이 나를 펙 소령님이라고 부르지 않게 했다. 얼마 되지 않아 모든 사람들이 나를 스캇이라고 불렀다. 나는 멋진 상사였다. 그리고 이런 나의 노력은 효과가 있었다. 분위기도 화기애애했다. 모든 사람들이 얼마나 내가 좋은 상사인지 그리고 나의 선임이었던 그 바보 같은 늙은 중령이 없어서 얼마나 마음이 편한지에 대해서 열심히 이야기했다. 업무가 원활히 진행되었고, 부서의 사기 역시 최고였다.

그런데 여섯 달이 지나자, 문제가 생기기 시작했다. 처음엔 이와 같은 변화는 거의 감지되지 않았지만 화기애애한 분위기는 없어졌다. 부하들은 우리 부서가 얼마나 일하기 좋은 곳인지에 대해 더 이상 말하지 않았다. 나는 스스로에게 이렇게 말했다. "괜찮아, 밀월 관계는 끝났어. 그 이상 더 무엇을 기대해? 자, 하던 대로 하면 돼. 잘못된 건 없어." 그러나 9개월이 넘어서자 상황은 악화되기 시작했다. 업무는 계속되었으나, 사소한 말다툼이 시작되었다. 문제가 있다는 생각은 들었지만, 무엇이 잘못되었는지 알 수 없었다. 분명히 나와는 관계가 없었다. 타고난 지도자의 모습을 보여주지 않았던가? 1년이 지났을 때, 문제가 있다는 것이 분명해졌다. 말다툼은 점점 더 심해졌고, 업무 역시 순조롭게 이루어지지 않았다. 사소한 일들이 처리되지 않은 채 방치되고 있었다.

바로 이 순간 운명이 나를 도왔다. 대규모 신규 외래 환자 의료 단지 건설이 마지막 단계에 와 있었다. 의료 센터 책임자가 내게 와서 우리 부서 중 가장 큰 부분이라고 할 수 있는 진료실이 그곳으로 옮겨갈 것이라고 말했다. 우리가 사용 중인 사무실들은 낡았고 춥고 어두웠다. 새로 지은 건물은 현대적이고 환기도 잘 되었으며, 태평양이 보이는 좋은 전망을 가지고 있었으며, 바닥 전체에 카펫이 깔릴 것이었다. 분명 이처럼 멋진 곳으로 옮겨간다는 생각만으로도 사기가 진작될 것이었다.

그러나 아니었다. 분위기는 더 나빠졌다. 이사할 날이 가까워지자, 모든 사람들이 더욱더 짜증을 냈다. 그들은 새 건물에서 어떤 사무실을 누가 사용할 것인지에 관해 옥신각신 다투었다. 짐을 꾸리는 일은 계획보다 늦어졌다. 이런 상황을 어떻게든 처리하는 것이 내 책임이라는 사실은 분명했다. 그런데 무엇을 해야 한단 말인가? 나는 직원들에게 다음 날 오전 내내 새 회의실에서 회의를 할 것이라고 알렸다. 그리고 매일 아침 그런 식으로—비록 야간근무를 해야 되는 상황이 발생하더라도—회의를 할 것이며 문제의 근원이 파악될 때까지 계속 진행할 것이라고 통보했다.

두 차례 가졌던 4시간 동안의 회의는 내 경험상 가장 격렬한 것이었다. 모든 사람들이 나를 마구 비판하고 서로를 비난했다. 모두 다 화가 났다. 그리고 모두가 불만거리를 가지고 있었다. 그러나 그 모든 불만들이 다 사사롭거나, 피상적이거나, 비합리적으로 보였다. 혼란이 진정되지 않는 상황이었다. 두 번째 회의가 끝나갈 무렵, 젊은 신병이 "전 제가 지금 어디에 있어야 하는지 모르겠어요"라고 말했다. 나는 그에게 좀 더 구체적으로 말하라고 했다. 그는 자세히 말할 수 없었다. 그의 말은 종잡을 수 없었고, 여기저기서 다툼이 계속 일어났다. 그러나 그 신병의 말이 내 마음속에서 반향을 일으키고 있었다. 그날 아침 일찍 누군가, "여기는 모든 게 분명하지 않아"라고 말했다. 그리고 그 전날 다른 젊은 신병이 불만을 토로하며, "우린 모두가 갈팡질팡하고 있는 것 같아"라고 말했다. 나는 직원들에게 생각할 시간이 필요하다고 말하고, 업무에 복귀하라고 했다. 그리고 당분간 이와 같은 회의는 더 이상 없을 것이라고 말했다.

우리는 옛 건물로 돌아왔고 나는 사무실에 앉아서 천장을 쳐다보았다. 내 점심은 책상 위에 먹지도 않은 채 그대로 놓여 있었다. 내가 시도한 것보다 더 많은 구조적 관계가 우리 부서에 필요할까? 도대체 어떤 구조가 필요할까? 보다 분명한 서열 관계? 직원들이 내게 원하는 것이 무엇이었을까? 어린아이들처럼 지시하고 시켜야 하는 것일까? 그런 것은 내 성격에 맞지 않았다. 그러나 그들은 대부분은 나이가 어렸다. 그들은 내가 아버지와 같은 역할을 하길 바랐던 것일까? 만약 내가 독재자처럼 그들에게 명령을 내리기 시작하면, 나를 미워하지 않을까? 나는 멋진 상사가 되고 싶었다. 그러나 여기까지 생각이 미치자 내가 해야 할 일은 인기에 영합하는 것이 아니라, 가능한 한 부서를 가장 잘 운영하는 것이라는 사실을 깨닫게 되었다. 어쩌면 그들은 내게 강력한 지도자의 모습을 기대했는지 모른다.

나는 담당 하사관에게 빨리 신축 건물의 사무실 배치 계획표를 가져오라고 했다. 그가 계획표를 가져왔을 때, 우리는 정신과 외래 환자 진료실의 평면도를 책상 위에 펼쳤다. 나는 평면도 모퉁이에 위치한 큰 사무실을 가리키며, "이건 내가 쓰겠다"고 했다. 그리고 하사관이 각 지시 사항을 기록할 충분한 시간을 주면서 평면도상의 여러 작은 사무실을 하나씩 할당했다. "이곳은 아메스 대위가 쓰고, 여기는 라이언 병장, 홉슨 중위는 여기, 쿠퍼만 이등병은 저기, 마셀 대위는 여기, 그리고 모슬리 병장은 여기 에노위츠 이등병은 저기" 등등 평면도를 따라가며 지시를 했다. "자, 이제 모두에게 내가 정한 사무실 위치를 알려주게."

섬 전체에 울려 퍼지는 실망의 목소리가 생생하게 들렸다. 그러나 저녁 무렵이 되자 사기가 향상되기 시작했고 다음 날 더욱 고무되어가고 있다는 것을 알 수 있었다. 주말이 되자 사기는 다시 이전에 그랬던 것처럼 최고조에 달했다. 그들은 여전히 나를 스캇이라고 불렀다. 나의 지휘 스타일은—엄격하진 않았지만—비교적 비권위적인 상태를 유지했고, 내가 퇴역하는 날까지 사기는 여전히 높았다.

이것은 성공적인 예라고 할 수 있다. 나는 문제가 있었으며, 그것이 나의 책임이었음을 인정했다. 그다음에는 문제의 원인을 진단하기 위한 적절한 조치를 취했고, 조직의 필요에 맞게 나의 태도를 수정할 수 있었다. 이것은 하나의 조직이 지휘자의 단순한 개입을 통해서 어떻게 성공적으로 변화할 수 있는가를 보여주는 극명한 예다. 그러나 이것은 실패의 예로도 볼 수 있다. 사실은 나의 형편없는 지도력 때문에 내가 맡았던 부서—조직과 그 조직 내부의 모든 개인들—는 6개월 이상 고생했다. 분명한 것은 내가 시정 조치를 내리기 전 6개월 동안 부서의 사기에 심각한 문제가 있었다는 점이다. 그런데 왜 그처럼 오랜 시간을 끌었을까?

한 가지 이유는 나의 자존심이었다. 단순하게도 나는 나에게 문제가 있다거나 또는 나의 지도력이 완벽하지 않다는 사실을 믿고 싶지 않았다. 내 자만심을 부추긴 것은 나의 욕심이었다. 우리 부서에 온정적이며 권위적이지 않은 관리 스타일을 제시하고 싶은 욕심, 또 부하들로부터 끊임없는 애정과 감사를 받고 싶은 욕심이 있었다. 결정적인 날이 올 때까지 나는 한 번도 내 욕구가 조직의 욕구에 일치하고 있는지 의심한 적이 없었다. 그리고 조직 내에서 나의 역할이 인기에 영합하는 것이 아니라는 점을 내가 자각하는 데에는 거의 계시적인 일이 필요했다.

나는 조직을 운영하는 최선의 방법 외에 다른 방법이 있을 수 있다는 생각을 해본 적이 없다. 그 당시 나는 상황 이론에 대해서 들어본 적도 없었다. 나의 조직에 대한 의식은 아주 제한적으로 작용하고 있어서 부서의 구성원들이 얼마나 나이가 어린지에 대한 생각을 해보려고 하지 않았고, 따라서 나이가 많은 구성원들로 이루어진 부서와 다른 지휘 스타일이 필요하다는 생각을 해본 적이 없었다. 구조적 관계의 결여로 우리는 모두 쓸데없이 몇 달 동안 고생을 했던 것이다.

우리가 흔히 인식하지는 못하지만, 조직의 구조는 유연성을 가질 수 있다. FCE의 업무 중 상당 부분은 크고 작은 조직에서 어떻게 '공동체 운영'을 잘할 수 있는가를 가르치는 것이다. 공동체 운영을 할 때 그 집단은 엄격한 권위 구조를 가지지 않는다. 반면, 의사 소통을 극대화해야 하기 때문에 권위와 지도력은 나누어 가진다. 그러나 이 말이 곧 조직의 계층적 권위 구조를 완전히 포기해야 한다는 의미라면, 우리는 공동체 운영을 할 수 없을 것이다. 조직이 일상적인 업무를 처리하는 대부분의 시간은 위계질서의 형태로 기능하는 것이 가능할 때 공동체 운영을 할 수 있다. 그러나 특별한 이슈나 문제(의견수렴이나 사기진작)에 대응하는 경우, 혹은 그룹 의사결정이 필요한 경우에는 공동체 형태로 전환하는 것이 가능해야 할 것이다.

《아직도 가야 할 길》에서 말했듯이, 개인의 정신 건강의 큰 특징은 소위 유연한 반응 체계이다. 이것은 조직 건강의 특징이기도 하다. 이러한 두 가지 운영 형태를 자유롭게 활용하고 상황에 따라 필요한 형태를 전환할 수 있는 조직은 한 가지 방식으로만 작용하는 조직보다 분명 더 건강해질 것이다.

경계와 연약함

책임과 서로 다른 역할들의 구조가 확립된 조직에는 경계가 분명히 나타난다. 그와 같은 경계는 양날의 칼이다. 한편으로 경계는 반드시 필요하다. 관리 부서 직원들이 자유롭게 마케팅 부서에 드나들면서 상품을 마케팅 방법에 대해 지시한다면 그 결과는 혼돈이 빚어질 것이다. 다른 한편으로, 두 부서의 경계가 너무나 견고하여 서로간의 의사 소통이 불가능할 정도라면, 그 결과는 복지 부동과 비효율적인 경쟁심일 것이다. FCE가 공동체를 만들기 위해 기업에 도입되는 이유는 중요한 의사 소통과 기능적 상호 의존을 불가능하게 만들었던 견고한 부서간의 경계를 완화하기 위해서이다.

그와 같은 경계 문제 해결 방법에 대한 주요 경영 관리자의 선택은 비교적 소수의 사람들에게 해당되는 선택이다. 그러나 인간 존재는 누구나 결혼, 핵가족, 대가족, 교우 관계 그리고 직장 등과 같은 조직 내의 경계 문제를 피할 수 없다. 개인으로서 우리는 매일같이 어떠한 조직의 틀 내에서 경계를 규정하는 데 있어서 선택을 해야만 한다.

그런 선택 가운데서 가장 쉬운 선택은 다른 사람의 경계를 어느 정도로 존중할 것인가의 문제다. 이러한 결정을 다소 쉽게 내리게 되는 이유는 우리가 경계를 인식하지 못하고 그에 따른 적절한 행동을 하지 못했을 때 결과적으로 어떤 식으로든 처벌을 받기 때문이다. 이 경계는 개인마다 문화마다 다르다. 가령, 심리학자들은 특정 문화 안에 있는 대부분의 사람들이 동료와 대화를 나눌 때 가장 편안함을 느끼는 구체적인 거리가 있다는 사실을 알아냈다. 미국의 경우, 그 거리는 비교적 멀다. 낯선 사람과는 서로의 얼굴이 넉넉히 3피트 정도 떨어진 거리에서라야 대화를 나누려고 할 것이다. 반면에 인도에서의 기준은 1피트 정도에 불과하다. 실제

물리적 공간 개념과 경계와의 관련성은 '서로에게 공간을 주어라'라는 표현의 심리학 전문 용어에서도 나타난다.

물론 그러한 공간은 단순히 1피트라고 하는 숫자 그 자체보다 훨씬 복잡하다. 예를 들어 10여 년 전, 릴리는 치매 초기 단계였던 장모님과 함께 스테튼섬 페리를 타고 있었다. 그 여객선에 앉아 있는 동안에, 장모님은 릴리의 머리 정수리에서 새치를 발견하고는 릴리에게 묻지도 않고 갑자기 손을 뻗어 머리카락을 뽑았다. 릴리는 침해당한 느낌이 자연히 들었다. 물론 강간이나 강도 또는 살인과 같은 수준의 폭력은 아니었지만, 이 에피소드는 우리가 사소한 방식으로 항상 타인의 경계를 침범하고, 그럴 때마다 타인의 분노를 자극한다는 사실을 잘 지적하고 있다.

그럼에도 이 경계를 침범해야만 하는 때가 있다. 아마 우리에게 가장 괴로운 결정은 아이들, 친구 그리고 나이 드신 부모님의 일에 개입해야 할 시기의 문제일 것이다. 사춘기나 청년기에 접어든 아이들의 생활에 언제 개입해야 하는지, 아이들이 흘러가고 있는 방향을 신뢰해야 할 때가 언제인지 어떻게 알 수 있을까? 또 잘못된 길을 가는 것처럼 보이는 친구와 언제 그 문제를 놓고 대면할 것인지, 나이 든 부모님들이 원하지는 않지만 반드시 필요한 보호 서비스를 받아야 한다는 제안은 언제 할 것인가? 이런 질문들에 대한 정해진 답은 없다. 이 모든 결정들은 '무지에서 비롯된 고통'을 통해서 내려져야 한다. 우리는 또다시 인생의 역설에 직면해야 한다. 그래서 우리는 다른 사람들의 경계를 존중해야 하지만, 동시에 다른 사람들이 아무리 싫어한다 하더라도 그들의 삶에 개입하지 않을 수 없다는 사실에 직면하게 되는 것이다.

그러나 내 경험에 의하면, 다른 사람들의 경계에 대한 인식, 그들을 존중해야 할 시기와 방법에 대한 인식을 배우는 문제보다 더 중요한 문제는 우리 자신의 경계를 선택하고 설정하는 것이다. 내가 정신과 수련의였을 때, 환자들의 절반 정도가 '도개교跳開橋 문제'라고 지칭될 수 있는 증세를 가지고 있는 것 같았다. 나는 환자들에게 이렇게 설명하곤 했다. "우리 모두는 성에 살고 있습니다. 성 주위에는 도랑이 흐르고, 그 위로 우리 마음대로 올렸다 내렸다 하며 여닫을 수 있는 도개교가 걸쳐져 있습니다." 문제는 내 환자들의 도개교가 잘 작동하지 않았다는 것이었다. 그 다리들은 언제나 열려 있어서 사실상 거의 모든 사람들이 그의 개인적인 공간으로 슬금슬금 들어와 배회하고, 그들이 원하는 만큼 머물러 있기도 하고, 해를 끼치기도 하는 것이다. 또는 반대의 경우로, 그 다리들을 항상 올려놓고 문을 닫고 있어서 어떠한 것도 어떤 사람도 그들의 고립된 영역을 통과할 수 없다는 것이다. 어떤 경우든 바람직하지 않다.

이런 환자들에게는 정신 건강의 인상적인 특징인 자유와 유연한 대응 체제가 없었다. 《아직도 가야 할 길》에서 나는 데이트한 모든 남자들과 잠자리를 같이했던 어느 여성이 스스로 너무 타락한 느낌이 들어 아예 데이트를 중단했다는 이야기를 한 적이 있다. 다른 사람이라면 현관에 발을 들여놓는 것조차 허용하고 싶지 않은 남자들이 있었고, 현관을 지나 거실까지 들어오는 것은 괜찮으나 침실까지 들어오도록 하고 싶지 않은 남자도 있으며 그리고 침실까지 들어오도록 하고 싶은 남자도 있었다는 사실을 알게 된 것은 그녀로서도 뜻밖의 일었다. 그녀는 특정한 상황에서 서로 다른 남자들을 대하는 방법이 최소한 세 가지가 있을 것이며, 혹은 자신에게 그런 방법이 필요할지도 모른다는 생각을 해본 적이 없었다. 또 그녀는 자신에게 그러한 차별적인 선택을 할 수 있고, 자신의 경계를 설정하고 이것을 지키기 위하여 선을 그어놓을 힘이 있다고 생각한 적이 없었다.

도개교를 올리고 내리는 시기를 결정하는 것은 우리의 선택이다. 그러나 이런 선택에 의해 우리는 또 다른 복잡한 문제에 빠지기도 한다. 우리가 도개교를 계속 열어둔다면, 사람들이나 여러 가지의 문제들이 우리의 삶 속에 침투해 들어와 육체적, 감정적으로 상처를 입힌다. 이런 딜레마에 대한 많은 사람들의 대응법은 물리적인 도개교는 다소 개방하더라도 감정적인 도개교는 완전히 폐쇄하는 것이다. 이것은 마치 어떤 경영자가 '(자신의) 방문을 활짝 열어두는' 정책을 시행하고 있지만, 그 문을 열고 찾아온 어느 누구에게도 영향을 받지 않는 것과 같다. 인생에서 지속되는 문제들 중 하나는 우리 자신에게 어떤 문제들과 다른 사람들이 주는 영향을 감정적으로 어느 정도까지 허용할 것인지를 계속해서 선택해야 하는 것이다. 이것은 연약함의 딜레마이다.

'연약함'이라는 용어는 상처를 받기 쉬운 감성적 능력을 말한다. 우리가 얼마나 연약한 감성을 가질 것인가를 선택하는 과정에서 중요한 것은 다쳐서 생긴 상처와 피해로 인한 상처의 차이를 구별하는 것이다. 나는 강연을 하면서 이런 구별을 쉽게 할 수 있도록 때때로 청중에게 고통스러운 미지의 실험에 참여할 지원자가 있는지 묻곤 했다. 다행스럽게도 항상 몇 명의 용감한 사람들이 있었다. 나는 그 지원자에게 단상으로 올라오라고 해서는 지원자의 팔을 아주 세게 꼬집었다. 그러고는 뒤로 물러서서 물어 보았다. "아팠습니까?" 지원자는 힘찬 목소리로 아팠다고 말했다. "이것 때문에 피해를 당했습니까?"라고 나는 다시 물었다. 지원자는 대체로 — 때로는 마지못해서 — 고통을 겪었지만, 그 결과 영구적인 피해를 입은 것은 없었다고 인정했다.

어떤 환경에서라도 영원히 피해를 입을 것 같은 상황에 뛰어드는 것은 정말 멍청한 짓이다. 그러나 잠재적으로 헌신해야할 수도 있는 관계를 시작하는 위험을 감수하는 경우와 마찬가지로 정서적 고통을 겪어야 할 것 같은 상황에 자기 자신의 — 한계 내에서 — 마음을 여는 것은 매우 영리한 선택이다. 따라서 영리한 이기주의의 길과 어리석은 이기주의의 길을 구분할 필요가 있다. 어리석은 이기주의는 모든 정서적·실존적 고통을 피하기 위해 노력하는 것이고, 반면 영리한 이기주의는 신경증적이고, 불필요하고, 비생산적인 고통과 인생의 본질이며, 생산적인 배움에서 비롯되는 고통을 구분하는 것이다.

그러므로 우리의 정서적 건강과 배움을 위해 자신이 상처에 연약한 인간임을 받아들이는 선택을 할 수 있는 능력을 간직하고 있어야 한다. 그것은 또 의미 있는 의사 소통과 조직 행동을 위해서도 필요하다.《나는 어떤 보답을 할 수 있는가?》에서 나는 다음과 같이 썼다.

어떤 사람이 다른 사람에게 위험을 감수하고 다음과 같은 말을 할 때 무슨 일이 일어날까? "난 혼란스러워. 난 내가 어디로 가는지 모르겠어", "난 길을 잃은 것 같고 외로워", "피곤하고 두려워. 날 좀 도와줘." 이러한 연약한 모습의 효과는 거의 예외 없이 상대방의 적의를 없애버린다. "나도 외롭고 피곤해"라고 그 사람도 말할 것이고, 팔을 활짝 벌리고 우리를 따뜻하게 안아줄 것이다. 그러나 우리가 모든 것을 책임지려 하고, 자신이 최고라고 생각하는 '마초' 이미지를 유지하며, 심리적 방어물로 자신을 꽁꽁 감싸려고 한다면 어떤 일이 생길까? 우리는 다른 사람들이 근접할 수 없는 존재가 되고, 이웃 역시 그들의 방어선 안에서 스스로를 보호하려고 할 것이다. 우리의 인간관계는 텅 빈 탱크 두 대가 한밤중에 서로 충돌하는 것처럼 무의미하고 비생산적인 것이 될 것이다.

나는 누구에게도 완전히 연약해지라고 충고하지 않으며, 또 항상 연약해야 한다고 말하지도 않는다. 그러나 당신이 이 세상에서 치유하는 존재가 되길 선택한다면, 일생 동안 최소한 어느 정도 상처받는 능력을 가져야 한다. 헨리 나우웬의 저서 중에《상처입은 치유자》라는 제목의 유명한 책이 있다. 그 책의 메시지는 책 제목이 시사하듯이, 만약 우리가 효과적인 치유자가 되고 싶다면, 능력의 한도 내에서 끊임없이 우리자신이 상처받는 것을 허용해야 하며, 우리가 받은 상처를 통해서 오로지 다른 사람들을 치유할 수 있으며, 우리 자신도 치유될 수 있다는 것이다.

그러나 분명 한계는 있어야 한다. 존 킬리라는 남자가 나에게 선불교에서 나옴직한 경구 하나를 소개했다. 즉, 그것은 "한쪽 눈으로 울어라"였다. 한쪽 눈으로 운다는 것의 의미는 연약함으로 인한 고통에 미온적으로 대처해야 한다는 것이 아니라, 그로부터 피해를 당하지 않아야 된다는 의미다. 이 표현은 감정 이입과 공감의 차이점을 지적하고 있다. 감정 이입은 다른 사람의 고통을 느끼고, 어느 정도로 감수하는 능력으로, 언제나 미덕이다. 반면에 공감은 다른 존재와의 공생 관계와 같은 상태를 유지하거나 혹은 그와 완전히 동일시하는 것이다. 공감이 전적으로 나쁘다는 것은 아니나, 타인의 우울함에 몰두하여 자신도 우울해질 정도가 된다면, 당신은 불필요한 짐을 떠맡는 것일 뿐 아니라 그 사람을 도울 수 없게 되기도 한다.

이런 차이점은 정신과 의사에게 있어서 매우 중요하다. 정신과 의사가 가진 가장 중요하고 유일한 재능은 깊이 관여하기도 하고 멀리 떨어져 관찰할 수 있는 능력이다. 이것이 "한쪽 눈으로 울어라"는 표현이 의미하는 바다. 그러나 이런 능력은 정신과 의사만 개발할 수 있는 것이 아니고 이 세상에서 치유하는 존재가 되길 원하는 사람들이 개발해야 되는 것이다.

권력

《아직도 가야 할 길》에서 나는 영적인 권력(힘)과 정치적 권력의 차이점을 다루었다. 정치적 권력은 다른 사람에게 당신이 원하는 일을 하도록 강요하거나 영향을 끼치는 데 꼭 필요한 능력이다. 권력은 구조화된 조직의 한 기능이다. 정치적 권력은 개인에게 실제로 내재되어 있는 것이 아니라, 위계질서 구조에서 차지하는 그의 지위 또는 원하는 일을 하기 위해 조직을 만들 수 있는 그의 돈에 있다. 정치적 권력은 언제나 '한시적'이다. 잠시 동안 권력을 누릴 수는 있으나, 그 권력은 언젠가는 우리에게서 떨어져 나간다. 다른 사람으로 교체되거나 또는 은퇴하게 되는 경우가 아니라도, 나이 들어서이거나 혹은 종국에는 자연사나 암살로 인한 죽음이 원인이 되어 우리에게서 사라져간다.

반면에 영적인 권력(힘)은 조직 또는 구조와 관계없다. 그것은 지위나 돈에 있는 것이 아니라, 그 사람의 존재에 있다. 그것은 다른 사람들에게 영향을 줄 수 있는 능력으로, 흔히 본보기로 영향을 주거나, 그 인간 됨됨이만으로도 가능한 일이다. 정치적으로 힘이 있는 사람들은 대개 영적인 힘의 측면에서 많은 것을 갖고 있지 못하다. 역으로, 영적으로 힘이 있는 사람들은 주로 가난한 사람들과 기득권이 없는 사람들이다.

그렇다고 해서 정치적 권력과 영적인 권력 사이에 공통 분모가 없다는 의미는 아니다. 기업의 경영자들은 예수가 사막에서 직면했던 것과 같은 똑같은 유혹에 놓여 있다. 그러나 예수와 다르게,

그들은 그 시험에 통과하지 못한다. 그들은 액튼 경의 유명한 경구를 반영하는 사람들이다. "권력은 타락하기 쉽고, 절대 권력은 반드시 타락한다." 이 말은 대체로 사실이지만, 나는 운이 좋게도 타락하지 않았으면서 엄청난 권력을 가진 많은 경영자들을 만났다. 그들은 뛰어난 통찰력을 가진 자기 성찰적인 사람들이며, 다른 사람들을 배려하는 사람들이다. 그들은 일을 수행하는 과정에서 많은 고통을 겪었다. 그들은 필요에 의해 한쪽 눈으로 울었지만, 자신들의 연약함에 대한 감성적 능력을 유지하고 있었다.

내 인생에 있어서 가장 고통스러웠던 경험은 FCE가 경기 침체로 타격을 받고 나서 2년간 적자에 허덕인 끝에, 1991년에 구조 조정을 할 때였다. 그 조직의 경영진으로서 나는 유능한 직원 여덟 명을 해고해야 하는 고통스런 결정을 내려야 했다. 그와 같은 고통 때문에 많은 경영자들이 냉정하게 변하고, 연약함에 대한 감성을 상실하게 된다. 그럼에도 그들의 연약함에 대한 감성을 간직할 수 있는 소수의 사람들은 진정으로 위대한 지도자들이다.《아직도 가야 할 길》에서 썼듯이, "사람의 위대함을 제일 잘 측정할 수 있는 잣대는 바로 고통을 견딜 수 있는 그 사람의 능력"이다.

경영자들의 정치적 권력을 과대평가하기는 쉽다. 고위 임원직에 있는 사람들은 자주 행동의 제약을 받는다. 그러나 정치적 권력과 영적인 권력을 공통으로 가지는 것과 관련해서는 이런 제약이 없다. 최고 경영자가 가진 가장 큰 힘은 조직의 정신을 결정하는 능력이다. 어떤 면에서 그의 정신이 비열하다면, 그 비열함은 조직 전체에 침투하게 될 것이다. 닉슨 행정부 시절 1970년~1972년까지 워싱턴의 연방 정부에서 근무했을 때, 이런 사실이 내게는 깊은 인상을 주었다. 연방 정부 내에는 실제로 '더러운 속임수'가 만연했었다. 반면에 아주 보기 드문 경우이긴 하지만 최고 관리자가 아주 정직한 사람일 경우, 그 조직 또한 아주 정직한 조직일 것이다.

정치적 권력은 일반적으로 비교적 소수의 사람들만이 갖게 되지만, 영적인 권력은 많은 사람들이 얻을 수 있다. 상당 부분 영적인 힘은, 개인의 영혼의 창조를 시작한 신의 선물이지만, 사람들은 자신의 영혼을 무시하거나 또는 이를 개발할 수 있는 선택을 할 수 있다. 의식, 배움 그리고 성장을 위한 선택을 하면, 당신은 영적인 권력의 길을 선택한 것인데 그 길은 자신의 지위가 아니라 자신의 존재에 속해 있다.

수세기에 걸쳐서 신학자들은 존재와 행위의 이분법을 고려하는 데 있어서, 반드시 존재의 손을 들어주었다. 다시 말해 우리가 누구인지—어떤 사람인지—가 우리가 무엇을 하느냐보다 더 중요하다. 이것은 우리의 행동 지향적인 문화에서는 이해하기 어렵다. 나는 병원에서 퇴근한 후 릴리에게 다음과 같은 말을 몇 번이나 했는지 모르겠다. "오늘 톰을 치료하면서 경이로운 일을 해냈어. 정말 성공적인 개입이었어. 정말 훌륭한 방법이었어." 그러나 문제는 톰이 다음 치료를 받으러 왔을 때, 마치 지난번엔 아무 일도 없었던 것처럼 행동한다는 것이다. 잠시 후 나는 지난번 치료를 어떻게 생각하고 있는지 물어보았다. "무슨 이야기였죠?"라고 톰은 되물었다. 지난번 톰을 만났을 때 내가 했던 말이나 행동에 대해 기억을 되살리려 하면, 톰은 머리를 긁적거리며 이렇게 말했다.

"희미하게 기억이 나긴 합니다."

반대로 톰이 치료 시간에 병원에 와서 이렇게 말할 수도 있다. "펙 선생님, 지난 주 선생님께서 해주신 말씀이 제 삶을 완전히 바꾸어놓았어요." 그러면 이제 내가 머리를 긁적이며, 어떤 중요한 말이나 행동을 했는지 반문할 것이고 톰은 이렇게 대답할 것이다. "지난번에 병원에 와서 치료를 받고 막 나가려는데, 선생님께서 이렇고 이런 말씀을 하셨지요. 아무튼 감사합니다." 나는 톰의 치료에 도움이 되는 어떤 말을 했는지 기억이 나지 않는다. 그 말들은 내가 했던 그 어떤 말이 아니라, 내 존재 자체에서 자연스럽게 흘러나온 그 무엇일 것이다.

정신과 의사로서 나는 예수의 '충격' 치료법에 매우 관심이 있었다(비록 과학자로서 본능은 그에 대한 추가 연구를 하고 싶어 했겠지만). 이 치료법은 정신과 치료의 규준은 아니다. 사실 나는 내 경력을 통틀어 단 한 번 '충격'의 치료를 한 적이 있다. 그것은 공동체 교육 과정에서였다. 그것은 내가 노스캐롤라이나에 위치한 아름다운 휴양소에서 약 400명의 사람들을 대상으로 5일간의 공동체 건설 워크숍에 참가했을 때의 일이다. 3일째 일정이 거의 끝날 즈음 그 집단은 '공동체'를 형성하는 단계에 이르렀다. 하지만 여전히 몇몇의 낙오자들은 그곳에 이르지 못했고 아마도 그건 불가능할 듯이 보였다. 4일째 되는 날 아침, 나는 식당에서 커피 두 잔을 들고 혼자만의 기도 시간을 갖기 위해 내 방으로 가고 있었다. 그때 머리에 수건을 싸매고서 계단 난간에 앉아 있는 한 여자를 보았다. 나는 그녀의 문제에 끼어들고 싶어서가 아니라, 단지 호기심에 발걸음을 멈추었다.

"저런, 괴로워 보이시네요. 무슨 일이십니까?" 나는 말했다.

그 여자는 수건을 더욱 단단히 싸매고는 고통스러운 듯 이렇게 중얼거렸다.

"편두통이 생겼어요."

"유감입니다. 빨리 회복하시길 바랍니다"라고 말하고 나는 발길을 돌렸다.

그런데 내가 돌아서 걸어가기 시작하자, "아, 너무 화가 나. 정말 화가 나 미치겠어"라는 소리가 들렸다.

나는 그녀를 치료하기 위해서라기보다 단순한 호기심이 발동해서 걸음을 멈추었다. "왜 그렇게 화가 납니까?"

"저 빌어먹을 카리스마 넘치는 위선자들에게 너무 화가 나요." 그녀는 대답했다. "노래 부르는 시간에 두 팔을 들어올리고 마구 흔드는 사람들을 보셨어요? 그들은 경건한 척하려는 거라고요."

"당신 말이 맞아요. 많은 사람들이 경건하게 보이기 위해 노력하는 거지요. 그런데 일부 사람들은 그저 즐기고 있는 것 같은데요"라고 나는 말했다.

갑자기 눈을 크게 뜨며 그녀는 나를 쳐다보았다. "젠장, 난 즐긴 적이 한 번도 없어"라고 그녀는 불쑥 내뱉었다.

"당신도 언젠가 즐길 수 있길 바랍니다"라고 말하며 나는 커피잔을 들고 기도하기 위해 방으로 돌아왔다.

그날 저녁에 나는 그녀에게 더 이상 편두통이 생기지 않았다고 전해 들었다. 그녀는 공동체에 도달할 수 있었고, 오후 내내 집단

동료들에게 "펙 선생님이 나를 고쳐주셨어. 난 한 번도 즐거워한 적이 없었어. 펙 선생님이 나를 치료해준 거야"라고 떠들어댔다. 이것이 내가 했던 '충격'의 치료였다. 내가 치료를 하겠다는 생각도 갖고 있지 않았을 때 그와 같은 일이 일어난 것은 결코 우연이 아니라고 생각한다.

사실 최고의 정신과 의사는, 그들이 치료 과정에서 충분히 어려움을 견디고 난 뒤에는, 결국 환자를 치료하려는 노력을 잠시 멈추어야 된다는 사실을 알게 된다. 의사들이 지향해야 될 현실적인 목표는 환자와 가능한 최선의 관계 또는 공동체적 관계를 맺는 것이다. 그런 관계 안에서는 의사가 꼭 무엇인가를 '하지' 않아도 치료는 자연스럽게 이루어질 것이다. 나는 치료의 힘, 즉 영적인 힘은 신으로부터 나온다고 믿는다. 그것은 선물과 같다. 그런 선물은 결국 다른 사람에게 그저 나누어주는 방식으로 사용되어야 한다는 것이 곧 신의 의도라고 믿는다. 다시 말해 어떤 힘(권력)이든—영적이든 일시적이든—그것을 갖는 중요한 이유는 다른 사람들에게 권력을 주기 위해 사용되어야 한다.

문화

문화란 어떤 조직 내에서 암시적인 혹은 명시적인 규범과 가치들이 서로 연계되어 있는 체계라고 정의할 수 있다. 모든 조직, 심지어 결혼에도 그 자체의 문화가 있다. 가족 문화라는 말도 있지 않는

가. 또 기업 문화라는 주제에 대한 글은 많이 있다. 모든 사회에는 그들만의 문화가 있다. 그리고 체계라는 관점에서 사고하는 데 익숙하지 않은 사람들조차도 미국 문화가 프랑스 문화와 다르고 프랑스 문화는 일본 문화와 다르다는 사실을 알고 있다.

20세기 가장 영향력 있는 책들 중 하나인 루스 베네딕트의《국화와 칼》은 세 가지 매우 상이한 '원시' 문화를 상세히 묘사하고 있다. 그 세 가지 중 하나의 문화권에서는 성 역할이 우리가 알고 있는 것과는 완전히 반대라는 것이다. 남성이 가사와 자녀 양육의 책임을 맡고, 여성이 사업과 모든 중요한 정치적 결정을 책임지고 있었다. 베네딕트가 연구한 또 다른 문화는 그와는 반대로 18세기~19세기 미국보다 훨씬 더 가부장적이었다.

커다란 영향력을 가졌던 이 책의 메시지는 바로 문화의 우열은 없다는 것이다. 어떤 한 문화에 속해 있는 사람이 다른 문화를 접하게 되면 혼란스러울지 모르지만, 이 세 가지 문화들은 각각 아무 문제없이 잘 작용하는 것처럼 보였다. 베네딕트의 책은 문화 상대주의 개념을 제시했는데, 그것이 내포하는 기본 원칙은 어떤 문화권에서 좋다고 여겨지는 것들이 다른 문화권에선 그렇지 않을 수 있다는 것이다. 상황 윤리와 비슷한 문화 상대주의는 어떤 문화든 그 자체 안에서는 평가가 가능하지만 그 외의 경우에는 문화에 대해 평가를 내릴 수 없다는 것을 주장한다.

문화 상대주의의 개념은 우리의 사고의 폭을 넓히는 데 많은 기여를 했으며, 이것은 대단히 필요한 일이었다. 가령, 나는 열아홉 살 때 다른 미국인 여행객들과 함께 크루즈 여행을 하면서 나폴리에 정박했던 일을 정확히 기억한다. 그날 밤 11시, 우리 집단은 아름다운 나폴리 만을 따라 나 있는 거리를 한가롭게 걷고 있었다. 여러 연령대의 나폴리 사람들도 우리와 함께 거닐었다. 그때 함께한 동료들의 눈길을 끈 것은 어린아기나 어른들이 아니라 뛰어다니며 놀고 있는 두 살에서 열두 살 사이의 아이들이었다. "저 애들은 자고 있어야 될 시간인데"라고 그들은 소리쳤다. "도대체 이탈리아 사람들은 어떤 사람들이기에 밤 11시까지 아이들을 재우지 않는 거야? 아이를 키우는 방식이 어처구니없군."

내 동료들이 알지도 못했고 또 고려하지 못했던 점은 시에스타(점심 식사 후에 자는 낮잠)가 지금으로부터 40년 전 그 당시에는 이탈리아의 신성한 문화적 관습이었다는 것이다. 어른이나 아이들이나 모두 오후 2시에서 5시 사이에는 낮잠을 잔다. 상점들도 문을 닫고 저녁 5시나 6시경 다시 문을 연다. 그리고 사람들은 대개 9시가 지나서야 저녁을 먹는다. 그러므로 그 아이들이 취침 시간을 넘긴 것도 아니었고, 잘못 키워지고 있는 것도 아니었다. 내 동료들이 문화 상대주의라는 개념에 보다 익숙했더라면, 오늘날의 많은 미국 여행객들조차 죄의식을 느낄 만한 그런 오만한 태도를 보여주지 않았을지도 모른다.

그러나 때로는 판단을 보류하는 것이 적절치 않을 수 있다. 1969년 나와 릴리는 인도로 여행을 갔다. 인도를 방문하는 미국 관광객들은 두 가지 유형으로 나뉜다. 첫 번째 유형은 인도의 아름다움에 열광하면서 귀국하는 사람들이다. 두 번째 유형은 끔찍한 경험을 안고 귀국하는 사람들이다. 우리는 후자의 경우에 속했다.

우리는 빈곤과 불결함뿐 아니라 믿을 수 없는 비효율성 때문에 무척 놀랐다. 11일간의 체류 기간 동안 너무나 쉽게 잘 처리될 수 있는 일들이 형편없이 처리되는 것을 일상적으로 겪었다. 관용이란 미덕의 하나지만 관용의 과잉과 같은 것이 있을 수 있다는 사실을 처음으로 알았다. 인도는 관용의 악덕으로 고통을 받는 듯 보였다. 우리에게는 도저히 참을 수 없을 정도의 비효율성을 인도 사람들은 너무나 태연히 참는 것을 보았다.

우리가 인도에 도착한 다음 날부터 마지막 날까지 하나의 미스터리였던 것은 아침 식사를 할 때였다. 어떤 웨이터가 식당 바닥에 크림을 쏟았다. 그는 그것을 치우는 대신 사라졌다. 다른 웨이터들, 수석 웨이터들 그리고 매니저들도 지나다녔지만, 그들은 쏟아진 크림을 그저 쳐다보고는 밟고 지나가서 온 식당 바닥을 크림 자국으로 뒤덮이게 만들었다. 우리는 인도의 불결함의 기원을 보고 있었다. 왜 그랬을까? 바로 그 순간 우리에게 그에 대한 답이 떠올랐다. 크림을 치우는 것은 웨이터나 그 자리에 있었던 누구도 해야 할 일이 아니었다. 그것은 미천한 계급인 청소부의 일이었다. 청소부는 그날 오후까지 비번이라 출근하지 않았다. 이 일을 통해서 우리가 깨달은 것은 사실상 모든 비효율성의 근원은 카스트 제도의 결과였다는 사실이었다. 이 제도는 추정컨대 불법인 것 같지만 사실 모든 인도 사람들의 생활을 지배할 정도로 인도 문화 속에 깊숙이 뿌리내리고 있었다. 문화 상대주의는 카스트 제도 자체는 본질적으로 문제가 없다고 말할 것이다. 그러나 나는 동의하지 않는다. 내 생각으로는 카스트 제도는 그 자체가 무례함을 내포하고 있을 뿐 아니라, 엄청난 비효율성과 전체 사회를 퇴보시킨다는 점에서 심각한 문화적 결함을 가지고 있는 것이다.

미국 문화도 카스트 제도 정도는 아니지만 결함이 없는 것은 아니다. 미국 문화의 주요 결함에 대해 많은 사실을 지적할 수 있지만, 내가 보기엔 오늘날 미국 문화의 가장 큰 문제는 문화 자체의 결함이 아니라 문화가 붕괴되고 있다는 사실이다. 1960년대에 들어서부터 모든 중요한 문화적 규범이 의문시되어왔다. 나는 그런 과정은 적절하다고 생각한다. 그러나 이로 인해 많은 미국인들이 어떻게 행동해야 하는지 점점 확신을 갖지 못하게 되는 상황에 이르게 되었다. 오래되고 엄격한 많은 문화적 규범들이 사라졌고, 지금도 이 과정은 계속되고 있다. 당면한 문제는 앞으로 실행 가능한 새로운 규범들을 개발할 수 있을 것인가의 여부다. 나는 이 문제에 대한 답은 모른다. 우리 사회의 미래는 점차 불확실해지고 있는 것 같다.

규범들은 가족이나 기업에서 조직 내에서 권력이 있는 사람들에 의해서 수립되거나 재정립되고 또는 지지를 받거나 전복된다. 앞서 나는 기업 경영자들이 가질 수 있는 가장 강력한 힘이 그들의 정신을 통해서 그들이 책임진 조직의 정신을 만드는 것이라고 했다. 또 다른 위대한 힘도 이와 유사한데, 그것은 바로 조직 문화를 만드는 것이다. 새로 부임한 경영자가 한 회사의 기업 문화를 바꾸는 것은 쉽지 않지만, 변화가 가능한 범위 내에서라면, 그 변화는 바로 최고 경영진에서부터 시작되어야 한다. 가장 권한이 큰 자리에 있는 사람 이외에 그 조직 문화에 대한 책임을 져야 할 사람은 없기 때문이다.

이러한 책임은 경영자뿐 아니라 가장도 흔히 포기해버린다. 오늘날과 같은 문화 붕괴의 시기에는 더욱더 많은 부모가 부모로서 어떻게 행동해야 하는지 확신하지 못하고 있다. 부모들은 명확한 가족 가치와 규범을 확립하기 위해 권위를 행사하는 것을 내켜하지 않는 것 같고, 따라서 가족 문화를 만들어가는 데 자녀들에게 기대고 있는 경우가 흔하다. 부모는 독재자가 되어서도 안 되지만, 가족 문화를 만드는 책임을 아이들에게 맡겨서도 안 된다. 만약 아이들에게 그런 책임이 주어지면, 그들은 매우 혼돈스러워하거나 제멋대로 하려고 할 것이다. 어떤 조직의 정신을 만드는 힘은 그 조직의 문화를 창조하는 힘과 유사하지만, 그 이상의 의미가 있다. 그들은 서로 따로 떼어놓고 생각할 수 없다. 궁극적으로 조직의 정신은 그 조직의 문화 속에 들어 있기 때문이다.

역기능과 예의

요즘은 기업체든 가족이든 조직에 대해 말할 때, '역기능적'이라는 용어를 사용하는 것이 유행이 되었다. 하지만 '공동체'나 '예의'와 같은 단어처럼 '역기능'이라는 단어도 급속히 그 의미를 잃어간다. 나는 강연을 할 때, 가끔씩 청중에게 요청하곤 한다. "여기 오신 분들 중에서 역기능 가정에서 성장하지 않은 분들은 손을 들어보세요." 한 사람도 손을 들지 않는다. 가정이든 기업체든 모든 조직은 역기능적이다. 또 어떤 조직은 다른 조직보다 더욱더 역기능적이다.

오래전 나는 연방 정부 기관의 어느 큰 부서에 대한 자문을 해 달라는 요청을 받았다. 그 부서에는 분명히 역기능적인 면이 있었기 때문이었다. 그곳에는 많은 문제가 있었지만, 그 조직의 수직적 조직 구성도를 보는 순간 가장 큰 문제를 쉽게 찾아낼 수 있었다. 그 부서의 책임자는(피터라고 부르기로 하자) 고위 공직자였다. 그를 보좌하는 두 명의 대리들은 정무직 관리라는 사실을 알고 나는 깜짝 놀랐다. 내가 정부에서 근무할 때, 정무직으로 기용된 사람이 일반 공무원에게 무슨 보고를 하는 것을 들은 적이 없다. 정무직은 언제나 고위 관리직을 차지한다. 피터와 이 두 부하 직원들은 이상할 것이 없다고, 그들의 체계에는 아무 문제가 없다고 나를 확신시키기 위해 온갖 노력을 다했다. 그러나 많은 것들이 분명히 잘못되어 있었다. 마침내 나는 나에게 솔직하게 이야기해줄, 고위 관리직 가까운 자리까지 오른 경력의 오래된 공직자를 찾아냈다. "피터는 인의 장막으로 둘러싸여 있지요." 그는 말했다. 그 기관의 요직에 있는 정무 관리들이 피터를 신뢰하지 않았기 때문에 그의 부서에서 두 명을 뽑아 피터의 부서에 배치하여, 피터를 감시하고 필요한 경우, 그의 권한을 제한하려 했던 것이다.

나는 피터가 불신임 받는 이유를 알 수 없었다. 사실 그는 매우 성숙하고 유능한 사람이었다. 이 기관에서 내가 발견한 사실은 전체적으로 불신 풍조가 너무나 팽배해 있어서 이런 현상을 편집증적 문화라고 부를 정도였다. 이런 문화가 고위 관리직, 즉 고위 정무직 관리에 의해서 조장되었기 때문에—나는 이런 사람들에게 접근할 수도 없었다—나의 제안들은 무시되었고, 그 조직은 내가 떠난 후에도 내가 자문을 해주러 왔을 당시와 마찬가지로 역기능적인 상태로 남아 있었다.

'역기능'과 '편집증 문화'라는 말은 추상적인 용어다. 좀 더 구체적으로 말하자면, 한 명의 최고 관리자는 완전히 무력한 존재가 되었고, 다른 두 명의 관리자들은 피터를 감시하느라고 시간을 낭비하고 있었다는 사실이 분명했다. 이것은 수십만 달러의 혈세가 낭비되었다는 것을 의미했다. 거기다가 전체적으로 천 명의 사람들이 근무하고 있는 이 부서의 사기는 흔들리고 있었다. 그 결과 그들의 업무 수행은 눈에 보일 만큼 형편없었다. 그 부서 하나에만 국민들이 낸 세금 수백만 달러가 쓰이고 있었다. 그 기관 전체에 이 돈이 무슨 소용이 있었는지는 아무도 모른다.

이 이야기에는 두 가지 교훈이 있다. 이미 앞에서 말했듯이, 권력의 예의바른 사용이 그것을 나누어주는 것이라면, 이 경우에는 권력을 가진 고위직에 있는 사람들이 그것을 다른 사람에게 나누어준 것이 아니라 오히려 그의 권력을 빼앗아버렸던 것이다. 이 이야기가 주는 첫 번째 교훈은 그와 같은 무례는 효과적이지 못하다는 것이다. 오히려 매우 소모적이고 낭비적이다. 두 번째 교훈은 어떤 조직이 아무리 무례하고 비생산적이고 역기능적이라 할지라도, 조직 문화를 바꾸기가 지극히 어렵다는 것이다. 체계 이론의 원칙에 의하면, 체계의 한 부분을 바꿀 때마다 다른 모든 부분도 바뀌야 한다는 것이다. 이제 우리는 또 다른 원칙을 접하게 되었다. 즉, 모든 체계는 본래 변화를 거부한다는 것이다. 체계는 또 치료를 거부한다. 이 문제의 명백한 사실은 노골적인 역기능과 비용의 비효율성에도 대부분의 조직들은 보다 더 공손해지는 것을 택하기보다는 역기능적인 상태로 남아 있기를 원한다는 것이다. 왜 그럴까? 예의의 정의가 복잡하다는 점을 생각하라. 다시 말해 예의는 '의식적 동기에 의한 조직 행동으로 보다 더 높은 차원의 힘에 순종하는 윤리적 행동'이다.

예의는 자연 발생적으로 나타나지 않는다. 그것은 의식과 행동이 있어야 성취될 수 있다. 인간에게는 무례함이 오히려 더 자연스럽게 나타난다. 게으름 때문에 우리는 쉽게 무례해질 수 있다.

만약 이와 같은 생각이 비관적이라고 여겨진다면, 아직 낙관의 여지는 남아 있다. 모든 조직은 역기능적이라고 한 나의 말에서 이런 결론을 끌어낼 수 있다. 가정 또는 기업체의 책임자인 당신에게 이 말이 갖는 의미는 누구도 완벽하게 책임을 다 수행할 수 없다는 것이다. 일이라는 것이 언제나 깔끔하게 마무리될 수는 없다. 일상적인 실패에 대해 너무 기분 나빠하지 않아야 된다. 이것은 이미 부모와 관리자라는 역할이 갖는 복잡성 속에 내재되어 있다. 완벽하기를 기대한다면, 당신은 상황을 더 악화시킬 수 있다. 당신은 이 세상 속에서 어울려 지낼 수 있고, 또 함께 즐거운 기분으로 살아갈 자격이 있다. 당신이 모든 일을 완벽하게 할 승산이 없다 하더라도 최선을 다할 수 있다. 이처럼 복잡하고 힘든 역할에서 가능한 예의 바르게 행동하는 것은, 비록 커다란 정신적·영적 노력이 요구된다 하더라도, 현명한 이기주의에 이르는 길이다.

무례가 예의보다 더 쉽게 나타나는 것이라면, 왜 힘들게 노력을 해야 할 것인가? 이 질문에 대한 답은《탄생을 기다리는 세계》에서 말했듯이, 무례함은 더 쉽게 행할 수 있지만, 상대적으로 예의 바른 조직이나 문화를 만들어내는 일은 장기적인 관점에서 보면 더 효과적이기 때문이다. 이것은 또 더 많은 치유와 살아 있는 그 무엇을 창조하는 길이다.

사회에 대한 선택

우리는 가족 생활, 직장 생활 그리고 단체 생활 등을 한다. 그러면서 그에 따른 다양한 역할들을 맡고, 많은 임무와 책임 그리고 도전에 직면하면서, 여러 가지 선택을 한다. 그러나 우리가 속해 있는 핵가족 또는 정기적으로 접촉하는 특정 조직을 넘어서면 우리의 생활은 보다 더 복잡해진다.

아이들이든 한 가정의 가장이든, 학생 또는 직장인이든 우리는 사회라고 불리는 보다 큰 조직에 속해 있다. 우리는 여러 마을과 도시, 군과 주 그리고 지역과 국가라는 경계를 넘어 인간이라는 집합적 존재로 공존한다. 우리 모두는 분명 세계 시민이다. 그리고 이 사회 질서의 구성원으로서 시민의 자격이란 무엇인가에 대한 중요한 선택에 직면하고 있다.

정신과 의사이자 나의 오랜 친구가《아직도 가야 할 길》을 읽고 다음과 같은 글을 내게 보냈다. "내가 이 책으로부터 배운 것은 세상에 공짜 점심이란 없다는 사실입니다." 그의 말은 어떤 면에서 보면 맞다. 우리가 사회에서 받는 지원과 보호는 공짜로 얻어지는 게 아니다. 단순한 납세의 의무 이상의 책임이 시민권이란 혜택에 수반된다. 그러나 우리가 훌륭한 시민이 되려는 데 관심이 있는가는 별개 문제다. 우리가 그렇게 되려는 힘과 의지가 있다면, 가장 훌륭한 시민이 될 수 있는 방법을 선택하고자 할 것이다. 마찬가지로 우리에게는 사회 복지에 대한 모든 책임을 슬그머니 미루거나, 관심을 기울이지 않거나, 회피할 수 있는 선택권이 있다. 우리가 일상생활을 하면서 여러 가지 선택을 하는 경우와 마찬가지로, 어떤 길을 선택하든 그에 따른 결과가 나타난다.

우리가 보다 면밀히 시민 자격의 복잡성을 연구하고 현실적으로 사회를 바라보면, 분명히 많은 역설에 직면하게 될 것이다. 어떤 상황의 다양한 차원을 고려하거나, 전체적인 그림에서 현실의 작은 부분도 놓치지 않을 때 우리는 역설에 주목하게 될 것이다. 다시 말해 사실상 모든 진실은 역설적이고, 사회와 관련된 선택을 하는 과업에서 이러한 역설은 보다 두드러지게 나타난다.

선과 악의 역설

사도 바울은 편지에서, 인간 사회는 '사악한 것'으로 표현한 '원칙과 힘'에 의해 지배된다고 말했다. 우리가 사악한 것을 외부의 힘으로 해석하거나, 아니면 단순히 인간의 본성이나 '원죄'로 해석할 것인가의 여부와 상관없이 사악한 힘이 이 세상을 지배한다는 생각은 상당 부분 일리가 있다. 우리 사회에 만연해 있는 전쟁, 민족 학살, 빈곤, 가난, 기근, 부의 분배에 있어서 총체적인 불평등, 인종 차별주의와 성차별주의, 절망과 무기력, 약물 남용, 각종 기관에서의 부정부패, 거리의 폭력 범죄, 가정에서의 여러 학대 등을 고려하면, 악은 이 시대를 지배하는 질서인 것처럼 여겨진다.

분명한 사실은 악의 힘이 실재하며 다양하게 나타난다는 것이다. 일부 종교에서는 악을 영속화하는 요소들이 인간의 죄에서 기원한다고 주장한다. 심리적 설명에서는 흔히 개인 의식과 집단 의식의 결여를 지적한다. 많은 시사평론가들은 가족 가치의 붕괴, 물질 만능주의와 무사안일의 강조를 포함한 문화적 혼란 현상을 모든 악의 중요한 결정 인자라고 생각한다. 언론은 그들이 미치는 사악한 영향 때문에 자주 비난을 받는다. 사회에 대한 우리의 선택에 많은 영향을 주는 선과 악의 역설적 진실을 구체적으로 살펴보기 위해 이런 요소들을 하나씩 분석해보자.

'사탄'이라는 말은 본래 적을 의미했다. 기독교 신학에서 사탄은 악마를 지칭한다. 우리가 '악마의 편을 든다'는 표현을 쓸 때 그 의미는 일부러 반대편에 선다는 뜻이다. 사탄이든 악마든 신화적으로 본다면, 원래는 '착한' 천사였지만, 불복종과 자만으로 천국에서 추방당한 후에 악의 화신이자 인간의 적이 된 것이다. 어느 정도의 적대주의는 우리 사고와 성장에 도움이 된다. 그러나 경솔한 행동은 사악한 냄새를 감추고 있는지도 모른다. 지속적으로 인간의 성장을 반대하고 저해하는—신성한 것과 정반대되는-적대적 입장은 악을 영속시키는 냉혹한 성분을 포함하고 있다.

그런 성분들에는 인간 본성도 포함될지 모른다. 악마가 이 세상에서 무슨 역할을 하는지는 모르지만, 《거짓의 사람들》에서 분명히 말했듯이 원죄가 가진 역동성을 고려해볼 때, 대부분의 사람들은 악인이 되기 위해 악마를 필요로 하지는 않는다. 인간 스스로가 충분히 악해질 수 있기 때문이다. 《아직도 가야 할 길》에서 나는 게으름이 바로 신학자들이 말하는 원죄의 본질일지도 모른다고 말했다. 여기서 게으름이란 육체적인 나태함을 의미하는 것이 아니라 감정적 또는 정신적 무기력을 의미한다. 원죄에는 또 자기도취, 두려움 그리고 자만심에 빠지기 쉬운 인간 성향도 포함된다. 이러한 인간의 약점들이 서로 결합되어 악에 기여할 뿐 아니라 사람들이 자신의 그림자를 인식하지 못하도록 방해한다. 자신의 죄를 느끼지 못함으로써 자신의 약점을 바라볼 수 있는 겸손함이 부족한 사람들은 의식적으로나 무의식적으로 악에 기여할 수 있는 가능성이 높은 사람들이다. 전쟁은 의식이 부족하고, 통합성과 전체성이 결여된 개인이나 집단에 의해 시작되는 경향이 있다. 나는 《거짓의 사람들》에 이런 사실을 썼다. 사례 연구로 밀라이의 예를 들면서, 나는 제도나 집단의 차원에서 의식과 양심이 파편화될 때 어떻게 악이 나타나는지를 설명했다.

《끝나지 않은 여행》과 《평화 만들기》에서 나는 구획화의 악에 대해 썼다. 1970년에서 1972년까지 워싱턴에서 근무하던 당시, 국방부 복도를 돌아다니며 사람들과 베트남 전쟁에 대해 이야기를 나누곤 했다. 그들은 이렇게 말했다.

"펙 박사, 물론 당신이 우려하는 바를 이해해요. 그래요. 그런데 우리는 군수품 부서이고, 우린 그저 네이팜탄이 제대로 제조되고 또 제때에 베트남에 보내는 것만 책임지면 됩니다. 우린 사실 베트남 전쟁과 아무런 관계가 없어요. 이 전쟁은 전적으로 정책 담당 부서의 책임입니다. 내려가서 그 부서 사람들과 이야기하세요."

그래서 나는 정책 담당 부서 사람들과 이야기를 나누었다.

"펙 박사님, 당신이 무엇을 걱정하시는지 알겠습니다. 그렇습니다. 그런데 여기 정책 담당 부서에서는 단순히 정책을 실행하는 일만 하고 있습니다. 정책을 입안하지는 않아요. 정책은 백악관에서 만들어 집니다"라고 그들은 말했다. 따라서 국방부 전체가 베트남 전쟁과는 절대적으로 아무 관련이 없는 것처럼 보였다.

이와 똑같은 구획화 현상은 주로 대규모 조직에서 발생될 수 있다. 이런 현상은 기업체, 다른 분야의 정부 부서에서 나타날 수 있으며, 병원, 대학에서도 나타날 수 있고, 교회에서도 나타날 수 있다. 어떤 기관이든 그 규모가 커지고 구획화되면, 그 기관의 양심은 심하게 파편화되고 희석되어서 사실상 존재하지 않는 것처럼 되고, 그 조직은 내재적으로 악해질 잠재성이 있다.

'악마적diabolic'이라는 단어는 떼어내다, 분리시키다 혹은 구획화하다는 뜻의 그리스 어 '디아발레인diaballein'에서 유래했다. 집단 의식이 파편화된 가장 악마적인 측면들 가운데에는 너무나 흔해서 이미 제도화된 것들이 있다. 인종차별주의, 성차별주의, 노인차별주의, 동성애자 혐오주의 등과 같은 제도화된 악들이 존재하는 곳에서는 억압과 인간성 말살의 이중적 메커니즘이 나타난다. 인간성의 특정 부분이 제도적으로 처분될 수 있는 것 또는 부적절한 것으로 간주되고, 웃음거리로 치부될 수 있는 상황이라면 전체 사회적 통합에 치명적인 결과를 초래하지 않을 수 없다.

제도화된 사회악에 대항하여 싸우려면 우리가 일반적으로 선이라 부르는 것이 절대 다수의 사람들에게도 항상 선으로 인정되어야 하며, 단순히 "그것이 나에게 이로운가?" 하는 수준의 문제가 아니라는 사실을 기억해야 한다. 이러한 변형 황금률의 의미는 이런 것이다. 똑같은 과오나 경미한 실수에 대해 우리 자신의 행동에는 관대하지만 다른 사람들의 행동은 엄격하게 판단하는 이중 잣대를 적용할 때 우리는 스스로를 위험에 빠뜨리게 된다.

이를테면 워싱턴 D.C. 교외에 있는 국립 형 선고 문제 연구 National Sentencing Project에서 발행한 통계에 따르면, 대도시 빈민 지역에 사는 사람들은 소량의 크랙 코카인 소지와 같은 경범죄에도 다른 지역 주민보다 상당히 오랜 기간의 구속선고를 받는다. 하지만 교외 지역에 거주하는 가루 코카인 사용자들이나 중·상류층의 코카인 사용자들은 초범인 경우 구속선고를 받지 않는다. 그저 집행 유예를 받거나, 약물 중독 치료를 받도록 권고된다.

흔히 악의 세력들은 노골적이기보다 교묘하다. 악 그 자체만큼이나 무서운 것은 악에 대한 부정인데, 평생 장밋빛 안경을 쓰고 인생을 살아온 사람들에게 찾아볼 수 있다. 실제로 악의 부정은 어떤 면에서 악 자체를 영속화시킬 수 있다. 《거석을 찾아서》에서 나는 재정적으로 부유한 사람들이 돈으로 스스로를 자신들의 풍족한 세상에 고립시키는 경향에 대해서 이야기했다. 그들은 가난이 그들 가까이에 있다는 것을 못 보며, 이 문제에 대해 그들의 책임도 있다는 사실을 받아들이려고 하지 않는다. 뉴욕의 교외에 거주하는 많은 사람들이 매일 통근열차를 타고 천국 같은 교외 지역에서 뉴욕 시 도심 지역으로 출퇴근한다. 그들이 할렘 지역을 지나갈 때면 읽고 있는 신문에서 단 한 번도 눈길을 돌리지 않는다. 그들 눈에는 빈곤 지역은 보이지 않고, 슬럼가에 살고 있는 사람들 역시 보이지 않는다.

반면 냉소적인 세계관을 가진 사람들은 악은 모든 것에 숨어 있다고 생각한다. 그들은 순수하고 아름다운 것에서도 비관적인 것을 본다. 그들은 모든 것에서 최악의 경우를 찾고 있으며, 적극적이고 삶을 긍정하는 것에는 주목하지 않는다. 절망과 냉소주의가 악마처럼 우리에게 다가올 때, 우리는 악을 영속화시킬 수 있는 위험에 직면하게 된다. 우리는 비록 악마를 피할 수는 없겠지만, 악마를 환영하거나 그들과 영합하지 않겠다는 선택은 할 수 있다. 건강한 삶을 살아가기 위해서 우리는 개인적으로 악에 맞서 싸워야 하는 것이다.

사회를 절망적으로 바라보는 견해는 대중 매체의 영향에 의해 더욱더 심해질 수 있다. 악이 만드는 드라마에 초점을 맞춤으로써, 언론은 진실에 대한 균형을 잃은 견해를 영속화한다. 신용카드가 도난당하면, 이는 통계 수치의 하나가 되고, 범죄 기사 헤드라인을 장식한다. 그러나 고객의 부주의로 잃어버린 신용 카드를 맡아두었다가 말없이 건네준(거의 대부분의 경우에서처럼) 이야기에 대한 통계는 들은 바 없다. 언론이 기분 좋은 뉴스를 다루지 않으려고 하는 일반적인 태도는 대중에게 악이 세상을 지배하고 있다는 인상을 준다. '무소식이 희소식'이라는 말이 있는데 이것은 '희소식은 무소식이다'는 말로 바꿔야 할 것 같다. 우리는 세상에서 일상적으로—매일—일어나고 있는 선행에 대한 기사를 들을 수도 볼 수도 없다.

절망하고 포기하는 것은 쉽다. 이 세상은 너무나 악하기 때문에, 이런 세상에서 변화를 일으킬 수 있는 것은 아무것도, 아무도 없다고 믿는 것도 쉬운 일이다. 그러나 현실적으로 우리 사회를 살펴본다면, 우리는 선과 악이 가진 강력한 영향력을 인식하게 될 것이다. 세상은 오직 아름답기만 한 것은 아니다. 그렇다고 단지 악하기만 한 것도 아니다. 그러므로 우리가 직면하고 있는 가장 중요한 도전은 균형 잡힌 시각을 확보하고 이를 계속해서 유지하는 능력을 개발하는 것이다. 이러한 시각에서 볼 때 절망이 아닌 낙관주의의 근거를 찾을 수 있는 것이다.

돌아가신 아버지가 해주신 이야기는 이런 사실을 증명하는 데 도움이 될 것 같다. 이 이야기는 1950년대 어떤 기자와 인터뷰를 했던 동양의 현자에 대한 것이다. 기자는 인터뷰를 하면서 그가 낙관주의자인지 비관주의자인지 물어보았다.

"나는 물론 낙관주의자입니다"라고 그는 대답했다.

"그런데 인구 과잉, 문화의 붕괴, 전쟁, 범죄 그리고 부패 등과 같은 문제로 가득한 이 세상에 살면서 어떻게 낙관주의자가 될 수 있습니까?"라고 기자는 물었다.

"저는 20세기를 긍정적으로 보지는 않습니다. 그러나 다가오는 21세기에 대해서는 마음속 깊이 낙관적으로 생각합니다"라고 그

현자는 대답했다.

오늘날의 세계 현실을 고려하면, 내 대답 역시 이 현자와 같다. 나는 20세기에 대해서 낙관하는 것이 아니라, 다음 세기를 맞이할 수만 있다면, 나는 21세기에 대해 낙관적이다.

균형 잡힌 견해를 유지하는 것은 중요한 일이다. 악의 실체, 우리 자신의 죄에 대한 잠재성과 악에 기여할 수 있는 가능성을 인정하기 위해서 우리의 의식을 개발하는 것이 필요하듯이, 우리는 또 이 세상을 살아가면서 선하고 아름다운 것을 점차적으로 구별하고 음미할 줄 알아야 한다. 세상이 본질적으로 악하다고 생각한다면, 그런 세상이 좋아질 수 있다고 믿을 이유가 없다. 그러나 이 세상에서 선을 지향하는 힘이 적어도 악을 지향하는 힘과 대등한 관계에 있다고 본다면, 미래에 대한 커다란 희망은 존재한다.

여러 가지 면에서, 세상은 보다 좋은 방향으로 변하고 있다. 《아직도 가야 할 길》에서 썼듯이, 100여 년 전만 하더라도 미국에서 아동 학대가 만연했을 뿐 아니라 별일 아닌 것으로 치부되었다. 그 당시는 부모가 심하게 아이를 구타할 수 있었고, 이런 아동 학대는 범죄로 간주되지 않았다. 200여 년 전에는 많은 아이들이, 심지어는 일곱 살 정도의 어린아이들도 강제로 공장이나 광산에서 거의 하루 종일 일했다. 400여 년 전에 아이들은 사회에서 그들 나름의 욕구와 권리를 가진 개인으로서 관심과 존중을 받을 가치가 있는 존재로 인정받지 못했다. 그러나 20세기에 들어와 아동 보호 노력이 놀랄 만큼 진전되었다. 미성년자 노동 착취를 신고하기 위한 직통 전화가 개설되었고, 이와 관련된 조사가 일상적으로 이루어지고 있으며, 때로 아동 학대와 아동 방치로 의심되는 경우 광범위한 조사가 이루어진다. 전체적인 상황을 보면, 우리 사회는 이제 가장 어리고 가장 나약한 사회 구성원들의 이익과 복지를 보호하는 데 있어서 커다란 진전을 이루었다는 사실을 부인할 수 없다.

전 세계적인 차원에서도 보다 긍정적인 변화가 이루어지고 있다는 것을 뒷받침할 만한 상당한 증거가 있다. 인권 문제를 살펴보자. 각국 정부는 국민들을 어떻게 다루고 있는지에 대해 정기적으로 감시를 받고 있고, 남아프리카의 인종 차별 정책의 경우에서처럼, 어떤 나라들은 주요 인권 침해에 대응하여 경제적 제재 조치를 받고 있다. 20세기 이전에는 전범이라는 개념 자체가 없었다. 포로가 된 여성과 아이들은 대개 성폭행을 당하고 노예가 되었으며, 남자 포로들을 할복하는 것은 의식적인 행위였다.

지금도 전쟁과 전범이 존속하고 있지만, 최근에 들어서 우리는 조금만 노력하면 참된 평화를 실현할 수 있는데, 왜 빈번히 다른 사람들을 죽이기 위해 무슨 짓이든 하려고 하는지에 대해 문제를 제기하기 시작했다. 우리는 전범 재판소를 세워서 그들을 처벌하고 있다. 또 전쟁이 정당화될 수 있는지에 대해서도 논쟁을 거듭하고 있다. 이런 문제를 제기하고 있다는 그 사실만으로도 우리 사회와 전세계적으로 얼마나 많은 긍정적인 변화들이 일어나고 있는지를 알 수 있을 것이다. 사람들이 악이 만연해져 있다고 생각하게 된 이유는 바로 우리의 기준이 그만큼 높아졌기 때문이라고 말할 수 있다. 어쨌든 장기간에 걸쳐 사회는 보다 나은 방향으로 진화한다는 것이 입증되고 있다. 만약 사회가 전적으로 악하기만 하다면 이런 발전은 불가능했을 것이다. 이 세상에는 선과 악이 세력으로써 공존하고 있다. 이 둘은 언제나 공존했고 앞으로도 그러할 것이다. 나는 이 사실을 오래전에 알았다. 그러나 신을 언급하지 않고 이 세상에서 선의 기원을 확인하려는 것보다 악이 왜 존재하는가를 그리고 어디서 기원하는가를 분명하게 밝히는 것이 더 쉬운 일이다. 사도 바울이 '죄악의 신비'라고 말한 것은 궁극적으로 인간의 선에 대한 신비보다는 상대적으로 더욱 분명하게 보인다.

대다수의 유대교인들은 우리가 살고 있는 이 좋은 세상이 악에 의해 오염되었다고 생각하지만, 중도파 기독교도인 나는 기본적으로 악한 이 세상이 선으로 오염되었다고 보는 견해를 더 선호한다. 예를 들어 우리는 아이들을 보면서 그들의 순수함과 자발성을 좋아한다. 그러나 사실 우리 모두는 타고난 거짓말쟁이, 사기꾼, 도둑 그리고 음모꾼들이다. 그렇기 때문에 우리 중 많은 사람들이 성장해서 거짓말쟁이, 사기꾼, 도둑 그리고 음모꾼 등이 되는 것은 그리 놀랄 일이 아니다. 이것보다 설명하기 어려운 사실은 왜 많은 사람들이 커서 선하고 정직한 사람이 되는가 하는 것이다. 인간은 악한 존재가 될 수 있음에도 사실 인간 존재들은 전반적으로 예상보다 훨씬 더 좋은 사람들이다.

FCE가 지원했던 공동체 건설 워크숍에 참여했을 때의 경험을 통해서 나는 '인간의 일상적 영웅 정신'에 큰 감동을 받았다. 오클라호마 시 폭탄 테러 사건과 같은 비극적 상황이나, 이와 유사한 다른 위기 상황에서 사람들이 어떻게 난국에 대처하는지 쉽게 알 수 있다. 서로 함께 있을 때, 사람들이 서로에게 얼마나 좋은 친구인지를 뒷받침할 많은 증거들이 있다. 그러나 대부분의 사람들은 선함을 당연시한다. 어느 익명의 사람이 말한 다음의 경구 속에는 우리가 배워야 할 교훈이 있다. "편안하고 안락하기만 한 삶은 우리가 생각하는 것만큼 그리 대단하지 않을지도 모른다. 아파봐야만 건강의 소중함을 깨닫는다. 배가 고파봐야만 음식의 귀중함을 알게 된다. 그리고 악의 존재를 인식하게 됨으로써 우리는 선의 가치를 알 수 있게 된다."

만약 선과 악의 공존이 역설적이라면, 우리는 통합적으로 살아가는 법을 배우기 위하여 이 역설을 받아들여야 한다. 이 통합성의 절정은 바로 완전함이다. 인간 존재로서의 완성을 통해 우리는 해방과 찬양의 역설을 실천할 수 있다. 해방 신학은 기독교인들이 사회 체제적인 죄와 악에 대한 투쟁에서 적극적인 역할을 해야 하고, 또 가난과 억압의 굴레에서 사람들을 해방시켜야 하는 소명을 받았다고 주장한다. 찬양 신학은 역사적으로 이 세상에서 발견할 수 있는 선함과 아름다움에 초점을 맞추고 이것을 찬양하도록 장려했다.

톰 랭포드는 그의 저서《기독교적 전체성》에서 현실적이며 전인적인 사람이 되기 위해 기독교인들이 포용해야 할 많은 역설들을 탐색하고 있는데, 그 가운데 하나는 해방과 찬양의 역설이다. 랭포드가 지적했듯이 해방을 지나치게 강조한 사람들은 광신적이고 침울한 사람이 되고, 반면에 찬양만 강조한 사람들은 천박하고 피상적이며 말만 많이 하는 사람이 될 것이다. 다시 강조하자면, 우리는 통합성의 소명을 받았다. 완전해지기 위한 노력으로 우리는 끊임없이 악의 힘을 인식하고 그것과 맞서 싸워야 되는 것이다. 동시에 우리는 선의 힘을 의식하면서 그에 대해 깊이 감사하는 마음을 가져야 한다.

선과 악의 투쟁에서 우리는 평생 동안 싸울 준비가 되어 있어야 한다. 염세적 인생관을 가질 수밖에 없는 이유도 있다. 하지만 우리 각자가 미약하나마 세상이 악으로 치달을지 또는 선으로 치달을지에 대해서 영향을 끼칠 수 있는 어느 정도의 힘을 가지고 있다는 사실을 믿어야만 하는 이유도 있다. 에드먼트 버크의 말에서, 우리는 선과 악의 두 세력에서 결국에 어떤 것이 승리할 것인지 결정할 수 있는 기준을 발견한다.

"악이 승리하기 위해 필요한 유일한 것은 선한 사람들이 아무것도 하지 않는 것이다."

인간 본성의 역설

선과 악의 역설은 인간의 본성 속에 내재해 있다. 나는 이미 '원죄'에 대해서 이야기했다. 악의 역설과 균형을 맞추기 위해 매튜 폭스가 말한 '원복原福'에 대해서 이야기할 필요가 있겠다. 단순하게 말해서 원복은 바로 우리가 변화할 수 있는 능력이다. 내가 앞서 말했듯이 우리가 천성적으로 거짓말쟁이, 사기꾼, 도둑, 음모꾼 등이라면, 성인이 된 후 이와 다르게 행동하는 것은 인간 본성에 반하는 것이다. 그러나 우리는 결심만 하면 본성도 바꿀 수 있는 능력을 가지고 있다.

용감하게 누군가가 나에게 "펙 박사님, 인간 본성이란 뭡니까?"라고 물어볼 때마다, 나는 이렇게 말한다. "인간 본성은 바지를 입은 채로 화장실에 가는 겁니다."

결국 그것은 우리 각자가 처음에 배변 훈련을 시작했던 방식인 것이다. 즉, 몸이 가는 대로 볼일을 보고, 마음 내키는 대로 배설을 하는 것이다. 그러나 두 살쯤 되면, 부모는 이렇게 말하기 시작한다. "넌 정말 착한 아이야. 난 널 좋아해. 그런데 화장실에서 볼일을 보면 고맙겠구나." 처음에는 부모의 그런 말이 무슨 뜻인지 아이들은 알 수가 없다. 아이들이 이해하는 것은 그냥 느낌이 오면 배설을 하며, 그 결과에 신기하게 느끼기도 한다. 아이에게는 엉덩이에 힘을 꽉 주고 참으면서 간신히 화장실에 가서 용변을 본 후 자신의 배설물이 씻겨 내려가는 것을 보는 것이 전혀 자연스러운 일이 아니다.

그런데 아이와 부모와의 관계가 좋고, 부모가 참을성이 있고 강압적이지 않다면(불행하게도 이런 좋은 조건들이 모두 갖춰진 경우는 드문데, 그게 바로 우리 정신과 의사들이 배변 훈련에 많은 관심을 갖고 있는 이유다), 놀랄 만한 일이 벌어진다. 그 아이는 스스로에게 이렇게 말할 것이다. "너도 알고 있겠지만, 엄마는 정말 좋은 사람이야. 그리고 지난 2년 동안 정말 내게 잘해주었어. 난 어떤 방법으로든 엄마에게 보답하고 싶어, 선물을 안겨주고 싶어. 그런데 난 보잘것없고, 힘없는 두 살짜리 꼬마일 뿐이야. 그러니 이렇게 이상한 일을 잘하는 것 말고 내가 어떻게 엄마가 원하는 선물을 줄 수 있겠어?"

그다음에 생기는 일은 엄마에게 주는 사랑의 선물로, 아이들은 매우 비정상적인 일을 하기 시작하는 것이다. 엉덩이에 힘을 꽉 주고 제때에 화장실에 가서 용변을 보는 것이다. 이 아이가 네 살 또는 다섯 살이 되었을 때, 용변을 보러 화장실에 가는 것은 아주 자연스러운 일이 된다. 그러나 아이가 스트레스를 받거나 피곤할 때는 화장실에 가는 것을 잊어버리고 그만 '사고'를 친다. 그리고 아이는 이불을 엉망으로 만든 이 사건을 매우 불편하게 느낀다. 2년 내지 3년이라는 짧은 시간에 아이는 사랑의 힘으로 자신의 본성을 바꾸는 데 성공한 것이다.

우리를 변화화게 하는 이 능력—우리 자신을 변모시킬 수 있는 능력, 즉 원복—은 너무나 대단한 것이기 때문에 나는 "무엇이 인간 본성이냐?"라는 질문을 받을 때마다 농담처럼 인간 본성이란 존재하지 않는다고 대답한다. 다른 피조물과 인간을 가장 크게 구별하는 것은 다른 손가락과 맞댈 수 있는 엄지손가락, 놀라운 기능을 가진 후두, 커다란 전뇌 피질이 아니다. 그것은 미리 정해져 있는 타고난 행동 양식, 즉 본능의 힘이 상대적으로 부족하다는 사실이다. 그런데 우리가 확인할 수 있는 한도에서 다른 동물의 경우에는 그 본능이 인간보다 훨씬 더 고정되어 있으며 미리 결정되어 있는 본성이이라고 말할 수 있다. 다시 말해 인간은—사회적으로, 심리적으로 그리고 육체적으로—다양한 환경과 상황에 유연하게 대처하고 이를 처리할 수 있는 보다 폭넓은 선택권을 부여받은 것이다.

나는 내 인생의 많은 부분을 평화 구현 활동에 헌신했다. 세계 평화를 실현하는 것이 불가능하다고 믿는 사람들은 일반적으로 스스로를 현실주의자라고 지칭한다. 이들은 나를 이상주의자—아니, 아무것도 모르는 이상주의자 또는 멍청한 이상주의자—라고 지칭한다. 이 말은 어느 정도는 맞다. 그러나 무지하다거나 또는 멍청하다는 의미에서가 아니라 이상주의자란 말에 대해 그렇다는 의미이길 바란다. 이상주의자란 인간 본성의 변화 능력을 믿는 사람들이다. 그러나 나는 낭만주의자는 아니다. 낭만주의자란 인간 본성의 변화 능력을 믿을 뿐 아니라 이 변화 과정이 쉬워야 한다고 생각하는 사람들이다. 낭만주의자는 '사랑은 모든 것을 정복한다'는 말과 같은 단순한 공식에 마음이 끌린다. 정신과 의사로서 일하면서 내가 더 분명히 알게 된 것은 많은 사람들이 온 세상의 사랑을 다 가졌음에도 변화하거나 성장하지 않으려고 한다는 사실이다. 인간 본성을 바꾸는 것은 쉽지는 않지만 가능하다.

이런 변화가 쉽지 않은 데는 충분한 이유가 있다. 성격이란 사고와 행동의 결합체, 즉 여러 가지의 정신적 요소들로 구성된 것이 일관되게 나타나는 형태라고 정의할 수 있다. 이 정의에서 '일관적'이라는 단어가 핵심이다. 개개인들의 성격에는—또 문화나 국가의 경우에도—일관성이 있는데, 여기에는 어두운 면과 밝은 면이 있고 좋은 점과 나쁜 점이 있다.

예를 들어 내가 개업했을 무렵 병원에 처음 온 환자들은 단추 없는 셔츠에, 편안한 스웨터 차림에 심지어는 슬리퍼를 신고 있는 내 모습을 보았을 것이다. 그들이 두 번째 병원에 왔을 때 내가 넥

타이를 매고 양복을 입고 강연을 준비하고 있는 모습을 본다 해도, 그건 큰 문제가 안 될 것이다. 그런데 만약 세 번째 병원에 왔을 때, 내가 길고 흐느적거리는 푸른색 가운을 입고 보석으로 치장하고 대마초를 피우는 모습을 보았다면, 아마도 그들이 병원을 네 번째 찾아오는 일은 없을 것이다. 환자들이 계속해서 내게 치료를 받는 이유 중 하나는 그들이 올 때마다 늘 똑같은 스캇 노인을 보게 되기 때문이다. 내 성격의 일관성이 있기 때문에 그들은 스스로 어디에 있는지를 알게 되는 것이다. 이것은 환자들이 나를 '의지할 수' 있게 하는 어떤 것이다.

우리는 이 세상에서 믿음직한 사람으로서 효과적으로 맡은 직무를 수행할 수 있기 위해서 어느 정도의 일관적인—예측가능한—성격이 필요하다. 그러나 일관성의 어두운 측면은 정신과 의사들이 말하는 저항이다. 성격은—개인이든 국가든—본질적으로 변화에 저항한다. 보다 나은 무엇을 위한 변화라 할지라도 변화는 항상 두려운 것이다. 정신과 치료를 받는 대부분의 환자들은 이런 저런 부분을 고쳐달라고 부탁한다. 그러나 막상 치료가 시작되는 순간부터 그들은 결코 변화를 원하지 않는 것처럼 행동하고, 이를 악물고 변화에 맞서 싸운다. 정신과 치료는 자아를 해방시키기 위한 것이며, 우리의 자아에 진실의 빛을 비추어준다.

"진실은 당신을 자유롭게 할 것이지만, 그보다 먼저 그것이 당신을 미치게 만들 것이다"는 격언은 변화에 대한 우리의 저항감을 나타내는 말이다. 분명한 사실은 우리가 변하는 것이 쉽지 않다는 것이다. 그러나 변화는 가능하고, 이것은 인간으로서 누리는 큰 영광이다.

변화에 대한 인간의 본능적인 저항—게으름, 두려움, 자기도취의 결과—은 이른바, 원죄에 의한 것이라고 생각한다. 동시에 인간의 본성 중 가장 두드러진 특성, 즉 원복은 우리가 원하면 변화할 수 있는 능력이다. 인간에게는 자유 의지가 있기 때문에 원죄에 굴복할 것인가, 변화에 저항할 것인가, 머물러 있을 것인가 그리고 퇴보할 것인가 하는 결정이나 또는 사회의 변혁과 개인의 변화를 위한 일을 할 것인가 하는 결정은 바로 개인의 선택에 달려 있다. 사람들이 변할 수 없다면 보다 살기 좋은 사회를 만드는 일은 무의미하다. 그러나 변화하지 않을 자유도 있다. 초기 기독교 신학자인 오리겐은 변화하지 않으려는 타성과 변화하려는 노력 사이에 일어나는 갈등을 이렇게 요약했다.

"영혼은 발전을 의미하며, 악은 발전을 거부하는 것이다."

권리의 역설

나는 '권리의 심리학'이라고 알려진 '범죄적 사고'의 한 측면을 연구했다. 부자든 가난한 사람이든 사람들은 그들 자신이 세상에 빚진 것이 아니라 세상이 그들에게 빚진 것처럼 행동하려는 경향이 있다. 어떤 사람들은 우월 콤플렉스로 인해 권리감을 느끼며, 또 어떤 사람들은 열등 콤플렉스로 인해 권리의식이 생긴다. 후자는 자신의 운명에 대해 책임이 없다고 생각하는 것 같다. 전자는 하잘것

없는 엉뚱한 이유로 다른 사람들이 자신들보다 자격이 없다고 생각하고, 그런 사람들을 희생시켜서라도 모든 성공을 누릴 마땅한 권리가 그들에게 있다고 생각한다.

이러한 권리에 대한 태도의 이면에는 여러 이유가 있다.《거석을 찾아서》에서 나는 특히 미국적인 이유에 대해 언급했다. 그것은 바로 독립선언서에 나타나 있는 개념이다.

"모든 사람들은 평등하게 창조되었으며, 생명, 자유, 행복 추구와 같은 타인에게 양도할 수 없는 권리를 창조주로부터 부여받았다. 우리는 이 진실이 자명하다고 믿는다."

선언서의 말은 역설적으로 말해서 가장 심오하면서도 가장 어리석은 글이라고 나는 생각한다. 이 글은 사실 인간 조건의 핵심을 정확히 포착하고 있는 장엄하면서도 성스러운 비전을 담고 있다. 동시에 이것은 엄청난 오해의 소지를 제공한다.

인간은 창조주의 눈앞에서 평등하다. 그러나 그의 눈을 벗어나면, 우리는 완전히 불평등하다. 우리는 서로 다른 재능과 책임, 서로 다른 유전자, 서로 다른 언어와 문화, 서로 다른 가치와 사고방식, 서로 다른 개인의 역사, 서로 다른 수준의 능력 등등을 가지고 있다. 사실 인류는 불평등한 종으로 명명되는 것이 타당할 것이다. 인간이 다른 피조물들과 구별되는 것은 엄청난 존재의 다양성과 행동의 변화가능성이다. 평등하다고? 도덕적 범주에서만 보더라도, 인간은 악마에서부터 영광스러운 천사에 이르기까지 실로 다양한 모습을 보인다.

평등에 대한 잘못된 개념은 우리를 가짜 공동체—모든 사람은 동일하다는 개념—의 위선으로 몰고 간다. 우리가 진정성과 충분한 지식을 가지고 행동하게 되면 이러한 위선은 반드시 드러나게 되는데, 그렇게 되면 우리는 억지로 평등을 추구하도록 강요받는다. 즉, 부드러운 설득의 힘은 점점 사라진다. 우리는 수행해야 할 과제를 완전히 잘못 이해하게 된다. 평등을 확립하는 것은 사회의 과제가 아니다. 그 과제는 우리가 경험하는 불평등을 인간적으로 해결할 수 있는 체계, 즉 이성적 범주 안에서 다양성을 받아들이고 고무시키는 체계를 발전시키는 것이다.

그러한 체계를 발전시켜 나가는 데는 인권 개념이 그 중심에 놓여야 할 것이다. 나는 미국 헌법과 판례법에 권리장전이 첨부된 것을 진심으로 환영한다. 그러나 미국의 독립선언서에서 주장하고 있는 생명, 자유 그리고 행복 추구권과 같은 포괄적인 권리들에 대해서는 의구심을 떨칠 수 없다.

예를 들어 나는 점차 나이가 들어감에 따라, 어떤 부분에서는 내가 가진 생명에 대한 권리에 대해 점차 의심이 커져간다. 작가로서 그리고 교사로서, 나는 거짓말을 하고 교묘하게 사실을 왜곡할 수 있는 나의 자유에 대해서 의문을 가져야 한다고 생각한다. 정신과 의사와 신학자로서 나는 행복을 심오한 무엇인가를 추구하는 과정에서 나타나는 부수적 효과이거나 자기기만의 결과라고 알고 있다. 그러므로 나는 행복 그 자체를 추구하는 것이 얼마나 가치가 있는 것인지 잘 모르겠다.

내가 제기하려는 보다 큰 문제는 이 모든 권리의 통합에 관한 것이다. 생명, 자유 그리고 행복 추구의 권리 등을 모두 더해보자.

그러면 마치 우리가 평화를 누릴 권리와 자격이 있는 것처럼 들릴 것이다.

다시 말해 이것은 하나의 역설이다. 이 역설의 한 면은, 평화는 진정으로 합당한 인간의 열망이라는 점이다. 그러나 파괴적인 것과 비파괴적인 분쟁이 일어날 수 있다. 우리에게 필요한 것은 파괴적이지 않은 분쟁이다. 이러한 분쟁은 적절하게 작용하면 인간의 존엄성을 증진시키는 경향이 있다. 이른바 영광스러운 승리에도 전쟁은 인간의 존엄성을 파괴한다. 전쟁이 완전히 사라진 상태를 평화라고 정의 내린다면, 평화를 열망한다는 것은 고귀한 이상이다. 그리고 우리가 가질 자격이 없다고 느끼는 어떤 것을 추구할 수는 없다. 이런 의미에서 우리는 평화를 하나의 권리로 생각해야 할 것이다. 이 역설의 또 다른 측면은 평화를 위해 노력하지 않으면 평화를 누릴 권리가 없다는 점이다. 공동체에 대해서 내가 말했던 것들과 평화에 대해서 우리가 알고 있는 여러 가지 사실들은 우리가 노력하지 않고 평화를 기대할 수 있는 근거가 전혀 없다는 것을 말한다. 또 우리는 일단 희생을 통해 평화를 이룩하게 되면, 손가락 하나 까닥하지 않아도 평화가 오랫동안 머무를 것으로 기대할 타당한 근거가 없다는 것을 알게 된다.

아마 우리가 평화를 누릴 자격이 있다고 생각하는 것만큼 위험한 함정은 없을 것이다. 모든 분쟁은 평화로운 방법으로 해결될 수 있다고 믿는 대다수 사람들의 생각은 평화를 누릴 권리가 있다는 생각만으로 모든 문제가 풀릴 것이라고 믿는 순진한 태도다. 그러나 다른 부류의 많은 사람들은 그와는 반대로 모든 분쟁이 무력—

폭력 또는 이것을 사용하겠다는 협박—에 의해서만 해결될 수 있다고 믿는다. 이러한 생각은 냉소적이고 자기만족적이다. 인간 발달사에 있어서 오늘날의 역설적인 현실은 어떤 전쟁은 피할 수 없었거나 '정당'한 것이었다. 또 어떤 전쟁은 부당하고 불필요한 것이었으며, 게으름과 어리석음으로 인해 엄청난 대가를 지불하며 치러졌다는 점이다.

나는 사람들 사이에 이루어져야 할 평화에 대해서 말하고 있지만, 우리가 열렬히 바라는 내적인 평화의 상태를 이루기 위한 노력에도 그와 똑같은 역설적인 원칙들이 적용된다. 비록 우리가 그것을 열망할 권리는 있지만, 외적 평화를 가질 권리가 없듯이 내적 평화를 가질 권리도 없다. 그러나 많은 사람들은 살아가면서 그들이 마땅히 누릴 권리가 있다고 생각하는 행복이나 평온함이 침해당하게 되면, 분노하며 항의한다. 더구나 내면의 평화를 얻기 위해서 우리는 먼저 내면의 평화를 얻어야 한다는 생각을 기꺼이 버릴 필요가 있다. 양심의 가책 없이 끊임없이 자신에게 거짓말을 할 수 있는 사람들만이 무조건적인 마음의 평화를 가질 수 있다. 그러나 이런 식의 치명적 결함을 가진 인간이 되지 않기 위해서는 내적인 평화보다 더 중요한 것, 즉 통합성(성실성)이 있다는 것을 기억해야 한다. 통합성은 진실을 위해 불편함을 견디려는 자유 의지를 필요로 한다.

이런 사실을 기억하기 위해서 예수에 대해 생각하는 것이 도움이 될 것 같다. 그는 그렇게 자주 좌절, 분노, 위협, 고독, 슬픔, 그리고 우울함을 느꼈던 사람이었으며, 그분은 분명 대중의 사랑을 원했지만 그것을 위해 신념을 버리지 않았으며, 우리에게 인생은 인기를 위한 경쟁 이상의 의미가 있다는 것을 가르쳐준 사람이었다. 또 그분은 세상 사람들이 상상했던 만큼 충분히 '내적인 평화'를 갖지 못했지만, '평화의 왕자'라고 일컬어진 분이었다. 우리는 우리 자신의 마음에 닿지 못하는 거짓 마음의 평화가 있다는 것을 알아야 한다. 참된 내적 평화는 우리 자신의 모든 측면과의 밀접한 관계를 필요로 하며, 우리의 권리뿐 아니라 우리의 책임에 대한 관심을 필요로 한다.

책임의 역설

시민으로서 우리는 지방, 주, 국가적 차원에서 발생하는 여러 가지 문제에 의해 영향을 받는다. 이런 문제들이 우리의 일상생활과 다른 사람들의 일상생활에 끼치는 영향에 따라서 서로 다른 역할과 책임이 우리에게 주어진다. 어떤 사람들은 모든 지방 선거와 국가적 차원의 선거에서 열심히 선거권을 행사함으로써 — 변화를 이루기 위해 — 이러한 도전에 응한다. 그리고 어떤 사람들은 도움이 필요한 사람들을 돕는 공동체의 조직 활동에 참여하는 길을 선택한다. 그리고 또 다른 사람들은 관심 있고 걱정이 되는 분야의 운동에 재정적 기부를 한다. 그러나 많은 사람들은 어떤 종류의 책임을 지는 것을 거부한다. 그 대신 속편하게도 다른 사람들이 세계의 모든 문제들을 해결하는 메시아 역할을 해주길 기대한다. 그들은 특정한 권리를 획득하고 이를 지키기 위해 적극적인 역할을 하는 것과 달리, 시민권의 자격과 관련된 선택을 해야 할 책임을 분명하게 느끼지 못한다. 그들은 스스로 사회에 아무런 해가 되지 않는다고 주장할 수도 있겠지만, 엘드리지 클리버(1960년대)가 했던 다음의 말은 이들에게 해당되는 진실이라고 생각한다.

"당신이 문제를 해결하지 않는다면, 당신은 문제의 일부다."

역설은 우리가 모든 것에 책임이 있음과 동시에 모든 것에 책임을 질 수 없다는 것이다. 이것에 대한—모든 역설에 대한—답은 등식의 한 면만 받아들일 것이 아니라 진실의 양면성을 포용해야 한다는 것이다. 작가 윌리엄 포크너는 그의 딸, 질의 고등학교 졸업식 연설에서 이렇게 말했다.

"불의와 거짓, 탐욕에 대항하여 싸우기 위해 정직과 진실, 연민의 목소리를 높이는 것을 두려워하지 마십시오. 만약 전 세계의 모든 사람들이, 이 자리와 같은 수많은 곳에서 이것을 실행한다면, 세상은 바뀔 것입니다."

1955년 앨라배마 주 몽고메리의 한 백화점에서 무명의 재봉사로 일하던 로사 파크는 자신의 버스 좌석을 백인 남자에게 양보하는 것을 거절했다. 이 사건은 버스 승차 거부 운동을 촉발시켜 381일 동안 계속되었고, 미국을 변화시켰다. 버스에 탔던 그녀는 다리가 아팠으며, 잇따라 자신의 존엄성이 시험을 받아야 했다. 마흔두 살의 이 흑인 여성은 체포되었고, 그 후 직장에서 해고되었다. 그녀의 단순한 행동과 그 뒤를 이은 많은 다른 사람들의 행동은 시민사회운동에 박차를 가하였고, 미국에서 엄청난 법률 개혁을 이

끌었다.

모든 사람들이 로사 파크만큼 영향력을 가질 수는 없지만, 우리 모두는 세계의 모든 악에 맞서 싸우는 투쟁에 동참할 수는 있다. 사실 악에 대항하는 투쟁은 가정에서 시작된다. 우리는 먼저 우리 자신과 가정을 돌아봐야 하고, 보다 건전한 의사소통과 상호 작용이 가능하도록 노력해야 한다. '세계적으로 생각하고, 지역적으로 행동하라.' 이 말은 좋은 행동 지침이 될 것이다.

일반 시민들이 안고 있는 지리적 한계 그리고 여러 가지 다른 한계들을 고려하면, 지역적으로 행동하는 것은 변화를 만들 수 있는 실행 가능하면서도 유일한 방법일지도 모른다. 그렇다고 해서 우리의 생각이 반드시 우리 곁에 있는 문제들에 국한되어야 한다는 의미는 아니다. 우리는 여러 가지 문제에 대해 언제나 세계적인 차원에서 생각할 수 있다. 선택을 한다면 나는 그 영향이 나 자신에게 미친다는 간단한 이유에서 미국의 의료비용에 국한된 관심을 가질 수 있을 것이다. 그러나 나는 세계 시민이기 때문에, 세계의 다른 지역에서 벌어지고 있는 사건들을 모른 체할 수는 없다. 나에게는 르완다, 유고슬라비아 그리고 세계 다른 지역에서 벌어지고 있는 내전과 대량 학살과 그 밖의 다른 전쟁 범죄에 대해 생각할 책임이 있다. 나는 베트남 전쟁에 대해서 깊이 있게 연구했지만, 아직 이러한 지역들에 대해서는 그만큼 충분히 연구할 시간이 없었다. 이미 내 생활은 여러 가지 처리해야 될 일들로 넘쳐나고 있었기 때문이다. 결국 정신요양소 신세를 지게 되지 않고서야 어느 누구도 모든 것을 공부할 수 없으며, 모든 일에 대해 행동을 취하고, 책임을 질 수는 없는 것이다.

그러나 우리 자신에게 직접적인 영향을 미치는 문제에 대해서만 관심을 가지는 것으로는 충분하지 않다. 우리 자신의 권리와 개인의 입장을 대변하는 것을 넘어서 우리에게 직접적인 이익이 없더라도 때로는 기꺼이 다른 사람들의 입장을 대변해야 하는 경우도 있다. 때로는 위험을 각오하고서라도 기꺼이 그렇게 해야 하는 경우도 있다. 위험을 감수하고 나서야 할 때를 결정해야 하는 책임은 개인의 선택 문제이며, 그것은 어떤 것을 대변하기 위해 자신이 무엇인가를 기꺼이 포기하거나 잃어버릴 수 있을 것인가 하는 문제에 달려 있다.

우리는 책임의 선을 정확히 어디에 그어야 할지 몰라 곤란해지는 경우가 있다. 그러한 경우에 우리는 할 수 있는 최선을 다하고, 그 나머지는 불확실성에 맡길 수밖에 없다. 인종적으로 모욕하는 말을 들었을 때 강력하게 항변했어야 했는지 또는 이웃집 남자가 아내에게 폭력적으로 학대하는 소리를 들었을 때 말렸어야 했는지 하는 문제, 즉 그 당시에 적절한 처신을 했는지에 대해서는 항상 확실하게 알 수는 없다. 복잡하고 압도적인 사회적 책임을 마주하여, 우리가 절망과 탈진 상태에 빠진다면, 우리는 자신에게 뿐 아니라 다른 사람에게도 아무런 도움이 되지 않는다는 것을 기억해야 한다.

FCE 공동체 구성을 위한 워크숍이 열리는 동안, 어떤 흑인 여성이 흑인에 대한 긍정적 이미지를 만드는 일에 대해 느끼는 책임이 얼마나 고통스러운지를 이야기하고 있었는데, 나는 한 백인 남성이 그녀에게 보낸 쪽지를 기억한다. 그때 그 흑인 여성은 온 세상의 무게를 혼자 자신의 어깨 위에 지고 있는 것처럼 보였다. 그가 보낸 쪽지의 내용은 다음과 같다.

"혼자서 모든 것을 책임지려고 생각하지 마세요. 그것은 제 일입니다."

뜻밖에도 그 쪽지 밑에는 '하느님God'이라는 서명이 있었다. 다시 말해 우리 인생에서 — 그리고 넓게는 이 세상에서 — 우리가 할 수 있는 최선의 일은 잠시 동안 '모든 것에서 손을 떼고 신에게 맡기는 것' 일 때가 있다. 이 말은 익명의 알코올의존증 환자 모임에서 자주 사용하는 문구이다.

우리 모두가 가까운 가족이나 공동체를 돕기 위해 무엇인가 하도록 결정할 수 있지만, 내가 그들에게 구체적으로 해야 하는 일이 무엇인지 알려줄 수는 없다. 우리는 모든 일에 관여할 수 없기 때문에, 어떤 일을 할 것인가에 대해서 선별적이 될 수밖에 없다. 이것을 위해 우리는 자신의 소명이 무엇인지 알아야 한다. 그리고 신이 우리를 부르는 방법과 다른 사람을 부르는 방법은 다를 것이다. 가난한 사람을 돕는 것만큼 숭고한 소명은 없다. 나는 많은 세월이 흐르는 동안 무척이나 숭고한 사람이 되고 싶었지만, 가난한 사람들을 위해 직접적인 활동을 하는 것이 내가 가진 소명은 아니라는 생각이 들었다.

10년 전 릴리와 내가 워싱턴 D.C. 소재 '구세주 교회'에서 일주일 동안 자원 봉사를 해달라는 부탁을 받았을 때 이 사실은 더 분명해졌다. 그 교회의 목회는 부분적으로 연방 정부의 고위직에 있는 사람들과 관련이 있었다. 그 한 주일 동안 우리는 그 교회의 창립자인 고든 코스비를 잠시라도 만날 수 있는 기회가 있기를 바랐다. 그는 활동적인 교회 창시자로, 주로 워싱턴 시내 빈민가의 가난한 사람들을 대상으로 목회활동을 하고 있었다. 자원 봉사 마지막 날은 아침 7시 30분에 세계 은행에서 회의를 하는 걸로 시작되었다. 그 후 많은 상·하원 의원들과의 만남이 이어졌고, 조찬 기도회 담당자들과의 만남도 있었고, 오후에는 많은 의원들과의 만남이 계속되었다. 저녁 6시가 되었을 때 우리는 완전히 녹초가 되었다. 그때 우리는 교회의 한 빈민센터에서 코스비를 만날 수 있다는 연락을 받았다. 릴리와 나는 그곳에 도착해서 아래층으로 안내되었는데, 그 지하 공간에는 수백 명의 노숙자들이 일회용 알루미늄 접시에 담긴 음식을 먹고 있었고, 로큰롤 밴드가 조그마한 무대 위에서 연주를 하고 있었다. 그 소리는 귀가 멍할 정도였다. 코스비는 우리에게 일회용 알루미늄 접시에 음식을 담아 같이 앉아서 식사를 하자고 공손히 청했다. 나는 식당 밖의 좀 조용한 곳에서 이야기를 나눌 수 있는지 물어보았다. 그는 허락했고 마침내 우리는 조용한 방에서 몇 분 동안 그를 만나게 되었는데, 그때가 내게는 위기의 순간이었다. 나는 그에게 이렇게 말했다. "고든 목사님, 전 누구보다도 당신이 하고 있는 일을 존경합니다. 제 자신은 그런 일을 도저히 할 수 없기 때문입니다. 저는 그런 일을 하도록 소명 받지 않은 것 같습니다. 저도 당신과 같은 소명을 받고 싶지만, 그러지 못했습니다."

내 말은 지금까지 내가 가난한 사람들과 노숙자 돕는 일을 한 번도 해본 적이 없다는 뜻은 아니었다. FCE도 빈곤 문제와 관련된 많은 일들을 해왔다. 그리고 나도 지난 20년 동안 정신 병원을 사실상 폐쇄하여 수많은 중증의 만성 정신 질환자들을 거리로 내몬 주 정부의 결정에 반대를 해왔다. 비록 주 정부 결정이 정신 질환자들의 자유를 존중하고, 최근에 개발된 정신 안정제의 혜택과 이런 환자들을 돌볼 '지역정신건강센터'에 대한 환상과 함께 여러 가지 달콤한 말로 포장되어 있었지만, 나는 처음부터 그 동기는 주로 경제적인 것이며, 노숙자 문제는 어쩔 수 없는 경제적 문제에 의해서 생겨난 결과라는 것을 알 수 있었다.

그러나 결국 나 자신이 비난을 받게 되었지만 (내가 했던 많은 평화 운동의 경우에서와 마찬가지로), 사람들은 대체로 내 말에 귀를 기울이지 않았다. 다른 경우에서처럼, 이 경우에도 에너지만 낭비했다는 생각이 들었다. 그러나 수년간 내게 큰 위안이 되었던 것은 사회 개혁 단체인(오랫동안 군비 축소를 위해 급진적인 시민 불복종 운동을 전개했던) 베리건수도회 소속의 한 신부가 강연한 모임에 참석했던 환자의 이야기였다. 그는 이 모임에서 어떤 사람이 베리건 신부에게 아무런 가시적인 성과도 없는데 어떻게 수십 년간 이 일을 해올 수 있었는지 물었다고 말했다. 그 신부는 이렇게 대답했다고 한다. "우리는 결과에 대해 생각한 적이 없습니다. 그렇게 했다면 지금쯤 이 자리에 없겠지요. 우리가 관심을 갖는 것은 결과가 아닙니다. 우리가 옳다고 생각하는 것, 우리가 해야 한다고 생각하는 것을 할 뿐, 결과는 하느님께 맡깁니다."

시간과 돈의 역설

우리는 시민으로서의 책임 수준과 참여 정도를 결정해야 할 뿐 아니라, 시기도 고려해야 한다. 참여 시기를 결정하는 것은 매우 중요하다. 그것은 우리가 현생에서 하고 싶은 모든 일을 할 수 없을뿐더러, 현실적으로 시간, 에너지 그리고 돈이라는 자산의 한계가 있는 우리 현실을 고려해야 하기 때문이다. 나는 장성한 자녀를 두고 있고, 시민 불복종 운동에 열성적으로 참여하고 있는 55세의 여성을 만난 적이 있다. 그녀에게는 시간과 에너지가 있었고 시민 운동을 참고 해나갈 수 있는 인내심도 있었다. 적어도 한 달에 한 번 구속되지 않으면, 그녀는 오히려 자신의 활동이 시원치 않다고 여겼을 정도였다. 그러나 나는 부양해야 할 가족이 있는 사람이나, 키워야 될 아이가 있는 사람에게 시민 불복종 운동으로 감옥에 가는 일을 하도록 신이 소명을 내릴 것 같지는 않다고 생각한다.

말 그대로 어떤 일을 할 시기를 정하는 것은 무엇보다도 중요하다. 많은 사람들은 생계를 꾸려가고 자녀를 양육하느라 바쁘다. 어떤 사람들은 다른 결정을 내린다. 나는 사회 운동가로서의 삶은 성공적이었으나 부모로서는 실패한 많은 시민 운동가들의 이야기를 들었다. 그들은 분명히 자녀나 가정보다는 사회적 대의를 위해 많은 시간을 썼다. 그러나 이런 사회 운동가들 중 일부는 분명히 그런 일을 하도록 소명을 받았으며, 자녀들과 보다 많은 시간을 함께 하지 못한 것을 후회했을지도 모른다. 하지만 그들의 희생이 있었기에 오늘날 세상은 보다 살기 좋은 곳이 된 것이다.

시민권을 책임이라고 생각하는 시민 의식이 강한 개인들은 시간, 돈 혹은 다른 자원들을 통해 사회에 커다란 기여를 하고 있다. '자원봉사주의'는 개인의 경제적 이익과 가정의 범주를 벗어난 영역에서 선을 행하기 위한 노력을 지칭하는 용어다. 어떤 사람이 아무런 보상도 기대하지 않고 대의를 위해 일하려고 한다면, 그의 참여는 본질적으로 자발적이다. 자선가는 자발적으로 자신의 돈을 기부한다. 교사는 빈곤층 자녀들에게 방과 후 개인 지도를 무료로 제공할 수도 있다. 학생은 노숙자 쉼터에서 봉사 활동을 하고, 가정주부는 매주 양로원에서 외롭게 지내는 노인들을 찾아가 그들과 값진 시간을 보낼 수도 있다.

자원 봉사는 일종의 소명이다. 이것은 직업 선택과 마찬가지로 적합한 선택이어야 하며, 동시에 복잡한 선택이기도 하다. 나는 많은 사람들이 경우에 따라서 자원 봉사 활동을 해야 하고, 자원 봉사의 과정과 결과는 언제나 사회와 자원 봉사자 모두에게 이익이 된다고 생각한다. 늙고 젊고를 떠나 자원 봉사 활동은 타인에 대한 봉사를 통해 스스로 배우고 성장할 수 있는 기회가 된다. 젊은이들의 열정과 에너지 그리고 나이 든 사람들의 시간, 경험 그리고 연민은 잠재적으로 대단히 헌신적인 자원 봉사자가 될 수 있는 요소들이다.

그러나 자원봉사주의의 선택은 여러 가지 요인들에 의해 고려되어야 하는데, 그중에서 시기가 가장 중요할 것이다. 전도서에는 다음과 같은 간결한 표현이 있다.

모든 일에 제 때가 있고 하늘 아래 만사에 제 시기가 있으니
날 때가 있고 죽을 때가 있으며
심을 때가 있고 뽑아버릴 때가 있으며
죽을 때가 있고 치유할 때가 있으며
헐어버릴 때가 있고 세울 때가 있으며
울 때가 있고 웃을 때가 있으며
슬퍼할 때가 있고 춤출 때가 있으며
돌을 던질 때가 있고 돌을 모을 때가 있으며
포옹할 때가 있고 포옹을 억제할 때가 있으며
찾을 때가 있고 잃을 때가 있으며
간직할 때가 있고 버릴 때가 있으며
찢을 때가 있고 꿰맬 때가 있으며
잠잠할 때가 있고 말할 때가 있으며
사랑할 때가 있고 미워할 때가 있으며
전쟁의 때가 있고 평화의 때가 있다.

시기가 중요하듯 다른 자산 역시 사회 봉사를 할 사람의 역량에 차이를 주는 요소다. 단순하게 행동하는 사람들에게 극빈 문제를 해결하라고 하면 당연히 거부할 것이다. 사회의 선을 위해 일한다는 것은 개인의 편의를 완전히 희생해야 된다는 말과 동의어는 아니다. 몇 년 전 나는 노바스코샤에서 있었던 공동체 운동가 학술대회 논문집을 읽었다. 수년 동안 사회 운동과 자원봉사주의의 전방에서 일했던 발표자 중의 한 사람은 이렇게 말했다.

"가난한 사람들에게 우리가 할 수 있는 가장 큰 공헌은 우리 자신이 가난해지지 않는 것이다."

이것은 냉혹한 말인 것 같지만, 내 자신의 경험에 의하면, 어느 정도 진실성이 담겨 있다는 생각이 들었다. 예를 들어 FCE가 평화 정착과 빈곤 척결 운동을 해올 수 있었던 이유도 그 단체가 재정적으로 안정된 비영리 단체이기 때문이다.

극심한 가난 자체가 미덕은 아니듯, 커다란 부가 단순히 탐욕을 뜻하지는 않을 것이다. 물론 그 돈을 어떻게 쓰느냐에 따라 달려 있겠지만. 돈이 모든 악의 근원이라는 말에는 단순한 진실 이상의 무엇이 있다. 그러나 그 반대 역시 설득력이 있다. 자산이 선을 행하는 데 사용될 수 있다는 점에서 레오나르도 오론스라는 사람은 돈을 '돌고 도는 신'으로 간주할 수 있다고 했다.

그러나 어느 정도의 돈이 있어야 충분하다고 말할 수 있을까? 돈을 벌려고 하는 사람들이나, 벌어들인 돈을 계속 유지하려는 사람들은 '결코 끝이 없다'고 대답할 것 같다. 내 생각엔 돈은 목적을 위한 수단일 뿐 그 자체가 목적이 아니다. 만약 그 목적이 선을 행하는 데 있다면, 돈은 많으면 많을수록 좋다. 어쨌든 이런 질문은 돈이 충분했다면 결코 하지 않았을 것이며, 다만 그 돈을 가지고 무엇을 할지 결정을 내리기만 하면 될 것이다.

돈은 우리를 자유롭게 하는 것이 아니라 오히려 구속시키는 것으로 흔히 인식되고 있다. 돈은 유혹하는 정부情婦와 같다. 《거석을 찾아서》에서 나는 돈이 없었을 때보다 요즘 돈에 대해서 더 많이 걱정한다고 썼다. 이런 걱정은 어느 정도 타당성이 있다. "어리석은 자의 돈은 금방 없어진다"는 말이 있다. 그러나 나 역시 필요 이상으로 돈에 대해 걱정하고 있으며, 그런 걱정이 적당하지 않을 시에는 돈에 대한 집착이 될 수도 있을 것이다. 돈을 세어 보는 것은 틀림없이 미래에 대한 불안감을 덜 수도 있다. 그러나 돈이 마치 우리의 가치 척도인 것처럼 그것은 우리를 잘못된 자만심과 자기만족에 빠지게 할 수도 있다.

나는 대부분의 사람들보다 이런 집착에 더 쉽게 빠지는 경향이 있다. 1936년 5월에 태어난 나는 경제 대공황 세대다. 파크 애비뉴에서 보낸 유년기 내내 아버지는 형과 나에게 "너희들은 돈의 가치에 대해서 배워야 돼"라고 설교했을 뿐 아니라 "우린 결국 빈민 구제소 신세가 될 거야"라는 말을 반복했다. 그 당시 나는 아버지의 그 말이 웃기다고 생각했다. 그러나 세월이 지나면서 그 말의 뜻을 서서히 이해하게 되었다. 사춘기 때는 데이트 상대들과 저녁 식사를 할 때마다 여자들이 비싼 음식을 주문할까 봐 전전긍긍했다. 그 후 그런 고민은 극복했지만, 결혼을 하고 아이들을 키우면서 나는 오랫동안 우리 가족이 빈민 구제소 신세를 지게 될지도 모른다고 고민했다. 만약 내가 뇌졸중으로 일할 수 없게 되면 어떻게 하지? 만약 우리가 고소를 당하면 어쩌지? 만약 주식 시장이 무너진다면? 만약 걷잡을 수 없는 인플레이션이 일어난다면? 만약에? 만약에?

사람들에게 돈과 안정된 생활은 같은 의미다. 그러나 완벽한 안정을 꿈꾸는 것은 환상이다. 인생이란 본질적으로 불안정한 것이다. 어린 시절에 나는 인생에서 진정한 안정은 인생의 불안정함을 즐기는 데 있다는 계시를 받았다. 그 뒤 나는 이 계시를 널리 알리려고 했으며, 오늘날까지 계속해서 그 의미를 되새겨야 할 필요를 느낀다. 돈은 일종의 안정이며, 결코 충족될 수도 없다. 적어도 그것은 우리가 완벽한 안정의 환상을 좇는 한 결코 충족될 수 없다.

부유하지만 남에게 베풀지 않는 사람들은 이런 공허한 망상을 좇는 사람들이다. 물론 나에게도 그런 기질이 어느 정도 있다. 그런 사람들처럼 완전히 돈이라는 우상의 노예가 되지 않았을지는 모르겠지만, 사실 나의 수입, 투자 그리고 책 판매량만큼 내 기도생활을 방해하는 것들은 없다. 일부 영성 작가들의 진단에 의하면 인간은 '결핍의 심리'로부터 고통 받는 종족이다. 따라서 이들은 '풍요의 심리', 즉 언제나 풍요로울 것이며, 하느님이 풍족하게 베풀어주실 것이라는 의식을 강조한다. 나는 이런 가르침을 믿는다. 경제 대공황기에 태어난 나는 이 가르침을 따르라고 강요받았고, 어쩌면 그렇게 노력했을 뿐이다.

진정으로 부는 무엇으로 이루어지는가? 세속적인 의미에서 부는 돈과 가치 있는 물건들을 소유한 것이다. 그런데 만약 부를 단순한 화폐 가치가 아닌 다른 방법으로 측정한다면, 가진 것이 없어 가난한 많은 사람들은 영적으로 충만하고, 가진 것이 많아 부유한 많은 사람들은 영적으로 빈곤하다. 영성 심리적 측면에서 본다면, 참으로 부유한 자는 하느님과 지속적인 관계를 갖고, 자신을 헌신함으로써 많은 것을 받는다는 것을 잘 알고 있는 사람들이다.

우리가 영적인 선물로 축복을 받았거나 혹은 세속적인 부의 축복을 받았거나 아니면 두 가지 축복을 모두 받았거나 간에 이러한 축복을 받은 사람들에게는 여러 가지 요구가 따른다. 많은 것을 가진 사람들에게 (재능, 돈, 또는 다른 자원의 측면에서) 많은 것을 기대한다는 말이 있다. 그래서 많은 부를 축적한 사람들에게 가장 큰 딜레마는 자신의 재산을—어느 정도의 재산을—다른 사람들의 이익을 위해 사용해야 하는가를 결정하는 것이다. 또 그들이 돈을 나누어주어야 할 시기는 언제인가? 물론 여기에 분명한 공식은 없다. 그러나 분명한 사실은 권력과 마찬가지로 돈을 소유하는 진정한 목적은 다른 사람들과 이것을 공유하는 것이라는 점이다. 지나친 권력처럼, 지나치게 많은 돈을 자신만을 위해 소유하는 것은 그것을 나누지 않고 자신을 위해 지키려고 하는 개인뿐 아니라 사회 전체를 위해서도 위험하다.

개인 사례 연구

대략 1984년 말부터 1995년 말까지, 늦은 중년의 시기에 릴리와 나는 정말로 많은 봉사 활동을 했다. 우리가 이처럼 많은 시간과 자원을 헌신할 수 있었던 우리의 능력은《아직도 가야 할 길》의 상업적인 성공에 뒤따라 왔다. 1984년은 생애 두 번째로 우리가 필요한 것보다 훨씬 많은 수입을 벌어들인 해였다. 그래서 우리는 중요한 대의大義를 위해 시간과 돈을 지원할 수 있는 방법을 찾기 시작했다. 무엇보다도 우리의 관심을 끌었던 대의는 평화였다. 릴리와 나는 재단을 만드는 것을 의논하기 시작했다. 몇 달 동안 우리는 500

개나 되는 여러 성격의 평화 단체들을 하나로 묶는 재단을 설립하는 방안에 대해 고민했다. 그런데 생각하면 할수록 확실해지는 것은 우리가 어떤 평화 재단을 설립하든 그것은 그저 501번째의 평화 단체가 될 거라는 점이었다.

점차로 우리는 공동체 건설이 평화보다 더 기본적인 일이며, 공동체 건설이 평화보다 선행되어야 하는 일이라는 사실을 깨닫게 되었다. 그래서 1984년 12월 아홉 개의 다른 단체들과 연계하여 공동체장려재단FCE을 설립했다. FCE는 비과세 · 비영리 대중 교육 재단으로 그 임무는 공동체의 원칙을 가르치는 것이다. 다시 말해서 여러 단체의 내부에서의 건강한 의사 소통과 단체들 간의 건강한 의사 소통의 원칙을 가르치는 것이다. 설립 이념은 다음과 같다.

> 우리의 마음속에는 평화에 대한 갈망이 있다. 과거에 맺었던 여러 가지의 관계 속에서 받은 상처와 거절의 경험 때문에, 우리는 위험을 감수하는 것을 두려워한다. 그런 두려움 때문에 진정한 공동체의 꿈은 한낱 공상에 불과한 것으로 치부한다. 그러나 사람들을 다 함께 모이게 하고, 과거의 상처를 치유할 수 있는 규칙이 있다. 공동체장려재단의 임무는 바로 이와 같은 규칙들을 가르치는 것이고 — 우리의 희망이 실현되도록 하는 것이고 — 인간의 영광을 거의 잊어버린 세상에서 우리의 비전을 구현하는 것이다.

《평화 만들기》(이 책의 부제는 '공동체 건설과 평화'로 진행을 의미한다)에서 나는 공동체 건설의 가치는 평화의 선구자로서 중요한 의미가 있다고 설명했다. 공동체 건설은 많은 사람들이 직위, 소득, 학력 그리고 종교적 · 문화적 · 인종적 정체성 때문에 가지는 독선과 같은 의사 소통의 장애물 등을 제거하는 데 도움을 주려는 것이다. 이러한 장애물들이 '비움'을 배우는 과정에서 사라지면, 우리의 마음이 활짝 열리고, 감수성이 풍부해지며, 그 결과 철저하게 변화하는 일시적인 의식의 상태를 경험하게 된다. 이러한 과정을 통해 우리는 치유—일종의 기적—가 일어날 수 있는 여지를 허락하게 된다.

공동체 건설은 세파에 시달린 사람들의 위선적인 껍질을 뚫고서 그들이 가진 순수함의 본질에 도달하게 만든다. 이것을 통해 사람들은 자신들의 동기, 감정, 판단, 반응 등을 깊게 살펴보고, 결과적으로는 자아 의식을 확대하고 궁극적으로 타인에 대한 의식 역시 확대하게 된다.

지난 11년 동안 릴리와 나는 대략 우리 수입과 시간의 삼분의 일을 FCE 활동에 바쳤다. 우리는 각자 1주일에 대략 12시간 정도를 FCE를 대표하는 일을 하면서 보냈다. FCE의 일원이 된다는 것은 아이를 갖는 것과 비슷하다. 우리는 얼마나 많은 일을 해야 하는지 생각하지 않았다. 또 그런 활동을 통해서 얼마나 많은 것을 얻고 배울 수 있을지도 생각하지 않았다.

《거석을 찾아서》에서 썼듯이 우리가 FCE를 시작했을 때만 해도 우리는 비영리 기관의 운영 방식도 모르는, 그저 좋은 일을 하려는 사람들의 무리였다. 만약 그 당시 누가 내게 전략적 기획이 무엇이냐고 물어보았다면, 나는 미 국방성 사람들이 하는 이야기와 비슷한 어정쩡한 대답을 했을 것이다. 특히 FCE는 비영리 기관이었지만 그것을 성공적으로 운영하려면 영리 기관과 같은 정도의 운영 방식을 알고 있어야 했는데 우리는 경영에 대해서 아무것도 아는 것이 없었다. 우리는 어둠 속을 헤매고 있는 상황이었다. 우리는 모두 경영을 배워야 했다. 전략적 기획뿐 아니라 마케팅, 회의 조직, 자원 봉사자 관리, 조직 확장과 구조 조정, 기금 조성과 개발, 컴퓨터 시스템, 우편 목록, 목표 및 미래 비전 보고서, 회계 절차 등 여러 가지를 배워야 했다. 그리고 이보다 더 중요한 것은 크다고 해서 무조건 다 좋은 것이 아니라는 점과 역할 분담과 권한 문제를 어떻게 조정하고 어떻게 명시해야 하는지도 배워야 했다.

지난 10여 년간 우리가 배운 대부분의 것들은 다른 사람들과 FCE 관리 업무를 해온 결과였다. 그것은 고통스러운 배움의 과정이었다. 수차례에 걸쳐 우리는 경영학 교과서에 나오는 거의 모든 종류의 실수를 했다. 이미 언급한 바 있지만, 재정과 관련된 가장 고통스러웠던 결정은 개인 재정이 아니라, 자선 단체인 FCE와 관련된 것이었다. FCE는 1990년~1992년까지 계속된 경기 침체로 인해 심한 타격을 받았다. 우리가 살아남을 수 있었던 것은 6개월 동안에 걸쳐 유능한 직원을 해고하는 '구조 조정'을 통해 연간 예산을 75만 달러에서 25만 달러로 하향 조정했기 때문이다.

WASP로서 어느 정도의 존엄성을 지키며 인생을 살라는 교육을 받고 자란 나로서는 FCE를 위해 해야 했던 일 중 가장 힘든 일은 바로 기금 조성이었다. 나는 구걸은 하지 말라고 교육받았다. 3년 동안 기금 조성 일을 한 후에 나는 1987년에 그 고뇌와 좌절을 담은 〈어느 걸인의 삶(기금 조성자의 고백)〉이라는 제목의 시를 썼다.

나는 간청한다.
거리를 헤매며
목표물의 뒤를 쫓으며
다시 저 얼굴을
보게 될까?
아니면 그 옷차림이라도?

옷차림을 보면서 나는 그들을 재어 본다.
저 사람은 가난하게 보여. 저 남자는 단정한 모습이 아니야.
저 여자는 너무 평범해. 저 사람은 하찮아 보이고.
그래, 이 사람이야!
이 사람은 부유해 보이고
이 사람은 착실해 보이고
이 사람은 영향력 있어 보여.
나는 그 사냥감을 향해 다가가고
가볍게 무시당한다.
나 또한 그들처럼

더 나은 삶을 찾고 있지 않은가?
문제는 내가
훌륭한 거지가 아니라는 것.
나는 끊임없이 거리를 헤맨다.
밤에는 초라한 꿈 속에 빠져든다.
다음 주 집세를
낼 수 있을지도 모른 채.

나는 생각에 잠긴다.
그들의 얼굴을 쳐다보면
더 잘할 수 있지 않을까?

네겐 이 일을 같이하는
친구들이 있지. 그들은 모두
얼굴을 쳐다보지 않는 게 낫다고 해.
그들도 나와 같은
옷을 입고 있지만
나보다 성공한 사람처럼 보이는데
그 이유는 무엇일까?

그들은
얼굴을 쳐다볼까?
몇 사람은 그렇다고 하지.

그 얼굴에는 죄책감이 보이고
그러면 그걸 이용하는 거지.

난 그런 비열한 수를
쓸 수는 없어.
내가 도덕적이어서가
아니라, 그것은 어쩌면
그들 역시
무엇인가 필요한 사람들일지 모르기 때문이지.
누가 누구인지
어떻게 내가 알 수 있을까,
누가 걸인인지.
가진 건 많지 않지만
나 또한 베풀어야 할 소명을 받지는 않았을까?

가진 게 많지 않다는 것
그것이 문제다.
너무 많은 일을 하지 말라고
사람들은 말한다. 그것은 진실.
나는 모든 거리를 누비고 다닐 수 없다.
언제나 그리고 확실히
나는 그들의 얼굴을
쳐다볼 수 없다.

난 잘하는 게 없어.
언젠가는, 나 역시
그저 가만히 서 있는 것이 더 낫지 않을까 하는 생각이 든다.
나에게는 장님 친구가 있다.
그는 정말 잘한다.
그는 그곳에 그저 앉아 있을 뿐이다.
움직일 필요도 없이
상처 입은 눈을 위로 치켜 뜬 채
그러면 돈은 쏟아지고.

그러나 내겐 주려 하지 않는다.
그들은
그냥 그 자리에 있을 뿐인가?

난 내 눈을 빼내버릴
용기도 없다.
이 모든 선택에 대해
얼굴을 쳐다보는 데 대해
더 이상 걱정할 필요가 없을지 모르지만.

나는 계속 돌아다닌다.
그들의 옷만 쳐다보려 하면서
내가 할 수 있는 한 빨리

부산히 돌아다니지만
그래도 잘하지 못한다.
이것은 걸인의 삶이다.

여기서 말한 것은 부정적인 면이다. 만약 긍정적인 면이 없었다면 나는 기금 조성을 하지 못했을 것이다. 많은 종교들은 구걸 행위를 명예롭게 생각했고, 그 과정에서 느끼는 굴욕감은 정신 수양으로 받아들였다는 사실을 나는 알고 있다. 내가 나의 재산인 주식과 채권에 기대어 느긋하게 앉아 인생을 즐길 수도 있었던 그때에, 신이 나를 다른 사람의 배려에 의지해야 하는 위치에 있게 한 것은 행운이었다. 그 당시 내게는 새로운 좋은 친구를 사귀는 문제가 있었다. 내가 가치 있다고 여긴 대의명분을 위해 선뜻 돈을 기부하는 사람을 좋아할 수밖에 없다. 그러나 이상하게도 거액 기부는 마치 은총의 발현인 양 우리에게 몹시 필요하지만 전혀 예상치 못했던 순간에 자주 이루어졌다.

돈을 기부하는 것은 아주 쉬운 일이면서 동시에 어려운 일이다. 시어스, 로벅의 경영 귀재이면서, 줄리어스 로젠월드 기금의 설립자인 줄리어스 로젠월드는 언제가 이렇게 선언한 적이 있다.

"백만 달러의 돈을 현명하게 쓰는 것보다는 백만 달러의 돈을 정직하게 버는 것이 더 쉽다."

FCE에 돈을 기부한 많은 소액 기부자들과 소수의 거액 기부자들은 단순히 이렇게 말한다. "이 수표를 받으세요. 여러분들은 정말 좋은 일을 하시는군요. 저는 여러분을 돕고 싶습니다. 그런데 돈을 내는 일이 고작이군요." 우리는 그들에게 고마움을 표했다. 그러나 거액의 기부자들은 때로 그들이 낸 기부금이 잘 운용되고 있는지 확인하는 것이 자신들의 의무라고 생각했다. 이것은 그들의 시간을 더 투자해야 된다는 의미였기 때문에, 돈을 버는 것보다 기부하는 것을 더 어렵게 만들었다. 그들에게 기부는 릴리와 나의 경우처럼 감정적 보상 행위였는지도 모른다.

많은 사람들이 FCE에 수십만 달러의 기부금을 냈지만, 중요한 사실은 그들이 시간도 내주었다는 것이다. 현재 FCE에는 네 명의 정규 직원만 있다. 그러나 백여 명의 자원 봉사자들이 헌신하고 있기 때문에 그 영향력은 어느 때보다도 크다. 자원 봉사는 쉬운 일이 아니다. 많은 봉사자들은 급여를 받지 않기 때문에 그저 시간이 나면 얼굴만 한번 비추면 된다고 생각할지 모르나, 진정한 의미의 자원봉사주의는 그 이상의 것들을 요구한다. 조직을 성공적으로 운영하기 위해 자원 봉사자들에게 의존하고 있는 사람들이 생각하는 가장 중요한 문제는 자원 봉사자들의 자발적이고 헌신적인 참여다. 수년에 걸쳐 FCE는 많은 헌신적인 자원 봉사자들을 확보할 수 있었는데 이것은 커다란 축복이었다.

회고하면, FCE에는 열심히 일하는 헌신적인 자원 봉사자들과 조직으로써의 완전함이 있었기에 지금까지 번성할 수 있었다. 우리는 온갖 실수를 했지만, 성실하게 일했고, 그 결과 그 많은 실수에도 파산은 막을 수 있었다. 성실하게 일한다는 것은 좋은 경영 원칙들을 공동체 원칙들과 통합해야 한다는 의미였다. 그것은 쉽지 않았다. 우리는 경영, 조직 문화의 특성, 합의에 의한 의사결정 그리고 공동체 그 자체 등에 대해서 더 많이 배워야 했다. FCE의 비공식 모토 중의 하나는 'FCE는 더 깊이 있게 나아간다'가 되었다. 우리는 조직 구조 안에서 공동체가 의미하는 것이 무엇인지 심도 있게 분석했고, 우리 스스로 직장 내의 공동체가 가진 한계와 중요한 덕목이 무엇인지 찾아냈다.

우리가 이 일을 한 것은 잘한 일이었다. FCE를 시작했을 당시에, 공동체 건설의 주요 고객은 일시적이고 개인적인 성장 경험을 해보고 싶어 하는 일반 대중들이었다. 그러나 점차 보다 많은 사람들이 공동체 경험을 갖게 되면서, 주요 고객은 보다 높은 효율성과 창조성을 추구하는 조직들이 되었다. 우리는 공동체의 원칙과 사업상의 경영 방법을 결합시키는 것이 얼마나 복잡한지에 어느 정도 알고 있었기 때문에—그것은 주로 우리 스스로에 대해서 여러 번 시험을 해본 결과였는데—우리는 점증하는 수요를 성실하게 만족시킬 수 있었다.

무엇보다도 FCE 활동을 통해서 내가 배운 것은 사람들이 얼마나 서로 다른가—그리고 우리는 얼마나 그런 차이를 필요로 하는가—에 대해 서서히 인식하게 된 것이다.《탄생을 기다리는 세계》에서 나는 FCE에서 일하기 몇 년 전에 이 분야에서 나의 첫 번째 스승은 나보다 열 살이나 어리고, 오키나와에서 내 부하로 근무했던 '의무병' 피터라고 밝혔다. 내가 새 부임지에 도착했을 때, 거기에는 수요를 감당할 만큼 충분히 훈련 받은 정신과 의사가 없었다. 그러나 10여 명이나 되는 스무 살의 의무병들은 할 일 없이 빈둥거리고 있었다. 그래서 나는 그들에게 심리 치료를 시작하라고 말하고 현장에서 훈련을 시켰다. 그들 중 반 정도는 그 일에 적합하지 않았다. 그래서 나는 그들에게 다른 임무를 주었다. 그러나 나머지 여섯 명은 그 일에 타고난 재능이 있었다. 바로 그들 중 한 명이 피터였다. 그는 2년 동안 정신과 치료사로서 임무를 아주 잘 수행했다. 군 복무 기간이 끝나고 피터가 미국으로 돌아갈 때가 되었다. 서로 작별 인사를 할 때, 나는 피터에게 그의 계획에 대해 물었다. 피터가 우유 배달 사업을 시작할 계획이라고 말하자 나는 놀라서 말했다. "자넨 훌륭한 정신과 의사야. 자네가 석사 과정에서 공부하는 것을 도와줄 수 있어. 제대군인원호법에 의해 학비도 지원받을 수 있어"라고 덧붙여 말했다.

"감사합니다만, 괜찮습니다. 전 이미 계획을 세웠습니다"라고 피터는 단호히 말했다.

그러나 나는 정신과 의사라는 지위가 갖는 여러 가지의 장점들에 대해 말하면서 내 주장을 계속 펼쳤다. 마침내 피터는 격한 목소리로 다음과 같이 말했고 나는 할 말이 없어졌다.

"스캇, 모든 사람이 당신과 똑같지 않다는 것을, 그리고 기회가 주어진다고 해도 모든 사람이 정신과 의사가 되고 싶어 하지 않는다는 것을 이해하지 못하세요?"

이 이야기는 나 자신의 자기도취를 잘 보여준다. 또 어떤 일에 재능이 있다고 해서 모든 사람들이 반드시 그것을 직업으로 선택하지 않는다는 것을 말해준다. 일반적으로 직업 상담가들은 한 개인이 가질 수 있는 최고의 직업은 그의 적성과 흥미가 일치하는 분야라고 생각한다. 그러나 신은 관대하게도 사람들에게 다양한 재능과 관심 분야를 함께 주었다. 어떤 재능을 부여받았는가는 개인마다 다르다. 인간은 서로 다르게 창조되었다. 나는 당신이 가지지 않은 재능을 가지고 있고, 당신은 내겐 없는 재능을 갖고 있다. 그렇기 때문에 우리는 서로를 필요로 하는 것이다.

사람들에게 흔히 나타나는 자기도취적 성향 때문에 우리는 다른 사람과 나의 차이점을 이해하지 못하고 가정 생활과 개인 생활뿐 아니라 사회 생활에서도 어려움을 느낀다. 개인이 가진 다양성을 이해하지 못해 직장이나 보다 규모가 큰 집단에서 서로 증오하고 파괴적인 대립관계가 나타나는 경우의 예를 들어보자.

얼마 전 나는 어떤 미국 의학협회에 속한 두 이사회 사이에 팽배해 있는 대립 관계에 대해 상담 요청을 받았다. 그중 하나인 '아메리칸 칼리지'는 주로 현장에서 의료 활동을 하는 의사를 대변하고 있었다. 또 다른 하나인 '아메리칸 아카데미'는 연구 분야 종사자들을 대변하고 있었다. 이 두 이사회 위원들은 모두 지적이고, 학력이 높고, 교양이 있는 의사들이었다. 그러나 10년이 넘도록 이 두 '자매' 조직의 관계는 계속 악화되어 반목이 극에 달해 있었다.

첨단 의학을 다루는 이 두 기관의 일은 서로 달랐다. 한 곳은 과학적 접근 방법을, 다른 한 곳은 예술적 접근 방법을 사용한다는 사실을 알게 되었다. 칼리지 소속의 사람들은 현장에서 환자들을 치료하며, 주로 추측과 직감에 의해 치료를 수행하고 있었다. 그러므로 당연히 그들은 모호한 것에 아주 익숙해져 있을 뿐 아니라 모호함 때문에 흥분했다. 반면에 의학 연구는 다른 과학 분야에서처럼 극도의 정확성과 명료함이 요구되었다. 이 분야의 개척자적 특성 때문에 다른 분야에서보다 더 엄격한 정확성이 요구되었다. 그러므로 아카데미 회원들은 모호한 것을 싫어하고 불확실한 것을 적으로 생각하는 사람들이었다.

두 번의 전화 통화 후, 나는 이 두 조직이 대립을 하고 있는 주요 원인은 각 구성원들이 가진 성격 차이라고 확신했다. 이런 차이는 의사 전달 내용만이 아니라 그 전달 방식에까지 나타났고, 이로 인해 서로가 적대적인 것이 당연했다. 서로의 필요성을 이해하기는커녕 서로 현저하게 다른 성격 유형을 인정하지 못한 이 두 기관 사람들은 서로 상대방이 가진 적대감이 악의적 의도를 가진 것이라고 생각하게 되었다. 불행하게도 둘 다 화해를 해보려는 노력조차 하지 않았다. 한번 대립 관계에 빠져들면, 개인의 경우처럼 많은 조직들도 입장을 바꾸어 생각하기보다는 서로 싸우려 한다.

만약 이런 개개의 조직 기구들이 계속해서 자문을 받으려 했다면, 그들은 우리가 그와 같은 불필요한 조직간의 대립 관계를 치료할 수 있는 뛰어난 교육 '기술'을 가지고 있다는 사실을 알게 되었을 것이다. 우리는 이것을 공동체 건설 기술이라고 부르는데, 이것은 사람들이 가진 일상적인 자기도취를 해부하여, 그들과 다른 사람들과의 차이를 볼 수 있게 할 뿐만 아니라 이 차이를 받아들일 수 있게 하는 집단 교육 기술 체계다. 배움의 과정은 고통스럽지만 효과적이다. 이 과정을 통해서 사람들은 서로 다른 사람들이 가진 재능에 상호 의존을 하고 있다는 사실을 경험한다. 그들은 사도 바울이 말한 '신비한 몸'의 의미를 가슴속에 새기게 된다. 사도 바울은 다음과 같이 말했다.

세상에는 다양한 신의 선물들이 있나니…… 하느님은 어떤 이에게는 지혜의 말씀을 주셨다. 또 어떤 이에게는 지식의 말씀을 주셨다. 어떤 이는 믿음을 받았고, 어떤 이는 치료라는 선물을 받았다. 어떤 이에게는 기적을 일으키고 또 어떤 이에게는 예언의 능력을 주셨다. 어떤 이에게는 영혼을 구별할 수 있는 능력을 주시고 또 어떤 이에겐 여러 나라의 말을 할 수 있는 능력을 주셨고, 어떤 이는 여러 가지의 언어를 통역할 수 있는 능력을 주셨다…… 사람의 몸은 하나지만, 그 몸은 여러 가지 요소로 구성되어 있으니, 그 구성 요소는 많지만 결국 몸은 하나이고…… 그 몸은 하나의 요소로 이루어진 것이 아니라 많은 요소로 이루어져 있나니. 만약 발이 자신은 손이 아니기 때문에 자신의 몸의 일부가 아니라고 한다면, 정말 몸이 아닌 것인가? 만약 귀가 자신은 눈이 아니라서 몸의 일부가 아니라면 정말 그러한가? 만약 몸 전체가 눈 하나라면 어떻게 들을 수 있는가? 만약 우리 몸이 귀 하나라면 어떻게 냄새를 맡을 것인가? 그러나 하느님은 원하시는 대로 모든 것을 몸 하나에 다 갖춰놓으셨다. 그런데 이 모든 것들이 단 하나의 구성 요소라면, 몸은 어디에 있는가?…… 눈은 손에게 "난 네가 필요 없어"라고 말할 수 없다. 또는 머리가 발에게 "난 네가 필요하지 않아"라고도 말할 수 없다. 그러나 하느님은 몸을 하나로 만드시고, 부족함이 많은 각 구성 요소에게도 많은 영광을 베풀어주셨다. 그러므로 몸에는 어떠한 균열도 없어야 하고, 몸의 각 구성 요소들은 서로를 똑같이 배려해야 한다. 그래서 몸의 한 부분이 고통을 받을 때, 다른 모든 부분들이 이 고통을 함께하는 것이다. 또는 몸의 한 부분이 영광을 받을 때, 다른 모든 부분들 역시 이 영광을 함께하는 것이다.

당신은 인간이 이처럼 다양하게 창조되고 다양한 방식으로 부름을 받는 것이 우연이라고 생각하는가? 그렇지 않으면 어떻게 사회가 존재할 수 있을까? 우리는 인간이라는 집단 구성체로써 의사들과 연구원들, 행정 및 입법 기관, 상인과 판매원, 농부와 철광업자, 사제와 연관공, 작가 및 출판업자, 운동선수와 연예인, 예언가와 행정 관료 등등이 필요하다. 물론 때로 이들을 연결하는 실이 느슨해질 수도 있겠지만, 이 얼마나 멋지고 다양한 색깔로 잘 짜인 천인가?

이것은 우리가 FCE 활동을 통해서 배운 교훈이다. 우리가 주었던 것들에 비해 릴리와 나는 더 많은 보답을 받았다. 우리는 세계라는 공동체에 속해 있는 많은 친구들을 알게 되었고, 우리 자신과 다른 사람들에 대해서 많은 지식을 가지게 되었다. FCE—혹은 아이들이—가 없었더라면, 나는 멍청한 사람이 되고 말았을 것이다.

이제는 릴리와 내가 노년기에 접어들고 있기 때문에, 우리는 일상생활의 한 부분이었던 FCE 활동과 그 밖의 다른 활동들을 하지 않고 있다. 그러나 어떻게 우아한 은퇴를 할 수 있는가 하는 문제를 포함해서 우리의 배움은 여전히 계속되고 있다. 사실 FCE 활동 초기에도 우리의 목표는 FCE가 우리의 도움 없이 독자적으로 잘 운영되도록 하는 것이었다. 우리는 조직의 창립 멤버들이 떠나게 되면 조직에 어떤 일이 일어나는지 아주 잘 알고 있었고 또 이 사실을 염두에 두고 있었다. 많은 복음 전도사들이 성공적으로 조직을 설립했지만, 한 번의 과오로 인해서 그들의 교회와 사명이 무너지는 경우가 부지기수다. 우리의 목적은 FCE에서 그와 같은 일이 일어나지 않게 하는 것이었다. 그래서 우리는 조직 관리의 권한을 다른 사람들에게 넘기고 그들이 독립적으로 일할 수 있도록 고무시키면서, FCE의 임무를 아주 잘 실행할 수 있는 사람들의 권한을 강화시켰다.

나의 아버지는 80대가 되어서 어쩔 수 없이 은퇴할 때까지 계속 일을 하셨다. 그래서 나는 사람은 죽을 때까지 일을 해야 한다고 가르쳤던 우리 집의 전통을 깨뜨리는 것이 아닌가 하는 생각이 들었다. 그러나 나는 어떤 일을 다른 방식으로 처리한다고 해서 잘못된 것은 아니라는 사실을 알게 되었다. 창립 당시의 이사회 멤버였던 제니스 바필드는 이 점에서 나의 역할 모델이었다. 은퇴하라는 신의 말씀을 들었다고 했고, 그 후 8년 동안 일을 한 후에 우아하게 은퇴했다. 그녀 덕분에, 11년 뒤에 나도 그녀의 뒤를 따를 수 있었다. 은퇴는 개인적으로 결정할 문제이고, 우리는 각자 나름대로의 방식을 따라야 한다.

나는 신으로부터 저술 활동 외에는 어떠한 책임도 질 필요가 없다는 허락을 받았다고 생각한다. 나는 평생 많은 책임에 중독되어 살아왔기 때문에, 이것이 결코 쉬운 일이 아니었다. 나는 거절하는 것도 배웠어야 했고, 내가 더 이상 받아들일 수 없다고 생각하는 책임을 다른 사람들이 질 수 있도록 독려하는 법도 배웠어야 했다. 노는 것은 내 인생에 있어서 아주 중요한 의미를 지니게 되었다. 내가 은퇴 생활을 즐기는 것은 정당하다고—신도 허락했다고—느낀다.

수많은 축복이 가득했던 인생을 살아오면서, 릴리와 나는 모험적인 은퇴 생활을 즐길 수 있다는 것이 또 하나의 축복이라고 생각한다. 우리는 배움을 멈춘 적이 없다. 나는 여전히 저술 활동을 하고 있다. 그리고 가족과 친구들 역시 우리의 삶에 있어서 중요한 비중을 차지한다. 우리는 언제나 우리에게 중요한 의미를 지녔던 사회적 대의 명분을 위해서 기꺼이 공헌할 것이다. 우리는 지금 많은 시간을 골프를 치면서 보낸다. 이것은 단순한 여가 활동일 뿐 아니라 새롭고 낯선 배움의 경험으로 받아들이면서 즐기고 있다. 또 우리는 그 어느 때보다도 자주 해외 여행을 한다. 이것 역시 또 다른 배움의 과정이다.

얼마 전 나는 릴리에게 이렇게 말했다.

"지금이야말로 진짜 우리 인생의 황금기야."

"무슨 소리예요, 완전히 대박 터진 거지!" 내 말에 릴리가 맞받아친 말이다.

THE
ROAD
LESS
TRAVE

THE ROAD LESS TRAVELED

제3부

복잡성의 다른 세계

신의 '과학'

결국 모든 것은 하느님을 향한다.

앞서 나는 이 책을 구상하게 된 것이 올리버 웬델 홈즈 주니어 판사가 말했다고 알려진 다음의 한 문장 때문이라고 말했다. "복잡성의 이러한 세속적 단순성에 대해서는 전혀 개의치 않겠지만, 그 반대편의 단순성을 위해서라면 기꺼이 목숨마저 걸겠다."

복잡성의 다른 측면으로 가는 여행을 위해서는 사고의 근본적인 전환이 필요하다. 엄밀한 과학자들이 신의 이론이라고 부르는 것을 생각하려면 단순한 생각들을 넘어서야 한다. 복잡성의 다른 측면으로 향하는 길은 우리를 보이지 않는 영역으로 향하는 길로 안내한다. 확실한 것을 고집하는 자세로는 신의 근본적인 진실을 발견할 수 없다. '겸손하게 알고자 하는' 신중하지만 담대한 의식이 필요하다.

마치 우리의 삶이 그렇듯이 복잡성의 다른 측면이 늘 단선적이거나, 정적인 것은 아니다. 오히려 인생과 마찬가지로 궁극적으로는 하나의 과정이다. 그 과정의 핵심은 신비로움과 관계가 있으며, 변화와 치유 그리고 지혜의 습득 과정이 포함되어 있다. 이 다른 측면으로의 여행에서 우리는 에피파니(현현), 즉 상당히 복잡하게 보였던 사물이 영적인 관점에 바라보면 단박에 이해가 되는 통찰의 섬광을 경험할지도 모른다. 이런 경험을 위해서는 단순하게 물질주의의 제한된 시각을 가지고 인생을 해석해서는 안 된다.

인생에서의 과도기와 마찬가지로 복잡성의 다른 측면을 인식하는 과정은 어렵고, 심지어는 혼란스러울 수도 있을 것이다. 우리는 역설에 직면하게 될 것이며, 역설을 이해하려는 과정에서 정신적 고통을 경험할 것이다. 특히 그것은 낡은 생각들의 상실에서 비롯되는 고통이며, 그러한 생각들이 주었던 확신을 잃어버리는 데서 비롯되는 고통이다. 우리가 알고 있는 모든 것들에 편안함을 느끼고 있는 순간 무엇인가가 나타나서 자기만족에 빠져 있는 우리를 흔들어 깨우는 것이다. 하지만 우리는 열린 마음으로 용감하게 이 여행을 해야 한다. 우리의 감성적 · 지적 그리고 영적 자원을 총동원해서 역설적으로 생각하고, 치우침 없이 생각하는 데 장애가 되는 장벽을 부수어야 하며, 그런 장벽들이 사라질 때 느껴지는 역설적인 상실감을 견디어야 한다.

다른 측면의 단순성이 항상 단순하게만 보이지 않는다는 사실은 역설적이다. 가령, 신은 흔히 아주 복잡한 존재로 여겨진다. 기독교 신자로서 나는 하느님을 예전부터 그래왔듯이 성부, 성자 그리고 성령으로 나누는 것이 유용하다고 생각한다. 하지만 그와 동시에 나는 역설을 포용하고 가장 심오한 의미에서 하느님은 하나라는 것을 알게 된다. 결국 모든 것은 하느님을 향하게 된다고 말할 때, 그 말은 무슨 뜻이며 또 나는 그에 대한 어떤 증거를 제시할 수 있겠는가? 그럼 이제 '하느님 이론'과 비록 간접적이기는 하지만 하느님을 가리키는 것으로 보이는 과학적 증거들을 살펴보도록 하자.

과학과 신

신이 주재하는 사물들의 체계에서 과학의 설자리는 어디인가? 칼 융과 알베르트 아인슈타인 같은 천재 과학자들은 삶의 의미와 우주에 대한 이해를 진척시킨 업적으로 세계사에 큰 발자취를 남겼다. 그리고 이 두 사람은 과학적 연구를 통해 신이 실재한다는 결론을 내리게 되었다고 말했다. 그러나 몇몇 뛰어난 과학의 지성들에게 확인된 신성의 관찰에도 우리는 여전히 신의 존재를 뒷받침할 수 있는 어떠한 구체적인 과학적 증거도 제시할 수 없다.

신의 존재에 대한 어떠한 주장에도 늘 회의주의가 나타나는데, 그것은 전통적인 과학의 척도로는 신의 존재를 증명할 수 없기 때문이다. 사실 이성의 시대에서는 과학이 바로 신과 같은 역할을 해왔다. 그러나 문제는 신은 측정될 수도 없고, 포착될 수도 없다는 데 있다. 어떤 대상을 측정한다는 것은 특정한 차원, 즉 고도로 정확한 관찰을 할 수 있는 차원에서 그것을 경험한다는 것이다. 과학자들은 측정이라는 방법을 통해 물질 세계를 이해하는 데 있어 큰 진전을 이루었다. 이런 성공 덕에 측정이라는 행위 자체가 일종의 과학적 우상이 되었다. 그 결과 많은 과학자들은 측정할 수 없는 것에 대해서는 회의懷疑가 아니라 아예 거부하려고 한다. 그들은 마치 이렇게 주장하는 것 같다.

"우리가 측정할 수 없는 것들은 알 수 없는 것이다. 우리가 알 수 없는 것에 대해 걱정할 필요는 없다. 그러므로 측정할 수 없는 것들은 중요하지도 않고, 관찰할 가치도 없다."

이런 태도 때문에 많은 과학자들은 감지되지 않거나 감지되지 않을 것 같은 모든 문제들을 고려하지 않는다. 물론 거기에는 신의 문제도 포함된다.

그러나 만약 하느님을 포착할 수도 측정할 수도 없다면, 명백히 존재하는 빛, 중력, 원자의 입자도 완벽하게 측정할 수 없고 포착할 수도 없다. 실제로 지난 세기에 걸쳐 물리학은 빛, 중력, 전자기학 그리고 양자 역학적 현상의 본성을 탐구함에 있어서 현실은 완전히 역설적이라는 사실을 깨달을 정도로 성숙했다. 나는《아직도 가야 할 길》에서 로버트 오펜하이머의 말을 인용한 적이 있다.

> 우리는 아주 단순하게 보이는 문제들에 대답하지 않거나, 물리학의 단도직입적 확증보다는 얼핏 보기에 교리 문답과 비슷한 이상한 대답을 하는 경향이 있다. 가령, 전자의 위치가 언제나 같은지 물어본다면, 그렇지 않다고 답해야 한다. 그리고 만약 전자의 위치가 때에 따라 변하느냐고 물어본다면, 아니라고 대답해야 한다. 만약 전자가 정지 상태인지를 묻는다면, 아니라고 말해야 한

다. 만약 전자가 움직이고 있느냐고 묻는다면, 그렇지 않다고 말해야 한다. 부처님은 죽음 뒤의 인간에 대한 질문을 받았을 때 바로 그런 대답을 했다. 그러나 그것은 17세기~18세기 과학의 전통에 비추면 익숙하지 않은 대답들이다.

'하느님 이론'에 의지하지 않고는 도저히 설명될 수 없는 사건들도 많은 반면 인간의 영적인 행위들을 과학적으로 해명할 수 있다는 것에 대한 간접적인 증거도 많다. 우리가 위대한 과학적 진리라고 생각하는 대부분이 과학자들의 마음속에서는 하나의 이론에 지나지 않는다. 예를 들어 우주 기원에 대한 '빅뱅 이론'은 그저 하나의 이론일 뿐이다. 마찬가지로 모든 것들이 하느님을 가리키고 있다는 것 또한 단지 몇몇 사람들에게만 그렇게 보일 뿐이다. 많은 사람들이 하느님이 측정될 수 없는 존재라는 사실만을 가지고 그 존재를 믿지 않는다. 물질주의자들과 세속적인 사람들은 눈에 보이는 증거를 요구한다. 근본적으로 물질주의자들은 인간의 오감으로 확인할 수 있는 것만이 진실이라는 믿음으로 살고 있다. 다시 말해 그들의 모토는 '눈에 보이는 것이 곧 알 수 있는 것'이다.

세속주의는 이보다 더 복잡한 현상이다. 이것은 그 반대 개념과 비교하면 간단히 정의될 수 있다. 이는 신학자 마이클 노박이 성스러운 의식과 세속적 의식을 구분하면서 분명하게 내린 정의이다. 세속적 의식을 가진 사람들은 본질적으로 자신이 우주의 중심이라고 생각한다. 그런 사람들은 대개 지성적이다. 그들은 자신이 무수한 은하계 중 하나에 속해 있는 태양계에서 중간 크기의 행성

(지구)의 표면에서 살아가는 60억 세계 인구 중 한 명에 지나지 않는다는 것과 다른 인간들 역시 자신과 똑같이 스스로를 우주의 중심이라고 생각하고 있다는 것을 잘 안다. 결과적으로 세속적인 의식을 가진 사람들은 지적인 인간일지는 모르지만, 이 거대한 우주 속에서 쉽게 상실감을 경험하며, 스스로 '중심'이라고 생각하지만 종종 존재의 무의미함과 무가치함을 경험하게 된다.

반면에 성스러운 의식을 가진 사람들은 스스로를 우주의 중심이라고 생각하지 않는다. 그들은 우주의 중심이 다른 곳, 신성한 것, 다시 말해 신에게 있다고 여긴다. 그러나 이렇게 스스로를 우주의 중심에 두지 않음에도 그들은 사실 세속주의자들에 비해 자신을 하찮은 존재이거나 무의미한 존재로 생각하지 않는다. 이것은 그들이 스스로를 '신성한 타자'와의 관계 속에 존재하고 있다고 생각하기 때문이고, 이 관계를 통해서 자신의 존재 의미와 중요성을 이끌어내기 때문이다.

때로 사람들은 한 발은 성스러운 의식 속에 담그고, 또 다른 한 발은 세속적인 의식에 담근 채 어중간한 태도를 취한다. 더욱이 여러 가지 유형의 세속주의와 광적인 신앙심이 있다. 그러므로 신의 '과학'의 일부는 물질주의자들에게 설명될 수 없는 사실을 위한 것일 뿐 아니라, 사람마다 신과의 관계가 다르다는 사실을 설명하기 위한 것이기도 하다. 그렇게 하기 위해서는 영성과 종교의 차이점을 간단히 설명하는 것이 필요하다.

영성과 종교

강연을 하다 보면 대개의 청중들이 이 두 용어를 혼동하고 있다는 것을 알게 된다. 그 때문에 나는 점차적으로 종교에 대한 정의를 한정시키게 되었다. 종교는 특정한 신조를 가지며 구성원의 자격을 제한하는 믿음의 구성체이다. 그에 반해 영성은 보다 포괄적인 것이다. 나는 영성을 정의하기 위해 윌리엄 제임스가 종교를 정의할 때 사용했던 표현을 인용했다. 제임스는 그의 저서인《종교적 체험의 다양성》에서 종교란 "사물들의 보이지 않는 질서와 조화를 이루기 위한 시도"라고 정의했다. 내 생각에 이 말은 곧 모든 사람의 영성에 적용되기도 하고, 영성이 없는 사람에게도 적용된다. 기독도 신자로 자칭하는 나는 개인적으로 사물들의 가시적인 질서 이면에 '보다 높은 힘'이 존재한다고 믿을 뿐 아니라, 그 힘은 중립적 위치에 있지 않다는 것, 즉 그 힘은 적극적으로 우리와의 조화를 원한다고 믿고 있다.

많은 사람들이 신앙심은 있지만 영적이지 않을 수 있다는 것은 분명한 사실이며, 그 역도 마찬가지이다. 내가 만난 많은 세속적인 사람들 중에는 1년 동안 함께 일했던 가톨릭 수녀가 있다. 그 수녀는 수녀원에서 25년 동안 수도 생활을 했고 오로지 수녀로 사는 것 외에 다른 바람이 없었다. 고해성사, 지역사회를 위한 봉사 등 자신이 할 수 있는 모든 일들을 다했음에도, 그녀는 사실 일상생활에서 하느님에 대한 생각은 조금도 하지 않았다.

영적이기는 하지만 신앙심이 없는 사람들도 많다. 그리고 나처럼 그 두 가지가 결합되어 있는 사람들도 있다. 나는 구체적으로는 기독교도지만 세계교회주의자이기도 하다. 나는 주로 세속적인 환경에서 성장했고, 나의 영적인 발전은 세계의 모든 위대한 종교 때문에 가능했다. 나는 43세가 되어서야 비로소 특정 종파를 염두에 두지 않고 기독교도로서 세례를 받았다. 사소한 예외는 있지만 나는 진심으로 기독교 교리를 믿고 있다. 한편으로 나는 다른 위대한 종교의 가르침도 실천한다.《나는 어떤 보답을 할 수 있는가? 기독교도의 경험의 차원들(여행을 위한 선물)》은 내가 쓴 유일한 기독교 서적이고, 그 외의 다른 책들은 종교적이라기보다는 영적인 것이다.

종교적으로나 영적으로 적극적인 사람과 그렇지 않은 사람의 차이는 임의적인 기준에 의한 것이 아니라 발달의 정도에 의한 차이라고 생각한다. 사람들은 내가 그런 것처럼 영성의 본질에 따라 그들의 삶을 변화시킨다. 나는 이러한 변화가 일련의 순서 혹은 단계를 따르는 경향이 있다는 것을 알게 되었다.

영적 성장의 단계

영적 성장의 단계에 대한 이론은《아직도 가야 할 길》에서 먼저 제시했지만 그 당시에는 지금만큼 명쾌하지 못했다. 이 주제에 대한 글을 쓴 사람 중에서 가장 유명한 사람은《믿음의 단계》의 저자인 미국 에머리 대학 캔들러 신학교의 제임스 파울러 교수다. 파울러 교수의 저서와 정신과 의사로서 내 개인적 경험을 바탕으로 영적 성장에는 다소 뚜렷한 몇 단계가 있다는 사실을 알게 되었다. 파울러는 여섯 개의 그러한 단계를 제안했는데, 나는 이것을 4단계로 압축하였고,《평화 만들기》에서 깊이 있게 다루었으며,《끝나지 않은 여행》에서는 좀 더 축소해서 다루었다. 다음은 영적 성장 단계에 대한 간단한 설명이다.

· **제1단계** 이 단계는 혼돈스럽고 반사회적이다.
이 초기 단계에서 사람들은 종교적일 수도 세속적일 수도 있지만, 어느 쪽이든 그들의 '믿음 체계'는 매우 피상적이다. 그들은 본질적으로 신조가 없다. 이 단계는 법이 없는 단계라고 할 수 있다.

· **제2단계** 이 단계는 형식적이고 제도적이다.
이것은 법이라는 문자의 단계인데, 근본주의자(가장 종교적인 사람을 뜻함)들이 나타난다.

· **제3단계** 이 단계는 회의적이고 개인적이다.
여기서 많은 세속주의자들이 나타난다. 이 단계에 있는 사람들은 대개 과학적인 사고방식을 가지고 있고, 이성적이며, 도덕적이고 인간적이다. 그들의 관점은 현저하게 물질주의적이다. 그들은 영적인 것에 대해 회의적일 뿐 아니라 증명할 수 없는 것에 대해서는 관심조차 없다.

· 제4단계 이 단계는 신비적이고 공동체적이다.

신앙의 발달 단계 중 가장 성숙한 단계로 법의 정신 단계일 것이다. 이 단계의 사람들은 이성적이지만 이성주의를 맹신하지 않는다. 그들은 자기 자신의 의심을 회의하기 시작한다. 그들은 '사물의 보이지 않는 질서'와 깊이 연결되어 있다고 느끼지만, 그것을 완전하게 정의내릴 수는 없다. 그들은 신성한 것의 신비와 함께 편안해진다.

나는 이러한 단계들을 단순하게 여겨서는 안 된다고 생각한다. 얼핏 보면 많은 사람들이 실제 그들의 발전 단계보다 더 앞선 단계에 있는 것처럼 보일지도 모른다. 예를 들어 상당히 많은 수의 '뉴에이지 사상가들'과 과학자들은 기본적으로 '근본주의자'이며, 한편 복음주의자들은 제4단계에 속하는 신비주의자들이다. 더욱이 매 단계마다 점차적인 변화가 있을 뿐 아니라, 한 단계에서 다음 단계로 이행하는 과정에 있는 사람들도 있다. 어떤 사람들은 발전하고 있으며, 한편으로 어떤 사람들은 여러 가지 이유로 인해 특정 단계에서 완전히 정체되어 있거나, 집착에 빠져 있기도 한다.

그러나 각 단계들은 본질적으로 전 단계보다는 발전적인데, 예를 들면 제3단계에 있는 세속주의자들은 사실 대다수의 종교적인 사람들보다 영적 발달에서 더 앞서 있다. 제2단계에 속해 있는 사람들은 제3단계에 있는 '세속적 휴머니스트들'에 대해 비판적이지만, 그들 자신이 휴머니즘적이 되는 것이 좀 더 현명할 것으로 보인다.

사람들을 영적 성장의 단계별로 분류하는 것을 우려하는 일부의 사람들은 해체 효과가 나타날 수도 있다는 것, 즉 신앙을 가진 사람들을 여러 유형으로 분류하는 것은 공동체, 더 구체적으로는 신앙 공동체에 파괴적인 영향을 미칠 수도 있다고 생각한다. 나는 위계질서와 엘리트주의의 가능성에 대한 우려는 충분히 이해하지만 그러한 걱정이 정당하다고는 생각하지 않는다. 역사적으로 이른바 신앙인들의 '공동체'는 그들의 틀에 맞지 않는 사람들, 즉 의심하는 자들이나 회의주의자들 그리고 다른 부류의 사람들을 배제하고 응징했으며 심지어는 죽이기까지 했다.

나의 반복된 경험에 비추어볼 때 우리가 각기 다른 영적 발달 단계에 있다는 것을 아는 것은 참된 공동체의 형성과 유지에 방해가 되기보다는 오히려 촉진시키는 역할을 한다. 그러나 우리가 기억해야 할 사실은 상대적으로 발달이 더딘 사람들 또한 공동체를 건설하고 영적으로 더 성장할 수 있으며, 상위 발달 단계에 오른 사람들이라도 그 전 단계의 흔적을 가지고 있다는 사실이다. 에드워드 샌포드 마틴은 〈나는 무수하다〉에서 이렇게 묘사했다.

> 내 속세의 성전에 군중이 모여 있다.
> 그들 중에는 겸손한 자, 거만한 자,
> 자신의 죄악으로 상심한 자,
> 죄를 뉘우치지 않은 채 앉아서 웃고 있는 자,
> 이웃들을 자신의 몸처럼 사랑하는 자,
> 명예와 금전만을 신경 쓰는 자가 있으니,

그들 중 내가 누구인지 알 수 있다면,
마음을 좀먹는 근심에서 자유로워질 수 있을 텐데.

이 같은 영적 성장을 위한 여정에서, '이스라엘'이라는 단어의 기본적 의미를 기억하는 것이 도움이 될 것이다. 구약 성서 서두의 이야기는 야곱에 대한 것이다. 야곱은 분명히 영적 성장의 제1단계에 속하는 인물로 형제를 속여서 유산을 가로채는 거짓말쟁이요, 도둑이요, 사기꾼이다. 이 이야기가 시작되면 야곱은 영적 성장 제1단계의 인물에게 전형적으로 나타나듯이 문제에 부딪힌다. 형제로부터 도망쳐서 사막을 헤매고 다니던 어느 날 저녁 그는 가족을 떠나 혼자 잠이 든다. 한밤중에 그는 매우 건장한 낯선 자와 우연히 마주치고, 그들은 어둠 속에서 싸운다. 이 처절한 싸움은 1시간, 2시간이 지나도록 계속된다. 마침내 새벽의 첫 햇살이 지평선 너머 보이기 시작할 즈음, 야곱은 자신이 우세한 입장에 있다고 생각한다. 그는 기뻐하면서 있는 힘을 다해 아무런 이유 없이 그를 공격했던 이 낯선 자를 물리친다.

이때 이상한 일이 일어난다. 그 낯선 자가 손을 뻗어 야곱의 다리를 가볍게 스치자 순식간에 야곱의 관절이 저절로 빠지고 부러졌다. 야곱은 엉금엉금 기면서 이 낯선 자에게 매달려 이미 질 것이 뻔한 싸움을—그는 이미 완전한 패배자다—그만두자고 한다. 그러나 이제 그는 자신에게 신이 현존하고 있다는 것을 알게 된 것이다. 동이 틀 무렵 야곱은 그 낯선 자에게 자신에게 축복을 내리고 떠나라고 간청한다. 그는 야곱을 축복했을 뿐 아니라 이런 말을 한다. "이제부터 너는 이스라엘이라고 불릴 것이다. 그것은 바로 하느님과 싸운 자라는 의미다." 야곱은 다리를 절며 미래를 향해 간다.

오늘날 '이스라엘'이라는 단어에는 세 가지 의미가 있다. 첫째, 지중해 동부 해안에 위치한 작은 지역으로, 짧지만 커다란 고통의 역사를 가진 국가인 이스라엘이다. 둘째, 오랜 고통의 역사를 가지고 전 세계에 퍼져 살고 있는 유대인들을 지칭한다. 그러나 무엇보다 중요한 의미는 바로 하느님과 싸운 사람들을 지칭한다. 이것은 영적 성장 제1단계에 속한 사람들로서, 자신을 공격하는 사람이 누구인지도 모르는 채 싸움을 시작하고, 새벽 동이 트기 전의 완전한 어둠 속에 있으며, 커다란 고통이나 축복을 한 번도 받아본 적이 없는 상태의 사람이다. 이스라엘의 또 다른 의미는 한때는 고통을 받았고 또 한때는 축복을 받았던 영적 성장 제2단계에 속해 있는 사람들로 세계 전역에 퍼져 있는 근본주의 성향의 힌두교도, 이슬람교도, 유대인, 기독교도 그리고 불교도들이다. 또 두 번 고통을 받고 두 번 축복을 받은 사람들도 포함되는데, 그들은 러시아, 영국, 아르헨티나 또는 미국에 살고 있는 무신론자들, 불가지론자들 그리고 회의주의자들이며, 그들은 의심을 하고 있으며, 그로 인해 하느님과의 투쟁을 계속하는 사람들이다. 마지막으로는, 세 번 고통 받고 세 번 축복을 받은 전 세계 모든 문화권의 신비주의자들로, 이들은 지금 누리고 있는 축복 뒤에 다가올 미래의 고통을 감수하려는 사람들이다. 이스라엘이라는 말에는 하느님과 싸우고 있는 어린 아이와 같은 인간성 전체가 포함된다. 이것은 지구상의 잠재적인 공동체 전체다. 그러므로 우리 모두는 이스라엘이다.

영성심리적인 그리고 역사적 짐

우리는 이 공통적인 인간성의 측면을 제대로 보지 못한다. 그것은 부분적으로 우리가 항상 영성심리적인 짐을 지고 있기 때문이다. 즉, 우리의 삶과 그 속에서 하느님의 역할에 대한 충격이 종교적이고 영적인 문제가 되었을 때 그러한 부분이 어떻게 우리의 세계관을 형성하는지를 제대로 깨닫지 못하는 데서 비롯된 것이다. 이런 영성심리적인 짐은 흔히 파괴적인 것이고 불필요한 것이다. 이런 짐들 중 일부는 종교재판처럼 극단적으로 치우친 종교심에서 나온 결과다. 본래 종교와 과학의 관계는 통합된 하나였다. 이렇게 통합된 형태가 바로 철학이다. 플라톤, 아리스토텔레스 그리고 토머스 아퀴나스 등과 같은 초기 철학자들은 과학자였다. 그들은 증거에 입각하여 사고하고 여러 가지의 가설들에 의문을 가지기도 했지만, 동시에 신이 근본적인 실체라는 사실에 대해서는 전적으로 확신했다.

그러나 16세기에 들어서면서 종교와 과학의 관계는 악화되기 시작했다. 1633년 갈릴레이가 종교재판에 회부되었을 때는 최악이었다. 이 종교재판의 결과는 결코 기분 좋은 것이 아니었다. 종교재판관들은 코페르니쿠스의 지동설을 믿고 있는 갈릴레이가 마음에 들지 않았다. 그 결과 그들은 갈릴레이로 하여금 자신의 신념을 강제로 철회하게 만들었고, 남은 일생을 가택 연금으로 가두어 버렸다. 그러나 곧 교회로서는 불쾌한 상황이 전개되었고, 결국 오늘날의 교회는 자신의 입장을 철회해야만 했다.

이 엄청난 사건에 이어, 17세기 말에서 18세기 초에 국가, 과학 그리고 종교 등의 영역을 구분하자는 성문화되지 않은 사회계약이 나타났다. 그것은 크게 발전하지는 않았지만, 당시 사회의 필요에 대한 자발적인 반응이었고, 그 이후 과학과 종교의 본질을 결정하는 데 무엇보다도 큰 역할을 했다.

18세기 초, 아이작 뉴턴은 '자연 지식 진흥을 위한 런던 왕립학회' 의장이었다. 그 당시 이미 자리는 잡았지만 성문화되지 않은 계약에 의거, 자연 지식은 초자연 지식과 구별되었다. '자연 지식'은 과학 영역이 되었고 '초자연 지식'은 이제 종교의 영역이 되었다. 그리고 계약 규칙에 따라서 종교와 과학은 서로 만날 수 없게 되었다. 이러한 분리의 결과는 철학의 거세였다. 자연 지식이 과학자들의 영역이 되고, 초자연 지식이 신학자들의 영역이 된 후, 불쌍한 철학자들의 몫은 그 틈새에 떨어져 남은 것들뿐이었다.

어떤 측면에서 보면, 성문화되지 않았던 이 사회계약은 인류에게 있어서 가장 커다란 지적 해프닝 중의 하나로 생각될 수도 있을 것이다. 그러나 이 계약 때문에 긍정적인 발전도 많이 이루어졌다. 종교재판이 서서히 사라졌으며, 마녀 화형 제도가 금지되었고, 교회의 귀중한 재산이 수세기 동안에 걸쳐 고스란히 보존되었으며, 노예 제도가 사라졌고, 무정부 상태에 이르지 않고 민주주의가 확립되었다. 과학의 관심 대상을 자연현상에만 국한했기 때문에,

과학이 급속히 발전하여 어느 누구도 상상할 수 없었던 만큼 기술 혁신이 이루어졌으며, 지구 문화의 발전을 위한 길을 열어놓을 수 있게 되었다.

문제는 성문화되지 않았던 이 사회계약이 더 이상 효력이 없다는 것이다. 사실 지금의 시점에서 본다면, 그 계약은 완전히 악마적 계약이 되고 있다. 이미 말했듯이 '악마적diabolic'이라는 단어의 어원은 떼어내다, 분리시키다 또는 구획화하다 등의 뜻을 가진 그리스 어 '디아발레인diaballein'이다. 그 반대어는 '상징적symbolic'이란 단어인데, 그 어원은 같이 모으다, 통합하다 등의 의미의 '심발레인symballein'이다. 이 성문화되지 않은 사회계약은 모든 것을 조각조각 찢어버리고 있다.

교육이 세속화되었기 때문에, 공립학교에서는 중요한 가치를 가르치지 않는다. 공립학교가 과학을 가르치지만, 종교 문제는 언급하지 않아야 된다는 견해가 있는 듯하다. 진화론에 이의를 제기하고 있는 일부 근본주의자들을 제외하곤 어느 누구도 과학 교육에 대해 소송을 제기하지 않았다. 그러나 종교와 영적인 주제는 너무나 많은 논란이 있다고 여겨져서 어느 누구도 합리적이고 기본적인 교과 과정으로 편성할 생각조차 못하고 있다.

학교에서 종교를 가르치지 못할 타당한 이유는 없다. 과학 과목처럼 객관적인 방법으로 모든 종교들과 그 주요 개념을 중점으로 가르치면 되는 것이다. 가치란 궁극적으로 기본적인 종교적 관념과 관련이 있다. 때문에 가치를 교육하는 방법은 종교를 교육하는 것과 같은 방식으로 특정 개념에 치우치지 않고 구체적인 개념과 이론을 가지고 일반적인 관점으로 교육하는 것이다.

최근 들어 우리는 영성 교육을 하지 않기 때문에 사실상 물질주의 교육만을 하고 있는 것이며, 그것은 결국 가치란 중요하지 않다는 메시지를 전달하는 셈이다. 가치 교육 반대자들은 이미 기본적으로 허무주의적인 가치관이 교과 과정에 편입되어 있다는 사실을 인식하지 못한다. 허무주의는 사물을 지배하는 보이지 않는 질서란 존재하지 않는 것이며, 어떤 일이 일어나든 인생의 경험 속에는 특별한 의미가 없다고 주장한다. 가치 교육은 대상을 중요시한다는 것을 의미한다. 그러나 어떠한 가치를 가르쳐야 하는가? 바로 이것이 딜레마다. 그 해결 방법은 단 한 가지 가치만을 가르치는 것이 아니라, 학생들에게 모든 가치를 개괄적으로 제시하고, 그들 스스로 결정하도록 하는 것이다.

이제 이 성문화되지 않은 계약이 미국 문화 전반에 걸쳐서 뿐 아니라, 더 구체적으로 정신 의학 분야에 미친 영향에 대해 이야기해야 할 것 같다. 스스로 과학적인 학문이라고 정의한 정신 의학은 영적인 측면을 완전히 간과하고 있다. 정신과 의사들이 영적 발달의 단계 이론을 거치지 않고, 어떻게 프로이트의 심리적-성적 발달 단계, 피아제의 인지 발달 단계, 에릭슨의 성숙 단계와 예상되는 위기 등과 같은 레지던트 수련 과정을 마칠 수 있는지 의심스럽다. 내가 알기로는, 레지던트 과정에는 영적 발달 단계에 대한 학습 과정이 전혀 없다. 이런 일이 일어나는 가장 큰 이유는 정신과 의사들의 수련 과정에서는 영성에 대해 알거나 교육하는 것을 그들의 책임이라고 생각하지 않기 때문이다.

우리는 집단적으로 경험한 역사적 짐뿐 아니라 개인적 경험에서 나온 짐도 지고 있다. 즉, 교회의 진리에 대해 의문을 제기한 사람들에 대해 교회는 하느님에게 소외뿐 아니라 인간 집단에게 소외를 일정 기간 동안 경험하게 만들었던 것이다. 종교재판은 사라졌지만 최근 종교가 지나치게 경도된 탓에 많은 사람들이 영적 발전의 제3단계인 세속주의에 갇혔다. 모든 종교에서 근본주의자들이 보여주는 교조주의와 편협성은 의문과 불확실성이 들어갈 여지를 남겨놓지 않는다. 많은 사람들이 의문을 제기했다는 이유로 교회로부터 거부당한 데 대해 크게 분노하고 있다. 수년 동안 그와 같은 고통을 경험한 후에 영적인 문제에 대해 그들이 보이는 첫 반응은 이렇다. "아니야, 그런 문제는 다시는 안 돼."

그 자리에 머물러 있기보다 앞으로 나아가기 위해 그들은 그들의 교회가 보여준 영적 발달 제2단계의 엄격함과 관용 없음에 대해 용서하는 법을 배울 필요가 있을 것이다.

많은 사람들의 영적 성장을 방해하는 순수한 심리적 부담도 있다. 내가 정신과 의사로서 활동할 때, 어느 수녀원의 상담 의사로 일한 적이 있다. 그곳에서는 수녀원에 들어오기를 원하는 지원자가 수습 기간에 들어가기 전에 반드시 정신 분석 검사를 받게 했다. 내가 검사한 45세의 한 지원자는 감독 수녀와 종교 지도 수녀가 아주 '훌륭한 지원자'라고 평가한 여성이었다. 유일한 문제점은 다른 지원자들이 이 여성을 친근하게 대하지 않는다는 점이었다. 그들이 특별히 싫어하는 점은 없었지만, 그들은 어쨌든 이 여성을 따뜻하게 대하지 않았다.

내가 이 여성을 처음 만났을 때 놀란 점은 그녀는 스스로를 45세의 성인이 아닌 철없는 여덟 살짜리 소녀로 생각하고 있다는 것이었다. 그녀가 자신의 종교 생활을 이야기할 때의 모습은 전혀 자연스러워 보이지 않았다. 그녀는 무엇이 올바른 것인지를 잘 알고 있으며, 교리 문답에 대해서 거침없이 이야기할 수 있다는 데 자부심을 느끼고 있는 착한 소녀 같은 인상을 주었다.

나는 이 여성의 종교 생활 이외의 다른 측면을 알고 싶은 충동을 느꼈다. 내가 그녀의 어린 시절에 대해 물어보자, 이 여성은 '매우 행복했었다'고 대답했다. 대체로 어린 시절에 우리는 자주 고통스럽다고 느끼는 때가 있기 때문에, 나는 즉시 귀를 쫑긋 세우고 그토록 행복했었다는 어린 시절에 대해서 여러 가지를 물어보았다. 그녀가 여덟 살 때, 당시 아홉 살이었던 언니의 사고에 대해서 이야기를 해주었다. 어느 날 그들은 욕조 속에 들어가 있었는데, 그녀의 언니가 장난스럽게 소리를 쳤다. "조심해! 우글리가 널 잡으러 오고 있어." 우글리는 그들 자매가 만들어낸 친구 같은 유령의 이름이었다. 여덟 살의 그녀는 본능적으로 물 밑으로 몸을 숨겼다. 그녀의 기억에 의하면, 그때 엄마가 그녀를 때렸다고 한다.

"당신을 때렸다고요?" 나는 물었다. "왜죠?"

"머리가 물에 젖었기 때문이었어요."

상담을 하는 동안 그녀의 인생에서 중요한 다른 사건들에 대한 기억이 드러나면서 분명해진 사실은 그녀가 말한 '매우 행복했던' 어린 시절에 대한 묘사는 그저 꾸며낸 이야기일 뿐이었고 그로 인해 그녀는 위로 받고 있다는 것이었다. 그녀가 열두 살이 되었을 때, 그녀의 엄마는 다발경화증으로 꼼짝할 수 없게 되었고, 7년 후 돌아가셨다는 사실을 알게 되었다. 비로소 나는 이 여성이 보여준 킥킥대며 웃어대던 유치한 행동은 사춘기 이전의 감정 단계에 고착된 결과라는 것을 분명히 알게 되었다.

여러 가지 면에서 잠재기 단계 아이들의 성격은 영적 발달 제2단계와 유사하다. 사실 우리는 5세~12세까지의 시기를 잠재기라 부르는데, 그 이유는 이 연령대의 아이들이 별다른 큰 문제를 일으키지 않고 '잠재적인 상태'에 있기 때문이다. 때로는 악의적인 행동을 보이기도 하지만, 이 시기의 아이들은 부모가 말하는 모든 것을 믿는 경향이 있다. 그러나 사춘기가 되면서 아이들은 자연스럽게 모든 것에 의문을 갖게 되면서 온갖 어려운 문제들이 터져 나오게 된다.

그런데 사춘기에 막 접어들었을 때 그녀의 어머니는 몸을 꼼짝할 수도 없게 되었고, 사춘기 때에 나타나는 반항기가 정상적으로 끝났어야 하는 때에 돌아가신 것이다. 이런 어머니가 그녀의 머리칼이 물에 젖었다고 때릴 때, 어떻게 반항할 수 있었을까? 사춘기 때의 반항을 경험하지 못한 이 45세의 여성은 영적 발달에 그 흔적이 나타나 있었다. 이 여성이 일반적으로 가지고 있는 아이 같은 성향과 교회 권위와 관련된 모든 것에 복종하는 그 근본 원인은 쉽게 찾을 수 있었다.

나는 영적 발달 단계와 정신과 의사들에게 익숙한 성 심리 발달 사이에는 유사점이 있다는 사실을 이미 언급했다. 영적 발달 제1단계는 인생의 첫 5년과 몇 가지 측면에서 유사하고, 제2단계는 잠재기, 제3단계는 사춘기와 청년기, 제4단계는 인생의 후반부와 유사하다. 심리 사회적 발달 단계와 마찬가지로 영적 발달 단계는 순차적이다. 한 단계라도 건너뛰어 넘어갈 수도 없고 그리고 성 심리 발달 단계에서도 고착 상태가 있듯이, 사람들은 영적으로도 어느 특정 단계에 고정될 수 있다.

내가 강조하고 싶은 것은 한 개인의 영적인 발달 단계에 대한 '진단'은 피상적으로 외양만 보고 또는 단순한 가정만으로 이루어져서는 안 된다는 것이다. 단순히 과학자라는 이유만으로, 그 사람이 실제로는 제2단계에 있지만 마치 제3단계에 있는 것처럼 보일 수 있다. 어떤 사람은 제4단계에서나 나올 법한 초자연적인 이야기를 할지 모르나 제1단계에 속하는 사기꾼일지도 모른다. 일부 소수의 사람들은 특정 발달 단계에 잘 맞지 않을 수도 있는데, 이런 사람들을 경계 인물이라고 부른다. 그들은 예를 들어 한 쪽 발은 제1단계에, 또 다른 발은 제2단계에, 한 손은 제3단계에, 다른 한 손은 제4단계에 넣고 있는 경우다. 이런 사람들은 여러 단계에 걸쳐 있기 때문에, 이들을 경계 인물이라고 명명하는 것은 당연하다.

모든 발달 단계에서 나타나는 가장 큰 문제는 제4단계 집단(스스로를 순례 여행을 계속하는 구도자로 본다)을 제외하고, 많은 사람들이 자신들의 목표점에 도달했다고 생각하는 것이다. 제2단계의 근본주의자들은 신을 마치 그들의 손바닥 안에 두고 있는 것처럼 모든 것을 알고 있다고 생각할 수 있고, 철저한 세속주의자는 자신이 너무나 세상사에 밝은 사람이기 때문에 '이곳을 벗어나 갈

곳이 없다'고 생각한다.

어떤 사람들은《아직도 가야 할 길》에 소개한 캐시처럼 종교를 뛰어넘어 성장할 필요가 있다. 캐시는 영성 자체보다는 종교의 형식에 보다 많은 애착을 보인 초기의 시기, 제2단계에 속하는 가톨릭 신자였다. 또 그 책에서 캐시와 함께 소개된 지나친 세속주의자인 테오도르의 경우에서처럼, 종교를 통해 보다 성장할 필요가 있는 사람들도 있다. 테오도르는 정신 치료를 받지 않으면 영적 성장 과정에 저해되는 짐을 지고 있는 유형의 인물이다.

통합과 완전성

인류 역사를 돌이켜보면, 신앙의 시대에 나타나는 장점과 그 한계점을 찾아낼 수 있다. 그러나 최근 들어 우리는 사회적으로 우리가 속해 있는 이성의 시대가 갖는 한계점에 대해서 생각하기 시작했다. 우리가 아직 신앙의 시대에 속해 있다면, 계몽주의자의 한 사람인 내가 공격했을 대상은 맹목적 신앙이 아니었을까 생각한다. 그러나 오늘날, 나는 이성을 열렬히 신봉하는 사람이지만, 상상력 없는 편협한 이성은 반대한다. 모든 현상이 존재하는 그 이유를 반드시 알아야 하며, 거기에는 한 가지 이유만이 있다고 생각한다면—중층 결정론이라는 개념을 받아들이기 힘들다면—우리는 이분법적 사고 때문에 저주받은 존재가 되는 것이다. 그와 같은 제한적인 사고방식 때문에 교육은 세속적이거나 또는 종교적이어야 한다고 믿게 되는 것이다. 또 폭동은 가족 가치의 붕괴 또는 억압적인 인종차별주의 때문에 일어난다고 생각하게 만들며, 공화당이나 민주당, 보수주의나 진보주의 중 하나를 꼭 선택해야만 한다고 믿게 만드는 것이다.

신앙과 이성, 이 둘 다를 위한 여지를 남겨두어야 하는 것은 옳다. 신앙과 이성의 특성들을 우리의 삶 속에 통합시킬 수 있을 때만이, 우리는 완전함에 더 가까이 다가갈 수 있다. 나는 누가 이런 표현을 처음으로 만들어냈는지 모르지만, 나 자신을 포함하여 몇 명의 신학자들은 '하느님과의 결합'을 찬양한다. 이 표현은 '그리고and'의 의미를 갖는다. 양자택일의 사고 작용이 아니라, 양자 결합의 사고 작용을 지향하는 것이다. 이성을 배제하려는 것이 아니라, '이성에 더하여' 그 무엇을 만들어내려는 것이다. 그것은 바로 이성과 신비, 이성과 감정, 이성과 직관, 이성과 계시, 이성과 지혜, 이성과 사랑 등이다.

그러므로 우리는 사업가가 이익을 얻으면서 동시에 도덕적일 수 있는 세상을 그려볼 수 있다. 정치적 질서와 사회정의를 동시에 구현할 수 있는 정부, 기술적 숙련과 인간애를 모두 가진 의료 기관, 과학과 종교를 동시에 가르치는 교육기관 등이 있는 세상도 그려볼 수 있다. 우리의 미래는 이러한 통합으로 이루어지는 것이다. 여기서 말하는 통합은 두 가지 또는 그 이상의 것들을 억지로 끼워 맞춰서 아무런 색깔이 없는 흐릿한 점으로 만들어버리는 것을 의미하지 않는다. 과학과 종교의 통합을 이야기할 때, 과학이 무시되는 맹목적 신앙 시대로의 회귀를 뜻하는 것도 아니고, 신앙의 의미가 주일날 1시간 예배하는 걸로 격하되고, 일부의 과학 분야가 우상화되는 현재의 상태가 유지되는 것을 뜻하는 것도 아니다. 하느님과의 결합은 완전성의 결합이다.

이성의 시대 너머에는 무엇이 있을까, 나는 늘 궁금했다. 지금도 나는 모른다. 그러나 나는 통합의 시대가 오기를 희망한다. 그 시대에는 과학과 종교가 서로 손을 맞잡고, 그 결과 과학과 종교는 더 세련될 것이다. 그러나 이 통합의 시대에 도달하기 전에, 우리는 스스로 보다 성숙한 사고를 할 수 있어야 한다. 특히 우리는 역설적으로 생각하는 법을 배워야 한다. 이성이 하느님과의 결합에 의해 통합될 때마다 우리는 역설과 마주치게 될 것이기 때문이다.

몇 년 전 나는 공립 학교에서의 가치 교육에 관한 문제로 고심하고 있는 주 교육위원회 위원들에게 열 가지 권고안을 제시할 기회가 있었다. 내 권고안 중 하나는 선불교 과목을 5학년 교과 과정에 포함시키는 것이었다. 선禪은 역설을 위한 이상적인 훈련의 장이다. 내가 지난 20년 동안 선불교에 기웃거린 경험이 없었더라면, 나는 기독교 교리의 핵심에 자리잡고 있는 끔찍한 역설을 받아들일 수 있는 준비를 할 수 없었을 것이다. 대략 열 살쯤 되면, 아이들은 역설을 대략적으로 이해하게 되는데, 그 시기는 절대 잊지 않아야 되는 것을 마음속에 새겨두는 중요한 시기다. 나는 교육 위원들이 내 권고안을 진지하게 받아들였는지 궁금하다.

이성의 시대에 역설적 사고방식을 습득하기란 쉽지 않다. 역설은 그리스어 어원처럼 '이성에 반하는 것'으로 해석되기도 한다. 그러나 역설은 비논리적인 것이 아니다. 이것이 그처럼 보이는 이유는 우리가 단어—특히 명사—를 이용하여 생각하는 경향 때문이다. 명사란 카테고리를 나타내는 것이고, 언어를 구획화한다. '고양이cat'는 콧수염이 있고 털이 많은 육지 동물이다. '물고기fish'는 비늘이 달린 바다 동물의 범주에 속한다. 그러므로 고양이과에 속하는 동물은 물고기과에 속할 수 없다. 그러나 우리는 '메기catfish'가 분명히 물고기과에 속한다는 것을 알고 있다. '삶'과 '죽음' 역시 서로 반대 개념이다. 동사도 그 범주가 정해진다. '찾다to find'는 '잃다to lose'의 반대말이다. 그렇다면 다음과 같은 역설을 우리에게 가르치는 사람을 어떻게 해야 할까? '살려고 하는 자는 누구나 죽을 것이요, 죽으려고 하는 자는 누구나 살 것이다.'

은총과 우연한 깨달음

아무리 노력해도 인간은 기적을 만들어낼 수 없다. 그런 이유로 인해 일반적으로 세속적인 삶을 사는 사람들은 우리의 삶 속에 나타나는 기적에 눈을 돌려보질 못한다. 그들은 신의 존재와 신의 사랑을 증명하는 신의 은총을 보지 못하는 것이다.

내 정체성은 과학자이기 때문에 나는 증거를 원하고 그것을 좋아한다. 신비적일 뿐 아니라 논리적이기 때문에 나는 가능하면 사물의 이치를 확신시켜줄 통계적 증거를 기대한다. 그러나 이십대와 삼십대를 거치고 성숙기에 접어들면서 나는 통계적으로 도저히 일어날 수 없는 일들이 자주 나타난다는 사실에 깊은 인상을 받기 시작했다. 아주 불가능하게 보이는 상황이 가끔 일어나고 있다는 점에서, 나는 점점 하느님의 흔적을 보기 시작했다. 내 자신의 삶과 환자들의 삶 속에 나타난 그런 사건들을 보고—《아직도 가야 할 길》과 그 이후에 쓰여진 책에서 많이 다뤘다—나는 은총이 실재하는 것임을 알고 있다. 이와 같이 아주 불가능하게 보이는 사건들에는 일정한 형식이 있다. 이 모든 사건들은 대부분 유익한 결과를 가져온다. 나는 우연히도 은총과 같은 의미를 가진 동의어를 발견했다. 그것은 '우연한 깨달음serendipity'이라는 단어다.

웹스터 영어 사전에 의하면 우연한 깨달음은 '찾으려고 노력하지 않았으나 가치 있거나 기분 좋은 것을 발견하게 되는 선물'이라는 의미다. 이 정의에는 아주 흥미로운 요소들이 있다. 그중 하나는 어떤 사람은 가지고 있지만, 어떤 사람은 갖고 있지 않는 선물을 뜻하고, 또 어떤 사람은 운이 좋지만 어떤 사람은 그렇지 않다는 의미를 갖고 있다는 것이다. 나의 주요 명제 중의 하나는 '찾으려고 노력하지 않은 가치 있거나 기분 좋은 것'이란 말 속에 부분적으로 나타나 있는 은총이란 모든 사람에게 일어날 수 있는 것이라는 점이다. 그러나 어떤 사람들은 이 은총을 유익하게 이용하는 반면에, 다른 사람들은 그렇지 못하다.

우리가 은총을 부정하는 경향을 보이는 이유 중 하나는 바로 은총이 존재한다는 사실을 충분히 인식하고 있지 못해서다. 가지려고 노력하지 않았던 것이 갑자기 주어지면, 그 선물의 가치를 충분히 모르기 때문에 그 귀중한 것을 알아보지 못하는 것이다. 다시 말해 뜻밖의 일들은 우리 모두에게 일어나고 있지만, 우리는 흔히 우연히 일어나는 사건의 본질을 알아보지 못하는 것이다. 우리는 그런 사건을 별로 대수롭지 않게 생각하고, 결과적으로 그것을 충분히 이용하지도 못한다.

내가 지금까지 설명한 은총과 (또는) 우연한 깨달음은 다음과 같은 특성을 가지고 있는 것 같다.

- 그런 사건들은 인간의 삶과 영적 성장을 지지하고, 보호하고, 높이는 데 일조한다.
- 그것의 행동 체제는 최근의 과학적 사고방식에 의해 해석된 자연 법칙의 원리에 의한다면(꿈의 경우처럼) 완전히 이해할 수 없거나(과학적으로 설명될 수 없는 현상처럼) 완전히 모호하다.
- 그 발생은 빈번하고, 일상적이고, 일반적이며 특히 모든 인간에게 보편적이다.
- 비록 그런 사건들이 인간의 의식에 의해서 잠재적으로는 영향을 받지만, 그 원천은 우리의 의식적인 의지 밖에 있으며 의식적인 의사결정 과정 너머에 있다.

다시 말해 나는 이러한 현상의 공통성은 이들이 하나의 단일한 현상의 표현 혹은 일부분이라는 사실을 믿게 되었다. 따라서 이 단일한 현상은 인간의 의식 밖에서 기원하며, 인간존재의 영적 성장을 보살펴주는 강력한 힘을 나타낸다. 어느 정도는 회의적이며 과학적인 사고를 가진 우리는 이런 힘의 존재를 부인하고 싶을지도 모른다. 이것은 만질 수도 측정할 수도 없는 것이기 때문이다. 그러나 이 힘은 존재하고 있으며, 이것은 실재한다.

우리는 역설을 이해하는 데 어려움이 있기 때문에 이 힘의 존재를 이해하는 것도 제한적일 수밖에 없다. 우리는 이성적으로 사물들을 인식하길 원한다. 은총의 역설은 은총은 노력해야 얻어질 수 있다는 사실이다. 나는 은총으로 축복받은 존재가 되는 것이 왜 선택의 문제인가에 대해 이미 여러 가지 이유를 들었다. 반면에 은총을 받기 위해 아무리 노력한다 해도 그것은 우리의 손길을 빠져나갈 수도 있다. 다시 말해 우리가 은총에 다가가는 것이 아니라, 은총이 우리에게 다가오는 것이다. 우리가 은총을 선택하고, 동시에 은총이 우리를 선택한다는 역설은 '찾으려고 노력하지 않았으나 가치 있거나 기분 좋은 것을 발견하는 선물'이라고 정의한 '우연한 깨달음'이라는 현상의 본질일 것이다. 부처님은 깨달음을 구하려고 하지 않았을 때—깨달음이 그에게 찾아오게 했을 때—비로소 깨달음을 얻었다. 그러나 자신의 인생에서 적어도 16년이란 시간을 깨달음을 얻기 위해 헌신했고, 또 16년의 시간을 이 준비를 위해 헌신했기 때문에 깨달음이 그에게 찾아왔다는 사실을 누가 의심할 수 있을 것인가? 그는 깨달음을 얻으려 했고 동시에 깨달음을 얻지 않으려고 했던 것이다.

20년 전《아직도 가야 할 길》을 출간한 이후 나는 개인적으로 은총을 경험한 적이 있냐는 질문을 자주 받았다. 사실 은총은 계속 나타나고 있다. 아주 최근의 일은 아니지만 특별히 기억에 남는 일이 있다. 8년 전쯤에, 나는 미니애폴리스에서 열리는 강연에 참석

하러 가던 중이었다. 비행기를 타고 가는 시간은 나에게 무척이나 소중했다. 그 시간을 이용해서 주로 글을 쓰기 때문이다. 나는 언제나 노란 공책을 가지고 다녔다. 또 나는 부끄럼을 타는 성격이기 때문에 옆 좌석 승객, 특히 그가 술에 취했을 때는 대화하는 것을 좋아하지 않는다. 그래서 심지어 내가 글을 쓰고 있지 않을 때에도, 나의 이런 태도는 마치 내 사생활을 보호하려는 듯한 인상을 상대방에게 줄 것이다.

하트포드 공항에서 비행기를 탄 그날 아침, 내 옆 좌석 승객 역시 사십대 초반의 남자로 얌전한 사람이었다. 나는 언제나 그러하듯이 그와 대화를 나누고 싶은 생각이 없다는 무언의 메시지를 보냈고, 기쁘게도 그 역시 나에게 같은 메시지를 보냈다. 그래서 우리는 버펄로까지 가는 1시간 동안 아무 말 없이 앉아 있었다. 나는 노란 공책에 글을 썼고, 그는 소설책을 읽었다. 그 후 우리는 비행기를 갈아타기 위하여 1시간 동안 공항에서 대기하게 되었고, 그와 나는 아무 말 없이 비행기에서 내려 승객 대합실로 갔다. 1시간 후 우리는 아무런 말 없이 다시 비행기에 탑승했다. 버펄로를 떠나 미니애폴리스로 향한 지 45분이 지나서야 우리 사이에 첫 대화가 시작되었다. 글자 그대로 쾌청하기 그지없는 푸른 하늘 때문이었는지 그는 읽고 있던 소설에서 눈을 떼고는 이렇게 말했다.

"방해하고 싶지는 않습니다만, 선생님께선 혹시 '우연한 깨달음'이 무슨 뜻인지 알고 계십니까?"

나는 내가 알고 있는 한 그 주제에 대해서 상당히 많은 분량의 글을 쓴 유일한 사람이고, 그가 우연한 깨달음이란 단어의 뜻이 무엇인지 알고 싶어하는 바로 그 순간에 우연히도 그 주제의 전문가 옆에 앉게 되었다는 사실 자체가 아마도 뜻밖의 은총 같은 게 아니겠느냐고 대답했다(이런 일이 발생할 수 있는 가능성을 한번 생각해보라! 또 은총이란 통계적으로 일어날 가능성이 희박한 것이며 동시에 유익한 결과를 가져오는 것이라고 내가 정의한 것을 기억해두라).

이런 일이 일어나면 나는 글쓰기를 잠시 멈추고 그와 대화하지 않을 수 없다. 그는 우연한 깨달음에 대해서 내가 쓴 책이 어떤 내용을 담고 있는지 물었다. 나는 심리학과 종교의 통합을 다룬 것이라고 말했다.

"난 종교에 대한 지식이 별로 없습니다"

그는 이렇게 말하고는 이어서, 자신이 아이오와 주에서 태어나고 자랐으며, 감리교 집안에서 태어나 수십 년 동안 그 교리를 지키면서 살아왔다고 말했다. 아마도 내가 그와 대화를 나눌 수 있을 것 같고 또 다시는 만날 수 없는 사람처럼 보였기 때문인지 그는 이야기를 계속했다.

"나는 마리아의 처녀 잉태설을 믿을 수가 없어요. 솔직하게 말하자면, 예수님의 부활에 대해서도 여전히 의문투성이지요. 나는 교회를 떠나야 할 사람인 것 같고 교회에 대한 감정이 그다지 좋지 않아요."

그 대답으로 나는 회의주의와 모든 것에 의문을 품는 것이 얼마나 좋은지에 대해 이야기하기 시작했다. 나는《아직도 가야 할 길》에서 다뤘던 내용인 '성스러움으로 향하는 길은 모든 것에 의

문을 가지는 것이다'라고 말해주었다. 그리고 모태 신앙자가 완전히 성숙한 종교인으로 나아가는 데는 그렇게 의문을 가져보는 것이 얼마나 필요한 것인지에 대해서도 설명했다. 미니애폴리스 공항에서 헤어질 때 그는 이렇게 말했다.

"이 모든 것이 무슨 의미인지 아직은 잘 모르겠지만, 확실한 것은 어쩌면 교회를 떠날 필요는 없다는 생각이 드는군요."

계시

은총의 근본적인 치유력은 전혀 불가능해 보이는 환경을 통해서뿐 아니라 계시를 통해서도 우리에게 발현한다고 나는 믿고 있다. 우연을 초월한 어떤 일들이 일어나면, 그것은 하느님의 손길이 작용한 대단한 기회인 것이다. 하느님은 직접적으로 우리에게 말을 하거나 또는 그 모습을 우리에게 드러내는가? 그 대답은 그렇다이다.

가장 일반적인 방법은 신의 '낮고 조용한 목소리'를 통해서다. 당신은 내 친구인 어느 삼십대의 여성이 어느 날 아침 출근 준비를 하다 조깅했던 이야기를 기억할 것이다. 그녀는 조깅을 할 계획이 전혀 없었는데도 그러라고 말하는 낮고 조용한 목소리를 무시할 수 없었다. 그 목소리가 말하는 대로 따라한 결과를 며칠 후 내게 얘기하며 그녀는 희열에 차서 이렇게 외쳤다.

"우주의 창조자가 틈을 내어 나와 같이 달려주었다는 걸 생각만 해보라고!"

내가 가장 최근에 신의 낮고 조용한 목소리를 듣게 된 때는 소설《지상에서처럼 천국에서》의 초고를 마치고, 출판사로부터 출간 수락을 받은 직후인 1995년 이른 가을이었다. 이 소설을 수정하는 동안 문제가 생겼다. 초고에서는 나 자신을 주인공으로 설정했지만 2차 수정을 하면서 이것을 바꿀 필요가 있다고 확신하게 되었다. 수정을 하기 위해서 나는 내 자신에게서 한 발 빠져나와서 다른 등장인물을 만들어내야만 했다. 그러나 내 자신에게서 벗어나는 것이 익숙치 않았다. 더욱이 소설의 구성상 주인공은 나와 아주 비슷한 남자여야 했다. 즉, 정신과 의사이고 지적인 인물이며 아마추어 신학자여야 했다. 이건 정말 큰 문제였고, 나는 이 문제를 어떻게 풀어야 할지 알 수 없었다.

그런데 어느 날 오후, 이 문제는 뒷전으로 미룬 채 다른 일을 하고 있을 때, 낮고 조용한 목소리가 '다니엘서를 읽어라'라고 말하는 것을 들었다. 나는 머리를 가볍게 흔들었다. 다니엘서가 구약성서에 있다는 것은 알고 있었다. 그리고 거의 모든 학생들이 알고 있는 것처럼, 다니엘은 어떤 이유로 사자 우리에 던져졌지만 하느님의 은총으로 가까스로 목숨을 건진 예언자라는 것도 알고 있었다. 그러나 그 이상은 알지 못했다. 나는 한 번도 다니엘서를 읽은 적이 없었다. 또 읽을 생각도 전혀 없었다. 그런데 왜 그 목소리가 그것을 읽으라고 했는지 도무지 알 수 없었다. 나는 머리를 흔들고는 다시 편지 쓰는 일을 계속했다.

다음 날 오후 아내의 사무실에서 몇 개의 논문들을 찾고 있는

데, 그 목소리가 다시 들렸다. '다니엘서를 읽어라'라고. 이번에는 머리는 흔들지 않았다. 성령의 집요한 능력을 경험한 적이 있는 나는 신이 나를 어딘가로 인도하고 있다는 것을 알았다. 그것이 무엇인지 또 그 이유가 무엇인지는 신만이 알고 있는 것이었다. 그러나 나는 서두르지 않았다.

다음 날 정오에 산책을 하고 있을 때, 그 목소리가 다시 들려왔다. '스캇, 넌 언제 다니엘서를 읽을 거냐?'라고 그 목소리는 물었다. 그래서 나는 집에 돌아오자마자, 특별히 해야 할 일도 없었기 때문에 성경을 꺼내 다니엘서를 읽었다. 그리고 나는 많은 것을 배웠다. 그것을 읽는 동안 내게 가장 유용했던 것은 바로 다니엘과 나에게는 많은 유사점이 있다는 사실을 알게 된 것이다. 다니엘은 나보다 용기 있고 신앙심도 깊고 고상한 인물이었다. 또 다니엘은 분명히 지적인 사람이었다. 다니엘은 해몽가로서 그 당시 일종의 정신과 의사였고, 나중에는 예언자로서 신학자 같은 인물이 되었다. 그러므로 그의 삶은 내가 살아온 것과 비슷했던 것이다. 나는 곧 문제의 해결책이 무엇인지 알게 되었다. 즉, 내 소설의 주인공은 스캇이 아니라 다니엘이 되어야 했다. 우리 둘 사이의 유사점과 차이점을 통해서 나는 내 자신에게서 벗어나 여러 가지 방법으로 그 주인공을 현실 속의 인물인 것처럼 만들 수 있었다.

신이 나를 보살피신다는 이 예는 내가 학자로서는 형편없을 뿐 아니라 특히 성경에 대해서는 별로 아는 것이 없는 형편없는 학생이라는 점을 고려하면 더욱더 두드러져 보인다. 신약성서에 관한 한 나는 한 번도 요한계시록까지를 완독하지 못했고, 서편들은 매끄럽게 읽어 나가는 것도 힘들었다. 구약 성서도 많이 읽어 보지 못했다. 그리고 다니엘서는 관심도 없었다. 왜 이렇게 된 것일까? 하느님을 언급하지 않고 창조에 대한 글을 썼던 많은 사람들이 드는 예는, 어려운 문제에 대한 해결책은 그 문제에 대해 심각하게 생각하고 있지 않을 때에 갑자기 찾아온다는 것이다. 그들이 제시하는 예에서는 문제의 해결책이 곧바로 인식되고 환영을 받는다. 그러나 이것은 외부로부터 오는 경험은 아니다. 나는 문제에 대한 해결책이 아니라 그 해결책에 이를 수 있는 길의 선물을 받은 것이다. 그 선물은 나에게 아무런 의미도 없었다. 나는 그것이 내가 가진 문제와 어떤 관련이 있는지 몰랐기 때문이다. 그것은 내게 익숙한 길이 아니었다. 나는 이것을 환영하지 않았다. 나에게 이 선물은 너무 낯선 것이었기 때문에 첫 반응은 이 선물을 거부하는 것이었다.

그러나 내 문제는 그리 심각한 편은 아니었다. 내가 하려는 말이 신께서 나의 그런 사소한 문제를 도우러 직접 나섰다는 의미인가? 물론, 그것이 정확히 내가 말하려고 하는 바다. 나는 왜 신께서 내 문제를 그렇게 신경을 쓰시는지 잘 모른다. 그러나 수백만 명의 사람들이 내가 지금까지 이야기한 것과 비슷한 경험을 했다고 보고한다. 그리고 내겐 이런 은총과 계시의 경험은 곧 신의 존재를 증명하는 것일 뿐 아니라 신이 지속적으로 우리를 보살피고 있다는 증거다.

신의 '낮고 조용한 목소리'를 듣는다는 것은 분명히 낯선 경험이다. 그 소리는 하늘에서부터 들려오는 크게 울리는 남성적인 목소리는 결코 아니다. 성경에서 말하길, 그 목소리는 너무나 낮고 작아서 거의 목소리라고 느껴지지 않는다. 그것은 마치 우리 안에서부터 들려오는 소리 같아서, 많은 사람들은 자신의 생각과 그 목소리를 구분할 수 없을 정도지만, 결코 그들의 생각이 아니다.

신의 계시를 알아차리는 문제에 대해 많은 사람들이 혼란스러워하는 것은 당연하다. 이 '목소리'와 자신의 생각을 구분하기 위해선 조심스러운 태도가 필요하다. 어떤 사람들은 자신의 생각을 하느님의 말씀으로 오해하기도 한다. 이런 태도는 곧 광기로 이어진다. 그러나 신의 목소리를 구분하기 위한 몇 가지 방법이 있다. 첫째, 충분한 시간을 갖고(여러분이 위급한 상황에 처하지 않았다면) 자신이 들은 것이 진정 신의 목소리인지 아니면 자신의 생각인지를 '현실-테스트'를 해보는 것이다. 그런데 만약 여러분이 처음에 그 목소리를 무시한다면, 그 목소리는 나에게 다니엘서를 읽으라고 계속 재촉했듯이 언제나 반복해서 들린다. 둘째, 성령의 목소리는(예수님께서 위안자라고 부르셨는데) 언제나 건설적이지 결코 파괴적이지 않다. 그 목소리는 어쩌면 당신에게 무엇인가 색다른 일을 하도록 요구할지도 모르고, 그래서 좀 위험스럽게 느껴질지 모르지만 결정적으로 위험한 일은 결코 아니다. 만약 당신에게 자살을 하라든가, 사기를 치거나 도둑질을 하라든가 아니면 평생 모아둔 돈으로 요트를 사는 데 다 써버리라는 목소리를 듣게 된다면, 정신과 의사를 찾아가보는 게 좋다.

그 목소리는 일반적으로 조금은 '이상하게' 들린다. 바로 이 점이 자신의 생각과 그 목소리를 구분할 수 있게 하는 것이다. 마치

미지의 세계에서 들려오는 듯, 이 목소리에는 약간 이질적인 특징이 있다. 그것은 어쩔 수 없다. 성령의 목소리는 우리가 이미 알고 있는 어떤 것을 전달하거나, 우리가 억지로 받아들일 필요가 없는 방식을 우리에게 강요하기 위해 말을 걸 필요는 없다. 그 목소리는 무언가 새롭고 예기치 않은 것을 가지고 우리에게 찾아온다. 그 목소리는 부드럽게 우리의 마음속에 있는 여러 가지 장벽을 헐고 마음을 열게 한다. 그러나 대개의 경우 처음 성령의 목소리를 들었을 때 나타내는 첫 반응은 머리를 흔드는 것이다.

신이 우리에게 말을 거는 또 다른 방법은, 다시 말해 우리를 성장시키는 방법은 우리의 꿈, 특히 칼 융이 '중요한 꿈'이라고 명명했던 것을 통해서다. 내가 개업했을 때, 환자들 중 일부는 꿈에 그들이 갖고 있는 문제의 해결책이 있다는 것을 알고 있었고, 아주 완벽하고 상세하게 그들이 꾼 꿈 하나하나를 기록해 가면서 그 해답을 찾으려고 많은 노력을 했다. 그러나 치료 과정에서는 대부분의 꿈을 분석할 만한 충분한 시간도 없었고, 그런 방대한 양의 꿈이 오히려 보다 의미 있는 영역을 분석하는 데 방해가 된다는 것을 알았다. 그런 사람들은 꿈을 좇아가지 않고, 꿈이 그들에게 찾아오도록 하고, 무의식으로 하여금 어떤 꿈이 의식 속으로 들어와야 하는지를 선택하는 방법을 배워야 했다. 이것을 가르치는 것 자체는 상당히 힘들었는데, 환자 자신에게 어느 정도의 통제력을 버리고, 자신의 의식 세계와 좀더 수동적인 관계를 가지도록 요청해야 했다. 그러나 일단 환자가 꿈을 좇아다니는 의식적인 노력을 그만두게 되면, 기억할 수 있는 꿈의 양이 줄어들 뿐 아니라, 질적인 면에서는 놀랄 만한 향상이 나타날 수 있다. 그 결과로 환자의 꿈, 즉 무의식에서 나오는 선물인 꿈은 치료의 과정을 편안하게 만들어주는 기회가 되었다.

그러나 환자 중에는 꿈이 가진 무한한 가치를 인식하거나 이해하지 못한 채 심리 치료를 시작하는 사람들도 있었다. 결과적으로 그들은 모든 꿈을 무가치하고 중요하지 않다고 생각하면서 의식으로부터 지웠다. 이런 환자들은 자신들의 꿈을 기억하고 꿈속에 숨어 있는 귀중한 보물을 이해하고 받아들이는 법을 배워야 했다. 꿈을 효과적으로 이용하기 위해서는 꿈의 가치를 인식하고 꿈이 우리에게 다가올 때 이것을 충분히 활용하도록 해야 한다. 때로는 꿈을 좇아가거나 기대하지 않도록 노력해야 한다. 그리고 그 꿈이 진정한 선물이 될 수 있도록 만들어야 한다. 칼 융이 말하는 '중요한 꿈'은 바로 이런 것이다. 그런 꿈들은 '나를 기억하라' 하고 스스로 소리치는 꿈이다.

왜 그 많은 사람들이 낮고 조용한 목소리와 꿈 그리고 무엇보다도 은총과 계시를 드러내는 증거에 둔감한 것일까? 거기에는 두 가지 중요한 이유가 있다. 그중 하나는 사람들이 변화를 두려워하기 때문이다. 근본주의자든 세속주의자든 대부분의 사람들은 마음속으로 의문이 들게 만드는 증거에는 마음을 열고 받아들이려고 하지 않는다. 또 다른 이유는 처음으로 하느님을 진정으로 받아들이는 데는 무엇인가 두려움이 있다는 것이다. 자신의 자아를 몰아내고 하느님을 우리 삶의 인도자로 받아들이면, 분명히 우리는 자신을 통제하는 힘을 스스로 놓아버리는 것이다(내가 자세히 설명한 우리 삶을 이끄는 하느님의 '중요한 꿈'과 조화를 이루는 것이다).

많은 세속주의자들에게 있어서 신의 증거를 거부하는 것은 단순히 중립적인 또는 수동적인 태도가 아니다. 예를 들어 요즘엔 어떤 유형의 중독자들이나 그들이 가진 문제점에 대한 상당한 증거가 있더라도 그것을 거부하는 것이 일반적인 현상이다. 그러한 부정은 아주 능동적으로 이루어지는 심리 과정이다. 이런 맥락에서 보면, 일부의 세속주의자들을 세속주의에 중독된 사람들이라고 생각할 수 있다. 근본주의자들의 경우는 단순주의에 중독된 사람들일 것이다. 아무리 많은 결정적인 증거가 있다고 해도 그들의 마음은 바뀌지 않는다. 이들은 다른 모든 사람들이 그러하듯 단순히 신에게 다가가지 않는다는 것이 아니라, 그들 스스로 신에게 다가가길 피하고 거부하고 있다는 것이다.

자아와 영혼

여러 가지 면에서 신의 존재에 대한 증거를 받아들이는 과정에는 자아와 영혼 사이의 싸움이 필연적으로 나타난다. 앞서 나는 영혼의 정의를 '신이 창조하고, 신이 양육하는 독특하고도, 발전 가능한 불멸의 인간 정신'이라고 했다. 이 정의에서 사용된 하나하나의 수식어는 매우 중요하다. 그중에서 특히 중요한 것은 우리 영혼은 '신에 의해 양육되는'이라는 부분인데, 이 의미는 신은 우리가 자궁에서 잉태되는 순간에 우리를 창조했을 뿐 아니라, 은총을 통하여 우리를 평생 양육한다는 뜻이다. 신이 그렇게 하는 데는 우리에게 바라는 특별한 목적이 있을 것이며, 그것은 바로 우리의 영혼을 발전시키는 것이라고 생각한다. 그렇다면 영혼과 자아는 어떻게 다른가?

나는 앞에서 자아는 우리 성격을 지배하는 한 부분이라고 했다. 자아의 발달은—이 지배자가 성숙되어 가는 것—의식의 발달과 매우 긴밀한 관련이 있다. 사람들이 누군가의 '자아'에 대해서 이야기할 때, 일반적으로 언급되는 것은 그 사람의 자아 이미지, 자아 인식 그리고 의지이다. 이것은 그 사람의 성격 특성뿐 아니라 (흔히 부정적이고 방어적인 특성들) 우리가 생각하는 것과 인생의 가치를 모두 포함한다. 영혼처럼 우리의 자아는 성장하고, 변화하고, 발전할 수 있으나 반드시 그렇게 된다는 것은 아니다.

영혼과 자아의 가장 큰 차이점은 다음과 같다. 즉, 자아는 우리가 어떤 존재인지 또는 우리가 스스로 그렇다고 생각하고 있는 자기 이미지의 껍질에 가까운 반면, 영혼은 더 깊이 내려가, 우리가 인식하지 못하는 존재의 핵심에 가깝다. 이것은 내가 2년 반 동안 다녔던 예비 학교 엑시터를 자퇴하겠다고 결심했던 때의 경우와 같다. 나는 이 이야기를 앞장에서 설명했다. 이 결정은 내 영혼과의 만남이 시작된 것을 의미했기 때문이다.

누구에게나 자신만이 가지고 있는 '나'라는 정체성이 있다. 이 '나'는 때로는 자아를, 때로는 자기 자신을 의미한다. 나의 자아는 부모님을 기쁘게 해드리고, 학교생활을 참고 견뎌서 엑시터를 졸업한 형의 뒤를 따르기를 원했다. 나 역시 엑시터에 입학하길 원했고 학교생활을 성공적으로 해나가길 원했다. 나는 분명히 자퇴 학생이 되고 싶지는 않았다. 그러나 내가 자퇴하길 원하지 않는다면, 누가 그것을 원하고 있는가? 점차로 나는 내가 하고 싶다고 생각한 것을 할 능력도 없고 또 할 의욕도 없다는 것을 깨달았다. 그러나 그 당시에 이유는 알 수 없었다. 분명한 것은 어릴 때부터 앵글로색슨 계 백인의 신교도식 교육을 받은 사람들이 가는 길과는 다른 길을 가고 싶은 욕망이 내 안에서 일어나고 있었다.

대부분의 정신과 의사들은 단순히 나의 자아가 갈등을 일으켰다고 말할 것이다. 또 어떤 사람들은 보다 구체적으로 나의 자아가 진정한 자신과 충돌하여, 그 진정한 자신의 존재가 자아보다 커지고 깊어졌다고 말할 것이다. 나는 후자의 설명을 수용할 수 있지만, 이런 의문이 든다. 그러면 '참된 자신'이란 무엇인가? 왜 이것은 정의될 수 없는가? 그것은 영혼이 될 수 있는가? 그렇다면 왜 그렇게 정의되지 않는가? 그렇다면 영혼의 정의는 어떻게 될까?

세속적인 정신과 의사들은 진정한 자신 — 완전한 자신 — 이란 여러 가지 심리적 요소들인 이드, 자아 그리고 초자아, 의식과 무의식, 유전적으로 결정된 기질과 경험 등을 통해 축적된 학습의 집합체라고 말할 것이다. 나에게 그처럼 많은 요소들이 있으니 갈등을 일으키는 것은 당연한 일일 것이다. 이런 요소들은 실제로 존재하고, 서로 충돌할 수 있다. 더욱이 이런 '집합적인' 모델을 이용해서 효과적인 정신과 치료가 수행될 수 있다. 문제는 엑시터 재학 당시에 나는 내 스스로가 이런 여러 가지 요소의 집합체라고 느끼지는 않았다는 점이다. 나이가 들어갈수록 내 속에 있는 이런 여러 가지 요소들의 개별적 실체를 더 많이 인식할 수 있었지만, 집합체라는 느낌은 적었다. 그러나 나는 심오한 어떤 일, 나 자신을 더 큰 존재로 만들어줄 중요한 일이 일어나고 있다고 느꼈다. 나는 내가 영혼을 가지고 있다는 사실을 인식하게 된 것이다.

영혼과 자아는 서로 다른 현상이다. 그러므로 당연히 다른 수준에서 작용한다는 사실을 기억해야 한다. 영혼과 자아 사이에는 분명한 차이가 있다는 것은 중요한 사실이지만 그러나 이 둘 사이에 상호 작용이 없다는 뜻은 아니다. 나는 영혼의 변화와 성장은 자아가 움직이는 방식을 크게 바꾸어줄 것이며, 자아를 보다 나은 방향으로 이끌어갈 것이라고 굳게 믿고 있다. 마찬가지로 자아 학습은 영혼의 발달을 촉진시킨다고 믿고 있다. 그러나 영혼과 자아가 어떻게 상호작용을 하는지는 미스터리로 남아 있다.

대부분의 세속주의자들은 개인의 독자성은 인정하지만, 영혼과 자아 사이에 존재하는 신비스러운 차이를 구분해야 될 필요성이 있다는 사실은 모른다. 그들은 이렇게 말한다.

"모든 사람들은 자신만의 독특한 인생 경험과 유전적 요소를 저마다 가지고 있다. 그러므로 당연히 그들의 자아는 서로 다를 수밖에 없다."

그러나 내 생각으로는 인간의 영혼은 독자성을 가지지만 자아에는 비교적 유사성이 있는 것 같다. 나는 자아에 대해서는 많은 것을 얘기할 수 있지만, 영혼에 대해서는 별로 말할 수 있는 게 없다. 자아는 일반적이고 평범한 언어로 묘사할 수 있지만, 영혼의 독특함은 적절한 언어로 표현할 수 없다. 영혼은 한 개인의 참된 정신이고, 하느님처럼 언어로 표현하기에는 너무 힘든 대상이다.

영혼의 독특함은 우리가 남은 인생 동안의 영적인 성장을 위한 길을 진지하게 선택했을 때마다 그 모습을 드러낸다. 정신병리학적으로 자아는 진흙과 같아서, 깨끗이 씻어 없애버리려고 하면 할수록 그 밑에 있는 영혼은 세상 어느 곳에서도 찾아 볼 수 없는 영광스러운 빛으로 광채를 발한다. 나는 신이 인간의 영혼을 사람마다 다르게 창조했다고 믿는다. 하지만 이것이 도저히 풀 수 없는 문제라는 의미는 아니다. 그러나 아무리 신비스럽다 하더라도 영혼 창조의 과정은 사람마다 다르다. 개개인의 독자성은 부정할 수 없으며(여러분의 영혼에 위험이 닥쳤을 때를 제외하고) 단순히 심리학이나 생물학으로 설명될 수 없다.

영혼을 부정하는 세속적 경향은 또 감성을 부정하는 것이다. 세속주의에는 자아실현의 특징이 있다. 그들은 이렇게 생각한다.

"하느님은 존재하지 않기 때문에, 나는 하느님을 암시하는 그 어떠한 증거도 믿지 않겠다."

자신의 영혼에 대한 의식으로부터 단절된 사람들이 인간의 감성을 부정하는 것은 그리 놀랄 만한 일이 아니다. 감정과 사고의 통합이 부족하다면, 즉 감정에 대한 불신이 있다면, 그 결과는 자신의 감성에 대한 부정으로 나타난다.

《아직도 가야 할 길》에 나오는 테오도르의 경우가 좋은 예다. 치료 과정에서 나는 그에게 닐 다이아몬드가 작곡한 〈갈매기의 꿈〉의 배경 음악을 들어보라고 말했다. 그것은 아주 영적인 음악이어서 나는 그가 이 음악을 듣고 영적 성장의 길로 들어서길 바랐다. 그러나 그는 이 음악이 역겨울 정도로 감상적이라고 말했다. 그의 말은 곧 그 당시 그가 자신의 감성을 부정하고 있다는 사실을 드러내 보여주는 것이었다.

나는 영혼에 감동을 주는 노래라도 모든 사람들이 그 노래에 대해 똑같은 경험을 하거나 강한 반응을 불러일으킬 것이라고는 생각하지 않는다. 그러나 적어도 그가 자신의 감성을 따르는 사람이라면, 감상적인 것을 받아들일 여유가 있을 것이고, 자신에게 중요한 것들에 마음이 약해지는 것이다. 영적인 지향이 있는 사람들에게 몸, 정신 그리고 마음은 전체적인 존재의 통합된 부분으로 간주된다. 그들은 자신의 마음이 여리다는 사실을 부끄러워하지 않는다. 오히려 그들은 상황에 밀려 냉정하게 될 수밖에 없는 때를 걱정한다.

복잡한 현대를 살아가고 있는 남성과 여성들에게 머리와 가슴, 지성과 감성의 분리는 보편적인 현상이다. 예를 들어 나는 마음속으로는 기독교도이지만, 동시에 지적으로는 무신론자인 사람들을 많이 보았다. 때로는 반대의 경우도 있다. 이것은 정말 안타까운 상황이다. 전자의 경우—그들은 너그럽고 신사다우며 정직하고 동료들에게 헌신적인데—자주 절망감에 빠지고, 삶에서 별다른 의미를 찾지 못하며, 가슴속에서 나오는 흥겹고 부드러운 목소리를 부정하며, 그들의 가슴속에서 나오는 메시지를 감상적이고 비현실적이며 유치하다고 치부해버린다. 깊숙하게 내재된 자아를 믿지 못하기 때문에 그들은 불필요하게 고통을 받고 있는 것이다.

가장 심도 있는 치료는 마음속에서가 아니라, 가슴 또는 영혼 속에서 이루어진다. 가슴이 '굳어져' 버리면, 어떠한 말로도 그것을 뚫을 수 없다. 만약 우리가 구약 성서의 유대인들이 마음의 할례라고 부른 것을 겪게 되면, 우리의 삶 속에 존재하는 치유적 존재로서의 하느님의 실체를 받아들이기는 생각보다 어려운 일이 아니다.

자기를 비움(케노시스)

《아직도 가야 할 길》에서 나는 성장의 목적은 보다 의식적이 되고 더 발전하는 것이라고 했다. 그 의미는 인간의 삶에서 발전으로 향하는 길은 신을 향해서 나 있는 길이라는 뜻이다. 신은 우리가 배우고 성장하기를 바라며, 실제로 그런 과정에서 우리를 도와주고 있다고 나는 믿는다. 그러나 궁극적으로 신은 우리가 신이 되거나 또는 신처럼 되길 원한다고 내가 주장했을 때, 이런 나의 주장은 신학적으로 대단한 분노를 야기했다. 나의 주장은 사탄의 생각처럼 보였다. 결국 사탄은 그 자신이 신처럼 전능한 존재가 될 수 있다고 생각한 것이 아닌가?

만약 내가 나의 주장 속에 함축되어 있는 역설을 언급했더라면, 그들의 분노를 피할 수 있었을 것이다. 그 역설은 우리가 자기 자신을 없애지 않고서는, 비움의 겸손을 통하지 않고서는 신처럼 될 수 없다는 것이다. 신학에는 이러한 노력을 의미하는 중요한 용어가 있다. 그것은 '자기를 비움(케노시스)'이라는 말로 스스로 자기 자신을 비우는 과정을 뜻한다. 이것은 인류 역사를 통해 부처님이나 예수님처럼 위대한 정신적인 지도자들이 우리에게 전하려고 한 핵심 메시지다. 우리는 우리 자아를 버릴 필요가 있다.

"나를 위해 자신의 목숨을 버리려는 자는 누구든지 그 목숨을 구할 것이다"는 말은 "자신의 자아를 기꺼이 버리려는 자는 누구든지 그의 영혼을 찾게 되리라"는 말로 바꾸어 표현할 수 있을 것이다.

자기를 비우는 과정을 위해 기독교에서 사용한 이미지는 빈 배다. 우리가 한 인간으로서의 기능을 하기 위해서는 자아—우리의 성격을 지배하는 부분—가 충분히 채워져 있어야 한다. 그렇지 않으면 우리의 정체성은 없을 것이다. 그러나 그것을 넘어서, 영적 성장의 핵심은 우리의 자아를 충분히 제거하고 텅 비게 만들어 성령과 참된 영혼으로 채우는 것이다. 사도 바울이 "나는 지금 내 자신의 삶이 아닌, 내 안에 계신 그리스도 예수와 함께하는 삶을 산다"고 표현했듯이 이렇게 자아를 비우는 일은 가능하다.

우리는 다시 비움이라는 중요한 문제로 돌아왔다. 이 비움의 상태는 치유받고 완전한 인간으로 성장하기 위해서 평생 동안 우리가 해야 할 폐기 학습과 재학습의 핵심이라는 사실을 기억할 필요가 있다. 이러한 폐기 학습은 죽음과 같이 고통스럽게 느껴진다고 말했던 사실도 기억해야 한다. 과거에 수도승들과 수녀들은 고행이라 부르는 의식을 일상적으로 행하여 왔다. 이 고행mortification이란 단어의 어원은 라틴어 '모르티스mortis'인데 '매일 죽어가는 훈련'이라는 의미이다. 수도승들이나 수녀들이 스스로 몸에 채찍질을 하고 거친 모직 옷을 입는 등 다소 지나친 고행을 했지만, 그들은 무엇인가를 향해서 가고 있었다. 이를 통해서 그들은 자기 비움을 수행하려고 했다.

내가 언급한 또 하나의 사실은 개인뿐 아니라 집단 역시 건강해지고 그 건강함을 유지하기 위해서는 자아를 비우는 자기 비움의 과정을 경험할 필요가 있다는 것이다. 나는 공동체 건설 과정에서 가장 중요한 단계는 '비움'이라고 이름 붙였다. 이제 모든 집단들이 의도적으로 공동체 사회를 건설하려고 할 때 일상적으로 나타나는 성장 단계에 대해서 이야기할 때다.

가짜 공동체

여러 집단들이 모여서 공동체를 만들 때, 폐기 학습과 변화의 고통을 피하기 위해서, 그들은 이미 공동체가 된 것처럼 보이려고 한다. 기본적인 가식은 모든 구성원이 똑같다는 것이며, 그 가식은 모든 사람이 알아야 하는 성문화되지 않은 일련의 규칙, 즉 예의범절의 실천에 의해 지탱된다. 이러한 단계에서 모든 구성원들은 그들의 개인적인 차이를 부정하고 싶은 욕망에 배치되는 의견을 피하기 위해 서로에게 깍듯이 예의를 지킨다. 그러나 서로 독자적인 자아와 영혼을 가진 사람들은 서로 다를 수밖에 없는 것이 현실이다. 그렇기 때문에 이러한 동일성의 가식을 가짜 공동체라고 지칭한다.

혼돈

일단 개인적 차이점들이 표면적으로 인정이 되면(또는 공동체 건설 과정에서처럼 고무되면) 그 집단은 그런 차이점들을 없애기 위해 노력한다. 이것을 위해 주로 사용되는 방법들은 '치유하기', '고치기' 또는 '개종하기' 등이 있다. 그러나 사람들은 쉽게 치유되고 고쳐지는 것을 좋아하지 않기 때문에, 얼마 지나지 않아 그 희생자들은 방향을 선회하여 자칭 치유자들을 치유하려 하고 자칭 개종자들을 개종하려고 한다. 이런 현상은 영광스러운 혼란이다. 이 과정은 또 소란스럽고, 논쟁이 빈번하게 일어나며, 비생산적이기도 하다. 누구도 다른 사람의 말을 들으려고 하지 않는다.

비움

혼돈으로부터 벗어날 수 있는 방법은 세 가지가 있다. 첫 번째 방법은 보다 확실한 가짜 공동체로 돌아가는 것이다. 두 번째 방법은 위원회나 하위 위원회를 만들어서 조직적으로 혼란을 벗어나는 것이다. 그러나 그런 조직은 결코 진정한 의미의 '공동체'는 아니다. 세 번째 방법은 우리가 여러 집단에 이야기하는 것처럼, 철저하게 '비우기 과정'에 들어가는 것이다. 만약 구성원들이 이 방법에 귀를 기울인다면, 모든 구성원들이 스스로 의사 소통의 장벽을 제거하는 고통스러운 과정이 서서히 시작될 것이다. 일반적으로 의사소통의 장애 요소는 기대감, 편견, 선입관, 지나치게 완고한 이데올로기나 종교적 신념 이외에 치유하고, 바꾸고, 고치고, 해결해야 할 필요성이 있는 것 등이다. 어떤 집단이 '비우기 단계'에 들어오면—가장 중요한 학습 단계인데—완전히 방향 감각을 상실한 생명체처럼 보인다. 사실 그 느낌은 죽음과 같을 것이다. 이때가 바로 자기 비움의 시점이다. 그 집단이 이런 과정을 견딘다면—훌륭한 지도력을 가진 지도자가 있는 경우에 언제나 이런 놀라운 일이 일어나는데—자기 비움 또는 죽음이라고 불리는 이 역사는 성공하게 되는 것이고, 이때부터 재생은 이루어진다.

공동체

한 집단의 죽음이 완성되고, 그 문을 열고, 텅 비우면, 그 집단은 공동체의 단계로 진입하는 것이다. 이 마지막 단계에서는 조용한 정적이 감돈다. 이것은 일종의 평화와 비슷한 것으로 그 전후에 개인적인 경험과 감정이 쏟아지고, 슬픔과 기쁨의 눈물이 흐른다. 바로 이 시기에는 어느 누구도 의식적으로 치유나 변화를 시키려고 노력하지 않기 때문에 그 결과 놀랄 만한 치유와 변화가 일어나기 시작하는 때다. 이 순간부터 진정한 공동체가 탄생하게 되는 것이다.

공동체를 이룬 모든 집단이 이러한 패러다임을 정확히 따르는 것은 아니다. 예를 들어 위기 상황에 대처하기 위해 임시적으로 만들어진 공동체는 한두 단계를 생략할 수도 있다. 나는 의사 소통의 장애물들이 극복되었을 때 공동체가 갖게 되는 장점들에 대해서 많은 이야기를 했지만, 이것이 아주 쉽다는 뜻은 결코 아니다. 일단 그 집단의 목적과 임무에 따라서 공동체가 형성되면, 이 상태를 유지하는 것은 지속적인 도전 과제가 될 것이다. 그러나 고통스러운 비움의 과정을 거치면서 성장을 해왔다는 경험은 지울 수 없는 강렬한 인상을 남긴다. 그리고 진정한 공동체에 대한 가장 보편적인 감정적 반응은 기쁨과 사랑이다.

기도와 신앙

사람은 기도를 한다. 철저한 세속주의자들도 고통이나 환희의 순간에는 자신도 모르는 사이에 기도를 한다. 그들은 본능적으로 희열을 느낄 때, '오, 하느님'이라고 외칠 것이다. 이와 비슷하게 독감에 걸려서 온몸에 통증을 느끼며 침대에 누워 있을 때에도, 그들은 '오, 하느님'하고 신음 소리를 낼 것이다. 그리고 '전장의 참호에는 무신론자가 없다'는 말처럼, 공포의 순간에도 그들은 신을 머릿속에 떠올릴 것이다. 세속주의자들과 종교적 또는 영적인 삶을 지향하는 사람들 사이에 나타나는 한 가지 차이점은 후자에 속하는 사람들은 고통이나 환희에 빠져 있지 않은 시간 중에도 그 99.5퍼센트를 신을 생각하는 데 쓴다는 것이다.

그러나 기도란 무엇인가? 나는 우리의 삶 속에는 의식, 공동체, 사랑, 영혼 등과 같은—이 모든 것들이 신과 연관되어 있는데—많은 것들이 있다는 사실을 사람들에게 이야기했다. 그런데 이런 것들은 너무나 큰 의미이기 때문에 하나의 관점에서는 정의할 수 없는 것들이다. 일반적으로 사람들은 신학자들이라면 기도에 대한 적절한 정의를 내릴 수 있을 것이라고 생각하지만 사실은 그렇지 못하다.

대부분 사람들은 기도란 단순히 '신에게 말하는 것'으로 생각한다. 우리가 신에게 말하는 방법은 수없이 많기 때문에 이런 정의가 아주 잘못된 것이라고는 할 수 없다. 그러므로 기도는 여러 가지 유형으로 나눌 수 있다. 단체 기도와 개인 기도, 형식적 기도와 비형식적 기도, 찬양과 경배 그리고 감사의 기도, 참회와 용서의 기도, 타인 또는 자신을 위한 청원의 기도 등이다. 나는 명상 역시 기도라고 분류하고 싶다. 명상에도 여러 가지의 유형이 있다. 모든 종류의 기도와 명상이 다 자기-비우기라고 정의될 수는 없겠지만, 나는 최선의 명상은 하느님의 말씀에 귀를 기울이기 위해 의식적으로 우리 자신을 침묵시키며 비우는 것이라고 생각한다. 이 말은 하느님이 언제나 우리의 기도에 답하신다는 뜻은 아니다. 영적인 경험들은 기도하고 있을 때 나타나지 않을 것 같지만, 많은 사람들은 적극적인 기도 생활을 하면 언젠가는 영적인 경험을 하게 될—인식하게 될—가능성은 커진다고 생각한다.

그리고 우리의 생각과 기도와의 관계도 중요하다. 훌륭한 생각은 기도로 발전할 수 있다. 내가 좋아하는 기도의 정의는, 완벽하지는 않지만—그 속에는 하느님이란 이름도 언급되지 않는—매튜 폭스가 내린 정의다. 앞에서 이미 말했듯이, 폭스는 기도란 '삶의 신비에 대한 근본적인 대응'이라고 정의했다. 나는 대부분의 경우 기도를 할 때마다 하느님에게 말하거나 하느님의 목소리에 귀를 기울이는 것이 아니라, 하느님을 마음속에 떠올리면서 생각을 하는 것이다. 내가 삶의 신비에 근본적으로 대응할 수 없을 때, 나는 우선 그런 문제에 대해 깊은 생각을 해야 하고, 내 자신의 삶의 신비와 그런 것들에 대응할 수 있는 모든 가능한 방법들을 생각해 보는 것이다. '하느님, 이 문제가 당신에게…… 당신의 눈을 통해서는 어떻게 보이는지요?'라고 생각해보는 것이다. 이런 종류의 기도는 흔히 묵상 기도라고 한다. 그리고 대개는 아무런 말이 없다. 폭스의 기도에 대한 정의를 내가 좋아하는 이유는 바로 기도란 궁극적으로 행동으로 실천되어야 한다는 함축적인 의미를 담고 있기 때문이다. 그러나 나는 명상의 과정을 거치지 않고는 잘 행동할 수 없다는 것을 알게 되었다.

일상적인 기도에는 훌륭한 미덕이 있다. 나는 기독교인이지만, 다른 모든 위대한 종교에는 기독교가 갖고 있지 않은 중요한 진실도 있고, 그것을 더 잘 실천할 수 있는 방법도 있다. 내가 읽었던 이슬람교의 성전에는 아주 빈번히 '기억하라'는 단어가 나온다. 그리고 이슬람교도들이 마을에 탑들을 세우고 충실한 신도들에게 하루에 다섯 번 소리쳐서 기도할 시간임을 상기시키고 또 기도를 함으로써 신을 기억하라고 일깨우는 것은 결코 가볍게 볼 일이 아니다. 이슬람교도들은 기독교의 수도승들이나 수녀들이 하는 고차원적인 명상을 일상적인 일로 생각하고 실천한다.

대중적인 기도와 형식적 기도 모두 훌륭한 미덕이 있지만, 내가 선호하는 기도는 개인적으로 조용히 하는 기도다. 옳거나, 그르거나, 기도는 보다 더 개인적일수록 하느님이 더 좋아하지 않을까 생각한다. 그러나 기도는 양방향 도로와 같다. 우리의 기도가 개인적인 것이 되려면(고통과 환희의 순간을 제외하고) 적어도 저 건너편에 우리의 기도를 듣고 대답할 누군가가 있다는 믿음을 가져야 한다. 이것은 믿음과 기도와의 관계를 생각하게 한다. 왜 건너편에 누군가가 있어야 하는가? 대학에 다닐 때, 나는 볼테르의 다음과 같은 말을 좋아했다.

"하느님은 자신의 이미지를 본떠 인간을 창조하셨고, 인간은 그에게 받은 대로 답례한다."

이 인용문에서 볼테르는 하느님을 육신을 갖춘 남자 또는 여자로 의인화하려는 인간의 성향을 언급한다. 하느님은 분명히 우리가 상상하고 있는 모습과는 좀 다를 것이라고 나는 생각한다. 분명히 그럴 것이다. 그러나 대학을 졸업한 이후, 나는 하느님의 본질을 가장 깊이 이해하기 위해서는 하느님에게 우리 자신의 최선의 인간적 본성을 투사하는 것이라고 깨닫기 시작했다. 다시 말해 하느님은 무엇보다도 가장 인간적인 분이라는 것이다.

내가 대학을 졸업한 이후 알게 된 또 다른 것들이 있다. 그 당시 나는 기도에 앞서 믿음을 가져야 되며, 대단한 믿음을 가지고 있는 사람만이 기도를 많이 할 것이라고 생각했다. 얼마 전 나는 라틴어로 쓰인 책에서 오래된 기독교의 모토인 '렉스 오란디, 렉스 크레덴디Lex orandi, lex credendi'라는 문구를 발견했다. 그 뜻은 '기도의 규칙은 신앙의 규칙을 앞선다'라는 뜻이다. 나는 역으로 생각해 보았다. 그 속에 숨어 있는 깊은 의미는 기도를 많이 하는 사람은 믿음이 깊어질 것이라는 의미가 아닐까.

왜 믿음 속에서 성장해야 하는가? 어렸을 때 나는 이것을 반대로 생각했다. 내가 세상을 더 잘 이해하게 된다면, 하느님에 대한 믿음도 더 깊어질 것이라는 생각이 들었다. 그러나 나는 한 성자의 말을 우연히 발견하게 되었다.

"당신이 믿음을 가지고 있는 자라는 이해를 구하려 하지 말고, 당신이 이해하고 있는 믿음을 구하라."

나는 그와 같은 '과학' 지식이 점차 쌓이게 되어서 나에게 치료를 받으러 찾아온 애니라는 아주 아름답지만 세속적이었던 한 여성을 도와줄 수 있었다. 애니는 지나치게 걱정이 많은 여성이었다. 그녀가 가진 문제의 근본 원인 중 하나는 신에 대한 믿음의 부재였다. 나는 그녀에게 기도하는 법을 가르쳤다. 몇 년 동안 치료를 받고 난 후, 애니는 어느 날 나를 찾아와 이렇게 말했다.

"선생님, 이런 일에는 소질이 없는 것 같아요. 아직도 어떻게 기도를 해야 하는지 모르겠어요. 제 기도의 상당 부분은—내 생각엔 성경 어디엔가 있는 문장인데—'하느님, 저는 믿고 있습니다. 저의 이 믿지 못하는 마음을 도와주세요' 거든요. 정말 한심하죠."

"애니, 그 기도는 당신이 지금까지 했던 기도 중에서 가장 멋진 기도예요"라고 나는 대답했다. 이 여성의 믿음의 성장 속도는 아주 느렸지만(영적 성장 제3단계에서 제4단계로 올라가는 과정의 전형적인 특성으로) 때로는 눈에 번쩍 띄게 믿음의 발전 속도가 아주 빠르기도 했다. 사실 그런 경험은 놀랄 만한 것이다. 내 강연을 들으러 오는 대부분의 청중들은 영적 성장의 제3단계에서 제4단계로 이동하고 있거나, 이미 제4단계에 도달한 지 오래된 사람들이다. 나는 흔히 그들에게 이런 질문을 한다.

"여기 오신 분들 중 영적 성장의 속도가 너무 빨라서 혹시 내가 미쳐가는 건 아닐까라고 생각하는 분이 계십니까?"

그들은 대부분 내 질문에 수긍하면서 손을 들었다. 그러면 나는 이어서 이렇게 말한다.

"그게 바로 훌륭한 영적 지도자가 필요한 이유입니다. 훌륭한 영적 지도자란 여러분이 미쳐가고 있는지 아닌지를 분명히 구분할 수 있습니다."

때로는 정신적 질병의 결과로 갑자기 믿음이 '폭발'하는 경우가 있다. 그런 경우 그들에게 필요한 것은 노련한 방법으로 확신을 주는 것이다(이런 일은 대부분의 세속적인 정신과 의사나 심리 치료사는 해줄 수 없는 것이다).

나는 지금까지 믿음의 성취에 대해서 이야기했다. 그러면 그 반대인 믿음의 상실은 무엇일까? 이것은 영적 성장 제2단계에서 제3단계로 나아가는 사람들에게서 흔히 나타난다. 이것은 두려운 일이다. 최근에 설립된 소규모 단체인 익명의 근본주의자협회는 아주 분명하고 엄격하며 교조주의적인 신앙을 가졌던 사람들이 이것을 포기하려 할 때 갖는 두려움을 풀어주기 위해 만들어진 자립단체다. 믿음의 상실은 특히 전문적인 성직을 가졌던 사람들에게는 아주 고통스러운 일일 것이다. 영적 성장 제2단계에서 목사직을 시작했던 많은 성직자들은 제3단계까지 발전을 했으나, 일요일마다 설교단에 서서 하느님에 대한 이야기는 하지만 그가 진정으로 하느님을 믿고 있는지 확신하지 못하는 경우가 있다. 그런 사람

또한 파울러가 '믿음의 발달'이라고 불렀던 단계를 잘 알고 있는 사람만이 줄 수 있는 노련한 확신의 과정이 필요하다.

이제 위기의 순간에 어떤 종교인들에게도 일어날 수 있는 '믿음의 시험'이라고 말할 수 있는 현상을 간단히 살펴보자. 항상 위기는 있는 것이고, 믿음은 그것을 극복함으로써 다시 회복된다. 그러나 또 다른 유형의 시험이 있는데, 그것은 오랫동안 제4단계에 있었던 매우 신앙심 깊은 사람들에게 일어날 수 있는 것이고 또 예측 가능한 형태이다. 이런 현상을 일컬어 16세기 십자가의 성 요한은 '영혼의 어두운 밤'이라고 불렀다.

영혼의 어두운 밤은 하느님이 아주 오랫동안 내 곁에서 완전히 사라진 것처럼 보이는 것이다. 이 상태에 있는 사람에겐, 자신이 하느님의 목소리라고 생각했던 낮고 조용한 목소리는 어디론가 사라진 듯하고 더 이상 들리지 않는 것처럼 느껴진다. 하느님의 계시를 전하던 꿈도 더 이상 꾸지 않는다. 이것은 위기나 고통의 문제는 아니다. 한때 자신의 삶에서 중요한 역할을 하면서 항상 곁에 있었던 하느님이 휴가를 떠나 어쩌면 영원히 다시 돌아오지 않을 것처럼 마음속 깊이 느끼는 것이다.

전지전능하신 하느님이 의도적으로 우리가 그에게 다가가지 못하도록 할까? 성숙한 믿음이란 언제나 시험에 빠지게 될 수 있다고 생각해볼 수 있다. 《나는 어떤 보답을 할 수 있는가?》에서 나는 두 살짜리 어린아이의 비유를 하면서, 그 아이는 엄마와 함께 있을 때는 엄마가 항상 옆에 있고 보살핀다는 걸 확신하고 있다고 했다. 그러나 엄마의 모습이 보이지 않으면, 아이는 매우 놀라고 엄마는 더 이상 존재하지 않는다고 생각하기 시작한다. 엄마에 대한 아이의 믿음이 수년간에 걸쳐 시험받으면서, 아이는 점차 엄마에게는 신경을 써야 할 다른 일도 있다는 것을 알게 된다. 엄마는 어쩌면 다른 방에서 자신의 잠자리를 준비하고 있거나, 어디론가 사라졌거나 자신을 버린 것이 아니라 자신이 생각했던 것과는 다른 방식으로 자신을 여전히 사랑하고 돌본다는 사실도 알게 된다.

그들이 영혼의 어두운 밤에 도달하게 될 무렵에도 분명히 믿음이 강한 대부분의 사람들은 여전히 그 믿음을 유지한다. 그들은 욥이 그러했듯이 우리 눈에는 계시지 않는 것처럼 보이는 하느님께 기도하고 찬양한다. 그들의 모토는 예수님이 십자가에 못박히셨을 때 "하느님, 왜 저를 버리셨습니까?"라고 외치는 것과 같다. 그러나 예수님이 외쳐 부르고 기도한 대상은 여전히 하느님이었다. 순교자가 아니었던 유명한 성인들 중 일부도 그들이 앞으로 나아가기 전 어두운 밤 속에서 그들의 마지막 나날들을 보냈다는 사실을 알면 그들에게 도움이 될 것 같다.

과정 신학

세속주의자이든 영적인 사람이든 관계없이 우리 대부분은 세상에 왜 그처럼 많은 고통과 고난과 악 등이 존재하는지에 대해 의문을 가질 때 하느님의 존재에 대해서도 의문을 갖는다. 다시 말해 왜 세상은 완벽하지 않은가? 그 질문에 대해 '하느님의 방식은 신비스러운 것이다'고 대답하는 것은 의미가 없다. 이 문제에 대한 확실한 대답은 없다. 그러나 내가 할 수 있는 것은 오래되었고 전통적이며 적절하지 못한 '신의 이론'에 상대적으로 보다 현대적이고 명상적인 부연 설명을 하는 것이다.

전통적이고 원시적인 신의 이론은 하느님을 전지전능한 존재로 만들었다. 그러나 신에 대한 그와 같은 단순한 관점은 악을 설명하지 못했고 성경의 많은 부분에 대해서도 설명하지 못했다. 성경의 창세기 3장에 따르면 태초에 하느님이 만물을 창조하셨다고 했지만(이것 또한 의문시되는데) 문제는 이미 그곳에 있었다. 하느님은 아담과 이브를 완벽한 삶의 터전인 에덴동산에서 추방하면서, 지금부터 그들은 고통을 받게 될 것이라고 했다. 왜 그들은 고통을 받아야 하는가? 정말 하느님은 사디스트인가?

나는 하느님 스스로가 만든 제약이라 하더라도 하느님은 그 안에서 모든 일들을 행해야 한다고 생각한다. '하느님은 자신의 모습을 본떠 인간을 창조하셨다'는 말 속에 들어 있는 의미는 무엇보다도 하느님이 우리에게 자유 의지를 주었다는 것이다. 누군가에게 자유 의지를 주면서 그의 등 뒤에 총을 들이밀 수는 없다. 자유 의지란 우리가 자유롭다는 뜻이고, 우리가 자유롭게 선이든 악이든 선택할 수 있다는 의미이다. 하느님이 우리에게 자유 의지를 주신 그 순간에, 이미 선뿐 아니라 악도 이 세상에 던져졌다. 인간에게 자유 의지를 주었기 때문에, 하느님은 더 이상 전지전능한 존재가 아니다. 하느님은 스스로를 구속했고, 그로 인해 아무리 고통스러울지라도, 하느님은 인간을 그대로 두어야 했다.

창세기 3장에 의하면 인간이 자유 의지를 가지고 스스로 책임을 지도록 하는 이런 하느님의 구속적인 결정은 죽음(암시적으로 질병과 노화)과 관련이 있다. 이런 '저주'로 인해 인간은 얼마나 고통받아왔는가! 그러나 육체의 죽음이 반드시 영혼의 죽음이 아니라는 것을 생각하는 한, 노화와 질병과 죽음 등은 결코 저주가 아니다. 나도 때로는 그런 것들을 저주하지만, 내가 보다 이성적일 때에는 그런 것들이 하느님이 세운 자연 질서의 중요한 한 부분이라는 생각이 든다. 나는 하느님이 무력한 존재라고 생각하지 않는다. 내가 말하고 싶은 것은 하느님은 결코 전능한 존재가 아니기 때문에 질병, 노화, 죽음 그리고 육체적 파멸 등과 같은 자연 질서의 한계 내에서 작용해야 한다는 것이다. 그리고 유대인 대학살과 같은 엄청난 규모의 인간의 악도 허용할 수밖에 없는 한계 안에 있다.

하느님이 단순히 전지전능한 존재가 아니라, 일정한 한계 안에서 작용하는 존재라는 생각은 초기 신학 이론에 대한 첨언적인 내용이 아니다. 초기 신학만큼 중요성을 지닌 새로운 이론이 지난 50여 년간 걸쳐 생성되어 과정 신학이라는 이름으로 불렸다. 이것은 하느님이 정적이고 절대 불변의 존재라는 전통적 개념에 도전하고 있다. 이것은 또 하느님 역시 다른 모든 생명체처럼, 바로 우리 옆에서 살아 있고, 고통 받으며 성장하는 '과정'에 있다고 주장한다. 다만 하느님은 우리보다 한두 발자국 앞서 있는 존재일 뿐이다. 과정 신학의 기원은 20세기의 알프레드 노스 화이트헤드지만, 사실 100여 년 전의 모르몬교 교리에도 그 흔적이 보인다. 모르몬교 교도들에게는 오랫동안 이런 문구가 전해진다.

"현재의 인간은 하느님의 과거의 모습이다. 현재의 하느님은 미래의 인간의 모습이다."

《지상에서처럼 천국에서》에서 나는 과정 신학에 대해서 일종의 새로운 이론을 첨가했는데, 창조는(영혼, 인간 그리고 그 밖의 다른 것들의 창조를 포함하여) 지속적으로 이루어지는 실험이라고 말했다. 하느님께서 창조주라면, 상상력이 풍부하고 정교하며 예술적이겠지만, 인간 세계의 과학자들과 마찬가지로 하느님 역시 실험가일 뿐이지 않겠는가? 과학자들은 대체로 많은 실험들이 '실패' 한다는 사실에 별 부담감을 느끼지 않는다. 실험은 그저 시도하는 것이기 때문이다. 거기에는 언제나 향상의 여지가 있다. 우리가 완전하지 않은 영혼—심지어는 사악한 영혼—이라 할지라도 이것을 '실패한 실험' 쯤으로 바라볼 수는 없는 것일까? 성공한 실험만큼 실패한 실험에서도 배울 것은 많다. 실험에 실패하면 우리는 다시 계획 단계로 돌아간다. 아마 하느님도 마찬가지일 것이다. 하느님을 전지전능하고 절대 불변의 존재로 생각하지 않는다면 그리고 하느님을 변화의 과정을 경험하는 존재로 생각한다면, 과정 신학의 본질을 진지하게 생각할 수 있다.

《탄생을 기다리는 세계》에서 나는 내가 처음으로 과정 신학의 개념에 어떻게 접하게 되었는지 설명했다. 그것은 지금으로부터 15년 전의 일로, 35세의 환자와 함께 진료실에 앉아 있을 때였다. 그녀는 매우 매력적인 여성으로, 아마도 그녀 연령과 신장 대비 표준 체중에서 많아야 8파운드 정도를 초과한 체중이었을 것이다.

그녀는 전날 저녁 레스토랑에서 열렸던 즐거운 파티에서 긴장이 풀린 나머지 디저트로 아이스크림을 주문해서 먹었다. 그녀는 곧 후회를 했다.

"어떻게 그렇게 바보 같은 짓을 했을까? 시작한 지 6일 만에 다이어트 계획을 깨트리다니! 이제부터 난 처음부터 다시 시작해야 해! 이렇게 의지가 약한 내가 너무 싫어. 맙소사, 아이스크림이라니! 버터스카치 소스. 그 걸쭉하고 끈적끈적한 소스 같은 칼로리 높은 음식을 주문해서는 안 되는데. 요즘, 난……."

그녀가 그런 상태에서 계속 말을 이어가고 있을 때, 나는 잠시 다른 생각을 하기 시작했다. 매력적인 외모를 가지고 있으면서도, 다만 몸무게가 표준 체중에서 조금 더 나갈 뿐인데 왜 저 여성은 저렇게 몸무게에 집착하면서 끊임없이 에너지를 소모하고 있는지 곰곰이 생각했다. 이런 생각에 빠져 있다가 나는 갑자기 그녀의 말을 가로막고 불쑥 이렇게 말했다. "하느님은 다이어트를 하지 않아도 될 거라고 생각해요?"

그녀는 마치 미친 게 아니냐는 듯이 나를 쳐다보았다.

"왜 그런 말씀을 하세요?"

나는 머리를 긁적이면서 대답했다. "모르겠는데요."

그러나 나는 내가 왜 그렇게 말했는지 생각하면서 좋은 생각이 떠오를지도 모른다고 느꼈다. 이 환자는 충분한 다이어트를 하거나, 적절한 다이어트 요법을 찾아내거나, 충분한 심리 치료만 받는다면, 단 1온스도 살이 찌지 않고 원하는 걸 무엇이든 먹을 수 있거나 아니면 살이 찌더라도 아무런 노력 없이 즉시 늘어난 몸무게를 뺄 수 있다는 착각 속에서 고민하고 있었던 것이다. 이상한 상상이 떠올랐다.

"어쩌면 하느님도 5파운드가 늘었을지 몰라요. 그만큼의 몸무게를 줄여야 하지만, 하느님이기 때문에 그런 문제로 야단법석을 떨지 않을 뿐이지요."

그 환자를 고민에 빠지게 했던 착각은 완벽함에 대한 고정관념이다. 완벽함이란 결코 변하지 않는 상태라고 생각하는 것은 일반적이지만 부정적인 개념이다. 그런 생각이 일반적이라고 할 수 있는 이유는 논리적이기 때문이다. 만약 무엇인가 완벽한 것이 변한다면 완벽했던 과거와는 다른 무엇이 된다. 만약 과거와는 다른 무엇이라면, 불완전한 것이라는 논리가 성립한다. 진정으로 완벽한 것이라면, 정의상 불완전한 것이 될 수 없다. 그러므로 완벽함은 결코 변하지 않는 것이어야 한다. 그래서 '하느님은 과거에도 현재에도 그리고 미래에도 결코 변하지 않는 존재다'라고 우리는 생각한다.

그러나 나는 그렇게 생각하지 않는다. 성경에서도 그렇게 이야기하지 않는다. 그리고 신학자들도 점차적으로 그런 생각에서 벗어나기 시작하고 있다. 하느님 감사합니다! 생명체의 특징이 있다면, 그것은 변화이다. 생물과 무생물을 구분하는 가장 큰 특징은 반응성이다. 어떤 대상을 쿡 찔렀을 때, 반응을 보이고 움직인다면 그것은 살아 있는 생명체다. 그것은 단순히 그 자리에 존재하는 것이 아니라 살아 있는 것이다. 생명체는 이곳저곳으로 움직이고, 성장하고, 죽고, 소멸하고, 다시 태어난다. 살아 있는 모든 것은 변화의 과정 속에 존재한다. 나는 살아 있는 하느님을 선택했기 때문에, 나의 하느님 역시 변화하고, 배우고, 성장하고, 어쩌면 춤을 추고 웃기도 할 것이라고 생각한다.

과정 신학이 표방하는 이 새로운 개념은 아주 중요한데, 그 이유는 세상에 존재하는 불완전함이라는 퍼즐에 큰 조각 하나를 맞추었기 때문만이 아니라, 계속 변화하는 것은 좋다는 주장을 내포하기 때문이다. 모든 생명체뿐 아니라 우리가 만든 조직과 사회도 마찬가지다. 우리가 보다 건강할수록, 우리는 보다 더 '변화하는 과정' 속에 있게 될 것이다. 더 활발하게 살아갈수록 우리는 더 많은 변화를 경험하게 될 것이다. 보다 더 완전함에 가까이 다가갈수록 우리는 더 빨리 변화할 것이다. 우리가 변화함에 따라, 우리 자신뿐 아니라, 우리가 속해 있는 조직과 사회 또한 끊임없이 변화하고 소란스러워질 것이다. 만약 우리가 하느님을 이성적으로 뿐 아니라 감성적으로도 우리 안에 계시도록 한다면, 우리는 더 많은 변화와 소란스러움도 기꺼이 받아들일 수 있을 것이다. 하느님과 의식적인 관계를 발전시킨 사람도 끊임없이 변화해 남아 있는 인생 동안에 그 관계를 계속 발전시킬 수 있을 것이다.

우리 자신이나 조직이 편안하고 안정적인 상태에 있다면 그것은 의심의 여지없이 소멸 단계에 있다고 보아도 틀리지 않는다. 만약 우리 자신 또는 우리가 속해 있는 조직이 고통을 받고 있거나, 고전을 하고 있거나, 새로운 해결책을 찾아내기 위해 여러 가지 방법을 모색하고 있거나, 무엇인가를 끊임없이 변화시켜 나가고 있다면, 우리 자신이나 조직에 대해서 긍정적으로 생각할 수 있을 뿐 아니라, 신적인 현상과 조우하고 있다고 생각할 수 있다.

'왜 모든 존재가 완전하지 않은가'라는 질문으로 돌아가보자. 이것은 유토피아라는 것이 결코 변하지 않는 세계는 아니라는 것과 마찬가지의 이유다. 유토피아의 개념은 변화할 것이다. 유토피아는 우리가 도달할 수 있는 세계가 아니다.

왜냐하면 우리가 유토피아에 도달하는 순간 이미 유토피아는 변하고 있기 때문이다. 유토피아는 변화와 발전에 수반하는 고통과 어려움이 없는 상태는 결코 아닐 것이다. 많은 사람들의 생각과는 반대로 유토피아는 모든 것이 아름답고 경쾌한 상태를 의미하는 것은 아니다. 오히려 유토피아는 최대의 생명력을 향하여 최대의 생명력을 가지고 살아 움직이는 사회일 것이다. 다시 말해 신이 해야 할 역할이 있고 은총을 베풀 여지가 있는 한, 유토피아는 결코 도달할 수 없는 상태가 아닐지 모른다. 그러나 우리가 인간의 한정된 이해력으로 완전함이란 절대 불변이라는 전통적 시각에 얽매여 있는 한, 그것에 도달하기는 불가능할 것이다. 유토피아는 언제나 미래에 존재하는 것이다. 그것은 우리가 이미 도달한 상태가 아니라, 도달하기 위해 노력하는 상태이기 때문이다. 그러므로 사실 우리는 미미하기는 하지만 유토피아에서의 보다 희망찬 날들이 이미 시작되었다고 생각할 수도 있을 것이다.

영광

결국 모든 것은 하느님을 향한다.

모든 것들. 나는 이야기를 계속할 수 있지만, 마치 사도 요한이 복음서 결론에 예수님에 대해 다음과 같이 썼을 때와 같은 상태에 있다는 느낌이 든다.

"예수께서는 이 밖에도 여러 가지 일을 하셨다. 그 하신 일들을 낱낱이 다 기록하자면 기록된 책은 이 세상을 가득히 채우고도 남을 것이라고 생각한다. 아멘."

나 역시 하느님께 의지하지 않고는 설명할 수 없는 많은 이야기가 있다. 너무나 비범한 존재여서 누구도 감히 꿈을 꾸어볼 수도 없는 예수님, 그리고 아주 특별한 사람들에 대한 이야기. 그러나 예수의 박해자들에게 박해받았던 사람들에게 예수는 위험인물이다. 그러므로 또 다른 위대한 인물인 에이브러햄 링컨을 예로 들어보자. 우리는 그를 신성에 의존하지 않고 어떤 범주로 분류할 수 있을지 모르겠다.

아니면 나는 신비스러운 경험이나, 갑작스러운 인식의 변화, 마약을 하거나 병이 들지도 않았는데 전혀 다른 세상처럼 보이는 곳을 얼핏얼핏 스쳐 지나가는 경우에 대해서 이야기할 수도 있다. 나는 악마와 천사에 대해서 이야기할 수도 있고, 신과 자연—산, 강, 일출, 일몰, 숲과 폭풍 등에 대해서 열정적으로 이야기할 수도 있다. 시대를 초월해서 인간에게 영원한 감동을 주는 음악에 대해서도 이야기할 수 있다. 다이너마이트보다도 더 위험할 수도 있는 사랑과 섹스도 이야기할 수 있다. 어떤 집단이 공동체에 이르고 엑소시즘이 성공적으로 이루어졌을 때, 어떤 일이 일어날 수 있는가에 대해서 그리고 하느님이 바로 우리 곁에 나타났을 때 그 자리에 함께했던 사람들이 감사와 기쁨의 눈물을 흘렸다는 이야기를 할 수도 있다.

하느님은 너무나 무한한 존재이기에 한 권의 책으로 담아낼 수도 없고, 그건 성경이라 할지라도 마찬가지다. 그러나 우연처럼 하느님의 그 커다란 품을 마주하게 될 때 그때 우리의 경험을 표현할 수 있는 한 단어가 있다면, 그것은 바로 '영광의 경험'이라는 것이다.

우리는 얼마나 이 영광의 경험을 갈망하고 있는가! 맹목적으로, 때로는 그릇된 방법으로 그리고 흔히 결코 긍정적이지 않은 방법으로 우리는 이 영광을 좇고 있다. 눈 깜짝할 사이에 스쳐 지나가는 '행복'이나 성적인 절정감도 이것과는 비교될 수 없다. 이런 영광을 추구하는 데는 온갖 함정들이 있지만, 이것은 하느님의 존재를 입증하는 많은 간접적인 증거들 중 하나다. C.S.루이스가 위대한 설교 '영광의 무게'에서 지적했듯이, 마음이 너그러우신 하느님은 인간을 창조하면서 비현실적이거나 결코 성취할 수 없는 것을 바라도록 하지는 않았을 것이다. 우리가 배고픔을 느끼는 것은 음식이 있기 때문이고, 우리가 목말라 하는 것은 마실 물이 있기 때문이다. 성적 만족감을 성취할 수 없다면 성적 욕망을 느끼지 않을 것이다. 이것은 '영광의 체험'에서도 마찬가지다. 우리가 무엇보다도 그 영광을 갈망하는 것은 하느님은 우리가 그와 함께하길 원하고 있기 때문이다.

그러나 오해하지 말아야 할 것은 참된 영광은 오직 하느님에게만 있다는 점이다. 영광은 우리의 모든 욕망들 중 가장 강력한 대상이기 때문에, 그 욕망은 가장 타락하기 쉽다. 이런 타락을 칭하는 말로 우상 숭배가 있다. 이것은 하느님을 표방하는 거짓 우상이거나 그 유사물을 숭배하는 것이다. 악마를 칭하는 이름처럼, 우상 숭배를 뜻하는 단어들은 아주 많다. 돈, 섹스, 신제품, 정치적 권력, 안전, 소유 등등. 이 모든 것은 거짓의 신들이다.

참된 영광은 우리 자신을 참된 하느님께 바칠 때 우리의 것이 될 수 있다. 그러면 참된 하느님은 누구이며, 무엇이고 또 어디에 있는가?

공동 창조

《영혼의 부정》에서 나는 조건부로 안락사를 포함한 자살은 용기 있는 행위가 아니라 가장 의문스러운 오만이라고 했다. 이런 심한 평가를 내린 이유는 바로 우리는 자신의 창조자가 아니므로 스스로를 파괴할 도덕적 권리가 없다고 생각하기 때문이다.

인간은 해가 뜨고 지게 할 힘을 갖고 있지 않다. 우리는 날씨를 예측하고, 이에 대비할 수는 있지만, 하루하루의 날씨를 결정하지 못한다. 나는 붓꽃이나 장미를 만들어내는 방법을 모른다. 다만 관리인 노릇을 할 뿐이다. 나 자신에게도 마찬가지다. 한 송이의 꽃

보다는 훨씬 복잡한 나의 존재를 창조하는 상상조차 할 수 없다. 그러나 나는 나 자신을 품위 있는 존재로 성장시킬 것인지에 대한 결정을 어느 정도 할 수 있다. 다시 말해 나는 내 자신의 창조자가 될 수는 없지만, 공동 창조자로서의 역할을 할 수는 있다.

최근 들어 신학에서 '공동 창조자 관계'와 그에 따른 책임감의 문제가 많은 관심을 끌고 있다. 그러나 나는 이 책임감이 궁극적인 데까지 확대되었다는 이야기는 듣지 못했다. 인간에게 신의 모습을 마음대로 그려볼 수 있는 자유가 있다는 것도 사실이고, 동시에 개인 생활과 역할에서 사회의 한 구성원으로서 내리는 선택만큼 강력한 힘을 가지는 게 없다는 것도 사실이다. 그러므로 여기서 우리는 역설의 절정에 이르게 된다. 하느님은 의심할 여지없는 우리의 창조자다. 또 다른 한편으로는 우리가 믿는 하느님을 선택할 수 있다는 점에서, 우리의 믿음과 행위 그리고 영혼 속에 투영된 하느님을 보게 될 우리 자신과 다른 사람들을 위해 우리 스스로가 하느님을 창조하고 있는 것이다.

그러나 명심해야 할 것은 전통적이고 과학적인 관점에서는 하느님을 알 수 없다는 것이다. 내가 우연히 알게 된 에리히 프롬의 하시디즘의 이야기는 그런 점에서 일리가 있다. 이것은 어느 착한 유대인 남자의 이야기로—그를 모르데하이로 부르자—그는 어느 날 기도를 했다. "하느님, 천사들이 알고 있는 당신의 진짜 이름을 알려주세요."

하느님은 그의 기도를 듣고 이를 허락하고 그에게 진짜 이름을 알려주었다. 그 말을 듣는 순간 모르데하이는 공포에 질려 침대 밑으로 기어 들어가 소리쳤다.

"하느님, 당신의 진짜 이름을 잊게 해주세요."

하느님은 그의 기도를 듣고 이것 또한 허락했다. 사도 바울의 다음 말도 프롬과 같은 맥락이다.

"살아 있는 하느님의 손길 속으로 떨어지는 것은 정말 무서운 일이다." 그러나…….

결국 모든 것은 하느님을 향한다.

자 이제, 다소 추상적이고 지루했던 하느님 얘기에서 시로 눈을 돌려, 이름도 없고 영원히 알 수도 없는 존재에게 개인적인 이야기를 하는 걸로 내 생각을 마무리 지어야겠다.

하느님의 '시'

하느님께

사랑하는 하느님
그 기자를 기억하시나요?
신앙심 깊은 척했던 그 기자 말입니다
제가 당신에 대해 며칠 동안 이야기를 했을 때
그는 이런 말로 결론을 내리더군요.
"그래, 분명한 건 말이야 스캇
넌 진심으로 부모님과
대화를 나눈 적이 없어.
넌 분명히 아주 외로운 아이였을 거야.
내 생각에는
그게 바로 하느님에 대한 너의 믿음과
깊은 연관이 있지 않을까?"

물론 저도 압니다.
그때, 우리는 그걸 잃어버린 것이지요.

"네 말은
하느님은
내 상상 속의 친구라는 거지?"
저는 멋진 말로 응수했지요.

"사실, 난
특별히 외로운 아이였다고 생각하지는 않아."
저는 말을 이었어요.
"아이들은 모두 외로워."
부모님은 사려 깊은 분들이었고
전 온갖 사소한 일들도 부모님께 말씀드릴 수 있었어요.
제겐 친구들도 좀 있었어요.
—대부분의 사람보다 많지만—
그리고 나이가 들어가면서 더 많은 친구들을 사귀었지요.

"그런데 하느님은 제 상상 속의 친구세요?
그렇지요, 정말 그렇지요.
하느님께 말씀드리려 했던 것인데
그것은 다만 제가 생각하는 수천 가지 이유 중
하나일 뿐입니다."

당연히, 그건 아무런 영향도 주지 않죠.
그러나 사실은
당신은 언제나 제 곁에 계셨습니다.
상상 속에서
제가 기억하는 것보다 더 오랫동안
함께한 멋진 여행이었죠.
그렇지 않습니까, 하느님?

이제 나이 들어
우리가 여행의 끝에 도달했는지
아니면 그저 이 세상에서 사라질 날을
준비하고 있는지
확신할 수 없을 뿐입니다.

그러나 제가 확신하고 있는 것은
어느 한순간이라도
당신이 저와 함께하시지 않은 때는 없었지요.
제 이야기를 들어보세요.
당신은 말씀하신 대로 저를 창조하셨습니다.
제 말은
제가 언제나 하느님의 존재를 느꼈다는 것도
또는 하느님을 알고 있었다는 것도 아닙니다.
솔직히 말씀 드리자면, 대부분의 시간 동안

저는 당신을 생각하는 수고조차 하려고 하지 않았습니다.

당신은 저에게 너무나 좋은 분이었습니다.

어릴 때 몇 년간은 그리 좋지 않았던 때였지요.
새로운 학교에서 4학년을 보냈던 한 해
그리고 2년 후
제가 열 살이 되었을 때 이해할 수 없었던 것은
왜 갑자기 모든 학급 친구들이
내게 등을 돌렸느냐는 겁니다.
제가 어떻게 이해할 수 있었을까요.
당신이 저를 지도자로서 창조하셨다는 것을 알지 못한 채
아무런 의도 없이
남들보다 앞서 있는 자는 언제나 공격의 대상이 된다는 것을
(30년도 넘는 세월이 지나고서야
어떻게 된 일인지 깨닫게 되었지요.
나도 모르는 사이 나는
지도자가 되어 있었습니다)
그러나 그런 시간은
12년 중 2년도 채 되지 않았지요. 나머지 시간들은
꿈만 같았습니다.

무슨 말씀을 드릴 수 있을까요?

여름 별장 뒤에는
얼음 창고가 있었습니다.
과수원에는 이웃집 양들이
풀을 뜯고 있고, 9월의
하늘 위에는 하얀 구름들이 둥실 떠가고
그리고 부모님이 저를 사랑함을 알고 있었습니다.

저는 알고 있습니다.
이 모든 일 뒤에는 당신이 계십니다.
그 얼음 창고처럼…… 깊고 깊은
아주 오래되고, 여름날의 시원함 같은 그리고 무엇보다도
모든 것을 베푸시는 당신이 계십니다.
이것은 역설이지요.
저는
당신께 감사하면서 동시에
당연하게 여겼습니다. 그러나 그 얼음 창고처럼
당신은 그냥 그곳에 계셨습니다.

열세 살 때 저는 기숙학교에 들어갔습니다.
사랑이 없는 곳이었습니다. 모든 것들이
잘못되었지요.
그들은 당연하다고 말했습니다.
30개월의 시간이 흘러 저는

스스로 생각했습니다. 제 발로 걸어 나왔습니다.
아직 완전한 성인은 아니지만
내 영혼이 당신께 속해 있다는 것을
알고 있는 한 인간으로서, 다시는
세상의 관습에 영혼을 맡기지 않겠습니다.
그래요, 힘들고 어려운 때도 있었습니다.
가장 힘들던 순간은, 내 기억으로는
처음으로 당신에 대한 이야기를 할 때였습니다.
분명하지는 않지만 사춘기 때 친구들과 나누었던
당신의 존재에 대한 논쟁을 기억합니다.
그게 바로 당신의 존재를 부정한 것이었을까요?
그것은 중요하지 않습니다. 보다 중요한 것은
제가 당신에 대해 생각하고 있었다는 사실이지요.

열다섯 살은 당신과의 관계가 좋지 않았던 마지막 때였습니다.
그 이후로도 좋지 않았던 몇 번의 순간이 있었지만
—어쩌면 몇 번의 비극일 수도—
더 이상은 아니었습니다.
한동안 당신은 마치
저에게 아주 오랜 기간의 휴가를 주신 것 같았습니다.

제가 그런 친절을 받을 만한
어떤 일을 했는지

저는 감히
상상도 할 수 없습니다.

다섯 살 때였을까
아니면 열 살 또는 열다섯 살 때였을까?
거짓말을 하고도
그냥 벌 받지 않고 지나갈 수 있었을 때
진실만을
말하겠다고 처음 결심한 때가 언제인지
기억할 수 없습니다.
대학생이 되었을 무렵, 정직은
나의 습관이 되었습니다.
(어떤 친구는 이것을 강박현상이라고 했지요)
가끔은 진실을
외면하려 했던 때도 있었습니다.
그렇게 당신을 사랑한다는 것은
고통스러웠습니다.

그러나 저는 조그마한 것이라도
제 자신으로부터
감추지 않으려고 노력했습니다.
만약 내가 가진 이 모든 행운을 가져온
비밀이 있다면

그건 바로 이런 저의 노력일 것입니다.
그러나 그 행운은 제가 이룬 것이 아닙니다.

바로 당신께서 제 안에 그 씨를 뿌리셨습니다.
진실을 갈망하는 불타는 목마름을.
그리고
당신은 제 마음의 진실을
알고 계시기에
무엇을 위해 속이려 하고
제 자신을 당신으로부터 멀어지게 하겠습니까?
그것은 제가 결코 바라지 않는 것입니다.

당신은 기억하십니까?
제가 찬양하도록 요청받은
《직관》이라는 제목의 그 책을.
이 책에는 당신에 대한 이야기가 없습니다.
직관과 계시의 차이점을
구별하지 않은 것을 제외하고는
이 책은 용서받을 수 있을지 모릅니다.
당신에 대한 이야기가 없는 그 책을
축복할 수는 없습니다.
그러나 제가 공정했나요?
그 책의 저자가 옳고 제가 틀렸는지 모릅니다.

어쩌면 당신은 존재하지 않았는지도 모릅니다.
앉아서 생각했습니다.
제가 쓴 책 속에 있는 얼마나 많은 글들이
당신의 존재를 근거로 하고 있는지 생각했습니다. 저는
당신께 많은 관심이 있습니다.
그걸 제가 포기할 수 있을까요?
만약 그게 진실이라면
제가 당신을 부정할 수 있을까요?
그렇다면
저는 당신이 존재하지 않음에 대해
자유롭게 생각할 수 있습니다.

일상적인 것부터 시작했습니다.
굶주림과 홍수, 가뭄과 파괴
가난, 탐욕, 전쟁 그리고 고문
증오, 거짓말 그리고 사기
정신적 그리고 육체적 질병
그리고 모든 불공정한 것들.
그러나 이건 소용없습니다.
제가 당신을 탓할 수 있는 악은 없었지만
당신의 설명이 필요했습니다.
눈물이 흐르지만
당신을 탓할 수는 없습니다.

그리고 인간의 선善도 있습니다.
다들 그러하듯, 저도 어떻게 이타주의가
인간의 마음속에서 자라날 수 있었을까 생각합니다.
사회 생물학과 그 외의 여러 가지 다른 현대적 개념들을
알고 있습니다.
이 모든 문제에 당신의 손길이 스쳐가고 있음을
볼 수도 있지만
보지 않을 수도
있었습니다.
아름다움도 마찬가지입니다.
나무와 꽃, 계곡과 산
하천, 강, 호수 그리고 바다
그리고 온갖 종류의 물과 기후가
소리 높여 내게
당신의 창조에 대해서 말합니다.
그러나 필요하다면, 귀를 막을 수도 있었습니다.
일출이나 일몰에서
별빛이나 달빛
모든 푸르른 것들에서
당신의 존재를 찾으라고 강요하는 것은 없었습니다.
놀라운 너무나 놀라운 것이어서
당신의 솜씨가 아니라고 말할 수는 없었습니다.
그 놀라운 역사를 상상하는 건

그리 어려운 일은 아닙니다.

저는 이런 큰일들은 감당할 수 있습니다.
제가 감당할 수 없는 것은
사사로운 것들과
당신의 계시입니다.
제가 가끔 꾸는 꿈은
너무나 섬세한 것이어서
다시 구성할 수 없습니다.
그 조용한 목소리를 어떤 사람은
깨어 있는 머릿속에서 나오는 소리라고 생각할지 모릅니다.
그 목소리가 침묵하고 있을 때를 제외하고는
그 목소리는 어떠한 인간의 머리로도
깨칠 수 없는 지혜를 가르칩니다.
그런 우연의 일치는
그렇게 이해될 수 있다면
즐겁기만 한 것이겠지요.

이 '사사로운' 것들 속에
당신이
스스로의 모습을 드러내 보여주셨다는 것을 알고 있는 것 외에
제가 설명할 수 있는 것은 없습니다.
그 이유를 설명할 수도 없습니다.

당신께서 저를 사랑하신다는 것 외에는…….
저는 설명드릴 수가 없습니다.
당신께서 우리 모두를 사랑하신다는 것 외에는…….

어느 것도 제 마음대로 할 수는 없습니다.
제 계획표에 맞춰 당신이 행하신 적은 없습니다.
사랑하는 하느님
하느님이 마치 상상 속의 제 친구인 것처럼
저는 당신의 이야기를 합니다.
그러나 이것은 하나의 가정일 뿐
만약 하느님께서 정말로 상상 속의 존재였다면
형식과 시간을 뛰어넘어
나의 욕망에 따라
당신은 나의 상상에 굴복했겠지요.
그러나 그것은 사실과는 다릅니다.
그렇지 않습니까? 그리고 복종하기 위해
노력해야 하는 존재는 바로 저입니다.

저의 동반자인
당신은 저에게 낯선 친구입니다.
당신은
언제나 어떻게든
제게 오십니다.

전혀 예측할 수 없는 순간에
당신이 원하는 어떤 모습을 하고서라도.

힌두교도들에게는, 제가 듣기에
그들이 '무無의 신'이라고 부르는
존재가 있습니다.
그들이 의미하는 것이
제가 하느님의 목소리를 원할 때
보여주시는 당신의 침묵이라면
제가 하느님의 존재를 원할 때
보여주시는 당신의 부재를 뜻하는 것이라면
당신의 예측 불가능성이라면
당신의 익명성이라면
당신은 내가 상상하는 것보다 훨씬 더
덧없는 존재라는 의미라면
저는 그들이 뜻하는 바를
알 것 같습니다.

그러나 당신은 무無가 아닙니다.
제가 공허함을 느낄 때
우리가 공허함을 느낄 때
당신이 우리에게 오실 가능성은 크지만
당신은 아무런 형체도 없는

무의 존재가 아닙니다.
우리처럼
우리 이상으로
사랑을 위해
당신은 자신을 비울 수 있습니다.
당신은 자신을 희생할 수도 있습니다.
그러나 당신은 무가 아닙니다.
오히려 당신을 충만의 신이라
부르겠습니다.

저는 아직 당신의 진짜 이름을
알 준비가 되어 있지 않습니다.
얼굴을 맞대고
당신을 만날 준비도 되어 있지 않습니다.
당신은 신비스러운 존재이지만
풀 수 없는 암호는 아닙니다.
그리고 즐거운 마음으로 세상에 말할 수 있는 게 있습니다.
당신이 누구신지.

가장 중요한 것은
당신은 인간이라는 것입니다.

당신을 중성화시켜서

추상적인 '힘'으로 만들려고
우리는 왜 그리 고생을 하고 있을까요?
저는 압니다. 저 역시 그랬습니다.
저는 세련되고 싶었습니다.
저는 사람들에게 당신은 저의 상상 속의 친구가 아니라는 것을
확실히 알리고 싶었습니다.
길고 흰 턱수염을 가진
유명한 현자로
제 스스로 투사한 성스러운 모습 말입니다.
얼마나 오랜 시간이 흘러야
내 진심을 털어놓고
당신이 인간임을
세상이 알게 할 수 있을까요?

저는 느림보입니다.

당신에게는 길고 흰 수염이 없습니다.
당신에게는 우리가 생각하는 의미의
육체도 없습니다.
그러나 당신에게는 인간을 뛰어넘는
우리의 상상을 초월하는
역동적인 인간성이 있습니다.
당신이 인간이 아니라면

어떻게 이런 일이 가능할까요?

그러므로 저는 당신의 인간성을
당신의 포착할 수 없는 영혼을 말하고 있습니다.
나의 언어는 감성의 언어일 뿐—
때로는 제가 당신을
궁극적인 원형질로 생각한다 해도
유전자나 수염이나 원형질에 대한 이야기를 하는 것은 아닙니다.

분명한 것은
당신은
사랑의 신입니다.
정확성을 기하기 위해서
제가 쓴 모든 책에서 저는
사랑의 감정과 자기기만의
모든 가능성에서 벗어났습니다.
할아버지께서 말씀하시듯
'백문이 불여일견'이고
'하는 짓이 아름다우면 모두 아름답게' 보였습니다.
그리고 저는 사랑의 조작적 정의에 대해서
주장했습니다.
원하지 않는 한 우리는 사랑할 수 없다는 것과
사랑을 원하는 그 이면에는

어떤 감정이—
단순하지 않으면서 많은 요구를 하는
그런 감정이 있다는 것만 제외한다면
너무나 훌륭한 것이었습니다.

참된 사랑은
우리를 고통스럽게 하고—내 사랑하는 사람이
제 가슴을 산산이 찢어놓도록 허락하는 것입니다.
그러나 사랑은 계속되고
그 어느 때보다도 넓은 마음으로
사랑할 수 있게 됩니다.

처형 전날 밤
사랑했기 때문에 히틀러 암살을 계획했던
기독교 순교자 디트리히 본 회퍼는
이렇게 썼습니다. "하느님은 고통만을 행하신다."
사랑하는 하느님, 당신은 아직 제게
그런 고통을 주지 않았습니다.
그럼에도
제가 다른 사람들의 삶 속에 끼어들도록 소명 받았을 때
당신은 그 고통을 맛보게 허락하였습니다. 당신이 저의 삶 속에
결코 틀리지 않는 선의의 판단력을 가지고
어떻게 들어왔는지를 생각하면서

놀라운 힘이 필요하다는 느낌을 받았고
당신은 제가 겨우 이해할 수 있는
헌신적인 애정을 가지고
저를 보살피셨다는 것을 알았습니다.
저는 생각만 해볼 뿐입니다.
당신이 우리 모두를 위해 얼마나 고통을 받는지
그리고 당신에 대한 슬픔을 느낄 수 있을 때까지는
제가 완전한 성인이라고 할 수 있을지
알 수 없습니다.

그러나 당신은—
말할 필요도 없이
역설적인 신이고
그리고 당신의 끊임없는 고통보다
저를 놀라게 하는 것은 당신의 쾌활함입니다.
당신은 장난하기를 좋아하는 신이고
제가 당신에 대해 알고 있는 한 가지는
당신의 유머 감각입니다—
이유는 알 수 없지만 분명히 당신은
저를 당황스럽게 만드는 걸 좋아합니다.
제가 하느님의 창조물 하나를 이해했다고
생각하는 순간
당신은 즉시 다가와서 묻습니다.

"그런데 이건 어때, 스캇?"
이처럼 저의 확신을 무너뜨리는 것은
너무 흔한 일이어서
어쩔 수 없이 저는
당신이 이런 일에 즐거움을 느끼고 있다고
결론 내릴 수밖에 없었습니다.

세상의 모든 슬픔을 마주하면서
저는 때로 절망에 빠지고 싶은 유혹을 느낍니다.
바로 이 점이 제가 당신에 대해서
가장 이상하게 생각하는 점입니다.
저는 당신의 고통을 느낄 수 있습니다.
그러나 당신 안에서 단 한순간도 절망을
느낀 적이 없습니다. 저와는 다르게
창조를 통해 당신이 느끼는 기쁨은 끝이 없어 보입니다.
제게 있어서 당신은 놀랄 만큼 쾌활한 하느님입니다.
저는 기도합니다.
언젠가 당신의 그 비밀이 무엇인지 알게 해달라고.

당신은 또
섹시한 하느님입니다.
저는 당신에게서 때로는 남성을, 때로는 여성을 느낍니다.
결코 중성은 아닙니다.

사실, 섹스는 당신이 만들어낸
장난기 어린 창조물 중의 하나이지요.
아주 당황스럽기는 하지만
인간에게 허용된
무엇보다도 가장 영광스러운 놀이—
당신이 우리에게 준
선물이 아니라면
너무 큰 영광이어서 그 즐거움을 설명할 수 없습니다.
당신의 취향
그리고 당신의 장난스러움.
저는 강연에서 늘
이 이야기를 합니다. 그 강연장에는
당신이 그저
친구 같은 존재라는 이야기를
참을 수 없어서 나가는
사람들을 제외하고는
열정적으로 눈물을 흘릴 것 같은 청중들이 모여 있습니다.
그러나 당신은
자제심이 강한 신입니다.
당신의 이미지를 본떠, 우리에게
자유 의지를 주었고, 명령을 내리거나
위협하거나, 벌을 내리지도 않았습니다.
저는 하느님의 힘의 한계가

어디까지인지 모르지만
당신은 이미 오래전에
무엇이든 파괴할 수 있는 힘을
포기했기 때문에
때때로 저는 당신에게 아직도
창조의 힘이 있는지 생각합니다.

당신은 우리에게 아무것도 강요하지 않으면서
우리만의 '공간'을 줍니다.
그리고 단 한 번도
제 공간을 침범하지 않았습니다.
당신은 가장 신사다운 분입니다.

당신은 다양성을 좋아합니다.
다양함 속에서 즐거움을 느낍니다.
어느 여름날 오후
저는 초원에 앉아서 단 한 곳으로 눈길만 돌려도
수백 가지의 식물과
수십 종의 곤충을 봅니다.
내가 만약 땅속을 볼 수 있는
눈이 있다면
수많은 박테리아 군체와
온갖 종류의 바이러스 군체가

서로 뒤섞여 있는 것도 볼 수 있을 겁니다.

그러나 제가 가장 감동을 받은 것은
개인마다 독특한 한계를 가진
개인마다 독특한 재능을 가진
인간의 다양성입니다.
그들로부터 당신은 제게
모두 서로 다른, 많은 친구들을 보내셨습니다.
그리고 제 한평생은 그들과 함께 나눈
교류의 장이었습니다.
때로는 그들과 좋은 관계를 갖지 못했습니다.
하느님, 용서하세요.
제가 저질렀던 모든 실패를.

저에게 친구들을 주셔서
특히, 가장 멋진 친구를 주셔서 감사드립니다.
릴리와 제가 결혼하기 37년 전
저는 릴리가 누구인지 몰랐고
릴리 역시 마찬가지였습니다.
우리 자신에 대해서도 잘 몰랐습니다.
결혼 생활에 대해서도 아무것도 몰랐습니다.
이 모든 것을 배우는 과정은
고통스러웠지만 이런 과정이 없었다면

아무것도 없었을 것입니다.
어쨌든 우리는 이 모든 과정을 극복했고
이에 대해 우리는 인정받을 자격이 있습니다.

그러나 제게 이 말씀은 해주십시오.
그 당시 너무나 순진했던 제가
완전한 무지의 상태에서
릴리가
—내 상상과는 달랐던—
저의 이상적인 배우자라는 것을
어떻게 알 수 있었을까요?
보이지 않았지만 당신이 제 옆에 계셔서
야곱처럼 아무것도 몰랐던
저에게 가르쳐주신 게 아니라면
달리 설명할 길이 없습니다. 그리고 저는
야곱처럼, 이제 이렇게 소리쳐야 할 것 같습니다.
"하느님께서는 분명히 이 자리에 계셨지만,
내가 이를 알지 못했다."

결국 모든 것은 하느님께 향합니다.
이제 우리는 나이가 들었고—

아주 열심히 살아왔지만—

지금
당신이 여기
우리를 위해 남겨놓은 것은
아무리 하찮은 것일지라도 최선을 다해
우리의 아픈 몸을 돌보면서
기다려야 할 시간입니다.

나이 든 사람들이 그러하듯이
실패를 하기도 하고
과거의 성공을 즐기기도 하면서
우리는 뒤를 돌아봅니다.
실패의 이유를 말할 수는 있습니다. 그러나 성공은
신비스럽기만 합니다. 그러나 거기에는
우리의 공도 있겠지만, 우리가 이룬 모든 것에는
당신의 도움이 있었다는 걸 알고 있습니다.

과거를 돌아보는 것은 현실에서 떨어져 바라보는 것입니다.
대부분의 우리는 앞날을 생각합니다.
이 세상에서 많은 즐거움을 누렸지만
한편으로는 이 세상에 속하지 않은 사람처럼
낯선 느낌을 지울 수 없습니다.
10년 전
주재했던 5일간의 회의를 마치고

짐은
—아주 비범한 사람이었던—
이렇게 말했습니다.
"스캇, 우리가 어느 별에서 왔는지 모르겠어.
그런데 여기도 같은 곳인 것 같아."
1년 후, 바로 그 말을 했던 날이 가까워지던 날
프랑스의 어느 거리를 걷다가
짐은 뒤에서 달려온 차에 치였습니다.
그는 즉사했지요.
나는 한편으로는 슬펐고 다른 한편으로는
부러웠습니다.

그즈음 저는 과학 소설을 읽고 있었습니다.
그 내용은 인간의 모습으로 변장한 외계인이
지구를 식민지화한다는 것이었습니다.
그들 중 일부에게는
그들이 처음 떠나왔던
고향 별로 돌아갈 기회가 주어졌습니다.
저는 읽고 있던 그 책을 침대 위에 던지고
당신을 향해 흐느꼈습니다.
"하느님, 집으로 돌아가고 싶습니다.
집으로 데려다주세요."
이제 10년의 세월이 흘러

예전처럼 흥분하지 않습니다.
오래지 않아
제 소원을 이룰 수 있다는 것이
더 분명해지고 있기 때문입니다.

하느님, 이제 저는 집으로 돌아가고 있습니다!

저는 이 세상을
비난하고 싶지는 않습니다.
나이가 들면 들수록 저는 더욱더
당신에게 이 세상이 얼마나 소중한지 알 수 있습니다.
어떤 목적이 있기에
당신은 이 세상을 만드셨습니다.
당신은 조각 그림을 맞추는 퍼즐처럼
이 세상을 펼쳐놓았고
그것을 담았던 상자는 어디론가 사라졌습니다. 그러나
퍼즐 조각들은 너무나 형형색색 아름다워서
어린아이에 불과한 우리는
그 조각을 집어 들고 놀이를 시작합니다.
우리는 힘들게 한 조각씩
맞춥니다.

그 퍼즐은 너무 큽니다.

결국 우리는 깨닫게 됩니다.
우리에게는 시간이 충분하지 않기 때문에
결코 완성할 수 없다는 걸. 이것은
우리가 당신을 떠나고 싶은 유혹을 받는
절망의 순간일 수도 있습니다.
당신은 우리들보다 훨씬 더 위대합니다.
그러나 만약 우리가 관심을 기울인다면
배울 건 또 있습니다. 사실
그 퍼즐은 너무 거대하지만 재미있습니다.
어쨌든 우리는 이 퍼즐을 한 조각씩 맞추어 나갑니다.
그건 순전히 운처럼 보입니다. 흔히 우리는
설명할 수도 없는 본능에 의해 우리의 손과 눈이 움직여진다는
느낌을 받습니다. 그런 경험을 갖지 못한
사람이 있을까요? 몇 조각을 맞추면 전체의 모습이
얼핏 스쳐가기도 합니다.
그 모습은 너무나 아름답게 보이고… 우리를 유혹합니다. 마침내
몇 개의 맞춰진 조각들 속에
숨어 있는 신비한 메시지를 발견합니다.
그 조각들을 서로 단단히 맞추는 순간
그것은 이상한 기호가 됩니다.
그것은 이런 의미의 불어입니다.
"당신들은 서로 사랑합니까?"

이것으로 당신이 하고 싶은 일을 하세요.
저는, 당신이 내리신 은총으로
이 게임을 아이들의 놀이보다는 더 의미 있는
그 무엇으로 볼 수 있었습니다. 그리고 언젠가는
상자 위에 그려진 완성된 그림을
보게 되거나 또는
당신의 신비 속으로 더 깊이 인도되어
감동받아 전율하는 제자로서
톱 한 자루나 아니면
한 자루의 그림붓이라도 받아들게 될 것이라고 상상합니다.

그동안
이 게임의 주인공이
당신이라는 것을 제가
알 수 있게 해주셔서 감사합니다.

옮긴이 | 황혜조

영국 런던대학교에서 영문학을 공부하고 고려대학교에서 영문학으로 박사학위를 받았으며, 현재 고려대학교와 숭실대학교에서 강의중이다. 주요 논문으로는 〈《불안한 상태》 치치 덴가렌브가의 탈식민 서사, 소통, 삶의 구성〉(《여/성이론》, 2003)과 그 외 영미소설연구 논문들이 있다.

아직도 가야 할 길 그리고 저 너머에

초판 1쇄 발행일 2011년 3월 7일
초판 13쇄 발행일 2022년 10월 31일

지은이 | M. 스캇 펙
옮긴이 | 황혜조
펴낸이 | 김현관
펴낸곳 | 율리시즈

본문 및 표지 디자인 | 투피피
캘리그래피 | 이상현
종이 | 세종페이퍼
인쇄 및 제본 | 올인피앤비

주소 | 서울시 양천구 목동중앙서로7길 16-12 102호
전화 | 02-2655-0166~0167
팩스 | 02-6499-0230
이메일 | ulyssesbook@naver.com
ISBN 979-11-978949-3-0 03180

등록 2010년 8월 23일 제2010-000046호

책값은 뒤표지에 있습니다.